高等学校交通运输与工程类专业规划教材

Traffic Engineering
交通工程学

（第三版）

李作敏　主编

人民交通出版社股份有限公司
China Communications Press Co.,Ltd.

内 容 提 要

本书全面阐述了交通工程学与道路运输管理的联系及其在道路运输企业、行业管理工作中的作用。主要内容有：交通工程学及其应用、人—车—路的交通特性、交通量调查及分析、交通流速度调查及分析、交通流密度与交通延误调查、交通流理论、道路通行能力与服务水平、道路交通事故与安全评价、道路交通与环境保护、城市交通、交通管理与控制、道路交通规划、智能运输系统、公路网运行监管与服务等。

本书可作为交通系统相关院校公路运输管理类专业教材，亦可作为交通运管站(所)长及其他公路运输企业、行业管理人员的岗位培训教材使用。

图书在版编目(CIP)数据

交通工程学 / 李作敏主编. — 3 版. — 北京：人民交通出版社股份有限公司，2017.9

ISBN 978-7-114-13871-3

Ⅰ. ①交… Ⅱ. ①李… Ⅲ. ①交通工程学 Ⅳ. ①U491

中国版本图书馆 CIP 数据核字(2017)第 121841 号

高等学校交通运输与工程类专业规划教材

书　　名：	交通工程学（第三版）
著 作 者：	李作敏
责任编辑：	刘永超　肖　鹏
出版发行：	人民交通出版社股份有限公司
地　　址：	(100011)北京市朝阳区安定门外外馆斜街 3 号
网　　址：	http://www.ccpress.com.cn
销售电话：	(010)59757973
总 经 销：	人民交通出版社股份有限公司发行部
经　　销：	各地新华书店
印　　刷：	北京市密东印刷有限公司
开　　本：	787×1092　1/16
印　　张：	24.75
字　　数：	563 千
版　　次：	1993 年 6 月　第 1 版 2000 年 6 月　第 2 版 2017 年 9 月　第 3 版
印　　次：	2018 年 12 月　第 3 版　第 2 次印刷　总第 28 次印刷
书　　号：	ISBN 978-7-114-13871-3
定　　价：	48.00 元

(有印刷、装订质量问题的图书由本公司负责调换)

高等学校交通运输与工程（道路、桥梁、隧道与交通工程）教材建设委员会

主 任 委 员：沙爱民　（长安大学）

副主任委员：梁乃兴　（重庆交通大学）
　　　　　　　陈艾荣　（同济大学）
　　　　　　　徐　岳　（长安大学）
　　　　　　　黄晓明　（东南大学）
　　　　　　　韩　敏　（人民交通出版社股份有限公司）

委　　　员：（按姓氏笔画排序）

马松林　（哈尔滨工业大学）　　王云鹏　（北京航空航天大学）
石　京　（清华大学）　　　　　申爱琴　（长安大学）
朱合华　（同济大学）　　　　　任伟新　（合肥工业大学）
向中富　（重庆交通大学）　　　刘　扬　（长沙理工大学）
刘朝晖　（长沙理工大学）　　　刘寒冰　（吉林大学）
关宏志　（北京工业大学）　　　李亚东　（西南交通大学）
杨晓光　（同济大学）　　　　　吴瑞麟　（华中科技大学）
何　民　（昆明理工大学）　　　何东坡　（东北林业大学）
张顶立　（北京交通大学）　　　张金喜　（北京工业大学）
陈　红　（长安大学）　　　　　陈　峻　（东南大学）
陈宝春　（福州大学）　　　　　陈静云　（大连理工大学）
邵旭东　（湖南大学）　　　　　项贻强　（浙江大学）
胡志坚　（武汉理工大学）　　　郭忠印　（同济大学）
黄　侨　（东南大学）　　　　　黄立葵　（湖南大学）
黄亚新　（解放军理工大学）　　符锌砂　（华南理工大学）
葛耀君　（同济大学）　　　　　裴玉龙　（东北林业大学）
戴公连　（中南大学）

秘 书 长：孙　玺　（人民交通出版社股份有限公司）

第三版前言

在多年的教学及研究工作中,尤其是与地(市)、县交通局长、交通运政管理人员、公路路政管理人员及公路运输企业管理人员的共同探讨中,我们深刻认识到交通工程学的理论、方法与公路交通的各个方面(含交通规划、交通运政管理、公路路政管理、道路养护、道路运输企业管理及高速公路管理等)有着密切的联系。这些部门的管理人员和大、中专院校相关专业的学生应该学好、用好交通工程学知识。

本书正是为适应各相关院校公路工程管理、交通运输管理类专业教学及相关专业技术人员、管理干部继续教育、岗位培训的需要编写的。本书第一版自1993年出版以来,受到读者的普遍欢迎,多次重印。

现为了更好地满足读者需要,结合近几年交通工程学研究的成果和公路交通及公路运输管理发展的实际,我们在第二版的基础上,重新编写了《交通工程学(第三版)》。

在编写过程中,我们在多方听取意见的基础上,确定继续坚持以交通工程学的基本内容为主线,紧密结合公路运输管理、公路养护及路政管理、高速公路管理、城市交通管理,尤其是交通运输安全管理的需要,既全面介绍交通工程学的基本内容、基本理论、基本方法,又侧重其在实际工作中的应用。在第二版的基础上,对其内容进行了较大的调整,增加了"公路网运行监管与服务"一章,丰富了对有关交通安全管理、交通规划、交通环境、城市交通、高速公路管理及控制等内容的介绍。

本书由李作敏、王琰、徐英俊、孙杨、汪健、陈建业、肖殿良、彭唬、陈宗伟编写，李作敏任主编。在本书第一版编写过程中，得到了时任中国交通工程学会理事长杨盛福、副秘书长夏越超、北京工业大学教授任福田、刘小明等同志的热情帮助和鼓励；第二版编写过程中，有曹江洪、张凡安、郭培宏三位同志参与编写工作；在第三版出版之际，再次向他们表示衷心感谢。

由于我们水平所限，本书在内容和结构编排上的缺点及不足之处在所难免，恳请读者批评指正。

编　者
2017年9月

第二版前言

在多年的教学及研究工作中,尤其是与地(市)、县交通局长、交通运政管理人员、公路路政管理人员及公路运输企业管理人员的共同探讨中,我们深刻认识到交通工程学的理论、方法与公路交通的各个方面(含交通规划、交通运政管理、公路路政管理、道路养护、道路运输企业管理及高速公路管理等)有着密切的联系。这些部门的管理人员和大、中专院校相关专业的学生应该学好、用好交通工程学知识。

本书正是为适应各大、中专院校公路工程管理、交通运输管理类专业教学及相关专业技术人员、管理干部继续教育、岗位培训的需要编写的。本书第一版自1993年出版以来,受到读者的普遍欢迎,多次重印,已发行20 000余册。

现为了更好地满足读者需要,结合近几年交通工程学研究的成果和公路交通及公路运输管理发展的实际,我们在第一版的基础上,重新编写了《交通工程学(第二版)》。

在编写过程中,我们在多方听取意见的基础上,确定继续坚持以交通工程学的基本内容为主线,紧密结合公路运输管理、公路养护及路政管理、高速公路管理,尤其是交通运输安全管理的需要,既全面介绍交通工程学的基本内容、基本理论、基本方法,又侧重其在实际工作中的应用。在第一版的基础上,对其内容进行了较大的调整,加强了有关交通安全管理、交通规划及高速公路管理及控制等内容。同时,对智能运输系统的研究及应用前景作了概述,突出了其较强的针对性和适用性。

本书由李作敏、曹江洪、张凡安、郭培宏编写,李作敏任主编并统稿。在本书第一版编写过程中,得到了中国交通工程学会理事长杨盛福、副秘书长夏越超,北京工业大学教授任福田、刘小明,交通部公路司李刚等同志的热情帮助和鼓励,在第二版出版之际,再次向他们表示衷心感谢。

由于我们水平所限,本书在内容和结构编排上的缺点及不足之处在所难免,恳请读者批评指正。

编　者
2000 年 4 月

第一版前言

自1982年以来,我们一直在从事公路运输管理与交通工程学方面的教学与研究工作。在教学、研究以及与学员(尤其是交通局长班、运管站长班学员)的共同研讨中,我们深感交通工程学的理论、方法与公路运输企业及行业管理有着密切的联系,公路运输管理人员应该学好、用好交通工程学知识。

由于交通工程学在国内外多应用于交通规划、道路养护和管理、交通设施设计和交通管理方面,而忽略了它与公路运输管理的联系及其在公路运输管理工作中的应用。因此,在多年的教学过程中,我们一直没能选到一本适合公路运输企业及行业管理人员学习的交通工程学教材,这不能不说是一大遗憾。

1989年,交通部电视中等专业学校开设了交通运政管理专业。为满足该专业教学需要,我们编写了内容上与交通运政管理工作联系较为密切的《交通工程学》教材,同时,该教材也被北京交通管理干部学院的交通局长班、交通运管站(所)长岗位培训班选作教材。1991年,我们根据交通部教育司、运输管理局的安排,参加编写了交通运输管理站(所)长岗位培训教材《道路交通概论》中的"交通工程学"部分。

本书是在认真总结几年来从事交通工程学教学、研究实践,以及整理多年来积累的资料、学员论文,并广泛征求有关部门、有关人员意见的基础上,以上述两本教材为蓝本,参考有关文献编撰而成的。

在编写过程中,我们注意以交通工程学的基本内容为主线,紧密结合公路运输企业、行业管理工作的实际需要,既全面介绍交通工程学的基本内容、基本理论、基本方法,又侧重于某在公路运输企业和行业管理工作中的实际应用,具有较强的针对性和适用性。本书可作为各类大、中专学校公路运输管理类专业及相关专业的教材,亦可作为交通局长、交通运管站(所)长岗位培训教材和相关专业人员的学习参考书。

全书由北京交通管理干部学院李作敏、杜颖编写,北京工业大学任福田教授审阅初稿并提出具体修改意见。

本书的编写得到了中国交通工程学会副秘书长夏越超、交通部运输管理司公路运输管理处李刚等同志的指导和热情帮助,中国交通工程学会理事长、交通部工程管理司司长杨盛福同志特为本书作序。在此,我们表示衷心感谢!同时,向参与研讨并热情支持、鼓励我们把讲稿修改、整理成教材正式出版的历届学员同志们致谢!

由于我们水平有限,又缺乏从事公路运输企业、行业管理实际工作的体验,本书的内容和编排上的缺点及不足之处在所难免,恳请读者批评斧正,以便进一步完善和补充。

编　者

1993 年 6 月

目录

第一章　交通工程学及其应用 ··· 1
　第一节　道路交通的特点 ·· 1
　第二节　交通工程学的定义、建立与发展 ·· 2
　第三节　交通工程学的研究内容及相关学科 ·· 7
　第四节　交通工程学在道路运输管理中的作用 ··· 10
　复习思考题 ·· 12

第二章　人—车—路的交通特性 ··· 13
　第一节　驾驶员交通特性 ·· 13
　第二节　行人交通特性 ··· 36
　第三节　车辆的交通特性 ·· 38
　第四节　道路的交通特性 ·· 43
　复习思考题 ·· 45

第三章　交通量调查及分析 ··· 46
　第一节　交通量调查的意义 ··· 46
　第二节　交通流特性概述 ·· 47
　第三节　交通量的基本概念 ··· 48
　第四节　交通量的变化特征 ··· 50
　第五节　交通量调查方法 ·· 56
　复习思考题 ·· 64

第四章　交通流速度调查及分析 ··· 65
　第一节　交通流速度的概念 ··· 65
　第二节　地点车速的观测和分析 ·· 67
　第三节　行驶车速和区间车速的观测及分析 ·· 72
　第四节　影响车速变化的因素 ··· 75
　第五节　车速资料的应用 ·· 78

复习思考题 ··· 80
第五章　交通流密度与交通延误调查 ························· 81
　　第一节　交通流密度的概念 ·· 81
　　第二节　交通流密度调查 ·· 83
　　第三节　交通延误概述 ··· 88
　　第四节　交通延误调查 ··· 89
　　复习思考题 ··· 93
第六章　交通流理论 ·· 94
　　第一节　交通流理论概述 ·· 94
　　第二节　交通流中各参数之间的关系 ······························ 95
　　第三节　交通流的统计分布特性 ··································· 98
　　第四节　交通流中排队理论 ··· 103
　　第五节　跟驰理论简介 ··· 111
　　第六节　流体力学模拟理论 ··· 112
　　第七节　元胞自动机模型 ·· 117
　　第八节　交通流理论研究展望 ····································· 119
　　复习思考题 ··· 120
第七章　道路通行能力与服务水平 ································· 122
　　第一节　道路通行能力的概念 ····································· 122
　　第二节　道路服务水平 ··· 125
　　第三节　影响通行能力和服务水平的因素 ···················· 130
　　第四节　通行能力计算概述 ··· 133
　　第五节　通行能力的应用及提高通行能力的途径 ·········· 146
　　复习思考题 ··· 149
第八章　道路交通事故与安全评价 ································· 150
　　第一节　道路交通事故 ··· 150
　　第二节　交通事故统计分析 ··· 166
　　第三节　交通事故成因分析 ··· 172
　　第四节　交通安全及其评价 ··· 183
　　第五节　道路交通事故预防 ··· 191
　　复习思考题 ··· 200
第九章　道路交通与环境保护 ······································· 201
　　第一节　概述 ··· 201
　　第二节　道路交通大气污染与防治 ······························· 204
　　第三节　道路交通噪声污染与防治 ······························· 210
　　复习思考题 ··· 214
第十章　城市交通 ·· 215
　　第一节　概述 ··· 215

| 第二节　城市道路网……………………………………………………………… 219
| 第三节　城市客运…………………………………………………………………… 223
| 第四节　静态交通…………………………………………………………………… 230
| 第五节　城市慢行交通……………………………………………………………… 233
| 第六节　城市交通管理……………………………………………………………… 236
| 复习思考题……………………………………………………………………………… 240
| 第十一章　交通管理与控制…………………………………………………………… 241
| 第一节　概述………………………………………………………………………… 241
| 第二节　交通法规与交通违章……………………………………………………… 243
| 第三节　驾驶员管理………………………………………………………………… 246
| 第四节　机动车管理………………………………………………………………… 251
| 第五节　交通标志与标线…………………………………………………………… 253
| 第六节　交通控制…………………………………………………………………… 258
| 第七节　高速公路现代化管理系统………………………………………………… 261
| 复习思考题……………………………………………………………………………… 271
| 第十二章　道路交通规划……………………………………………………………… 273
| 第一节　交通规划的目的及基本内容……………………………………………… 273
| 第二节　公路网规划概述…………………………………………………………… 276
| 第三节　客、货流 OD 调查………………………………………………………… 288
| 第四节　交通量预测………………………………………………………………… 293
| 复习思考题……………………………………………………………………………… 296
| 第十三章　智能运输系统……………………………………………………………… 298
| 第一节　智能运输系统的概念……………………………………………………… 298
| 第二节　国外智能运输系统发展情况……………………………………………… 299
| 第三节　我国智能运输系统发展情况……………………………………………… 303
| 第四节　物联网与智能运输系统…………………………………………………… 311
| 第五节　基于物联网的公路网运行状态监测与服务系统………………………… 314
| 复习思考题……………………………………………………………………………… 326
| 第十四章　公路网运行监测与管理…………………………………………………… 327
| 第一节　概述………………………………………………………………………… 328
| 第二节　公路网运行监测指标……………………………………………………… 329
| 第三节　我国干线公路网监测与综合评价………………………………………… 344
| 第四节　公路网运行监测与管理系统……………………………………………… 368
| 复习思考题……………………………………………………………………………… 377
| 参考文献…………………………………………………………………………………… 378

第一章
交通工程学及其应用

第一节 道路交通的特点

  道路交通是人、车在公路和城市道路上的移动,透过简单的交通现象,用系统科学的观点分析由人(驾驶员、乘客、行人)、车(机动车与非机动车)、路(城市道路与公路)、环境等交通要素构成的复杂动态系统。它有以下四个特点:

  (1)系统性。所谓系统,是由相互作用和相互依赖的若干组成部分构成的、具有特定功能的有机整体。人、车、路、环境四个互不相同的要素,在构成道路交通这样一个具有特定功能的整体时,它们之间就产生了相互依赖、相互作用的特定的、不可分割的联系,因而具有系统性。系统中任何一个要素的行为或性质的变化都不再具有独立性,都会对道路交通整体产生影响。

  (2)动态性。在交通运行过程中,随着时间的推移和外界交通环境的改变,行人和驾驶员随时产生心理和生理状态的变化;交通流量、车辆的行驶速度、车辆的密度等也随时发生变化;人、车、路、环境之间的协调、配合关系亦随时处于变化和调整之中。这种道路交通状态随时间变化的特性,说明它不仅是一个系统,而且是一个动态系统。

  (3)复杂性。在交通系统中,由于驾驶员、行人、车辆、道路及交通环境之间相互影响,使得它们之间的关系错综复杂,不确定因素甚多。一条道路上车辆间的相互制约,可能引起交通拥堵;交通现象产生于一点一线,并分布在整个交通网络上,而交通网络中行人及车流的运动和分布是随机的、时变的，要对其进行描述，确定系统中各要素及整体的运动规律相当困难。不仅如此，交通流的运行还时常受外界因素的干扰。此外，交通系统一方面受城乡经济、人口分布、产业布局、能源供应、环境保护及科技水平的制约；另一方面，交通的有效性、经济性、安全性等又直接或间接地影响整个社会的工作效率、经济效益、人民生活及社会秩序等。这些都说明道路交通不仅是动态系统，更是一个复杂的系统。

(4)社会性。交通运输不仅与居民的日常生活、出行密切相关，而且与社会经济的发展密不可分。交通运输具有基础性、先导性、服务性的特征，在我国当前的经济建设与发展中已经成为了重要抓手。同时，随着我国城市交通出行需求快速增长，拥堵现象日趋常态化，交通规划、交通管理、交通法规更是直接影响区域与城市经济的发展水平和人民的生活水平。

第二节 交通工程学的定义、建立与发展

一、交通工程学的定义

交通工程学是一门把人、车、路、环境作为一个有机整体进行研究的不断发展的综合学科。人们从不同的角度，用不同的观点和方法进行研究和认识，因此对其定义亦有多种提法。

国外一些交通工程学专家起初提出交通工程学以工程(Engineering)、教育(Education)、执法(Enforcement)作为三大支柱，交通工程学被称为"3E 学科"；随着环境与能源问题的日益凸显，环境(Environment)、能源(Energy)也被作为交通工程学的重要内容与组成部分，交通工程学又被称为"5E 学科"。

在交通工程学的发展历程中，各国学者先后提出过一些不同的定义。

早在 20 世纪 40 年代，美国交通工程师协会给交通工程学下了一个定义：所谓交通工程学是研究道路规划、几何设计及交通管理，研究道路网、车站及与其相邻接的土地与交通工具的关系，以便使人和物的移动达到安全、有效和便利。

澳大利亚著名的交通工程学教授布伦敦给交通工程学下的定义是：交通工程学是关于交通和旅行的量测科学，是研究交通流和交通发生基本规律的科学。为了使人和物安全有效移动，把这些科学知识应用于交通系统的规划、设计和运营。

苏联交通工程学专家将交通工程学定义为：交通工程学是研究交通过程的规律和交通对道路结构、人工构造物影响的科学。

英国学者给出的交通工程学定义为：道路工程学中研究交通运营与控制、交通规划、线形设计的那一部分叫作交通工程学。

日本渡边新三、佐佐木纲等学者认为：交通工程学是结合客、货运输的安全、方便与经济，研究公路、城市道路及其相连接的整体用地规划、几何线形设计和运营管理等问题的学科。

根据我国道路交通的实际和 20 世纪 70 年代以来我国学者对交通工程学理论的研究，北京工业大学任福田教授将交通工程学定义为：交通工程学是研究交通规律及其应用的一门交叉学科，兼有自然科学与社会科学的特点。它的研究目的是探讨如何安全、迅速、舒适、经济地完成交通运输任务；它的研究内容主要是交通规划、交通设施、交通运营管理；它的探究对象是驾驶员、行人、车辆、道路和交通环境。这里，所谓交通规律是指交通生成、交通分布、交通流流

动、停车等规律。根据这些规律可以采取规划、工程、组织管理等各种措施,改善交通状况。

总之,交通工程学是以人(驾驶员和行人等)为主体、以交通流为中心、以道路为基础,将这三方面内容统一在道路交通系统中进行研究,综合处理道路交通中人、车、路、环境之间的时间与空间关系的科学。它寻求的是道路通行能力最大、交通事故最少、能源机件损耗与公害程度最低、运输效率最高而费用最省的科学措施,从而达到安全、迅速、经济、舒适、环保、可持续发展的目的。

二、交通工程学的建立与发展

道路交通是人们使用最早且与人们日常生活与工作联系最密切的一种交通方式。随着汽车制造业、汽车运输业的发展,公路与城市道路的车流量增大,乃至服务能力趋于饱和,拥堵问题、安全问题日益凸显,迫使从事道路交通管理与规划的技术人员去研究交通中出现的问题以及解决方法,因此就产生了交通工程学。

交通工程学是伴随着汽车工业和公路运输的发展而建立的,是在近代科学技术发展的推动下而发展起来的。

1. 公路运输的发展促使交通工程学建立

1885 年,戈特利布·戴姆勒制造了一辆实验性的燃烧汽油的四轮汽车,同年德国人卡尔·本茨也制造了一辆燃烧汽油的三轮汽车。1888 年,市场上首次出售奔驰汽车,从此世界上出现了近代汽车。

1903 年,美国开始大量生产汽车;至 1920 年,全国已有 800 多万辆汽车;到 1930 年,平均每 1 000 个居民拥有 180 辆汽车,小汽车已成为美国人生活中不可缺少的交通工具。此时,美国已有 400 万 km 的公路。

汽车的大量生产、公路的迅速修建,使以马车为主要交通工具的时代宣告结束,道路交通进入了汽车时代,公路运输随之获得了迅速发展。

迄今为止,公路运输大体经历了四个阶段:

第一阶段,从 19 世纪末到第一次世界大战前是初期发展阶段,这时期汽车数量不多,公路也不够发达,公路运输还只是铁路、水运的辅助手段,承担部分的短途客、货运输任务。

第二阶段为两次世界大战期间,是中期发展阶段。第一次世界大战结束后,由于一些资本主义国家把军事工业转为民用工业,促使汽车生产工艺迅速发展,同时还将过剩劳动力用于公路建设,使道路里程日益增加、道路质量不断提高。随着小客车的大量增加,汽车逐渐成为人们的主要交通工具。货运方面,由于运输条件的改善,公路运输的优越性逐渐显示出来,它不仅成为短途运输的主要工具,在长途运输中也开始与铁路、水运竞争。

第三阶段,从第二次世界大战到 20 世纪末,这是公路运输发展的新时期。50 多年中,欧、美各国先后建成了比较完善的公路网,同时大力兴建高速公路,战后恢复和重建的汽车工业也已形成了一个比较完整的体系,这些都为公路运输的进一步发展创造了条件,使公路运输在综合运输体系中起到了主导作用,承担了 80% 以上的客货运量。

第四阶段,从 20 世纪末到现在,德国、美国等国家以公路运输为基础,进一步加快综合交通运输体系的建设。公路运输服务更加注重以人为本、需求导向、服务至上、公众满意的服务原则。近年来,我国公路运输的基础设施总量快速提升,交通运输量持续增长,运输装备数量与技术水平逐年提高,截至 2014 年底,我国高速公路通车总里程达到 11.19 万 km,居世界第一。

同时,随着我国交通运输部大部制改革后,交通运输部对加快推进综合运输体系建设高度重视,公路运输与铁路、航空、水运等运输方式的优化衔接、协调发展等问题将成为未来发展的重点与难点。

表1-1列出了部分国家汽车保有量的增长情况,可见汽车保有量的增长速度是相当惊人的。

一些国家部分年份汽车保有量(单位:万辆)　　　　表1-1

年份 国家	1970	1980	1990	1995	2005	2006	2007	2008	2009	2010	2011	2012
美国	10 840	15 589	18 879	20 019	24 483	24 757	25 121	25 023	24 846	23 981	24 893	25 149
日本	1 781	3 783	5 778	6 724	7 568	7 585	7 571	7 552	7 381	7 536	7 551	7 612
德国	1 553	2 459	3 217	4 270	4 320	4 362	4 384	4 400	4 463	4 526	4 598	4 653
英国	1 332	2 260	2 260	2 307	3 459	3 513	3 556	3 561	3 521	3 547	3 563	3 576
法国	1 431	2 829	2 829	3 010	3 629	3 666	3 703	3 721	3 743	3 774	3 806	3 813

在整个20世纪里,世界汽车的保有量一共增长了大约7亿辆。近年来,各国汽车保有量仍然逐年提高,表1-2中给出了世界汽车保有量在2005~2012年的增长情况。

近年来世界汽车保有量(单位:万辆)　　　　表1-2

年份	2005	2006	2007	2008	2009	2010	2011	2012
汽车保有量	88 911	91 673	94 501	97 305	96 525	101 676	109 853	114 323

汽车保有量的增加、汽车运输的发展,促进了人类社会的文明、进步,极大地方便了人民生活。但同时,它也给人类社会带来了许多不利的影响,对人民的身体健康构成了威胁。

由于原有道路是供马车行驶的,随着汽车的使用,道路立即表现出不相适应,出现了交通拥挤、阻塞和交通事故,迫切要求改建道路。同时,各种交通工具并存混行,相互干扰,险象环生。1899年,美国发生世界上第一起汽车交通事故,一名叫蓓蕾斯的妇女因此死亡。随着汽车交通迅速发展,交通事故和伤亡人数直线上升,到1906年美国因交通事故死亡人数达到400人,1910年为1900人,翻了两番多;到1915年死亡6 600人,比1910年又翻了近两番。到1920年,死亡12 500人,比1915年又翻了一番。在1906年至1920年的15年中,交通事故死亡人数总共翻了五番。同美国的情况相似,世界上其他国家的交通事故也越来越严重。根据世界卫生组织发布的《道路安全全球现状报告2013》,全世界每年约有124万人死于道路交通事故。事实告诉人们,交通事故已成为世界各国共存的严重社会问题之一。这引起了人们对交通问题的重视和研究。研究的结果认为,发生交通事故等诸多交通问题的主要原因是:

(1) 道路和汽车的数量、质量的发展比例失调。

(2) 对交通系统的四个基本要素——人、车、路、环境缺乏系统、综合的研究,没有对这些要素从交通规划、道路设施及现代交通管理手段等方面综合治理,使这些要素得以协调发展。

(3) 未能及时筹建、发展新的交通系统。

这三项原因,尤其是前两项原因,有待建立一门新兴的学科来解决,这样交通工程学就应"需"而"生"了。

1921年,美国任命了专门从事交通工程工作的交通工程师;1926年,美国哈佛大学设立道路交通工程专修科来培养交通工程人才;1930年,为了便于交流技术,探讨共同关心的技术问题,从事交通工程的科技人员联合起来成立了交通工程师协会,标志着作为一门独立学科的交通工程学正式诞生了。

2. 现代科学技术的发展推动交通工程学发展

如前所述,交通问题是非常复杂的社会问题之一。道路交通是由人、车、路、环境等要素构成的复杂动态系统。解决如此复杂的交通问题,只作定性分析、不作定量计算是不够的,并且只用一般的数理知识难以奏效。因此,交通工程学建立初期其作用不够明显,自身的发展也受到了一定限制。

随着应用数学、运筹学和系统工程的兴起和发展,为解决复杂的交通问题奠定了理论基础。现代控制理论、检测技术和计算机技术的发展和应用,特别是电子计算机为解决复杂的交通问题提供了强有力的计算工具,使以前人工不能完成的复杂计算成为可能。例如,最早的信号灯是用手扳动的,1868年,在伦敦威斯敏斯特地区首次安装了一台煤气信号灯。这台信号灯是两色信号灯,后因煤气爆炸炸伤了岗位上的警察,才使试验结束。以后又发展成使用电照明的信号灯手动信号及机械式的定时信号。电子计算机、自动控制以及各种检测器的发展,给交通自动检测及各种交通自动控制信号的研制和应用提供了条件,使交通控制的自动化程度和指挥交通的效率逐步提高。

信息技术、数据通信传输技术、电子传感技术、电子控制技术以及计算机处理技术的不断演变升级,促使了智能交通系统的形成与发展,特别是物联网技术,使得交通工程学在自动化、信息化、智能化方面得到长足发展,并逐步应用到实际的规划与管理中。例如,可以实现交通调查自动化的交通信息采集系统,其中能够自动统计路段的交通流量及车速的交通测速雷达、线圈检测器都是此类应用的具体实现。

由此可见,公路运输的发展是促使交通工程学建立的物质基础;近代科学技术的新成就,为交通工程学提供了理论依据和实践条件,是推动交通工程学发展的理论基础。

3. 交通工程学的发展概况

以1930年美国成立交通工程师协会为标志,交通工程学自萌芽、创立到发展成如今的一门独立、完整的学科只有80多年的历史。

交通工程学创立的初期(20世纪30年代),其主要工作是研究如何通过交通管理来减少交通堵塞和交通事故,如采取诸如设立交通标志、安装手动信号、路面画线等措施。

20世纪40年代,交通工程师们开始意识到,只靠交通管理无法根治交通问题,不按交通量大小修建道路是盲目的。于是,交通工程的内容增加了交通调查、交通规划。在修路之前,首先进行交通调查,预测远景交通量。根据车流的流量、流向,对道路布局标准、线形几何设计提出要求,以适合车辆运行的需要。并且,考虑交通管理方案,配备必要的交通设施,还要综合考虑不同交通方式的特点,使道路交通与铁路、水运、航空、管道运输衔接。

20世纪50年代以来,随着各工业发达国家汽车工业的发展和高速公路的兴起,促使汽车拥有量迅速增加,形成了"汽车化"运输的新局面。因此,道路通行能力问题、线形设计、立体交叉设计、停车场问题等也列为交通工程学的研究课题。

从交通安全方面看,由于道路条件逐步改善,特别是高速公路的发展,要求将车辆的驾驶行为与车辆的机械性能两者结合考虑。因此,这段时期的交通工程研究已经开始注意研究人—车—路的相互影响问题。

20世纪60年代，由于"汽车化"的结果，促使汽车数量激增。美、英、德、法、日等国的汽车密度逐渐趋于饱和。1969年，这些国家汽车拥有量按每千人计算：美国518辆，法国275辆，英国235辆，德国226辆，日本149辆。因此，交通拥挤、阻塞现象严重。在纽约、巴黎、伦敦等城市的中心街道上，平均车速每小时只有十多千米。同时，交通事故与日俱增，越来越严重地威胁人们的生命安全。20世纪60年代，因为交通事故美国平均每分钟伤4人，每小时死亡6人，十年的经济损失几乎等于全国道路新建、改建和养护管理等费用的总和。其他国家交通事故也急剧上升，交通事故死亡人数占非疾病死亡人数的2/3，交通事故成为社会最大的非正常死亡因素。为了疏导交通、减少事故、提高行车速度，研究人员提出了综合治理交通的设想，于是开始研究车流特性，倡导"交通渠化"，使用计算机控制交通。此外，设计道路不仅要注意线形标准，各元素之间保持协调，而且要考虑对所在地区的影响，如空气污染、噪声干扰、城市景观协调、环境协调等。至此，交通工程学发展为一门综合研究人—车—路—环境之间相互依存关系的综合性学科。

到20世纪70年代，由于"汽车化"交通的发展，促使人类日常活动的范围、城市活动半径迅速扩大。大量人口聚集在城市，造成道路上交通流密度过高、交通拥挤严重、通行效率大大降低。大量汽车排出的废气对空气造成严重污染，噪声、振动危及人们的健康。再加之70年代初的能源危机，迫使人们不得不从宏观上研究如何组织城市交通问题。这样，交通工程学就开始重点研究并拟定合理的交通规划，减少不必要的客流，缩短行程，倡导步行，恢复并优先发展公共交通，给汽车选择最佳运行路线；从根本上改变交通组成，从而减少交通拥挤程度和交通事故，同时加强防治交通对环境的污染。这一系列措施必将引起交通规划、交通方式、交通政策、交通组织管理等各方面的变革，推动交通工程学不断向前发展，使之成为研究人—车—路—环境—社会动态间的相互关系，以期使交通运输发挥最佳服务效能的系统科学。

20世纪80年代乃至90年代初以来，交通工程学又有较大的发展，主要表现在：在人的交通特性方面，开展了对驾驶员和行人的心理、生理特性以及生物节律的研究；道路通行能力的研究；汽车行驶性能（制动、转弯、撞击）以及汽车碰撞时如何保证乘客及驾驶员安全的研究；人—机系统的研究和应用范围进一步扩大。在公路几何设计方面，过去主要是以汽车运动力学平衡原则为线形设计基础，现在发展到要考虑驾驶员的驾驶生理和心理要求，线形组合要考虑对驾驶员的视觉诱导等方面的研究。在交通规划方面，研究经济发展对交通的定量需求和交通对经济发展的影响，并体现在交通规划和道路网设计上，从宏观上研究了路网密度的理论和计算公式。在交通控制方面，进行了在主要干线和主要街道上设置自动控制系统的研究，以及反光标志、标线、可变标志的研究。在交通管理方面，按照交通工程学原理制定交通法规的研究，以及对车辆实行强制保险的研究。在设备与手段方面，交通控制与车辆检测、测试、调查分析方面的自动化程度大大提高。在公害防治和环境保护方面，进行了汽车交通噪声控制和限制废气排放标准及可采取的措施等工作的研究。

20世纪90年代以后，世界各工业发达国家均集中大量人力、物力、财力，采用各种高新技术研究智能运输系统（Intelligent Transportation System，ITS），或称"智能车路系统"（Intelligent Vehicle Highway System，IVHS）。日本和欧洲起步较早，从80年代后期即开始运行。美国起步较晚，在1991年美国"地面运输方式效率法案"（Intermodel Surface Transportation Efficiency Act of 1991，ISTEA）通过后，才得到联邦政府的重视和支持。在该法案的第六章中，明确规定了IVHS的研究工作。美国起步虽晚，但进展较快，美国国会指令运输部计划最迟于1997年要建成自动高速公路的第一条试验路。整套智能车路系统建成后，大大提高了公路交通的安全性和通行能力，使整个公路交通完全实现智能化。目前世界各工业发达国家已形成北美（美国、加拿大）、欧洲（有10多个国家参加）和日本三大研究集体，每个集体均组织了跨部门的上百个企业、高校和科研机构，积极进行子系统的开发研究。目前开发的项目很多，但概括起来不外乎以下几个方面：先进的汽车控制系统（Advanced Vehicle Control System，AVCS），或称智能汽车控制系统；先进的交通管理系统（Advanced Traffic Management System，ATMS）或自动高速公路系统；先进的驾驶员信息系统（Advanced Driver Information System，ADIS）。以上三项为主要的组成部分。另外，还有先进的公共运输系统、先进的公路运输系统及商用车辆运营系统等针对各个运输部门和企业的子系统。

我国ITS起步相对发达国家而言较晚，具有起点较低、各地区发展不平衡等特征。1988年，北京市率先从意大利引进了两套电子监控设备。随后，上海、沈阳等城市陆续从国外引进了一些较为先进的城市交通控制、道路监控系统。20世纪90年代中期以来，在科学技术部、交通运输部的组织下，我国在ITS技术方面取得了长足进步。1999年11月，国家科学技术部批准成立了国家智能交通系统工程技术研究中心。在国家"十五"科技攻关项目——智能交通系统关键技术及示范工程中，智能交通控制系统被列为一个独立的研究项目，为我国顺利实施ITS打下了良好基础。2011年10月，交通运输部正式印发了《交通运输"十二五"发展规划》，提出了"支持智能交通系统建设""着力支持新一代智能交通技术开发与应用""重点开展城市智能交通关键技术的专项研发"等内容。智能交通系统在我国交通工程学的发展中越来越重要。

随着现代城市的发展，人们的活动半径越来越大。城间的公路运输，其经济运距已延长到数百千米，可与其他运输方式相抗衡。这些都必将引起交通规划、交通方式、交通政策、交通组织管理等各方面的变革，推动交通工程的理论与实践不断地向前发展。当前交通工程学中如下的研究方向值得我们关注：

（1）共同研究交通供给管理和交通需求管理，力求减少交通需求，增大交通供给，缓解交通紧张状况，同时统筹协调交通与环境的可持续发展。

（2）对各种运输方式综合运用的研究。主要是研究各种运输方式的功能与适用条件，充分发挥各自的优势。另外，还要研究各种运输方式的衔接，以便形成有效的综合交通运输系统。在城市客运交通体系中，还研究向立体空间发展的"新交通体系"、多种公共交通方式构成的城市公共交通系统规划、停车场规划、慢行交通系统规划，以便解决日益突出的交通拥堵问题。

总之，在交通工程学发展过程中，其研究内容不断拓宽。随着计算机科学、系统科学、信息科学、控制论等现代科学的发展，交通工程学理论必将得到进一步丰富和发展。

第三节　交通工程学的研究内容及相关学科

一、交通工程学研究的主要内容

1. 交通特性

为了研究某一地区的交通，首先应掌握该地区的交通特性及其发展趋势。这部分内容包括：

（1）驾驶员和行人的交通特性

驾驶员和行人是道路、车辆的使用者，应当从交通心理学的角度来研究驾驶员的视觉特性、反应特性、驾驶员的驾驶适合性、酒精对驾驶的危害性，以及疲劳、情绪、意志、注意力等对行车的影响。

(2) 车辆的交通特性

①车辆拥有量。它具体体现了一个城市或一个地区的交通状况。要研究车辆历来的增长率、按人口平均的车辆数、车辆的增长与道路发展的关系、车辆组成、车辆拥有量的预测及如何合理地控制车辆拥有量的盲目增加。

②车辆运行特性。研究车辆的尺寸大小与质量、操纵特性、通行性能、加速性能、制动性能、安全可靠性、经济特性、交通效率与环保性。

(3) 道路的交通特性

道路是交通的基本组成部分之一，交通工程学需要研究道路规划指标如何适应交通的发展，线形标准如何满足行车要求，线形设计如何保证交通安全，以及道路与环境如何协调。

(4) 交通流的特性

交通流的运行有其规律性，因此要对定义交通流的三个参数——交通量、车流速度、密度进行研究，同时要研究车头时距分布、延误。因为只有对交通流进行定量分析，掌握了各种参数的具体数据，进行交通流短时、中长期科学预测等工作，才便于进行线形设计和交通管理。

2. 交通调查

交通调查是开展交通工程研究的基础工作。交通工程学包括的主要调查项目有：交通量、车速和车流密度调查；行程时间和延误调查；停车调查；公共交通客流调查；公路客、货流调查；交叉口通行能力调查；道路通行能力调查；交通事故调查；交通环境调查；居民出行调查；起讫点调查。如何进行以上调查(包括调查时间、地点、方法)，如何取样，如何进行数据分析，特别是利用现代化工具进行自动化与半自动化的交通调研，都是交通工程学要研究的问题。

3. 交通流理论

研究各种不同密度的交通流特性与其表达参数之间的关系，寻求最适合交通状态的模型，推导表达公式，为制订交通治理方案、增建交通设施、评定交通事故提供依据。目前已有用概率论、流体力学理论、动力学、排队论、元胞自动机等方法研究交通流的理论。

4. 交通事故与安全

在全世界范围内交通事故是一个严重的问题。研究和掌握发生交通事故的规律，弄清交通事故与人、车、路、环境之间的关系，以及如何减少交通事故等，对保证交通安全极为重要。故需对交通事故的变化规律、影响因素和交通事故心理等进行广泛研究。同时，从实际生产管理的角度出发，需要研究运输企业与管理部门对安全监管与培训教育的科学做法。

5. 交通规划

交通规划是现代发达社会中，与社会经济发展和生活水平有关的总体规划程序中的一个重要组成部分。交通设施的供应情况是依靠整个社会上可用的经济资源情况而定的，此外，交通规划还取决于对诸如环境条件等因素的评价。而用于交通规划中的各种数据的采集、分析以及交通规划所采用的许多理论和方法正是交通工程学研究的内容之一。交通规划本身就是交通工程学研究和解决交通问题的一个重要途径。

6. 几何设计

几何设计是指运用交通工程学的原理对道路几何线形等工程项目的特征进行深入研究，改进、提高道路的性能，确保高等级公路上汽车行驶的快速、安全和舒适。

7. 交通组织管理与控制

研究组织、管理、控制交通的措施和装备，主要涉及的内容有：研究符合社会制度和公众道德规范的交通法规和执法管理；组织车流在路网上合理分布，在路线上有序行进；研究标志、标线的颜色、图形、尺寸，设置尺寸和画法以及反光、发光的标识；采用电子计算机技术及各种电子设备等新技术建立道路交通控制系统；研究道路交通专用的通信和数据传输系统；研究道路交通事故的快速救助处理系统。

8. 停车场及服务设施

研究停车需求，对停车场进行规划、设计和管理，讨论交通服务设施的布点、规模和经营。

9. 城市客运交通系统

讨论各种公共交通工具的特点、适用条件以及各种交通方式的配合，并探索新的交通方式，为居民提供安全、便捷、环保的交通系统；从我国城乡一体化发展、县域城镇化发展的背景出发，城乡客运一体化是支持城乡一体化发展的基础与重要抓手，研究城乡客运一体化的管理模式与策略、规划方法、运营模式等内容；研究慢性交通系统，包括定位、发展策略、模式选择、网络规划、政策保障等内容。

10. 交通环境保护

研究加强排水系统、控制水土流失、保护天然植被、平衡生态环境，以及减少交通噪声、废气、振动和漂移物对环境影响的措施，保护水源，创造良好的生活环境，实现自然资源的可持续发展等。

11. 交通能源节约与物资运输流量流向合理化的研究

道路交通中的机动车辆主要是以石油燃料为直接动力的能源消费型交通工具，减少机动车能源消耗是节能减排的一大途径。研究道路交通能源节约的方法包括：对现有道路进行改善，加强交通管理，减少塞车和使车速均匀，提高运载效率，减少空车运行，对新生产车辆的燃料效率标准严格控制，加大新能源车辆投放比例，采取符合节能减排标准的交通设施等。

此外，还应开展对物资运输流量流向合理安排的研究，以利于控制交通流量，减少交通事故。

二、交通工程学的相关学科

综上所述，交通工程学研究的内容非常广泛，几乎涉及道路交通的各个方面，同时与社会发展密切相关。而就交通工程学这门学科来说，其基础理论是：交通流理论、交通统计学、交通心理学、汽车动力学、交通经济学。与交通工程密切相关的主要学科有：汽车工程、运输工程、人类工程、道路工程、交通规划学、环境工程、自动控制、应用数学、电子计算机、社会学等。因此，交通工程学是一门由多种学科相互渗透的新兴边缘学科。

交通工程学的研究对象、内容、目的及其相关学科可概括如图 1-1 所示。

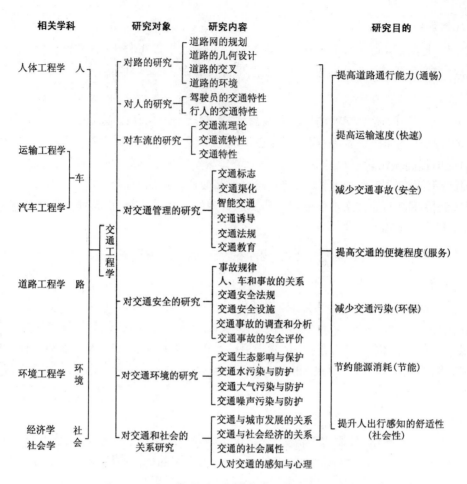

图 1-1　交通工程学研究的对象、内容、目的及其相关学科

第四节　交通工程学在道路运输管理中的作用

一、交通工程学的作用

交通工程学研究的内容涉及道路交通及运输工程的各个方面。总结国内外研究成果和运用交通工程学的实践，以及交通工程学在发展过程中所显示的作用，可以概括为以下几点：

(1) 能够促进道路交通综合治理方案的形成和实施，促使交通事故全面下降。

(2) 能够有效地减少和避免交通拥堵、混乱状况，提高交通运输效率和运输企业的经济效益。

(3) 能够通过改善道路交通环境，达到既提高道路通行能力又减轻驾驶员劳动强度的效果；通过对驾驶员心理及生理特性的研究和运用，实施对驾驶员的科学管理，提高安全驾驶率。同时，在运输生产过程中，对运输生产的各个环节进行安全质量管理，能够有效地减少与避免乘客、驾驶员的安全事故。

（4）能够促使车辆和道路在质量和数量上协调发展，提高交通规划和公路网规划水平及道路的整体设计和施工水平。

（5）能够增进汽车驾驶员、乘客、行人、自行车骑行者等道路使用者的安全感和舒适感，减少道路运输中的货物损失。

（6）能够减少空气污染、交通噪声等交通公害，便于统筹交通与环境的可持续协调发展。

（7）能够提高各项交通工作管理（含车辆运行管理、公路运输行业和企业管理）水平、服务水平和法制教育水平等。

（8）能够提高城市客运的运营效率，为居民提供高效、便捷、安全、舒适的出行服务，同时有效降低城市面临的交通拥堵。

（9）结合智能交通系统，不仅能够提高交通管理的效率与质量，而且能提高交通运营的安全性、经济性以及效率。

二、交通工程学对道路运输管理者与道路使用者的作用

对于交通工程学与道路运输管理者、道路使用者之间的相互关系，以及交通工程学在道路运输管理中的作用、交通工程学对道路使用者的作用等问题，现在的研究还是初步的。

分别从道路运输管理者与道路使用者的角度出发，交通工程学的作用可以归纳如下。

1. 交通工程学在道路运输管理中的作用

（1）交通工程学研究的目的和道路运输管理的目的具有共同的方面，即都是为了实现公路交通运输的安全、迅速、经济、舒适和可持续发展。

（2）道路（公路与城市道路）运输业最基本的固定设施和生产设备是道路和车辆，道路运输业的主体力量是汽车驾驶员，以及包括汽车运输的基本生产活动构成的道路交通流、道路交通环境、运输的效率与经济性及它们之间的相互关系等，这些都是交通工程学研究的对象。

（3）运用交通工程学的原理，能够促进道路运输管理部门综合考虑人、车、路、环境、能源之间的相互关系，提高管理工作的科学性和有效性。

①研究道路交通流的生成及流量、流向在空间和时间上的变化规律，是合理投放运力、实施最佳营运组织和调度的有效途径。

②对道路交通基本状况、通行能力、服务水平及交通环境的调查研究是审批客运线路、设置枢纽与客货运站（场）以及确定定车、定线行驶和核定道路运行等级的重要依据，同时也是公路建设、管理、养护的重要基础数据。

③研究驾驶员的交通特性和交通事故的成因规律、分布规律，可以有效地指导道路运输企业和其他道路运输经营者进行驾驶员的教育和科学管理工作，并制订预防交通事故的科学措施，提高全行业的交通安全水平，实现优质、安全、高效的运输目标。

④研究道路交通流及交通规划的理论和方法，根据交通网现状和国民经济发展对交通运输业的要求，合理规划道路交通、科学调控道路和车辆的协调发展，有助于实现交通行政管理中综合配套、统筹规划、合理布局、全面发展、秩序良好的运输结构目标。

⑤研究道路交通的智能交通运输系统，通过高新技术，改造现有道路交通的管理系统，能够充分挖掘路网的运输能力，提高道路交通资源的利用效率，提升交通运输的安全性，并实现降低能耗、节能减排的目的。同时，为道路交通的使用者提供交通公共信息服务，突出交通运

输行业服务性的特征。

2. 交通工程学对于道路使用者的作用

(1) 交通工程学研究的最终目的是以人为本,从安全、快捷、舒适等方面全面提高道路运输服务水平。

(2) 通过研究驾驶员特性、交通事故成因、智能交通管理与诱导系统等内容,从基础设施与运输服务的角度全面提高道路使用者在出行过程中的安全性。

(3) 通过对交通流理论、交通需求管理、智能交通系统等内容的研究和成果应用,有助于提高整个运输网络的通行能力,有效降低道路的拥堵程度,从而有效进行交通诱导,使道路出行者享有快捷的运输服务。

(4) 当前,人们对交通出行的要求正在由"走得了"向"走得好"转变,交通出行不仅要求方便快捷,而且要求过程舒适。交通工程学研究驾驶员与乘客的特性,有助于从道路使用者的感知出发,促进提高道路运输服务的舒适性。同时,通过合理规划客货运场站、交通运输网络等内容,也能够从提高基础设施服务性能、提升运输服务水平的角度,全面提升道路运输服务的舒适性。

(5) 当前,我国的环境污染已经成为了影响民生的重大问题,研究交通工程学中的道路交通与环境保护的关系,能够有效降低道路交通造成的生态、水、大气、噪声等方面的污染,从而促进我国交通运输的低碳与绿色发展,给道路使用者带来绿色与舒适的出行环境。

总之,交通工程学与道路运输管理工作有密切的联系。交通工程学的研究和应用能够促进道路运输目标更好实现,而道路运输管理工作的深入和发展又会对交通工程学的研究提出新的、更高的要求,促使其发展。

【复习思考题】

1. 什么是道路交通?它有哪些特点?
2. 什么是交通工程学?它的研究对象和研究目的是什么?
3. 促使交通工程学建立和发展的主要因素有哪两个?
4. 交通工程学主要研究哪些内容?
5. 研究和运用交通工程学有哪些作用?交通工程学与道路运输管理者、道路使用者有什么联系?在道路运输管理中有什么作用?对道路使用者有什么作用?
6. 交通工程学对于在我国当前的交通运输行业发展有哪些支撑作用?
7. 结合本人的工作实际,谈谈交通工程学与你的工作有哪些联系,交通工程学对你的工作有什么指导作用,交通工程学还应该重点进行哪些方面的深入研究。

第二章
人—车—路的交通特性

第一节　驾驶员交通特性

一、驾驶员交通特性概述

在构成道路交通的诸项基本要素中,有关车辆、道路及环境等学科的理论相对比较成熟,而对于道路交通基本要素之一的人的交通特性则不够成熟,需要不断地深入研究。

道路交通系统中的人包括驾驶员、行人、乘客和交通管理人员等,其中驾驶员是主要的。驾驶员通过视觉、听觉、触觉器官从交通环境中获得信息,经过大脑进行处理,作出反应和判断,再支配手、脚等运动器官操纵汽车,使之按驾驶员的意志在道路上运行。在这一过程中,驾驶员受到自身一系列生理、心理因素的制约和外部条件的影响,如果在信息的搜集、处理、判断的任一环节上发生差错,都会危及交通安全。所以,驾驶员的可靠性是非常重要的。

驾驶员的可靠性取决于三组因素:驾驶员的技术熟练程度、个性与感受交通情报的特性以及在动态交通环境中的应变能力。

对人的上述交通特性的研究是以交通心理学为理论基础,针对驾驶员及行人在交通环境中的心理、生理和行为特征进行的。

根据道路运输管理工作的需要,在驾驶员交通特性这一节中,我们将着重介绍驾驶员的交通心理和交通生理特征。

二、视觉特性

在行车过程中,驾驶员需要及时感知各种交通信息。根据统计分析,各种感觉器官给驾驶员提供交通信息量的比例分布如下:视觉占80%,听觉占14%,触觉占2%,味觉占2%,嗅觉占2%。可见,视觉是最重要的。因此,对视觉机能的考核和研究是驾驶员交通特性研究的重要内容。

1. 视觉

人的眼睛注视目标时,由目标反射来的光进入眼内,经过眼中间物质的曲折,投射于眼睛黄斑中心窝,形成物像,再由视神经经过视路传至大脑的枕叶视中枢,激起心理反应,形成视觉。也就是说,所谓视觉,就是外界光线经过刺激视觉器官在大脑中所引起的生理反应。视觉在辨别外界物体明暗、颜色、形状等特性以及对物体空间属性如大小、远近等的区分上起着重要作用。

2. 视力

视力是人的眼睛分辨物体形状、大小的能力。视觉敏锐度的基本特征就在于辨别两物点之间距离的大小。视力有静视力、动视力和夜视力之分。

(1)静视力。待检人员站在视力图表前面,距视力表5m,依次辨认视标测定的视力即为静视力。标准视力表共分12级。0.1至1.0每级差0.1,共10级,另有1.2和1.5两级。待检人员距视力表5m,能分辨视标上宽1.5mm缺口的方向时,其视力定为1.0。这时缺口在眼中构成的视角为1′。对数视力表共分14级,即4.0级(相当于标准视力表的0.1级)、4.1(0.12)、4.2(0.15)、4.3(0.2)、4.4(0.25)、4.5(0.3)、4.6(0.4)、4.7(0.5)、4.8(0.6)、4.9(0.8)、5.0(1.0)、5.1(1.2)、5.2(1.5)、5.3(2.0)。

我国驾驶员的体检视力标准为:两眼视力不低于标准视力表0.7或对数视力表4.9(允许矫正),无红绿色盲。

(2)动视力。汽车行驶时,驾驶员同车体一起按一定的速度前进,也就是说驾驶员与道路环境中的物体是相对运动的。驾驶员观察物体运动的视力,称为动视力。动视力与汽车行驶速度有关,随着车速的提高,视力明显下降。此外,动视力随驾驶员年龄的不同而有所差异,年龄越高,动视力低落的幅度越大,如图2-1所示。

例如,车辆以60km/h的速度行驶时,车内驾驶员能看清车前240m的标志,而以80km/h的速度行驶时,则在接近160m处才能看清。为保证驾驶员在发现前方有障碍物时,能有足够的时间辨认和采取相应的措施,希望车速提高时,视认距离能相应增加,可是由于生理条件的限制,结果恰恰相反。

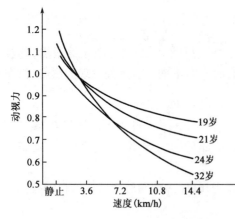

图 2-1 不同年龄时车速与动视力的关系

(3) 夜视力。在黑暗环境中的视力称为夜视力。据研究,照度与视力呈线性关系,即照度减小,视力下降。

太阳落山前,公路上的照度较高,日落后的黄昏时刻,照度明显降低,在由明转暗的情况下,眼睛看东西主要靠视杆细胞起作用。而视杆细胞的感受性增加缓慢,需要30~40min的时间才能稳定在一个水平上。由于天黑得较快,而暗适应还没充分形成,加之打开前灯,恰与周围的光度相等,不能形成对比,因此黄昏时最难驾驶并易出事故。

入夜光线更暗,在天然照明情况下,视力可降至白天视力的4%~10%,这是全靠视杆细胞活动的结果。下面介绍一下与夜间驾驶有关的视觉规律:

①夜间对颜色的感知。在车灯照明的条件下,能发现各种颜色的距离,如表2-1所示。

能发现各种颜色的距离(单位:m)　　　　　表2-1

衣物的颜色	白	黑	乳白	红	灰	绿
能发现某种颜色的距离	82.5	48.2	76.6	67.8	66.3	67.6
能确认是某种物体的距离	42.9	18.8	32.1	47.2	36.4	36.4
能肯定其移动方向的距离	19.0	9.6	13.2	24.0	17.0	17.8

假如有一个穿白衣服的行人,当他离车82.5m左右,驾驶员就能看到有白色物体;离车42.9m左右,能肯定有一个人;若离车19m,则他的动向也能看清楚了。若是穿黑衣服的行人,则要离车9.6m左右,驾驶员才能看清他是横穿马路,还是在路边行走。交通标志自然是希望驾驶员能尽早发现,故以白色、红色为最好。

②夜间对高低、大小和明度对比不同物体的感知。由于汽车前照灯光线较低,所以物体在车前的位置越低,夜间越容易被发现。交通标志牌的柱子应刷白漆,并应经常清洗和补刷,以使驾驶员容易发现,从而向上观察交通标志。大的物体,白天从远处就能发现,夜间因距离越远,光线越暗,所以即使远处的庞大物体,夜间有时也感知不到。明度对比大的物体,夜间较易发现,但距离比白天短53%。

③夜间对行人的感知。如前所述,夜间可借行人衣着的颜色及动态来判断行人与车辆的距离。白天,公路中间的行人极易发现,路旁的行人易被忽略。但在夜间会车时,情况与此不同,因两车都开示廓灯,照度低,而此时驾驶员的视线是沿道路右侧巡视的,为的是防止开出可行路面,因此道路中间的行人反而不易看到,常常会发生事故。这一事实告诉驾驶员夜间会车时,不要忘记观察道路中间。

④夜间对路面的观察。由于车灯直射,路面凸出处显得明亮,凹陷处则显得很黑,驾驶中可根据路面明暗来避让凹坑。不过由于灯光晃动,有时判断不准。若远处发现的黑影,汽车驶近时消失,可能是小的凹坑;若黑影仍然存在,可能凹坑较大、较深。月夜路面为灰白色,积水的地方为白色,而且反光、发亮。有人概括为"亮水、白石、黑泥巴",无月光的夜晚,路面为深灰色。若行驶中前面突然发黑,则是公路转弯处。

3. 视力适应

人的眼睛对于光亮程度的突然变化,要经过一段时间才能适应。由明亮处进入暗处,眼睛习惯、视力恢复,称为暗适应;由暗处到明亮处,眼睛习惯、视力恢复,称为明适应。暗适应所需时间较长,通常要3~6min才能基本适应,30~40min才能完全适应。而明适应则可在1min内达到完全适应。

一般,由隧道外进入没有照明条件的隧道内大约发生10s的视觉障碍;在城区和郊区交界处,夜晚照明条件的改变都会使驾驶员产生视觉障碍,从而影响行车安全。因此,在隧道入口处和与郊区公路连接的城区道路上应设有缓和照明,以减少视觉障碍,保证交通安全。

此外,黄昏时路面的明亮度急速降低(特别是秋天的黄昏),而天空还较明亮,暗适应较困难,而此时正值驾驶员和行人都感到疲劳的时候,因此事故较多,应引起重视和警惕。

还应注意,在夜间每个人的视力适应速度是各不相同的。比如,从20岁到30岁,人的暗适应能力往往是不断提高的;而40岁以后则开始逐渐下降;60岁时,暗适应能力仅仅为20岁时的1/8。每个驾驶员都应掌握这种视力适应的变化特性,因为这对于行车安全来说,是非常重要的。

4. 眩目

眩目是由于刺目光源对眼球中角膜及视网膜间介质所产生的散乱现象,这种现象有连续与间歇之分。夜间行驶的汽车多半是间歇性的眩目。当驾驶员受到对向车灯强烈照射时,不禁要闭目或是移开视线,这种现象称之为生理性眩目。另一种是由于路灯照明反射所产生的眩目,它使驾驶者有不愉快的感觉,这种现象称之为心理性眩目。

在暗淡光亮下的眼睛,受到强光刺激后,会产生眩感,而使视力下降。眩光情况下视力恢复的时间如图2-2所示。图中,静止视力由于眩目视力下降至0.4,恢复到1.1需要20s,动视力需要40s,而且只是恢复到0.6左右。但实际对向车的前照灯灯光,一般并不一定正射在驾驶者眼睛的正中心,而且驾驶者也可以转动眼球避开直射的强光,为此如果把眩目视力降低25%看作是安全视力,则恢复视力的时间需3～4s。

5. 视野

人的双眼注视某一目标,注视点两侧可以看到的范围叫视野。

用大分度器状的视野表测定视野,将视野表上的弧向各种角度回转,做成视野图(图2-3),可知与驾驶员最有关系的视野方向主要为水平视野。

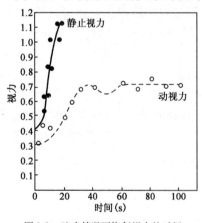

图2-2 眩光情况下恢复视力的时间

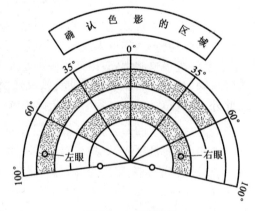

图2-3 人的视野图

将头部与眼球固定,同时能看到的范围为静视野。

若将头部固定,眼球自由转动,同时看到的范围为动视野。

动视野比静视野大,左右宽出约15°,上方宽出约10°,下方无变化。

图 2-4 为不同车速时视野和注视点的关系。正常的单眼视野范围,颞侧为 90°,鼻侧为 60°,上方为 55°,下方为 70°,两眼的视野可达 160°。

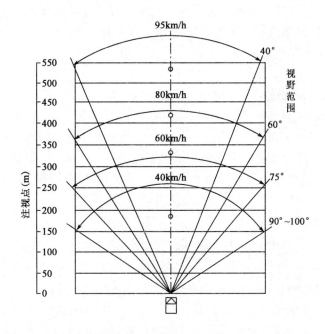

图 2-4　不同车速时视野和注视点的关系

驾驶员的视野与行车速度有密切关系,随着汽车行驶速度的提高,注视点前移,视野变窄,周界感减少,分别见表 2-2、图 2-4。

不同车速时注视点与视野情况　　　　　　　　　　　　表 2-2

行车速度(km/h)	注视点在汽车前方(m)	视野(°)
40	183	90~100
72	366	60~80
105	610	40

行车速度越高,驾驶员越注视远方,视野越窄,注意力随之引向景像的中心而置两侧于不顾,结果形成所谓隧洞视,与引起瞌睡的限制相类似。因此,在设计道路时,应在平面线形中限制道路直线段的长度,强制地促使驾驶员变换注视点的方向,避免打盹肇事。

此外,在汽车行驶的过程中,靠近路边的景物相对于驾驶员眼睛的回转角速度若大于 72°/s,景物在视网膜上就不能清晰地成像,人眼感到模糊不清。所以,车速越高,就越看不清路边近处的景物。因此,交通标志的设置要与驾驶员有一定的距离。根据试验,当车速为 64km/h 时,能看清车辆两侧 24m 以外的物体;而 90km/h 时,仅能看清 33m 以外的物体。小于这个距离,无法识别物体。

驾驶员年龄大,周边视力要减退,识物能力下降。戴眼镜的驾驶员,视野略窄些。

6. 视觉敏锐度

视觉敏锐度是指分辨细小的或遥远的物体或物体细部的能力。在一定条件下,眼睛能分辨的物体越小,视觉的敏锐度越大。这里所谓大小是用视角来表示的,所以,更恰当的定义是能分辨或能看见视角越小的物体,视觉的敏锐度就越大。视觉敏锐度的基本特征在于辨别两点之间距离的大小,因此,也可以把它看作视觉的空间阈限。

视觉敏锐度是一个非常重要的指标。良好的视觉可以较早地认知和确认目标,这时发生任何刺激,总反应时间均能减少。视觉敏锐度关系到最清晰的视野,在3°~5°的锥体内,视觉最敏锐;在5°~6°的锥体内,视觉十分敏锐;在10°~12°的锥体内,视觉清晰;在20°的锥体内,有满意的视觉。

在垂直面上,视觉敏锐度的角度只是水平面上视觉敏锐度的1/3~1/2。

研究表明,辨认出道路路标上的字母的能力,随着眼睛的光轴与到字体方向间夹角的增大,很快地降低。如果该夹角在5°~8°时,有98%的驾驶员能准确地分辨字母,而当该夹角增大到16°时,就只有66%的驾驶员能准确辨认出字母。

驾驶员的年龄对视觉敏锐度有影响。若取20周岁的视觉敏锐度为100%,那么40周岁的视觉敏锐度为90%,60周岁的视觉敏锐度为74%。

7. 注视(眼球转动)

行驶中的外界信息,几乎都是由驾驶员的视觉传达到大脑中,所以,眼的功能非常重要。选择必要的信息都要通过眼睛,对不重要的信息就不一定凝视,只是在视野的边缘一掠而过。对很重要的信息,在视野边缘的也要转动眼球,使之落入眼网膜的中心。所谓注视时间,就是驾驶员在行驶过程中对视觉信息的注意凝视时间。注视时间的长短,要视信息的重要程度、辨认难易而定。各种交通场面的信息对象注视时间如表2-3所示。对一般设施为0.2~0.4s,读数仪表等所需时间较长。

不同对象的平均注视时间 表2-3

信 息 对 象	平均注视时间(s)	信 息 对 象	平均注视时间(s)
路面	0.19	山腰	0.17
护栏	0.23	标志牌	0.40
远方线形	0.26	超车车辆	0.41
车道线	0.17	里程表	0.74
跨线桥	0.23		

此外,道路两旁与交通无关的刺激信息(如商业广告、信号灯边缘增加引人注目的霓虹灯等设施)会过多地吸引驾驶员注视,增加对驾驶员的视觉干扰,应尽量避免。

8. 立体视觉

立体视觉是人对三维空间各种物体远近、前后、高低、深浅和凸凹的一种感知能力。当观察一个立体对象时,由于人的两只眼睛相距大约65mm,所以两只眼是从不同角度来看这个对象的,左眼看到物体的左边多些,右眼看到物体的右边多些,在两个视网膜上分别感受着不同的视像。这就是说,在空间上的立体对象造成了两眼在视觉上的差异,即双眼视差。现代视差信息理论认为,双眼注视景物时产生的这种视差是人对深度感知的基础,当深度信息传至大脑枕区再经加工处理后,便产生了深度立体感知。这种把两眼具有视差的二维物像,融合分析为一个单一完整的具有立体感的三维物像过程,就是双眼视觉,即立体视觉。

立体视觉的生理基础是双眼视觉功能正常,但即便双眼视力均为1.5的人,立体视觉也不一定健全。立体视觉缺乏者称为立体盲。据国外资料介绍,立体盲的发病率为2.6%,立体视觉异常者则高达30%。我国北京对349名发生过责任交通事故的驾驶员(其中男性342人，女性7人；年龄最小19岁，最大59岁)进行测定，结果是立体视觉异常者70名，占20.06%，其中有的是一项异常，有的是多项异常。

对驾驶员来说，立体盲是一种比色盲、夜盲更为有害的眼病。驾驶员在交通环境中，必须准确地判断车辆与车辆之间、车辆与交通设施之间的远近距离和确切方向、位置，判断车辆的速度，正确认识交通环境中的一切事物。如果缺乏立体视觉或视觉异常，则容易发生交通事故。

根据调查(表2-4)，肇事组驾驶员立体盲患病率显著高于非肇事组驾驶员，而立体盲驾驶员肇事中，又以对纵向距离判断不准引发肇事最为突出，此类肇事(追尾、撞车、撞人)占肇事总数的77.7%，其中追尾占44.4%，撞车、撞人分别占22.2%和11.1%。

通过对2 104名驾驶员视觉功能与肇事关系的调查(表2-5)，也说明立体视觉异常者肇事率明显高于其他人。

肇事与非肇事驾驶员立体盲比较

表 2-4

类　别	受检人数	立体盲人数	患病率(%)
肇事驾驶员(车组)	349	18	5.16
非肇事驾驶员(对照组)	393	4	1.02

正常视觉功能和各项异常视觉功能与肇事关系

表 2-5

正常/异常视觉功能	调查人数	肇事人数	肇事率(%)
正常视觉功能	1 844	274	14.86
低视力	135	33	24.44
色盲	29	8	28.57
立体视觉异常	97	37	38.14
合计	2 104	352	16.73

由此可见，立体盲是道路交通安全的重要隐患之一。美国早已把立体视觉的检查列入驾驶员考核项目。我国的《双眼视觉检查图》于1985年4月由人民卫生出版社出版。立体视觉检查也应列入对我国驾驶员的考核项目，在职业驾驶员选择、考核时，对立体盲者应予以淘汰，以积极预防交通事故。

三、反应特性

驾驶员的反应特性也是其最重要的交通特性之一，通常用反应时间来表示。

人的机体从接受刺激，到认知这种刺激，并尽快做出反应动作所需要的时间，称为反应时间(又称反应潜伏期)。就车辆驾驶而言，对一个特定刺激产生感知并对它做出反应，应包括四个性质截然不同的心理活动：①感知：对需要做出反应的刺激的再认识和了解；②识别：对刺激的辨别和解释；③判断：对刺激做出反应的决策；④反应：由决策引起的肢体反应。这一系列连续活动所用的总时间称为感知反应时间。

图2-5所示为刺激数和反应时间，在试验室里将此反应时间分为单纯反应时间与复杂反应时间。前者是以预先知道可能要出现的信号为条件(例如红灯一亮就按电钮)，视觉刺激为0.25~0.3s，听觉刺激为0.2s，触觉刺激为0.2s，均比较短；后者是从几种刺激当中选出一个刺激反应(例如在红、黄、绿三色灯中，当红灯亮时，按电钮，其他灯亮时不按)，条件愈复杂，反应时间亦愈长，如图2-5所示。

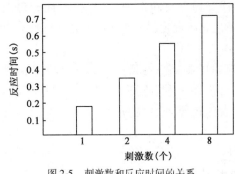

图 2-5 刺激数和反应时间的关系

对于驾驶员来说,特别重要的是制动反应时间。以紧急制动为例,驾驶员从发现紧急情况到把右脚移到制动踏板上去所需要的时间,称为制动反应时间;从开始踏制动踏板到出现最大制动力的时间(包括制动系统传递的延滞时间和制动力增长时间),称为制动器作用时间;从出现最大制动力到使车辆完全停住的时间,称为持续制动时间。这三个时间内汽车运行的距离,称为汽车制动非安全区。缩短制动器作用时间和持续制动时间涉及设计和制造技术问题,因此这里最关键的是如何缩短和控制制动反应时间。

对于制动反应时间,试验室里的假定是,确认危险(反射时间)0.4s,将脚从加速踏板挪到制动踏板0.2s,脚接触到制动踏板和将踏板踩下0.1s,共计0.7s。实际的行驶情况是,外界刺激进入眼中,眼球转动需要时间,人的思维判断是否危险也需要时间。这种动作过程的必要时间随着条件不同而异。这些动作可以看成是判断危险的一个过程,如图2-6所示。

在实际行驶中,不同驾驶员的制动动作反应时间测定结果一般如图2-7所示。

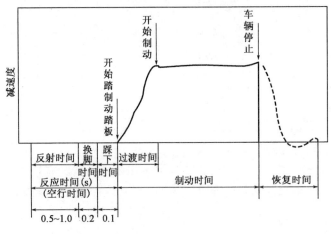

图 2-6 制动动作和制动减速度

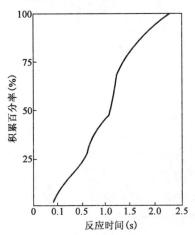

图 2-7 制动反应时间的分布
(市内街道上行驶时)

国外对驾驶员的制动反应时间与事故率的关系进行过调查,结果见表2-6。

事故次数与制动反应时间的关系　　　　　表2-6

9个月中的事故次数	平均制动反应时间(s)	9个月中的事故次数	平均制动反应时间(s)
0~1 件组	0.57	8~9 件组	0.86
2~3 件组	0.70	10~12 件组	0.86
4~7 件组	0.72	13~17 件组	0.89

注:0~1件组,即9个月中出事故0~1件小组,余类推。本表系将驾驶员按9个月内发生事故次数的多少分成若干组,算出他们的平均制动反应时间。

从表2-6看出，驾驶员的平均制动反应时间与事故率呈正比关系，即制动反应时间长的人，事故次数多。

反应时间的长短取决于驾驶员自身的个性、年龄、对反应的准备程度、信息的强弱、刺激时间的长短、刺激次数的多少等。主要的影响因素有以下几个：

(1) 刺激信息。驾驶员的信息来自道路和交通环境，它包括道路线形、宽度、路面质量、横断面组成、坡度、交叉口及车辆类型、交通量、行车速度、机动车与非机动车的行驶情况及相互干扰情况、行人情况、交通信号、交通标志和交通标线等。在驾驶车辆的过程中，交通环境不断变换，驾驶员就随时接受外界信息，并作出相应的反应。

驾驶员所遇到的外界信息大致分为五种情况：

①早显信息。信息出现有一定的时间提前量，如各种交通标志预告的交通信息。

②突显信息。指突发信息，例如在行车中，行人或自行车突然倒于车前；儿童的"跳出"事故。

③潜伏信息。指驾驶员不能直接观察到的信息。这种信息的特点就是它的"隐蔽性"。如没有被驾驶员发现的车辆带病行驶、与宽阔的公路连接的"羊肠小路"，以及弯道超高不够或反超高等。

④微弱信息。指外界信息刺激量过小，难以为驾驶员所接受的信息。这种信息被驾驶员的感觉器官反映到大脑以后，往往辨别不清、容易产生犹豫、疏忽，甚至错觉。如黄昏时，一驾驶员误将蹲在路中间系鞋带的小孩当成垃圾筐而轧死。

⑤先兆信息。指信息到来之前具有某种征兆的信息。如在行车中已发现有事故的苗头，违章驾驶、超速行车、酒后驾驶等。

对于早显信息和先兆信息都是在驾驶员有思想准备的情况下发生的，故驾驶员比较容易作出正确的判断和决策。微弱信息和潜伏信息都需要驾驶员集中注意力来捕捉和发现信息，如果疏忽大意，就会产生犹豫或错觉，造成动作迟缓，甚至做出错误判断。最困难的是突显信息，要求驾驶员在极短的时间内采取措施，如果驾驶员反应迟钝或注意力不集中，必然会措手不及，造成事故。

(2) 分析和判断是大脑的思维活动过程。对于驾驶员来说一般分为三种情况：一种是驾驶员接受外界信息后，能够迅速地分辨真伪，得出正确的结论，一般有经验的驾驶员由于大脑中储存很多信息，遇到外界情况变化时，反应迅速，判断正确；第二种是对外界信息分辨不出真伪，思维混乱，以致造成判断错误；第三种是对外界信息归纳缓慢或考虑欠周，造成分析失时或犹豫不决。对于后两种情况，都是造成交通事故的重要因素，应力求避免。

(3) 年龄与性别。同一个人，随着年龄的增长，反应时间增大，如表2-7所示。年龄为10～17岁，人的比较与判断能力和反应速度均未达到90%；18～29岁，人的比较与判断能力和动作与反应速度达到了最大值，这样年龄的人，尤其是20～25岁这段时间，反应速度是人生中最快的。30岁以后开始有下降的趋势；从40岁开始，反应时间均匀增加，一直到50岁，比平均反应时间增加25%；50岁以后，反应时间开始明显增加。

性别对反应时间的影响是，男性驾驶员比女性驾驶员反应快。日本的交通心理学家宇留野让年龄及驾驶经历相同的男、女两组驾驶员，在干燥的沥青路上驾驶相同的小汽车作紧急制动试验，结果男性驾驶员比女性驾驶员的制动距离平均短4m。

年龄与反应速度的关系(%)　　　　　　　　　　　　表2-7

年　龄	知　觉	比较、判断	动作与反应速度	年　龄	知　觉	比较、判断	动作与反应速度
10～17岁	100	72	88	50～69岁	76	89	92
18～29岁	95	100	100	70岁以上	46	69	71
30～49岁	93	100	97				

(4)交通环境随着客观情况复杂程度的增加，反应时间增长。在有信号控制的交叉路口的入口街道上，自由行驶的车辆对红灯制动反应时间平均为0.5s。在车流量很大，行人很多的街道上，由于驾驶员要进行观察，故对相同信号的制动反应时间增加到1.2～1.5s。

此外，驾驶员饮酒、疲劳、吸毒等也影响其反应时间。

当车速为50km/h时，汽车每秒钟行驶14m；车速为60km/h时，每秒行驶17m。若反应时间增加0.2s，在紧急制动时，汽车多行驶2.8～3.4m。据一些交通事故分析指出，在大多数情况下，只要有零点几米的安全距离，就可以避免事故的发生。所以，每个驾驶员都应当知道自己的反应时间，而且应以零点几秒计算，以便行车过程中遇到情况适时采取措施。

美国心理学博士约瑟夫·布洛克提出了专门用于测试驾驶员反应时间的简易方法，见表2-8。通过该图表，每个驾驶员可以测定自己的反应时间。具体做法是：在表中依次找出10～59的数字，用秒表测定呼读时间。

约瑟夫·布洛克的图表　　　　　　　　　　　　表2-8

34	19	42	54	45
26	16	39	28	57
40	35	14	56	30
12	29	44	51	23
50	43	36	24	11
37	20	55	32	47
25	41	17	53	38
13	22	48	10	58
52	18	21	31	46
27	49	33	15	59

注：经过长期的研究，布洛克博士归纳出如下的规律：用10～30s找出每个接连数字的驾驶员，其反应能力为中上；超过1min的为差，这说明他精力不集中，注意力分散，还说明他在紧急情况下，缺乏迅速找到正确解决办法的能力。

美国各州公路工作者协会建议，对所有车速在确定安全停车距离时，反应时间用2.5s；在确定交叉口视距时，用2.0s。实际上，因人而异，总的反应时间在0.5～4.0s之间。

应当指出，反应时间不仅要短，而且驾驶员要动作正确。驾驶员不能为了避免撞车，不考虑采取的措施如何，而一味地快。这样会招致更为严重的后果。

在混合交通条件下，从众多的危险之中确定最危险的情况，正确地、冷静地、迅速地做出反应，是驾驶员必备的品质，特别是当有中等密度的行人时，更是如此。

四、人格特质

交通心理学往往以特质研究为途径，关注驾驶员的一些人格特质对整个人格表达的决定作用。人的很多特质在交通环境中生来就比其他特质更危险，拥有这些特质的人，或者特质不平衡的人，对他人和自己来说都具有极大的危险性。研究者已经找到了一些能够区分驾驶员和加深对其人格理解的核心特质:感觉寻求、攻击特质和内外控倾向,并且发现它们对危险驾驶行为具有明显的预测作用。

1. 感觉寻求

1)感觉寻求概念

感觉寻求(sensation seeking)是最能有效预测危险驾驶行为的人格特质。它是一种寻求新奇、复杂、多变和高强度的感觉刺激和极端体验的特质,个体甘愿在身体、社会、法律和经济方面冒险。Zuckerman 指出,驾驶为感觉寻求者提供了一个绝佳的机会,能够满足他们对内在唤醒、兴奋、危险、速度和竞争的欲望。

2)感觉寻求与危险驾驶行为

感觉寻求与莽撞驾驶等危险驾驶行为呈正相关。感觉寻求同追尾、超速、不使用安全带、不安全超车、酒后驾车、吸食大麻后驾车和对交通规则的漠视有关。感觉寻求也促使了驾驶员危险驾驶模式的形成,如攻击驾驶,而且这种趋势在那些准备学车的高感觉寻求者中也比较明显。感觉寻求同年龄的发展过程联系密切。感觉寻求在青少年后期达到顶峰,然后开始下降。青少年的感觉寻求、危险倾向、危险驾驶的比例相对都较高,这种情况有可能会导致研究者高估感觉寻求与危险驾驶行为之间的关系。此外,感觉寻求也有积极作用,感觉寻求高的驾驶员,摩托车碰撞事故少,他们对自己的驾驶技能很有信心,这使得他们在危险情况下的发挥相对比较出色。

2. 攻击特质

1)攻击特质概念

根据攻击动机理论,攻击特质(trait aggression)指驾驶员攻击倾向强烈,攻击水平高,而且攻击现象发生比较普遍。驾驶员攻击特质往往导致驾驶攻击。驾驶攻击(driving aggression)是指在驾驶环境中,驾驶员倾向于对他人的身体、心理和感情进行伤害的行为。驾驶攻击主要包括:大吼、咒骂、按喇叭、路边冲突和超速等。

2)攻击特质与危险驾驶行为

攻击特质同一系列危险驾驶行为相联系。先天性的内在攻击特质能够预测驾驶愤怒和攻击反应。攻击特质也能预测驾驶员交通违规,具有攻击特质的驾驶员更可能违反交通规则,并且低估他们违规的频率。

攻击特质与交通事故的关系比较复杂。有研究者认为,攻击特质与交通事故之间的关系可能是间接的,因为它通过影响驾驶风格而起作用。

其他研究者则提出了攻击特质对交通事故的预测作用。研究者通过自我报告法对中国驾驶员研究发现,攻击特质同碰撞事故和交通违规呈正相关。但是,他们的样本主要以男性驾驶员为主,可能夸大了二者的关系。利用面对面的访谈,研究者发现,攻击特质和严重碰撞事故呈正相关,但只限于男性驾驶员。

3. 内外控倾向

1)内外控倾向概念

内外控(locus of control)倾向是指驾驶员对事发缘由和个人行为关系的一种稳定持久的信念,分为外控倾向和内控倾向两个维度。外控倾向的人倾向于用运气、机会、无法控制的情境因素等外因来解释自己的行为。外控倾向的驾驶员比较危险,因为他们消极的倾向会导致个人安全预防措施较少。内控倾向的驾驶员往往把自己的行为归结为一种稳定的内部因素,采取的措施更安全,并承担驾驶行为责任。

2) 内外控与危险驾驶行为

外控倾向与酒后驾驶、驾驶攻击、操作失误、意图违反交通规则有关。内控倾向一般同安全驾驶行为,如谨慎驾驶有关。事实上,高内控倾向的驾驶员比外控倾向的驾驶员事故多,他们对自己控制交通情景因素和避免事故的能力太过自信和乐观,行车更危险。

需要特别注意的是,有研究者并未发现内外控倾向与交通事故之间有关系,这极有可能是研究中使用不同的测量途径造成的。内外控倾向一般通过影响驾驶员的态度、意图、驾驶经验、驾驶风格等,进而影响驾驶员的行为。因此,保守的观点是:内外控倾向同交通事故之间的关系是间接的。

五、驾驶疲劳

1. 驾驶疲劳的概念

所谓疲劳是指作业者在连续作业一段时间以后,劳动机能衰退和产生疲劳感的现象。这是作业者的生理、心理在作业过程中发生变化的结果,属于正常的生理现象。作业者在疲劳状态下连续作业的直接后果是工作效率下降、事故率上升。

驾驶作业虽然不是重体力劳动,但是为了应付不测的事态和急速变化的环境,驾驶员总是处于一种应急状态,使之眼睛和神经持续地高度紧张。特别是在高速行驶时,眼球运动有时达到每分钟150次以上,使眼睛感到很累,由此引起驾驶员的中枢神经疲劳,招致感觉的钝化和知觉的下降,引起认识的不全面或迟缓,判断的失误,最严重时会产生驾驶时打瞌睡的危险现象。这种驾驶人员在连续驾驶车辆后,产生生理、心理机能以及驾驶操作效能下降的现象,称为驾驶疲劳。

驾驶员长时间坐在固定的座位上,要从复杂的环境中不断获取交通情报并迅速处理。这种紧张状况时刻都增加驾驶人员的心理负担。由于驾驶工作的连续性,在行驶中常常因遇到交通堵塞或红灯信号而停车,以致心情烦恼、急躁,加重心理负担,因而容易疲劳。在一些景物单调的道路上长距离行车,也易产生疲劳。这些都称为驾驶疲劳。

我国《道路交通安全法实施条例》第62条第7项对疲劳驾驶是这样界定的:连续驾驶机动车超过4h未停车休息或者停车休息时间少于20min。

2. 疲劳的性质与分类

为了揭示疲劳的实质,让我们以一起交通事故为例。通过对该事故的鉴定查明:汽车性能可靠,出车前准备工作良好,方向盘和制动系统均无故障。道路上无急转弯,无异常情况,路面干燥。然而,汽车却突然右滑,撞在路旁的一棵树上,从悬崖上翻入了山谷,结果造成三人死亡。事故发生的原因何在呢?医生们的结论是:该驾驶员在疲劳之时和疲劳之后曾入睡过几秒钟。事后查明,该驾驶员前一天曾工作到深夜,只睡了2h,便又开始了400km的行程。为了振作精神,他喝了两杯浓咖啡。此后的事态,医生们认为是这样的:

大约行驶了一半路程,驾驶员已疲惫不堪、昏昏欲睡,冉冉升起的太阳驱散空气中的薄雾,发出耀眼的光芒。由于紧张注视路上情况,双眼开始出现刺痛感,上下眼皮打架。两杯咖啡的刺激作用消失后,疲劳进一步加剧,与乘客交谈也无济于事。这时,驾驶员已不能及时感知路上情况的迅速变化,听不清乘客的交谈,反应迟钝,脉搏跳动减缓,瞬间他打了个盹。汽车的颠簸曾使他醒过来,但随后又入睡了几秒钟,于是,不幸发生了……

疲劳不是病态,而是一种正常的生理状态。多数专家认为,一般性疲劳,休息一天便可解除,驾驶员的体力和工作能力可以完全复原。过度疲劳,则是多次疲劳的影响积聚而成的,它可能突然以某种病态表现出来。如果说疲劳是劳动过程的产物,那么,过度疲劳则是疲劳得不到休息补偿的结果。

疲劳一般可以分为身体疲劳和精神疲劳两种。前者由于体力劳动所致,表现在身体方面;后者由于脑力劳动所致,表现在精神方面。因为汽车驾驶作业是脑力劳动与体力劳动的结合,所以驾驶员的疲劳是这两种疲劳的综合体现。

从疲劳恢复的时间来看,可以把疲劳分为一次性疲劳、积蓄疲劳和慢性疲劳。一次性疲劳是经过短期的休息,比如睡一夜觉就可以恢复的疲劳,这是一种由于日常的劳动所引起的疲劳,正常驾驶疲劳就是属于这一种。积蓄疲劳不能用短时间的睡眠来恢复,睡一夜觉后,第二天还是疲劳,这是由于时间过长而积累起来的疲劳。要恢复这种疲劳必须长时间休养和十分充足的睡眠,否则,这种积蓄疲劳会发展成为慢性疲劳。慢性疲劳是一种病态疲劳,一般来说是由于长时期处于疲劳状态而引起的。这种疲劳使劳动质量下降,影响身心健康。积蓄疲劳严重者也和慢性疲劳者相似,都不宜驾驶车辆。

3. 驾驶疲劳的原因

驾驶疲劳的原因,可以从驾驶员本身和驾驶的客观条件中去寻找,导致驾驶疲劳的因素可以大致归纳成表2-9。

影响驾驶疲劳的各种因素 表2-9

驾驶员生活情况	睡眠	睡眠时刻——几点钟开始睡眠 睡眠时间——几小时睡眠 睡眠环境——能否熟睡
	生活环境	居住环境——上班路程远近 家庭环境——婚否、家庭和睦情况 业余时间——下班后时间的利用
行车情况	车内环境	车内温度——温度是否合适 车内湿度——湿度是否合适 噪声及振动——是否过大 车内仪表——是否易于观察 座椅——乘坐是否舒适 与同乘者的关系——融洽或紧张
	车外环境	行车时间——白天、黄昏、夜间 气候——晴、雨、雪、雾 道路条件——道路线形、坡度以及位于市区、郊区、山区等 交通条件——通畅或拥挤 道路安全设施——完善或不完善
	行驶条件	运行条件——长距离行车或短距离行车 时间限制——到达目的地的时间是否充裕
	驾驶员本人情况	身体条件——体力与健康状况 经验条件——技术是否熟练 年龄——青年、中年、老年 性别——男、女 性格——内向或外向

4.驾驶疲劳对安全行车的影响及疲劳的预防

1)驾驶疲劳使驾驶员的驾驶机能失调、下降,对安全行车带来的不利影响

(1)简单反应时间显著增长。据国外研究,工作一天以后,不同年龄的驾驶员,对红色信号的反应时间都增长了,如表2-10所示。

不同年龄的驾驶员疲劳前后的反应时间　　　　表2-10

年龄（岁）	疲劳前的反应时间（s）	疲劳后的反应时间（s）
18~22	0.48~0.56	0.60~0.63
22~45	0.58~0.75	0.53~0.82
45~60	0.78~0.80	0.64~0.89

(2)对复杂刺激(同时给红色和声音刺激)的选择反应时间也增长了,有的甚至增长2倍以上。

(3)疲劳之后,动作准确性下降,有时发生反常反应(对于较强的刺激出现弱反应,对于较弱的刺激出现强反应)。动作的协调性也受到破坏,以致反应不及时,有的动作过分急促,有的动作又过分迟缓。有时,做出的动作并未错,但不合时机,这在制动、转向方面表现得最为明显。

(4)疲劳以后,判断错误和驾驶错误都远比平时增多。判断错误多为对道路的通畅情况、对潜在事故的可能性及应付方法考虑不周到、降雨时速度不当等。驾驶错误多为掌握方向盘、制动、换挡不当。严重者可发生手足发抖、脚踏不稳、动作失调、肌肉痉挛,对驾驶产生严重影响。有的人甚至进入半睡眠状态,把车开入河里、桥下或撞在岩壁上。

当然,因为疲劳的过程是渐进的,因而上述驾驶机能的变化也是逐步下降的。不同疲劳状态对驾驶行为的影响可以归纳成表2-11。

不同疲劳状态下的驾驶行为　　　　表2-11

行为＼状态	正常状态	疲劳状态	瞌睡状态
控制车速	加速、减速敏捷	加速、减速时间较长,速度较慢	速度变换很慢或干脆不变
行车方向控制	能迅速、正确地作出判断,并不断地调节操作动作	不能及时迅速地做出调节性操作动作甚至产生错误动作	停止操作
身体动作	操作姿势正常,无多余动作	较多的身体动作,如揉搓颈或头、伸懒腰、吸烟、眨眼	睡眠,身体摇晃

2)长时间驾驶引起的疲劳及预防

由于疲劳而产生的事故,其形成过程如图2-8所示。

从图2-8可知,虽然导致驾驶疲劳的因素是多方面的,但是长时间连续驾驶是其中最关键的。可以说驾驶疲劳是伴随连续的长时间驾驶产生的。

驾驶的持续时间对驾驶疲劳的产生、工作效率的保持以及正确、迅速地掌握道路状况的能力起着决定的作用。

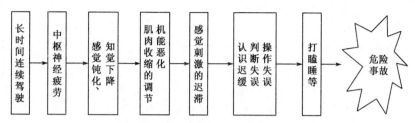

图 2-8　因疲劳而产生的事故的形成过程

日本交通心理学家把驾驶的疲劳感觉按连续行车时间长短分为五个阶段：0~2h 为适应新驾驶工作的努力期，2~4h 是驾驶的顺利期，6~10h 为出现疲劳期，10h 以后为疲劳加重期，14h 以后为过劳期。苏联的科学家研究的结果是：六分之一的肇事驾驶员的持续驾驶时间超过 8h，而且所造成的交通事故也往往比其他驾驶员更严重。他们认为，交通事故发生率在 8h 工作以后增大，其中，第 8~10h 之间不甚明显，但在此之后，驾驶员的疲劳感和交通事故的危险性都大大增加，11h 后尤为明显。实际调查中，驾驶员自己的体会也是，疲劳往往产生于工作 10h 之后。因此，对于长途行车来说，无论是从交通安全的角度，还是从经济的角度考虑，采用两班工作制，要比延长工作时间优越得多。

为了预防驾驶员疲劳行车，苏联于 1977 年 8 月 16 日颁布的《关于汽车驾驶员作息时间的条例》中明确规定：每周的工时累计不得超过 41h。每周工作 6d 的驾驶员，每天的工时不得超过 7h；休息日前一天的工时不得超过 6h。在长途运输中，驾驶员的工作时间持续较长，按照累计工时核算，工作的持续时间不得超过 10h，最长不得超过 12h。如果在一个班次中驾驶时间不得不超过 12h，那么，汽车上应备有专门的休息设备，而且在一个班次中选派两名驾驶员。

我国交通运输部在 2011 年颁布的《关于积极推行道路客运安全告知制度有关事项的通知》中明确规定："连续驾驶时间不得超过 4h"以及"卧铺客车凌晨 2 时至 5 时停车休息"。2012 年 4 月 23 日，交通运输部印发《交通运输企业安全生产标准化考评管理办法》和《交通运输企业安全生产标准化达标考评指标》，针对道路旅客运输企业，明确要求客运车辆每日运行里程超过 400km（高速公路直达超过 800km）的，按规定配备两名以上驾驶员；驾驶员连续驾驶时间不超过 4 个小时，或者 24h 内累计驾驶不超过 8h。

此外，长途行车中应注意，每隔 2~3h 要休息 10~15min。稍感困倦和无端烦躁就立即打开玻璃窗，呼吸新鲜空气。也可打开收音机，但最好听轻音乐或欢快的歌曲，不要听乏味的、催眠的音乐或球赛的实况转播，因为这会分散注意力。如果这一切都无效，应靠边停车，下去活动一下身体。如果感到疲劳过度、睡意难以解除，最好休息 20~30min。一般经过短时间睡眠，睡意即可解除。

我国《道路交通安全法实施条例》第 104 条规定"机动车驾驶人有下列行为之一，又无其他机动车驾驶人即时替代驾驶的，公安机关交通管理部门除依法给予处罚外，可以将其驾驶的机动车移至不妨碍交通的地点或者有关部门指定的地点停放：不能出示本人有效驾驶证的；驾驶的机动车与驾驶证载明的准驾车型不符的；饮酒、服用国家管制的精神药品或者麻醉药品、患有妨碍安全驾驶的疾病，或者过度疲劳仍继续驾驶的；学习驾驶人员没有教练人员随车指导单独驾驶的。"《道路交通安全违法行为处罚及记分标准》中规定：连续驾驶机动车超过 4h 未停车休息或者停车休息时间少于20min的,将被罚款200元、扣2分。

疲劳驾驶的危害性不言而喻,它造成的后果往往是群体性伤亡事故,给社会、集体和家庭造成毁灭性打击,因此必须遏制疲劳驾驶这种违法行为。

预防驾驶疲劳可采取以下措施:

(1) 保证足够的睡眠时间和良好的睡眠效果。养成按时就寝和良好的睡眠姿势,每天保证7~8h的睡眠;睡前1.5~2h内不饮食,睡前1h内不多饮水、不进行过度脑力工作;卧室内保持通风、清洁,床不宜太软,被子不要过重、过暖,枕头不宜过高。

(2) 养成良好的饮食习惯,提高身体素质。膳食宜选择易消化、营养价值高的食品;多吃含维生素A、C、B_1、B_2的食物,可以防止眼睛干燥、疲劳、夜盲症的发生;多吃纤维性食物,可以增强胃、肠的蠕动,防止便秘和痔疮;多吃含钙量较高的食物,可以减轻驾驶中的焦虑和烦躁感;饭量以七八成为好,勿暴饮暴食;每餐间隔以5~6h为宜,尽量做到定时就餐,切忌饱一顿、饥一顿;饮食应细软,不要狼吞虎咽,也不要只吃干食,适量喝汤有助消化。

(3) 科学地安排行车时间,注意劳逸结合。科学、合理地安排行车时间和计划,注意行车途中的休息;连续驾驶时间不得超过4h,连续行车4h,必须停车休息20min以上;夜间长时间行车,应由两人轮流驾驶,交替休息,每人驾驶时间应在2~4h之间,尽量不在深夜驾驶。

(4) 注意合理安排自己的休息方式。驾驶车辆避免长时间保持一个固定姿势,可时常调整局部疲劳部位的坐姿和深呼吸,以促进血液循环;最好在行驶一段时间后停车休息,下车活动一下腰、腿,放松全身肌肉,预防驾驶疲劳。

(5) 保持良好的工作环境。行车中,保持驾驶室空气畅通、温度和湿度适宜,减少噪声干扰。

3) 瞌睡的形成及预防

驾驶员一次疲劳的极限程度是达到瞌睡状态。当驾驶员在单调的道路上驾驶时,他会处于意志薄弱的状态,注意力不由自主地转到与行车无关的事情上,并且会产生一些念头,分散注意力,对周围情况漠不关心。在交通环境千篇一律的情况下,对大脑皮层某些点的重复性刺激会导致一些神经细胞群呈现抑制状态,从而使驾驶员精神委靡甚至入睡。通过研究还表明,单一的灰色沥青路面是导致驾驶员昏昏欲睡,造成交通事故的重要原因之一。另外,在高速公路上行车时,由于驾驶员长时间在路线平直而单调的环境中做简单的重复操作,车辆产生轻微而有节奏的振动,此时由于大脑反复受同样的刺激,使大脑皮层的能量消耗过多,大脑代谢功能降低,供血不足,也很容易引起驾驶员疲劳,甚至达到昏昏欲睡状态。

近几年来,因驾驶员打瞌睡引起的交通事故逐渐增多,而且多为恶性事故。驾驶员因打瞌睡而发生的交通事故在一天时间中的分布如图2-9所示。

图2-9所显示的瞌睡事故的高发时段(23:00~次日8:00),正是人们每天睡眠的最佳时刻。在这段时间中,人体的许多生理系统随着生物节律的循环周期而进入抑制状态。因此,从事夜间运输的驾驶员,一是要保证出发前应有不少于8h的睡眠时间,二是要比白天的工作定额时间减少1h。

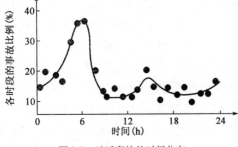

图2-9 瞌睡事故的时间分布

预防驾驶员因瞌睡酿成交通事故的措施应是有针对性的。通常采用的措施是：

（1）长时间连续驾驶引起瞌睡的预防（前已述及，略）。

（2）单一的灰色沥青路面导致驾驶员瞌睡的预防。①把危险地段的路面涂上鲜艳的颜色，尤其是红色或黄色，可以刺激驾驶员的视觉器官和整个神经系统更积极地活动。例如阿尔卑斯山上的某些特别危险路段涂上鲜艳颜色后，交通事故减少了85%～90%。由此可见，路面着色是保证交通安全的一种有力措施。②减少交通事故的另一个办法，是用浅色石块铺砌路边，或者在路边铺一层沥青。它们所形成的道路光学界线有利于驾驶员准确地判断道路的宽度和方向，尤其是弯道的宽度和方向。在美国采用这一办法后，交通事故的总数下降了19%，死亡率下降了35%，其中夜间的死亡率下降了37%。③危险路段两边对称的沥青路堑，同样可以减少交通事故。加利福尼亚州39条非常危险的路段上修筑了这种路堑之后，交通事故下降了70%。

（3）由于驾驶员出现"抑制状态"而造成的交通事故后果也往往特别严重。这种"抑制状态"通常是几种消极因素，如心情紧张、令人焦躁的环境、道路情况千篇一律等综合作用的结果。另外，车上的乘客、特别是驾驶员附近的乘客睡觉，对驾驶员的消极影响是极大的，这种心理作用就如同一个人打哈欠自然会感染他人一样。足够的睡眠（不少于7h）、正确的生活方式、驾驶过程中饮食适量、驾驶室通风良好以及在不分散注意力的前提下与乘客低语，是防止产生"抑制状态"的主要手段。

在国外，因驾驶员疲劳而发生的交通事故占全部交通事故的1%～1.5%；另据法国国家警察总署统计，交通事故中，占人身伤害事故的14.9%和死亡事故的20.6%，都是由于驾驶疲劳、瞌睡发生车祸而造成的。实际上，分析事故原因时，除非极明显的由于瞌睡或知道驾驶员出事故前没有休息好，一般很少把事故原因归结为疲劳。如果按疲劳的原理深入分析，那么由于疲劳而引起的交通事故所占比例应当是比较大的。

在我国，一些地方疲劳行车肇事占交通事故总数的比例已达到14%～16%，对此，应引起高度重视。

六、饮酒与驾驶

1. 饮酒对人生理及心理的影响

酒中影响驾驶的主要成分是酒精（化学名称为乙醇），酒的烈性程度，就是指所含酒精浓度的大小。人饮酒之后，酒精被胃壁和肠迅速吸收，溶解于血液中，通过血液循环流遍全身，渗透到各组织内部。由于酒精与水有融合性，所以体内含水量高的组织和器官，比如大脑和肝脏等，酒精含量也高。

酒精具有麻醉作用，它作用于高级神经中枢，最初使人有些轻松，减弱了对运动神经的约束，四肢活动更为敏捷。随着脑及其他神经组织内酒精浓度的增高，中枢神经活动便逐渐迟钝，先使人的判断力发生障碍，而后四肢活动也变得迟缓了。

测试表明，血液中酒精浓度在0.5‰～1.0‰时，可出现面部潮红，血压轻度升高；在1.0‰～1.5‰时因脑皮质受抑制，饮酒者自觉舒适愉快，话多好辩；在1.5‰～2.5‰时，饮酒者颜面苍白，意识朦胧，言语含糊不清，不能正常步行，呈木僵状，伴有血压和体温下降；在4.0‰～5.0‰时，饮酒者呈深度昏迷、麻醉状态，甚至可能出现呼吸、心跳停止而死亡。

饮酒对精神和心理的影响比对身体的影响更大,其表现为:①情绪不稳定;②理性被麻痹,对各种事物的注意力下降;③意识面变窄;④信息处理能力下降,影响其选择面;⑤预测的正确度和自制能力下降;⑥危机感被麻痹,脾气变大,喜欢超速和超车等,安全态度显著变坏;⑦记忆力下降等。

由于饮酒对人的生理和心理能产生上述影响,所以,饮酒后驾驶员的驾驶机能会不同程度下降。实验证明,体内酒精浓度为 0.8‰时,驾驶能力有所下降;浓度为 1.0‰时,驾驶能力下降 15%;浓度为 1.5‰时,驾驶能力下降 39%。表 2-12 总结了酒后开车不安全因素与醉酒程度的关系。

酒后开车的危险性　　　　　表 2-12

血液中的乙醇浓度(%)	酩酊程度	驾驶危险性	血液中的乙醇浓度(%)	酩酊程度	驾驶危险性
0.05	几乎不呈酩酊状态	可有危险	0.20	呈酩酊状态	肯定危险
0.10	有明显影响	多有危险	0.25	高度酩酊	肯定危险
0.15	有很大影响	非常危险	0.30	重度酩酊	肯定危险

2. 酒后开车与交通事故

酒精麻醉的程度是因人而异的,它取决于人的健康状况、疲劳程度、情绪状态,进食、饮酒的习惯和人体对酒精的敏感度。酒后肇事驾驶员血液中的酒精含量通常为 1.5‰~2.5‰。一般血液中酒精含量在 0.3‰~0.9‰的驾驶员造成交通事故的可能性比头脑清醒的驾驶员高 7 倍。以此类推,酒精含量在 1.0‰~1.5‰的驾驶员要高 30 倍,超过 1.5‰的驾驶员则要高 128 倍。

从世界交通事故统计来看,因酒后开车造成的事故比例很大。前苏联 78% 的交通事故与驾驶员酒后开车有关;1986 年,欧洲交通事故死伤 160 多万人,其中 42% 与饮酒有关;法国每年酒后开车造成 5 000 人死亡,占交通事故死亡人数的 43% 左右。

在我国,酒后开车肇事现象也比较严重。据 2012 年《道路交通事故统计年报》统计,我国 2012 年道路交通事故数 204 196 起,死亡人数 59 997 人,受伤人数 334 327 人,其中因酒后驾驶导致的事故数 5 251 起,死亡人数 2 228 人,受伤人数 5 291 人。驾驶员酒后开车造成的交通死亡事故占同时期交通事故死亡总数的 5% 左右。而且,从发展形势看,随着人民生活水平的逐步提高,我国人民饮酒量也在上升,驾驶员中,尤其是长途客货、山区运输及个体运输的驾驶员饮酒现象也比较普遍。

对于驾驶员酒后多久可以驾驶汽车,而又不必担心酒精的副作用导致交通肇事的问题,已经有了明确的结论。大致可以认为,人体 1h 内可以排出 6~8g 纯酒精。各类酒的酒精浓度在其商标上均有注明,一般白酒中含有酒精 38%~65%,果酒中含 18%~48%,啤酒中含 2%~5%。饮酒后,酒类中的酒精大部分被胃壁吸收,少部分由小肠吸收,约 5min 后,进入人体血液中,并经血液循环渗入人体各器官和组织中。

为了防止驾驶员酒后驾车,世界各国都做出了严禁酒后驾车的明确规定。

1) 中国

2011 年 2 月 25 日,十一届全国人大常委会第十九次会议表决通过了刑法修正案(八),首次将醉酒驾车这种严重危害群众利益的行为规定为犯罪,并于5月1日正式实施。具体规定为:"在道路上驾驶机动车追逐竞驶,情节恶劣的,或者在道路上醉酒驾驶机动车的,处拘役,并处罚金"。醉酒驾驶的界定标准为:每百毫升血液中的酒精含量高于或等于80mg(含)。

2011年4月22日,我国第十一届全国人民代表大会常务委员会第二十次会议对《道路交通安全法》进行第二次修正,修正后的《道路交通安全法》第九十一条是关于酒驾的规定,具体为:

(1)饮酒后驾驶机动车的,处暂扣6个月机动车驾驶证,并处1 000元以上2 000元以下罚款。

(2)因饮酒后驾驶机动车被处罚,再次饮酒后驾驶机动车的,处10日以下拘留,并处1 000元以上2 000元以下罚款,吊销机动车驾驶证。

(3)醉酒驾驶机动车的,5年内不得重新取得机动车驾驶证。

(4)饮酒后驾驶营运机动车的,处15日拘留,并处5 000元罚款,吊销机动车驾驶证,5年内不得重新取得机动车驾驶证。

(5)醉酒后驾驶营运机动车的,吊销机动车驾驶证,10年内不得重新取得机动车驾驶证,重新取得机动车驾驶证后,不得驾驶营运机动车。

(6)饮酒或者醉酒后驾驶机动车发生重大交通事故,构成犯罪的,依法追究刑事责任,并由公安机关交通管理部门吊销机动车驾驶证,终生不得重新取得机动车驾驶证。

2)土耳其

酒醉开车,驾驶员要被押送到离城20km以外,然后在监护下强迫步行回城。

3)美国

(1)洛杉矶

如发现驾驶员酒后开车,除罚款外,还要花300美元在车内安装一种电子装置,一旦有酒味,车就发动不起来。如不安装,将剥夺其驾驶汽车的权利。

(2)加利福尼亚州

因酒后开车而被控告的驾驶员,将被强迫去参观停尸房,并观看尸体解剖,或看一部令人惨不忍睹的交通意外事故影片,以教育违章者。

4)日本

醉酒驾车两次以上者,将被判处6个月的徒刑。

5)加拿大

酒后开车者,罚款1 470美元,监禁6个月;造成人身伤害的,监禁10个月;造成死亡的,监禁14年。

七、吸毒与驾驶

1.毒驾的危害

毒驾是指未戒断毒瘾和正在使用毒品的驾驶员驾驶机动车的行为,毒驾存在严重的安全隐患。驾驶人吸食毒品后,所产生的精神极端亢奋甚至妄想、幻觉等症状,会导致其脱离现实场景,判断力低下甚至完全丧失判断力。因吸毒后驾驶机动车引发的交通事故不断增多,特别是导致多人伤亡的恶性交通事故时有发生。英国一项研究表明,驾驶员酒后驾车反应时间比正常反应时间慢12%,毒驾驾驶员反应时间则比正常反应时间慢21%。吸毒后人往往会出现幻象,驾驶能力严重削弱,为恶性交通事故的发生埋下隐患,危及到人们的安全。

2010年5月26日晚8时30分,杭州一狭窄的三岔路口处,一辆轿车在十多分钟内撞飞了4个摊位,连撞17人,最后将一个女孩压在车底下,愤怒的群众将车掀翻,救出女孩后才制止了惨剧的扩大。后经涉毒检测表明,肇事男子吸食了K粉(氯胺酮)。据肇事者事后交待,他当时感觉像是在电子游戏的场景中,路人就像游戏中的人物一样,车子撞人越多,他的游戏得分就越高,他就越觉得兴奋。从毒驾的案例来看,毒驾驾驶员无视道路使用者安全,远比酒驾给社会带来的危害严重。

2. 毒驾的检测

交警让驾驶员对着仪器吹气,立即就能测出其每百毫升血液中酒精的含量,而缉毒人员要想知道驾驶员是否涉嫌"毒驾",一般采取尿检、血检的方法,检测结果要等到数小时甚至一天后才能出来。

"唾液测毒"可以当场出结果。据介绍,"唾液测毒"只需一个测试条或一个特制棉签,只要沾有驾驶员唾液的测试条呈阳性、棉签颜色改变,就可认定其吸食了毒品,准确度达95%以上。"唾液测毒"灵敏度很高,吸毒两天内查出的概率达99%。另外,有些药物含有部分受管制的精神性药品成分,"唾液测毒"还能区分出是"吃药"还是"吸毒"。

澳大利亚、美国等发达国家早已用"唾液测毒"技术在路边对驾驶员进行吸毒筛查。2010年上海世博会期间,浙江省公安厅禁毒总队采用"唾液测毒"技术在路边对驾驶员进行吸毒检验,取得良好效果。此外,浙江、江苏、内蒙古和云南等地也在使用这项技术进行路边筛查。"唾液测毒"成本很高,普及尚有难度。同时,"唾液测毒"只是粗筛,并不能作为法庭上的证据使用。

3. 毒驾的治理

"毒驾"和"酒驾"都是机动车驾驶员绝对禁止的行为,但刑法并未对"毒驾"的法律责任做出明确的规定。部分吸毒驾驶员认为,当前公安机关对"毒驾"的查处力度远不及"酒驾",与此同时,交警在检查中单靠肉眼难以判断其是否吸毒。正是由于"毒驾"的隐蔽性,使吸毒驾驶员抱着容易逃避交警的检查、不易被查处等种种侥幸心理,从而使"毒驾"行为呈现增长的态势。

在法国,一旦被查出酒驾或毒驾,驾驶员至少被罚6个驾驶分(法国驾照实行终身制,12个驾驶分被罚光驾驶员必须重考驾照),严重的则被当场吊销驾照。如果是酒驾或毒驾导致过失杀人,则会被判处7年监禁和10万欧元罚款。

澳大利亚维多利亚州当地政府2003年12月通过了《道路安全法(药后驾车)议案——违禁药物路旁唾液筛查》。该议案规定,采用唾液而非血液,进行路旁随机检测大麻和甲基苯丙胺这两种违禁药物。检测对象为所有的驾驶人,采用的是随机筛查的方法,而不是经警察判断为有用药嫌疑后才对其进行检测。维多利亚州为全球第一个立法规定实行路旁随机筛查毒品的地区,对毒后驾驶制定了一整套法律系统,包括:《维多利亚药后驾车立法》《道路安全(修正案)条例(2000年版)》《道路安全法(药后驾车)议案——违禁药物路旁唾液筛查》,以及路旁随机筛查毒品的地区后续出台的《执行指导方针》《质量控制程序》等相关文件。

在我国,公安部2013年1月1日起施行了新的《机动车驾驶证申领和使用规定》,该法规首次对毒后驾驶做出了明确规定,针对暴露出的吸毒后驾驶机动车问题,对吸毒人员申请驾驶证或者驾驶机动车采取"零容忍"措施,严格限制吸毒人员申请机动车驾驶证。按照新规定,3年内有吸食、注射毒品行为或者解除强制隔离戒毒措施未满3年的,不得申请驾驶证;驾驶人吸食、注射毒品后驾驶机动车或者正在执行社区戒毒、强制隔离戒毒、社区康复措施的,应注销其驾驶证。

《中华人民共和国道路交通安全法》第二十二条规定:饮酒、服用国家管制的精神药品或者麻醉药品,患有妨碍安全驾驶机动车的疾病、过度疲劳影响安全驾驶的,不得驾驶机动车。《中华人民共和国道路交通安全法实施条例》(2004年5月1日起施行)第一百零五条规定:机动车驾驶人有饮酒、醉酒、服用国家管制的精神药品或者麻醉药品嫌疑的,应当接受测试、检验。

八、生物节律

人类生活的自然环境随着时间的变化而有规律的交替,即是自然节律。如昼夜的交替、季节的变换、潮汐的涨落等。人类作为生活在自然环境中的有生命的机体,为与自然环境相适应,其生理活动同样表现出有规律的变化。生理学家称这些人体内存在的生理循环为"生物节律"。生物节律的变化与人类行为有着密切的关系。研究证明,人体中没有哪一种化学变化和物理变化是没有节律的,如脉搏、呼吸、血压、排泄、睡眠、体温及妇女的经期等。

1. 生物节律及其内容

对人类生理节律的研究表明,多数节律是以24h为周期循环的。人体还表现较长时间的节律,如周期约近一个月的体力节律(23d)、情绪节律(28d)、智力节律(33d)等。这三个节律一般称为生物节律。

生物节律提出于19世纪末20世纪初,它在某种程度上揭示了人的生理、心理变化的规律。生物节律的内容可以概括为以下几点:

(1)人类行为受其固有的、可测定的生物节奏变化的影响。

(2)人的体力、情绪和智力循环周期分别为23d、28d和33d。

(3)这些节律从人们出生的那一时刻开始,就分别按各自的周期循环变化——从高潮期到临界期,直至低潮期,再从低潮期到临界期,直至高潮期,这样不断的循环往复,直到生命结束止。生物节律的变化如图2-10所示。

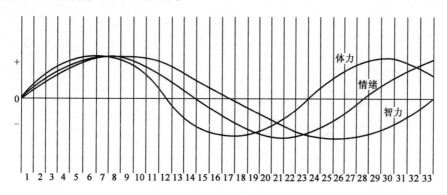

图2-10 生物节律变化图

(4)每当人们的这些生物节律处于高潮期,人们的行为也处于最佳状态:体力旺盛、精力充沛、情绪高昂、视野开阔、思维敏捷、工作效率高;当生物节律处于低潮期,人们的行为适应性差,处于较差状态:体力衰弱、耐力下降、情绪低落、反应迟钝、思维抑制、工作效率低;而当这些生物节律处于高潮期与低潮期之间的临界期,人体内发生复杂和急剧的生理变化,各器官功能协调性差,人们的行为处于一种不稳定状态,这个时期,人们的行为很容易受外界因素的影响而出现差错或酿成事故。如果有两个以上的节律都在同一天到达临界期,则其影响更为明显。

2. 生物节律对行车安全的影响

在铁路、公路、水路、航空等运输方式中,虽然这些具体运输方式对运输人员的要求不尽相同,但生物节律对驾驶者的影响机理却是一样的。汽车驾驶员或机车乘务员通过视觉、听觉从外界获取信息,经过大脑处理后发出具体指令并通过手脚具体操作。因此,运输生产过程中汽车驾驶员或机车乘务员的体力、情绪和智力对行车安全影响极大。

一般人在体力低潮期,容易出现体力透支,反应呆滞缓慢。正常情况下,驾驶员从接收信息到作出反应大约需要0.5s,而处于极度疲倦状态下的驾驶员则需要18s。这无疑会对行车安全造成不利的影响。在情绪的低潮期,人的情绪容易波动,注意力不易集中,对外界的感知丢三落四,驾驶员处于这种状态时很容易引发交通事故。在智力的低潮期,人的判断力及逻辑思维能力处于低谷,驾驶员处于这种状态时容易将小问题酿成大事故。临界期则是最危险的时期,人在这个时期状态最差,思维紊乱、头脑迟钝、情绪极度不稳,容易发生事故。

据调查,交通事故有80%以上是由汽车驾驶员或机车乘务员的失责所造成的,而其中约有70%的驾驶者有1~2条生物节律处于临界期,或者同时处于低潮期。

研究人员针对清远市某汽车客运公司的安全事故情况进行过分析。在2007~2009年3年间,共发生事故157起,其中没有因车辆机件问题引发的事故,全部是因为驾驶员各方面人为因素引起的。事故中,驾驶员的平均年龄为38.74岁,驾龄为15.18年,均是处于驾驶车辆的黄金时期。按照生物节律理论,只要事故当天驾驶员的体力、情绪、智力项处于临界期就极容易引发交通事故,所以,对发生事故的驾驶员作生物节律的手工计算并换算分析,得出表2-13和表2-14的结果。

对事故当天驾驶员的节律情况的分析表　　表2-13

序号	节律情况	事故宗数	占比
1	三高	8	5.10%
2	一低二高	30	19.11%
3	二低一高	31	19.75%
4	三低	13	8.28%
5	一临二高	19	12.10%
6	一临一低一高	29	18.47%
7	一临二低	18	11.46%
8	二临一高	6	3.82%
9	二临一低	3	1.91%
	临界合计	75	47.77%
	合计	157	100%

事故中驾驶员处于临界情况的分析表　　　　　　　　表2-14

序号	临界节律情况	事故宗数	占比	备注
1	临界	75	47.77%	
2	单临界	66	88.00%	
3	双临界	9	12.00%	
4	体力临界	39	52.00%	单项与临界宗数比
5	情绪临界	22	29.33%	单项与临界宗数比
6	智力临界	23	30.67%	单项与临界宗数比

经表2-13和表2-14分析,当驾驶员生物节律状态处于临界期时,发生的交通事故数占总事故数的47.77%,其中又以体力因素对驾驶员的驾驶安全影响比较大。

以上事实表明,交通事故的发生与驾驶员的生物节律有着内在的联系。运用生物节律理论推算驾驶员的节律状态,指导驾驶员安全行车,能起到防止和减少交通事故的积极作用。

3. 生物节律的计算方法

计算生物节律的方法很多,如查表法、计算法、图像法等。计算法的基本计算式如下:

$$Y_1 = A_1 \cdot \sin\left(\frac{2\pi}{23}X\right) \tag{2-1}$$

$$Y_2 = A_2 \cdot \sin\left(\frac{2\pi}{28}X\right) \tag{2-2}$$

$$Y_3 = A_3 \cdot \sin\left(\frac{2\pi}{33}X\right) \tag{2-3}$$

式中:Y_1、Y_2、Y_3——分别是体力、情绪、智力的节律状态,其图像为正弦曲线,如图2-10所示;

X——当事人发生事故日期到出生日期的总天数,$0 < X < \infty$；

A_1、A_2、A_3——分别是体力、情绪和智力的振幅。

当节律波处于"正"象限(A值为正)时,为高潮期;处于"负"象限(A值为负)时,为低潮期;当A值接近于0时,为临界期。

人体生物节律的计算是按公历来进行的。最简单的方法,是先计算出从出生那天起,到要测算那天的总天数,然后分别以23、28和33去除总天数,得到三个余数,去对照图2-10或其他的生物节律变化图,即可得到所需了解那天的生物节律状态。举例如下:

如某驾驶员是阳历1984年3月16日出生,现计算他在2014年9月22日的生物节律状态。

(1)以公历为准,计算其周岁天数,即365×周岁数,则365×30 = 10 950(d)。

(2)计算闰年比平年多的天数(四年一闰,闰年二月份比平年多一天),即周岁数÷4(结果取整数),则30÷4 = 7.5 取7d。

(3)计算周岁生日距测试日的天数,按日历计算为190d。

(4)取前三项之和,计算出总天数为11 147d。

(5)分别以三个周期的天数去除总天数,计算在各周期中所处的节律位置,则:

体力 11 147÷23 = 484…余15

情绪 11 147÷28 = 398…余3

智力 11 147 ÷ 33 = 337…余 26

（6）用三个周期的余数，对照图 2-10，查得该驾驶员处于体力循环低潮期、情绪高潮期和智力低潮期。

应该指出：关于生物节律的上述观点在目前还缺乏足够的科学根据。例如：人的生命活动自胚胎期就已开始，这对生物节律的计算起点是否有影响；人的一生是很复杂的，引起人的体力、智力、情绪变化的因素相当多，这些因素如何与生物节律共同影响人的日常行为；外界的各种刺激以及人体自身的健康疾病等因素对生物节律的周期是否有影响；人体机能随着年龄的增长而逐渐趋于衰老，生物节律周期是否也随年龄而有所变化；人与人之间在生物节律周期上是否存在着个体差异；男女之间在生物节律上是否存在差异。这些问题尚无法解释和验证。

生物节律学说是一门新兴学科，在目前虽然有些问题尚未明了，但至少可以给我们这样一个启示：驾驶员的行为状态是有一定规律的，了解和掌握这些规律，对保证交通安全有益。

第二节　行人交通特性

相对于汽车交通来说，对行人交通特性的研究是很少的。不过前人已经做了不少工作，例如美国学者弗洛因（Fruin J. J.）在其博士论文《行人规划与设计》中详细研究了行人速度、流量、密度、行人占有空间等特征要素及其相互关系，提出了人行道服务水平划分建议值，见表 2-15。

人行道流量、行人占有空间与服务水平　　　表 2-15

服务水平	行人流量（人/min）	行人占有空间（m^2/人）	行人交通情况
A	≤30	>2.3	自由流
B	30～55	2.3～0.9	行人步行速度和超越行动受到限制；在有行人反向和横穿时严重地感到不方便
C	55～70	0.9～0.5	步行速度受到限制，经常需要调整步伐，有时只好跟着走；很难绕过前面慢行的人；想要反方向走或横穿特别困难
D	≥70	<0.5	不稳定流动，偶尔向前移动；无法避免与行人相挤；反向和横穿行动不可能

1. 基本参数

行人交通特性常用的基本参数有：步频、步幅和步速。

步频为行人在单位时间内行走时跨步的次数，常用单位为步/min，一般行人步频在 80～150 步/min 之间。

步幅又称步长，是指行人行走时每跨出一步的长度，单位为 cm 或 m。我国行人步幅平均值为 63.7cm。

步速为行人在单位时间内所行进的距离。步速男女老少有别，而且与步行道路特性有关。

2. 行人过街特性

行人横穿道路有单人穿越和结群穿越两种。单人穿越有待机穿越、抢行穿越、适时穿越三种情况。在穿越过程中，又有匀速穿越、中途停步、中途加速、中途减速等情况。行人过街心理有怕车辆、不怕车辆和瞻前顾后等现象。由于目前我国交通意识教育未能深入人心，所以不怕车辆的行人大有人在，这是事故多发的原因之一。行人结群过街容易被驾驶员发现，相对于单人穿越危险性小些。但不遵守交通规则的结群过街给交通管理造成很大困难，容易产生交通紊乱、滞阻、堵塞等。

3. 行人分布特性

行人一般在大商店门口、电影院、体育场、学校门口、广场和交叉路口等地方比较集中，而且穿越形式不规则。在郊外公路上更有突然穿越现象发生。一般行人能在人行道上步行，但目前在我国车多、人多和交通意识淡薄的情况下，人车混走的现象绝不少见。

4. 行人的交通特性与风险因素

行人交通特性表现在行人的速度、对个人空间的要求、步行时的注意力等方面。这些与行人的年龄、性别、教养、心境、体质及出行目的等因素有关，也与行人所处的区域、周围的环境、街景、交通状况等有关。总结起来如表 2-16 所示。

行人交通特性及相关因素分析 表 2-16

特征因素	行人速度	个人空间	行人注意力
年龄	成年人正常的步行速度为 1.0~1.3m/s，儿童的步行速度随机性较大，老年人较慢	成年人步行时个人空间要求 0.9~2.5m²/人，儿童个人空间要求比较小，老年人则要求比较大	成年人比较重视交通安全，注意根据环境调整步伐和视线，儿童喜欢任意穿梭
性别	男性比女性快	男性大、女性小	男女相当
目的	工作、事务性出行，步行速度较快，生活性出行较慢	复杂	工作、事务性出行，注意力比较集中；生活性出行，注意力分散
文化及素养	复杂	受文化教育高的人一般要求高，顾及自己与他人；反之，则要求低，也不太顾及他人	受文化教育高的人一般比较注意文明走路和交通安全
区域	城里人的生活节奏快，步行速度高；乡村人生活节奏慢，步行速度慢	复杂	城里人步行时注意力比较集中，乡村人比较分散
心境	心情闲遐时速度正常，心情紧张、烦恼时速度较快	心情闲遐时个人空间要求正常，心情紧张时要求较小，烦恼时要求较大	心情闲遐时注意力容易分散，紧张时比较集中
街景	街景丰富时速度放慢，单调时速度加快	街景丰富时个人空间小，单调时个人空间大	街景丰富时注意力分散，单调时集中
交通状况	拥挤时，速度放慢	拥挤时，个人空间变小	拥挤时，注意力集中

1)儿童

儿童具有喜爱玩耍、好动的天性,容易产生突然、自发的行为。由于生理和心理发育的特点,儿童在参与交通的过程中,既没有自我保护的意识,也没有自我保护的能力,表现出如下的行为特性:

(1)行为无常,注意力通常集中于自己感兴趣的事物。儿童常常因为玩耍而不顾周边的交通情况,遇到突发事件时,会惊慌失措,错误地选择应对措施。

(2)身材矮小,容易落入驾驶盲区。和成人相比,儿童身材矮小,特别是当他们站在车辆的某个角落时,不容易被发现。

在起步和倒车之前,驾驶员要下车观察盲区内的情况,确保安全。行车中,必须提前预测来自儿童的危险,即使在没有看到儿童的情况下,也应提前减速,随时准备停车。

2)青少年

在道路交通中,青少年既是一个朝气蓬勃的群体,也是交通风险较大的群体,主要表现在:

(1)注意力不集中。青少年对外界的事物充满好奇心,喜欢东张西望,与同伴相行时,他们往往喜欢并排行走,谈笑风生而不注意周边的交通情况。

(2)喜欢冒险。青少年常常喜欢冒险而不顾行为后果,如喜欢走捷径或者是为了向同伴显示能力而违反交通规则、横穿马路等。

行车遇到青少年,要注意提前减速,发现青少年违章、铤而走险时,要注意避让,必要时要停车让行。

3)老年人

老年人容易通过外表来辨认,他们的行为特征主要表现在:

(1)反应迟钝,行动缓慢。老年人视力与听力不好,表现在思维容易只集中到某个事物上,不能迅速地判断交通情况。

(2)应变能力差,老年人面对大城市复杂的道路交通情况,往往感到力不从心。例如在横穿马路时,有时候他们会滞留在道路上,有时又会不顾周边的交通危险而突然抽身返回。

行车遇到老年人时,要有耐心,提前降低车速,观察其动态。当老年人因为行动缓慢而滞留或突然抽身返回时,要立即停车,让他们先通过道路。

第三节 车辆的交通特性

一、车辆的基本特性

1. 汽车的组成和分类

道路交通中使用的车辆主要是汽车。汽车主要由以下部分组成:

(1)发动机:汽车的动力装置,牵引力由此而来。

(2)底盘:汽车的基础。

(3)车身:装载货物或乘客的驾驶室和车厢。

(4)电器设备:供应发动机起动和点火系统以及照明的设备。

车辆总体上可分为机动车和非机动车两大类。在我国,自行车是非机动车的主要组成部分,机动车则是道路交通的主要运输工具。机动车按照用途可分为轿车、客车、货车、牵引车、特种车、工矿自卸车、越野车等七类。

交通运输对车辆的使用要求是:

(1)车辆的运输效率高;

(2)车辆的行驶性能和安全性能好;

(3)车辆乘载方便、舒适;

(4)车辆的营运成本低;

(5)车辆对环境的污染少。

车辆特性在确定交通工程的某些任务中起着重要作用。车辆的尺寸会影响到道路线形、交通结构物的净空、停车场地等交通设施的设计。车辆的各种性能与掌握这些性能的驾驶员结合在一起,又会影响到交通流的特性和交通安全。

2. 设计车辆尺寸

车辆尺寸与道路设计、交通工程有密切关系。在我国《公路工程技术标准》(JTG B01—2014)中规定了设计车辆外廓尺寸界限,见表2-17。

《公路工程技术标准》(JTG B01—2014)规定的设计车辆外廓尺寸　　表2-17

车辆类型	总长(m)	总宽(m)	总高(m)	前悬(m)	轴距(m)	后悬(m)
小客车	6	1.8	2	0.8	3.8	1.4
大型客车	13.7	2.55	4	2.6	6.5+1.5	3.1
铰接客车	18	2.5	4	1.7	5.8+6.7	3.8
载重汽车	12	2.5	4	1.5	6.5	4
铰接列车	18.1	2.55	4	1.5	3.3+11	2.3

注:铰接列车的轴距(3.3+11)m;3.3m为第一轴至铰接点的距离,11m为铰接点至最后轴的距离。

3. 汽车的动力特性

汽车的动力特性通常用三方面指标来评定,即汽车的最高车速、汽车的加速度或加速时间、汽车爬坡能力。

1)最高车速 V_{max}(km/h)

最高车速 V_{max} 指在平坦良好的水泥混凝土或沥青路面上,汽车能达到的最高行驶速度。

2)加速时间 $t(s)$

加速时间有原地起步加速时间和超车加速时间之分。原地起步加速时间是指汽车由第1挡起步,以最大的加速度逐步换至高挡后达到某一预定的距离或车速所需要的时间。常用由0m到400m的速度或用由0km/h到100km/h的秒数表明汽车原地起步的加速能力。超车加速能力尚无统一规定,采用较多的是用高挡或次高挡由30km/h或40km/h全力加速至某一高速度所需时间表示。

3)汽车爬坡能力

汽车爬坡能力是用汽车满载时以第1挡在良好路面上克服的最大爬坡度 i_{max}(%)表示。小客车的最高车速大,加速时间短,一般又在平坦良好的路面上行驶,所以一般不强调它的爬坡能力。货车经常在各种路面上行驶,所以要求它有足够的爬坡能力。

4. 汽车的通过性

汽车的通过性又称越野性,它是指汽车用平均速度行驶在各种道路或无路地带克服障碍物的通行能力。越野性是评价汽车使用性能的重要指标。

5. 汽车的制动性

汽车制动性是汽车的主要性能指标之一,它直接影响到行车安全。同时制动性不可靠时,汽车的动力性也不能发挥。汽车的制动性主要指以下三个方面:

1) 制动效能

制动效能主要指制动距离和制动生效时间。制动距离越短,制动生效越快,说明制动效能越好。汽车的制动距离 L 可用下式计算:

$$L = \frac{V^2}{254(\phi \pm i)} \tag{2-4}$$

式中:V——汽车制动开始时的速度(km/h);

ϕ——车轮与地面间的附着系数;

i——道路坡度,上坡为正,下坡为负(%)。

驾驶员从发现障碍物采取措施到制动器生效,需要一段时间,这段时间统称反应时间,其长短因人而异。在确定安全行车距离时可取反应时间为 1.5~2.0s。因此,安全行车距离中应包括制动距离 L 和反应时间内汽车行驶的距离。

2) 制动效能的恒定性

制动过程实际上是把汽车行驶的动能通过制动器吸收转化为热能。所以,能否保持制动装置的冷却状态,对连续下坡的汽车非常重要。恒定性不好就会烧坏制动器而失控。

3) 制动时的方向稳定性

制动时的方向稳定性主要指制动时不产生跑偏、侧滑及失去转向能力的性能。制动跑偏和侧滑,特别是后轴侧滑是造成事故的主要原因,因此行车前应对汽车的制动性进行严格检验。

6. 汽车的滑动性能

滑动性能是指汽车通过本身具有的动能克服行驶阻力的能力。评价滑动性能的主要指标是滑行加速度、滑行时间和滑行距离。

汽车行驶经常采用滑行的方式前进,例如停车前的滑行、动能冲坡的滑行和下坡滑行等。它是节约燃料的方法之一,但不准空挡滑行,以免产生事故。

7. 汽车的燃料经济性

燃料消耗在运输成本中占很大比例(20%~30%),为了节约燃料,除前述的滑行外,还可以改进发动机性能。评价燃油消耗的指标有发动机燃油消耗率、每公里燃油消耗量、每吨公里燃油消耗量和每公斤燃料所行驶的距离。汽车行驶的燃料经济性与发动机的功率、利用率和行驶阻力大小有关。现代汽车的制造往往把燃料经济性作为非常重要的指标。

二、机动车的交通特性与风险因素

按照《机动车类型 术语和定义》(GA 802—2014)标准中的定义,机动车是以动力装置驱动或者牵引,上道路行驶的供人员乘用或者用于运送物品以及进行工程专项作业的轮式车辆，包括汽车及汽车列车、有轨电车、摩托车、挂车、轮式专用机械车、上道路行驶的拖拉机和特型机动车。

按照机动车规格，机动车的分类如表2-18所示。

机 动 车 分 类   表2-18

分类			说 明
汽车	载客汽车	大型	车长大于等于6 000mm或者乘坐人数大于等于20人的载客汽车
		中型	车长小于6 000mm且乘坐人数为10~19人的载客汽车
		小型	车长小于6 000mm且乘坐人数小于等于9人的载客汽车，但不包括微型载客汽车
		微型	车长小于等于3 500mm且发动机气缸总排量小于等于1 000mL的载客汽车
	载货汽车	重型	最大允许总质量（以下简称"总质量"）大于等于12 000kg的载货汽车
		中型	车长大于6 000mm或者总质量大于等于4 500kg且小于12 000kg的载货汽车，但不包括低速货车
		轻型	车长小于6 000mm且总质量小于4 500kg的载货汽车，但不包括微型载货汽车和低速汽车（三轮汽车和低速货车的总称，下同）
		微型	车长小于等于3 500mm且总质量小于等于1 800kg的载货汽车，但不包括低速汽车
		三轮（三轮汽车）	以柴油机为动力，最大设计车速小于等于50km/h，总质量小于等于2 000kg，长小于等于4 600mm，宽度小于等于1 600mm，高度小于等于2 000mm，具有三个车轮的货车。其中，采用转向盘转向、由传递轴传递动力、有驾驶室且驾驶人座椅后有物品放置空间的，总质量小于等于3 000kg，车长小于等于5 200mm，宽度小于等于1 800mm，高度小于等于2 200mm。三轮汽车不应具有专项作业的功能
		低速（低速货车）	以柴油机为动力，最大设计车速小于70km/h，总质量小于等于4 500kg，长度小于等于6 000mm，宽度小于等于2 000mm，高度小于等于2 500mm，具有四个车轮的货车。低速货车不应具有专项作业的功能
	专项作业车		专项作业车分为重型、中型、轻型、微型，具体参照载货汽车的相关规定
有轨电车			有轨电车的规格参照载客汽车的相关规定
摩托车	普通		最大设计车速大于50km/h或者发动机气缸总排量大于50mL的摩托车
	轻便		最大设计车速小于等于50km/h，且若使用发动机驱动，发动机气缸总排量小于等于50mL的摩托车
挂车	重型		总质量大于等于12 000kg的挂车
	中型		总质量大于等于4 500kg且小于12 000kg的挂车
	轻型		总质量小于4 500kg的挂车

按照机动车在道路上行驶的状态，其交通特性也可大致分为大型汽车、中（小）型汽车、摩托车，还有表2-18中未列出的城市公共汽电车以及特种汽车几类。

1. 大型汽车

大型汽车包括大型载客汽车、重型载货汽车以及挂车。

大型客（货）车（包括挂车）的交通特性主要有以下几个方面：

（1）车身大，盲区大。大型车外型庞大，盲区也较大，驾驶员视野容易受到遮挡，难于观察其他交通参与者的动态,尤其在大型车后行使的车辆不易被发现。

(2)惯性大,制动较慢,转向困难。由于惯性大,大型货车和客车加速性没有小型车好,因而行驶速度较低,同时制动需要的时间也很长。大型车,尤其带有拖车的大型车行驶和转向时需要较大的空间,容易出现占道现象。

遇到大型车时,要注意提前减速,保持足够的安全距离,特别要留意观察盲区内的车辆,发现情况应立即避让或停车。在不能摸清盲区内的交通情况时,不要强行超车。

2. 中(小)型汽车

中(小)型汽车包括中型、小型、微型载客汽车,中型、轻型、微型载货汽车以及三轮车和低速货车。

中(小)型汽车的主要特征是:车体小,加速性能好,速度快,操纵灵活,因此在交通活动中容易被其他交通参与者忽视,留给其他驾驶员的反应时间也比较短。

行车中遇到中(小)型车,要注意观察车辆的动态,控制速度,并与其保持足够的安全距离,当行至有盲区的交通区域时,要注意观察盲区内的车辆情况。

3. 摩托车

摩托车的交通特性主要有:

(1)体积较小,速度较快,转弯灵活。由于体积小,灵活性大,摩托车驾驶员常常在拥挤的车道中穿插,这是摩托车容易发生交通事故的重要原因。

(2)缺少安全保障设施。摩托车基本上处于完全暴露的状态,缺乏安全保障设施,发生事故时,摩托车驾驶员受到的伤害往往比较严重。行车中遇到摩托车,要注意降低车速,观察摩托车的行驶状态,避免和摩托车发生碰撞和刮擦。

4. 城市公共汽电车

城市公共汽电车(包括有轨电车)的交通特性主要体现在以下几个方面:

(1)有固定的行驶路线、专用车道和停靠站。

(2)起步、停靠和人员上下频繁,常有候车乘客猛然跑出。

(3)停靠时,车辆超越多。公交车停靠时,常有机动车和行人从左侧超越。

(4)盲区大,难以全面观察周边的交通情况。

城市公共汽电车是城市交通的一大特点,行经公交车站时,要减速慢行,密切观察站内车辆和人员的动态,做好随时停车的准备,防止车前方有人突然冲入道路造成交通事故;特别是车辆从左侧超越停靠的公交车时,要注意观察正在超车的自行车和其他车辆,并与他们保持足够的安全距离。

5. 特种车辆

特种车辆的交通特性主要有:

(1)车速快。特种车通常在执行紧急任务,时效性很强,因而车速不受限制。如消防车为了尽快赶到事故地点,常常会在道路上鸣警报高速行驶,其他车辆均需要为它让出道路。

(2)不受交通规定的约束,享有优先权。特种车在执行任务时不受行驶速度、行驶路线、行驶方向和指挥等信号的限制,享有优先通行权。

行车中听到特种车辆发出的报警音后,要及时判断车辆可能的方位,立刻靠边避让或停车让行,保证特种车辆能顺利通过。

三、非机动车的交通特性与风险因素

1. 自行车

自行车的交通特性主要包括：

（1）自行车的交通特性很大程度上与自行车骑车人的行为特征有关，如：青少年骑自行车时，喜欢逞能、冒险，速度较快；老人骑自行车时，速度比较慢，对突发事件反应也不够快。

（2）安全保障设施差，稳定性比较差，容易发生侧倒，尤其当骑车人松开车把与路边的熟人打招呼时。

（3）自行车容易逆行和占道行驶。遇到雨（雪）天骑车人常常只会低头避雨（雪），匆忙赶路而不太注意遵守交通法规，当非机动车道况不好时，自行车常常占用机动车道行驶。当自行车遇到前方障碍时也会不顾后面的来车，而突然改变路线，占道骑行。

行车中遇到自行车，要注意观察其动态，减速慢行，保持安全间距，特别是在雨（雪）天，要照顾路边的骑车人，随时停车或避让，防止自行车突然失控侧倒。当车辆右转弯时，要注意通过后视镜观察路上骑车人的动态，防止转弯时剐碰骑车人。

2. 人力车

人力车的交通特性有：

（1）制动困难，不能及时避让车辆。人力车主要依靠人力驱动行走，制动装置简单，在遇到突发事件时往往不能及时避让车辆，特别是负重车上坡或者通过坑洼路段时，尤为突出。

（2）容易出现车辆横转和甩尾现象。装运大量货物的人力车，在停靠路边、避让车辆或单侧车轮堵塞时，会出现车体横转，车尾扫向路中的现象。

（3）有时出现曲线行驶现象。上坡时为了省力，人力车往往曲线行驶，下坡则会快速滑行。

行车中遇到人力车时应提前减速，观察其动态。超越和交汇时，要和人力车保持足够的侧向安全间距，避免人力车负重或超越障碍时，突然发生车体横甩。

3. 畜力车

畜力车的交通特性主要包括：

（1）不可控制因素较多，遇到意外刺激，容易发生惊车。

（2）夜间赶车人困乏时，牲畜往往走到路中间或左侧，不能避让机动车辆。

行车遇到畜力车时应及时降低车速，在靠近畜力车时避免鸣喇叭或急加速，防止牲畜受惊而发生意外；转弯遇到畜力车时，观察畜力车的占位和去向，让出足够的路面，低速谨慎通过。

第四节 道路的交通特性

一、道路的概念及特性

《中华人民共和国道路交通安全法》第一百一十九条规定："道路是指公路、城市道路和虽在单位管辖范围但允许社会机动车通行的地方，包括广场、公共停车场等用于公众通行的场所。"

《公路工程技术标准》JTG B01—2014 中给出了各级公路的设计速度,具体如表 2-19 所示。

各级公路设计速度　　　　　　　表 2-19

公路等级	高速公路			一级公路			二级公路		三级公路		四级公路	
设计速度(km/h)	120	100	80	100	80	60	80	60	40	30	30	20

《城市道路工程设计规范》(CJJ 37—2012)中给出了各级城市道路的设计速度,具体如表 2-20 所示。

各级城市道路设计速度　　　　　　　表 2-20

道路等级	快速路			主干路			次干路			支路		
设计速度(km/h)	100	80	60	60	50	40	50	40	30	40	30	20

道路结构基本部分包括路基、路面、桥涵、边沟、挡墙、盲沟等,道路的交通特性主要指以下几个方面的内容。

1. 道路线形

道路线形是指一条道路在平、纵、横三维空间中的几何形状。传统上分为平面线形、横断面线形、纵断面线形。线形设计的要求是顺畅、安全、美观。随着交通要求的提升,公路等级的提高,人们对公路线形的协调性、顺适性要求也越来越高,更加强调平、纵、横线形一体化,即立体线形的设计。

2. 路网密度

要完成一定的客、货运输任务,必须有足够的路网设施。路网密度是衡量道路设施数量的一个基本指标。一个区域的路网密度等于该区域内道路总长与该区域的总面积之比。一般地说,路网密度越高,路网中的容量和服务能力越大,但这不是绝对的。

路网密度的大小应与一定的经济发展水平相当,与所在区域内的交通要求相适应,使道路建设的经济性和服务水平、道路系统的社会效益、经济效益、环境效益得到兼顾和平衡。

3. 路网布局

道路的规划、设计不能仅仅局限于一个点、一条线,而应从整个路网系统着眼。路网布局的好坏对整个运输系统的效率有很大的影响,良好的路网布局可以大大提高运输系统的效率,提高路网的可达性,节约大量的投资,节省运输时间和运输费用,达到良好的经济效益、社会效益与环境效益。

对于不同城市、不同区域不存在统一的路网布局模式。路网布局必须考虑所在区域的自然环境、社会情况、经济情况来选取。

二、城市出入口的道路交通特性

城市出入口的道路是处于城市道路和郊区公路之间的路段,它既具有城市道路的部分特性也具有郊区公路的部分特性。主要表现在以下几个方面。

1. 过渡性

由于城市出入口道路处于城乡之间,因而有交通流量大、交通不规则的特性。从交通量较少且交通组成简单的郊区逐渐进入交通流量大而复杂的城区,由于在这类路段上管理不严,交通事故多发。

2. 集散性

由于城市出入口道路既接近城市,又有较开阔的场地,所以在城乡物资交流时,往往选择这种路段作为物资集散地。

3. 多变性

出入口道路的交通组成、交通量、行车速度、纵横向干扰和交通环境会随时随地发生变化,而且出入口道路的位置也会随城市的发展而向郊外转移。

4. 开放性

出入口道路沿线一般是待开发地区,同时又具备良好的开发条件,必须很好地利用。但出入口道路既不是城市道路又不是乡间公路,在交通组成、交通目的和交通速度等方面具有复杂性,在开发中务必处理好远期和近期的规划。

【复习思考题】

1. 驾驶员的可靠性主要取决于哪些因素?
2. 理解视觉特性的重要性,掌握有关视觉特性的基本概念及其对驾驶员安全行车的影响。
3. 掌握驾驶员制动反应特性,说明影响反应时间的因素,用约瑟夫·布洛克图表测定你的反应时间。
4. 简述两种性格倾向各自的性格特点及违章、肇事特点,并联系你单位的一个或两个驾驶员,对其性格倾向予以说明。
5. 什么是驾驶疲劳?导致驾驶疲劳的因素主要有哪些?疲劳对驾驶员安全行车会带来哪些影响?联系你单位实际,谈谈如何有效地保证驾驶员安全行车。
6. 饮酒对驾驶员的驾驶机能有什么影响?酒后驾车对安全行车会带来什么影响?联系你所了解的一起酒后驾车的事故案例,说明严禁酒后驾车的必要性。
7. 生物节律的主要内容是什么?它与安全行车有什么联系?试计算你自己下月第一天的生物节律状态。
8. 行人交通特性常用的基本参数有哪些?交通特性及相关因素有哪些?
9. 试述车辆的基本特性。简述机动车与非机动车的交通特性与风险因素。
10. 道路的基本特性包括哪些?简述城市出入口的道路交通特性。

第三章
交通量调查及分析

第一节 交通量调查的意义

无论是从交通规划的角度,还是从交通管理的角度出发,交通量调查均具有重要意义。

从交通规划的角度出发,交通量调查的意义主要体现在以下几个方面:

(1)为交通规划和相关理论研究提供重要数据。交通量调查数据是探索交通量的基础科学特征、分析交通量时空分布特征、研究交通流理论的重要基础数据。

(2)确定道路设施的规模。交通量是确定道路等级、几何尺寸、交叉口类型、交通管理设施以及道路横断面布置等方面的重要依据。我国《公路工程技术标准》(JTG B01—2014)中规定,高速公路和一级公路一般能适应小汽车的交通量为 15 000 辆/日以上,而二级公路、三级公路、双车道四级公路一般能适应小汽车的交通量大小分别为 5 000~15 000 辆/d、2 000~6 000 辆/d、2 000 辆/d 以下。

(3)使交通规划更加科学合理。交通规划应始终遵循供需平衡的原则,通过交通量调查能够获得交通的 OD 需求矩阵,此数据是交通基础设施规划的重要基础数据。科学合理的交通量调查能够使交通基础设施的功能定位准确、供给能力充足,从而当交通基础设施建设完毕投入运营后,出行者能够享有新建交通基础设施带来的通达性更高(例如在两地之间新建的高速公路)、出行时间更短(例如在城市中新建的快速路)等新增的运输服务特性。

(4)预测交通量发展趋势。通过逐年观测累积交通量数据,可以找出交通量增长趋势。据此来预测远景交通量并与客、货运量预测相配合,作为从宏观上调控运力、运量使之协调发展,以及交通规划的依据。

(5)用于评价分析已有道路/公路。通过交通量调查,可以分析判断现有交通设施的通行能力是否达到饱和程度,服务水平如何,是否需要改建或重新建立新的道路。无论是新建或者改建道路,都要通过经济分析论证其必要性和合理性,而交通量正是论证的重要输入参数。

(6)用于运输经济分析。筹建一条新道路/公路,需先通过经济分析论证它的可行性,这就要看能吸引到新路线上的车流量及其车速有多大,据此,可以计算出新建道路/公路所能获得的经济效益大小,从而决定是否建新路以及筑路的先后顺序。

(7)评价道路安全程度。将道路上的交通事故次数、程度等与交通量及交通流的速度联系起来分析,有助于找出事故发生的客观规律和对道路交通安全作出客观评价。例如,根据记录交通量与相应发生的交通事故的资料,可确定相关的数学模型,利用这些模型可进行长期的事故预测,以便提出相应的管理措施。

从交通管理的角度出发,交通量调查的意义主要体现在以下几个方面:

(1)确定交通与运营管理的依据。根据交通量资料可以掌握道路网络上的交通量分布、变化情况,掌握道路上高峰小时的时间和交通繁密的地段。据此可以制订加强交通控制与管理的措施。道路运输企业也可以据此科学地安排、调度生产车辆,选择最佳的行车路线和时间安排,提高运输效率。

(2)确定交通控制的方法。根据交通量大小及分布,可以确定交叉口交通控制的方式、信号灯周期的长短等。

(3)支撑道路的交通管理与控制。根据交通量调查与短时交通流预测,获得各条道路的交通流量,能够通过整个路网的交通流量情况确定交通管制措施。

(4)发布交通诱导信息。以交通量调查为基础生成的道路网络的流量分布也是交通诱导的重要基础,通过掌握整个交通网络所有路段的 V/C 情况,以此为依据让交通管理者发布出行诱导信息,引导出行者在整个交通网络中的出行走向,使出行者能够提前选择较为优化的出行路线,从而使整个交通网络的交通流量分布得以优化,有效降低道路网络的拥堵程度。

(5)评价交通设施建成投入运营或交通措施实施后的效果,也适用于相关项目的交通影响评价。通过获得相关道路的交通量特征,并分析对比项目建成前后或交通措施实施前后的交通量,达到给出评价对象相应交通运行效果的作用。

(6)其他多方面的应用。公路交通量调查还能够为宏观政策制订、交通运输行业经济运行分析、公路建设投资评价、路网运行监测与评价、公路养护计划管理、交通应急处置、公众出行等提供有力支撑。

第二节 交通流特性概述

道路上的行人或运行的车辆构成人流或车流,人流和车流统称为交通流。一般交通工程学研究中,没有特指时的交通流是针对机动车交通流而言的。

交通流的定性和定量特征,称为交通流特性。观测和研究发现,由于在交通过程中人、车、路、环境的相互联系和影响作用,道路交通流具有以下三个基本特性。

1. 两重性

对道路上运行车辆的控制既取决于驾驶员,又取决于道路及交通控制系统。一方面,驾驶员为避免与其他车辆发生冲突,必然受到道路条件及交通控制系统的制约;另一方面,驾驶员又可以在一定的时空条件下,依据自己的意志自由地改变车速和与其他车辆的相对位置。

2. 局限性

由于机动车和道路的物理尺寸所限,车辆运行中相互之间可能会相互妨碍。仅由于道路通行能力的限制和车辆间的相互制约,就有可能引起交通拥挤;另外,车速也是有限的,并视车辆和时空条件而异。

3. 时空性

由于车速是随机变化的,机动车在时间上和空间上的状态都是不相同的,因此,交通流既呈现有时间变化规律,又有其空间变化规律。

道路交通流的以上三个特性进一步说明:道路交通是一个复杂的动态系统。由这三个特性出发,将道路上的交通流用交通量、速度、密度三个基本参数加以描述。观测、整理和研究这些参数的变化规律以及它们之间的相互关系,可以为交通规划、路网布设、线形设计、路网运行监测与管理、运输调度与组织、运力投放与调控以及为现有道路交通综合治理提供起决定作用的论证数据。

第三节　交通量的基本概念

交通量是指单位时间内,通过道路某一地点或某一断面的实际交通参与者(含车辆、行人、自行车等)的数量,又称交通流量或称流量。不加说明时,通常是指单位时间内通过道路某一地点或某一断面往来两个方向的车辆数,亦称为车流量。

在交通量观测和统计分析及实际应用中,常见的交通量有以下几种:

1. 平均交通量

交通量不是一个静止的量,它是随时间变化的,在表达方式上通常取某一时段内的平均值作为该时段的代表交通量。如,年平均日交通量就是将一年内的交通量总数除以当年的总天数所得出的平均值。常用的平均日交通量还有小时平均交通量、月平均日交通量、周平均日交通量以及任意期间(依特定分析目的而定)的平均日交通量等。

以上平均交通量可以概括成如下式:

$$平均日交通量(ADT) = \frac{1}{n}\sum_{i=1}^{n}Q_i \qquad (3-1)$$

式中:Q_i——计算期内各单位时间的交通量;

n——计算期内的单位时间总数。

如果计算年平均日交通量(AADT)时，n 为 365 或 366，则得到下式：

$$年平均日交通量(\text{AADT}) = \frac{1}{365}\sum_{i=1}^{365}Q_i \tag{3-2}$$

由此类推：

$$月平均日交通量(\text{MADT}) = \frac{1}{30}\sum_{i=1}^{30}Q_i \tag{3-3}$$

$$周平均日交通量(\text{WADT}) = \frac{1}{7}\sum_{i=1}^{7}Q_i \tag{3-4}$$

2. 高峰小时交通量

指一天内的交通高峰期间连续 1h 的最大小时交通量。

3. 第 30 位小时交通量

将一年当中 8 760 个小时的小时交通量，按大小次序排列，从大到小排列序号为第 30 位的那个小时的交通量，称为第 30 位小时交通量。将一年中 8 760 小时交通量依大小次序排列，然后计算出每一个小时交通量与年平均日交通量之比值，称为小时交通量系数，以此为纵坐标，以排列次序为横坐标，可以绘制出一年中小时交通量曲线图(图 3-1)。从图 3-1 上可以发现：从第 1 到第 30 位的小时交通量减少得比较显著，即曲线斜率大；而从第 30 位以后，交通量减少得非常缓慢，曲线较为平直，即曲线斜率小。据此规律，美国和日本等国选取第 30 位小时交通量为设计小时交通量。这样能使道路设计既满足了 99.67% 时间内的交通需求，将交通拥挤时间保持在最低限度(只占 0.33%)，又大大降低了公路建设费用，经济合理。

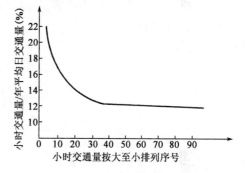

图 3-1 一年中小时交通量变化曲线图

第 30 位小时交通量是国外经验数值，与我国实际情况不完全相符。首先，我国公路交通组成情况不同于国外，美国、日本等国的交通组成中，小汽车所占比例很高，我国则以中型载货汽车为主，并有自行车、人力车等混合交通。其次，我国公路的技术状况也不同于国外。因此，在对我国交通量调查的基本数据作系统处理与分析之后，分析资料表明小时交通量系数曲线的显著变化位置一般在第 20 位小时交通量附近，这时的系数值偏高，而第 30 位小时之后的曲线较平缓。考虑技术与经济效益方面的因素，确定设计小时交通量的位数一般取第 30 位小时，各地可根据当地具体情况，在第 20 至 40 位小时交通量之间选用最为经济合理的位数，作为设计小时交通量的位数。

对于以车辆数为对象的交通量调查，是我国道路交通运输行业常见的调查内容。由于我国道路交通运输具有多种类型交通运输工具混行的特性，因此需将道路上的运行单元的组成进行统一换算。对各种车辆的换算，可根据各种车辆所占道路面积与速度的比值确定其换算系数。表 3-1 为我国《公路工程技术标准》(JTG B01—2014)规定的各类汽车换算为小客车标准车型的换算系数表。

各类汽车换算为小客车标准车型的换算系数表		表 3-1
汽车代表车型	车辆换算系数	说　明
小客车	1.0	座位≤19 座的客车和载质量≤2t 的货车
中型车	1.5	座位>19 座的客车和载质量>2t 且≤7t 的货车
大型车	2.0	载质量>7t 且≤20t 的货车
拖挂车	3.0	载质量>20t 的货车

第四节　交通量的变化特征

交通量不是一个静止不变的量,而是随时随地处于变动之中,具有随时间和空间的不同而变化的特征。掌握交通量的变化规律,对于组织运输生产、实施营运管理、运政管理以及交通设施、交通管理和交通安全有着重要的意义。

一、交通量随时间变化

交通量随着时间变化而出现的变化,反映了社会与经济活动等对交通的需求。这种需求随着社会和经济发展而增长,并因为经济生产的季节性等影响,道路交通量也随之呈现随时间变化的特征。但是,这种随时间变化特征,在一个较短的时段,其分布具有相对的稳定性。

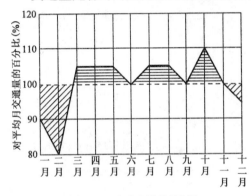

图 3-2　一年中交通量变化图

(1)交通量在一年中的逐月变化。一年中每个月交通量是不相同的。以月份为横坐标、以各个月的月平均日交通量与年平均日交通量之比为纵坐标的曲线图叫交通量月变图(图 3-2)。年平均日交通量与月平均日交通量之比,称为交通量月变系数 M(或称月不均系数,月换算系数),即:

$$M = \frac{年平均日交通量}{月平均日交通量} = \frac{\text{AADT}}{\text{MADT}} \tag{3-5}$$

【例 3-1】　某交通量观测站测得各月份的累计交通量,整理列于表 3-2 第一行,试计算各月份的月平均日交通量与月变系数。

解:先算全年的 AADT

$$\text{AADT} = \frac{881\ 516}{365} = 2\ 415(辆/日)$$

一月份 MADT_1

$$\text{MADT}_1 = \frac{65\ 785}{31} = 2\ 122(辆/日)$$

二月份 MADT_2

$$\text{MADT}_2 = \frac{42\ 750}{28} = 1\ 527(辆/日)$$

余类推,各月份 MADT 计算结果列于表 3-1 第二行。

一月份,月变系数 M_1

$$M_1 = \frac{2\ 415}{2\ 122} = 1.14$$

二月份,月变系数 M_2

$$M_2 = \frac{2\ 415}{1\ 527} = 1.58$$

余类推,各月份月变系数计算结果列于表 3-2 第三行。

月平均日交通量与交通量月变系数　　　　表 3-2

月份	1	2	3	4	5	6	7	8	9	10	11	12	全年
累计交通量	65 785	42 750	67 141	73 317	77 099	72 782	70 641	70 951	83 043	91 661	88 166	78 180	881 516
MADT	2 122	1 527	2 166	2 444	2 487	2 426	2 279	2 289	2 768	2 957	2 939	2 522	AADT
M	1.14	1.58	1.11	0.99	0.97	0.99	1.06	1.05	0.87	0.82	0.82	0.96	2 415

交通量的月变化主要受地区经济、气候、工农业生产的季节性及人口活动习惯性行为等影响。

(2) 交通量在一周内的逐日变化。在一周七天中,交通量也是逐日变化的。显示这种变化的曲线图,叫交通量日变图(图 3-3)。用各个周日的交通量日变系数 D 表示交通量的日变规律。

交通量日变系数 D,是以年平均日交通量(AADT)除以某周日的平均日交通量(ADT);某周日的平均日交通量等于全年所有某周日交通量的总和除以全年某周日的总天数。即:

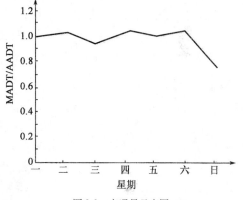

图 3-3　交通量日变图

$$D = \frac{\text{AADT}}{\text{ADT}} \tag{3-6}$$

式中:

$$\text{ADT} = \frac{\text{全年某周日交通量总和}}{\text{全年某周日的总天数}} \tag{3-7}$$

【例 3-2】　某交通量观测站测得各个周日的全年累计交通量,整理列于表 3-3 第一行,试计算各个周日的周平均日交通量与日变系数。

解:全年所有星期日交通量总和 = 111 469(辆/年);

星期日的平均日交通量 = 111 469/53 = 2 103(辆/日)(全年有 53 个星期日),列于表 3-3 中第二行;

星期日的日变系数 D = 2 415/2 103 = 1.15 列于第三行,余类推。

根据某地区交通量的日变系数和月变系数,在观测到某月某日的实际交通量后,大致预测当年的年平均日交通量。预算公式如下:

$$\text{AADT} = Q_{ij} \cdot M_i \cdot D_j \tag{3-8}$$

式中: Q_{ij}——第 i 月某天(星期 j)的实测交通量;

M_i——第 i 月的交通量月变系数；
D_j——星期 j 的交通量日变系数。

周平均日交通量与交通量日变系数　　　　　表3-3

星期	日	一	二	三	四	五	六	全年
累计交通量	111 469	128 809	129 486	128 498	127 030	129 386	126 838	881 516
ADT	2 103	2 477	2 490	2 471	2 443	2 488	2 439	AADT 2 415
D	1.15	0.97	0.79	0.98	0.99	0.97	0.99	

【例3-3】 某地四月份 $M_4 = 0.945$，星期四 $D_4 = 1.223$，实际观测到该地某道路上2000年4月13日（星期四）的交通量为3 558辆，试推算该地此道路2000年的年平均日交通量。

解：因为 $M_4 = 0.945$，$D_4 = 1.223$，$Q_{ij} = 3 558$ 辆/日，所以，将以上数值代入式(3-8)得：

$$AADT = 3\ 558 \times 0.945 \times 1.223 \approx 4\ 112 (辆/日)$$

则，该条道路上2000年的年平均日交通量大约为4 100辆。

应该说明，用上述方法预测年平均日交通量的精度不可能很高，只能是一个大概结果。在 M 与 D 均比较稳定，而且实际测试日又没有偶然因素干扰的情况下，其结果相对准确一些，反之，则准确性较差。

(3) 交通量在一日中的小时变化。一天24h内交通量分布也不均匀，若绘成分布曲线，一般呈现出两个高峰值，一个出现在上午，一个出现在下午。长沙湘潭公路井弯子观测站资料见图3-4。由图可见，四年的统计资料具有明显的规律性，早高峰均在上午9:00～10:00，晚高峰则在16:00～17:00，这与观测站距离城市的位置有关。

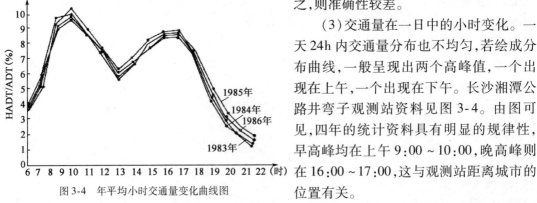

图3-4　年平均小时交通量变化曲线图

高峰小时交通量占该日交通量的百分比，称为高峰小时流量比，反映高峰小时流量的集中程度，并可供高峰小时交通量与日交通量之间作相互换算之用。如长沙湘潭公路井弯子观测站统计资料，上午高峰小时流量比为10.34%，下午为9.01%。据我国各地观测站初步统计，高峰小时一般在上午9:00～10:00之间出现。高峰小时流量比在9%～10%范围内。

从小时交通量变化曲线上还可以发现，在一个高峰小时内交通量不是均匀分布的，如将一个高峰小时划分成时间更短的几个高峰区间，通常5min或15min作为时段，连续5min或15min内累计交通量最大的那个时段，就是高峰小时内的高峰时段，把高峰时段内的累计交通量扩大为一个小时的交通量，可称为扩大高峰小时交通量。高峰小时交通量与扩大高峰小时交通量之比称为高峰小时系数，计算式为：

$$高峰小时系数 = \frac{高峰小时交通量}{\frac{60}{t} \times (t\ 时段内的最高交通量)} \quad (3-9)$$

式中：t——5min 或 15min。

【**例 3-4**】 某公路交通量调查结果，已知高峰小时为 8:40~9:40（表 3-4），高峰小时交通量为每小时 1 312 辆，求 5min 和 15min 高峰小时系数。

某公路高峰小时交通量　　　　　表 3-4

时　间	东行车辆数	西行车辆数	双向合计
8:40~8:45	69	49	118
8:45~8:50	63	50	113
8:50~8:55	59	53	112
8:55~9:00	62	49	111
9:00~9:05	68	46	114
9:05~9:10	69	51	120
9:10~9:15	61	54	115
9:15~9:20	54	52	106
9:20~9:25	54	40	94
9:25~9:30	57	41	98
9:30~9:35	54	54	108
9:35~9:40	49	54	103
合计	719	593	1 312

解：由表 3-4 看出，9:05~9:10 为 5min 高峰区间，5min 的流量为 120 辆，则：

$$\text{高峰小时系数} = \frac{1\ 312}{\frac{60}{5} \times 120} = 0.91$$

又由表 3-4 可知，9:00~9:15 为 15min 高峰区间，该区间内流量为 114 + 120 + 115 = 349（辆），则：

$$15\text{min 高峰小时系数} = \frac{1\ 312}{\frac{60}{15} \times 349} = 0.94$$

在分析道路通行能力时，如对于高速干道、隧道、桥梁和交叉口等交通咽喉处，有必要考察高峰小时内交通量分布不均的情况，用高峰小时系数来表示是极其实用的。注意，高峰小时系数按所选时段不同，必须予以说明"5min（或 15min）流量的高峰小时系数"。

（4）交通量在一日的昼夜比例。昼夜 16h（或 12h）的交通量占日交通量之比，称为昼间流量比。夜间 8h（或 12h）的交通量占日交通量之比称为夜间流量比。由于夜间调查交通量工作量大，但年平均日交通量是一天 24h 的交通量。若已知昼间或夜间流量比，则只需观测昼间流量而推算出日交通量。

昼间 16h 通常指 6:00 至晚 10:00；夜间 8h 则为晚 10:00 至次晨 6:00。

$$夜间流量比 P_夜 = \frac{夜间 8h 交通量之和}{全日 24h 交通量之和} \times 100\% \quad (3-10)$$

$$昼间流量比 P_昼 = \frac{昼间 16h 交通量之和}{全日 24h 交通量之和} \times 100\% \quad (3-11)$$

某公路交通量观测站资料见表 3-5。由表可见，该站夜间 8h 交通量占昼夜 24h 交通量的比例变化在 1.9%~5.3% 之间，平均为 2.8%；昼间 16h 交通量占昼夜 24h 交通量的流量比一般在 95% 以上，平均为 97.2%，非常接近全日交通量。夜间流量的另一特点是季节性规律较明显，由表中数据可见，7、8、9 三个月是盛夏季节，白天炎热，夜间行车增多，流量比最高达 5.3%。1、2 月天气寒冷，夜间行车减少，最低流量比为 1.9%，春秋两季的比例介于冬夏之间。根据这一规律，并为减少换算误差，分别取 4~6 月、7~9 月、10~12 月和 1~3 月流量比的平均值作为季节夜间流量比以换算各月的观测值。

某公路夜间(8h)流量比和昼间(16h)流量比　　　　　　　表 3-5

年/月	81/4	5	6	7	8	9	10	11	12	82/1	2	3	平均
夜间流量比(%)	2.4	2.7	2.0	5.3	4.2	3.1	2.5	2.9	2.4	1.9	2.2	2.4	2.8
昼间流量比(%)	97.6	97.3	98.0	94.7	95.8	96.9	97.5	97.1	97.6	98.1	97.8	97.6	97.2

二、交通量在空间上的变化

在同一时间或相似交通条件下，交通量在不同区段、不同方向和不同车道上，其分布情况不一样。

1. 城乡分布

由于城乡之间经济发展、生产和生活对交通的需求不同，城乡之间的交通量呈明显差别。一般是城市道路交通量高于郊区道路，近郊又高于远郊，乡村道路交通量最低。例如美国，乡村公路 44% 的里程，交通量都小于 1 000 辆/d；城市道路里程的 64% 以上，交通量都大于 4 000 辆/d，而在约 36% 的城市街道上，交通量都超过 10 000 辆/d。

2. 方向分布

一条道路往返两个方向的交通量，在较长时间内大体上是相近的。但是在某段时间内，一年中某个季节、一月中某几天、一天中某几小时，两个方向的交通量会有很大差别。如农村公路，秋季有大量农村产品运进城镇；冬季有丰富的轻工业产品运到农村；节假日前客流自城镇到农村的多，节假日后客流自农村返回城镇；大城市连接卫星城镇的郊区道路，上下班时间的客流方向明显不同。

交通量的方向分布与道路性质及所在位置有关，一般用道路方向分布系数 K_D 表示：

$$K_D = \frac{主要行车方向交通量}{双向总交通量} \times 100\% \quad (3-12)$$

3. 车道分布

当同向车行道有两条以上车道时，处于不同位置的车道，其交通量分布也不一样。每条车道交通量的大小与车道两侧干扰、慢行车的比例和出入口的数量位置有关。当车流为连续流时,主要受车速差别的影响。我国城市道路计算通行能力时,假定最靠近道路中线的第一条车道为1,则向右侧缘石方向的第二条车道通行能力折减系数为0.8~0.89,第三条车道的折减系数为0.65~0.78,第四条为0.5~0.65,第五条为0.4~0.52。

4. 时间分布

交通量在特殊时间段还具有短时内流量大的特性,此特殊时段可以为节假日(例如"十一"黄金周等)、大型活动(例如演唱会、体育比赛等)。

【例3-5】 2013年"五一"休假第1天(4月29日),根据12条高速公路(京哈、京沪、京台、京港澳、京藏、沈海、荣乌、沪蓉、沪昆、沪渝、上海绕城、宁芜)交通统计(截至当日11时),车流量较前一日大幅度提升,总体环比上升55%,其中小客车环比上升93%,大客车和货车环比上升44%和21%;沪渝高速浙江段、京哈高速吉林段、沈海高速山东段车流量增长较快,分别环比增长83%、81%和79%,见表3-6。

2013年4月29日全国部分重要通道收费站数据统计 表3-6

线路编码	路线名称	省 份	收 费 站	小型车出口车辆数(辆)
G2	京沪高速	北京	大羊坊	18 548
		天津	九宣闸收费站	25 725
		河北	青县主线收费站	2 343
		山东	京沪鲁苏收费站	7 248
		上海	G2安亭收费站	43 000
		江苏	G2江阴大桥主线收费站	32 377
G4	京港澳高速	北京	杜家坎	73 847
		河北	涿州北主线收费站	19 276
		河南	豫冀省界站	6 552
		湖南	羊楼司收费站	4 705
		湖北	鄂南	4 286
G6	京藏高速	北京	清河	51 470
		河北	东洋河主线收费站	3 487
		内蒙古	蒙宁界收费站	1 899
G42	沪蓉高速	上海	G2安亭收费站	43 000
		江苏	花桥主线收费站	35 727
		安徽	吴庄	12 883
		湖北	鄂东	2 304
		重庆	牡丹源收费站	2 421
		四川	成都站	14 019

【例3-6】 2013年国庆节第1天(10月1日),根据10条高速公路(京哈、京沪、京台、京港澳、京藏、沈海、荣乌、沪蓉、沪昆、沪渝)交通统计(0时~12时数据),上述10条高速公路平均断面交通量为21 380辆,环比增长122%,与去年国庆节同期相比增长20%。其中,小客车12h断面交通15 659辆,环比增长252%,同比增长32%。12h平均断面交通量较大的是京沪高速江苏段、京港澳高速北京段、沪昆高速浙江段,分别达到7.1万辆、5.8万辆和5.6万辆,

其中小客车流量分别占 67%、69% 和 63%，见表 3-7。

2013 年 10 月 1 日全国部分重要高速公路 12h 交通量　　　　表 3-7

线路编码	路线名称	省　份	机动车交通量			小客车交通量		
			上行	下行	断面	上行	下行	断面
G2	京沪高速	河北省	4 998	11 650	16 648	2 333	9 609	11 942
G2	京沪高速	山东省	8 033	10 481	18 515	5 250	7 974	13 224
G2	京沪高速	全线平均	6 516	11 066	17 582	3 792	8 792	12 583
G4	京港澳高速	湖南省	9 277	7 828	17 104	6 483	5 657	12 140
G4	京港澳高速	全线平均	9 277	7 828	17 104	6 483	5 657	12 140
G15	深海高速	上海市	34 011	17 440	5 1451	22 566	11 800	34 366
G15	深海高速	浙江省	13 647	12 709	26 356	10 193	9 122	19 315
G15	深海高速	福建省	10 297	6 531	16 828	8 393	5 706	14 099
G15	深海高速	山东省	7 076	4 782	11 858	5 396	3 386	8 782
G15	深海高速	全线平均	16 258	10 366	26 623	11 637	7 504	19 141
G60	沪昆高速	浙江省	17 753	17 847	35 601	11 718	10 686	22 404
G60	沪昆高速	湖南省	8 097	7 385	15 482	6 193	5 713	11 906
G60	沪昆高速	全线平均	12 925	12 616	25 542	8 956	8 200	17 155

针对特殊时间段的交通量特征，应根据往年的交通量调查数据预测当年的交通量大小，为此特殊时间段的交通量疏导与管理提供科学依据。

第五节　交通量调查方法

交通量调查是为了获得人、车在城市道路或公路系统的选定点或区域内部，在时间与空间上运动情况的数据，通过分析交通量特征变化，为相关的交通规划提供基础数据。

根据使用目的的不同，交通量调查可分路网（或区域）交通量调查和特定地点（或称特定道路）的交通量调查。

为了掌握全国或某地区公路或城市道路交通流量的地域分布，历年交通量的变化和交通量年、月、日的时间分布情况，需对该区域的公路（或道路）网进行定期的交通量观测，称作路网（或区域）交通量调查。

为了对新建或改建道路进行经济核算，或为了掌握城市或城市中某一范围（包括近郊公路）的出入交通量，或对指定的交叉路口、桥隧和收费道路出入口等采取交通管理措施时，需进行指定地点的交通量调查，称为特定地点（或称特定道路）交通量调查。

交通量调查的步骤如下：
(1) 明确调查范围、调查目标和预期成果。
(2) 明确调查的方法，组织培训调查人员。
(3) 划分调查区间，设置流量观测站。
(4) 组织实地观测，收集原始数据。

(5)进行资料整理、计算、汇总、分析和上报。

一、公路网交通量调查

在设置流量观测站前,应先将调查区域范围内的每条干线和支线划分为若干调查区间,然后在已划定的各调查区间上各设一区间代表观测站,用以代表该调查区间的交通量。

(1)调查区间的分类可分观测区间和非观测区间两种。观测区间内设有区间代表观测站,非观测区间则不设观测站。一般非观测区间都在交通量比较小的短路线上,短路线上的区间,可按交通量大小划组(交通量接近的划为一组),选择组中一个区间设站,以代表该组各区间的交通量。

(2)调查区间划分有以下几个原则:

①凡交通量无显著变化、道路条件基本相仿的路段划为一个调查区间。每条路线区间的划分是连续的,即前一区间的终点是后一区间的起点。未通车的路段为非调查区间。

②调查区间的分段数决定了观测站的设置密度,因此,调查区间需根据路段交通量大小及公路里程进行划定。一般按汽车交通量 200 辆/d 以下、(201~500)辆/d、(501~1 000)辆/d、(1 001~2 000)辆/d、(2 001~5 000)辆/d、(5 001~10 000)辆/d、10 000 辆/d 以上划分为 7 个控制等级,各控制等级中,还可以每相差(200~300)辆/d 为一个分等级。区间长度一般不小于 2km。

③适当考虑行政区划,但允许调查区间跨行政区划界线。

④由于邻近有新的工业区、商业区或大规模住宅开发区等原因,道路交通量及交通组成发生较大变化时,对已划定的调查区间应视情况作相应调整,在无大的变化情况下,不应经常或随意变动已划定的调查区间。

全国性的或省(市)范围内的公路网交通量调查,应从全局出发,根据公路网布局和所划定的调查区间,布置交通流量观测站。对于国道和重要省道应设置控制观测站,一般省道或地方道路设置辅助观测站,对于某些特殊地点可设置补充观测站。通过三级观测站进行交通流量观测,基本上可掌握全国或省(市)公路网的交通量分布及其变化规律。各类观测站的功能同公路交通量调查。

二、公路交通量调查

在拟调查的公路上,选择有代表性的地点建立观测站。观测站附近应没有大出入口,视距通畅,道路条件与整个路段相似,没有大量人流的干扰(除非调查是针对这些因素)。根据功能不同,观测站可以分成下面几种。

(1)连续观测站(永久性观测站或控制性观测站)。设置连续观测站的目的在于获取全年完整的交通量数据,摸清交通量的变化规律,求出交通量的各种变化系数,供其他仅有局部数据的观测站或条件类似的路段推算年平均日交通量之用。同时,为简化观测工作量,在连续观测站,每天昼夜连续观测 24h,来去车辆不分,合并记数,按小时登录各种车型的绝对数,而后换算成解放牌中型载货汽车的换算汽车车辆数。观测结果按业务领导部门的要求填表上报,并绘制交通量分布示意图。图上包括混合交通量、汽车交通量(绝对数和换算数)和路线技术等级允许的交通量等。

(2)间隙观测站。间隙观测站是连续观测站的辅助性测站,与连续观测站设在同一公路的不同路段上,或设在性质相似的不同公路上。在间隙观测站上每月观测 1~3 次,具体日期可自行规定。凡经过长期观测已得出白天交通量比重,即 K_{16} 系数的,可只在白天观测 12～16h,12h 观测是从 7 点至 19 点,16h 观测是从 6 点至 22 点。观测所得到的资料,可配合连续观测站分析路段的交通量变化规律,或推算本站的年平均日交通量。围绕一个连续观测站可设几个甚至十几个间隙观测站。在间隙观测站上的观测内容与填报要求与连续观测站相同。

(3)补充观测站(临时观测站)。如果需要特殊观测某一路段或某一交叉路口的交通量,而该处原来未设观测站时,临时补充设立的观测站,完成观测任务后,观测站就撤销。

观测站如使用自动计数装置,则应辅以人工调查车型。

观测站附近,如本路或平行路正在维修或附近桥梁维修,因偶然因素发生车辆阻塞等异常情况时,应在记录中详细注明,以免造成分析错误。

2008 年 8 月 14 日,我国交通运输部发布了《关于印发国家高速公路网交通量调查观测站点布局规划的通知》(交规划发〔2008〕364 号),提出"为满足各个信息需求主体对信息更新频度和信息精度的需求,国家高速公路交通量调查采用连续式调查方式;采用自动化调查站为主、利用监控数据和收费数据为辅的综合调查方法"。

自动化调查站按功能分为一类调查站和二类调查站。

一类调查站的调查数据以反映路网宏观交通量特征为主,主要为宏观决策提供支撑,在功能上兼容二类调查站;应配备Ⅰ级或Ⅱ级调查设备;采集的交通数据应逐级上传至部级公路交通情况调查数据中心。

二类调查站的调查数据以反映道路运行状态和运行质量为主,主要为路网监控、应急处置、公众出行信息服务提供信息支撑。可配备Ⅲ级调查设备,所配备的Ⅲ级调查设备应具备数据实时传输能力。采集的交通数据只上传至高速公路交通情况调查数据中心,由该中心结合道路基本数据分析生成本路段或辖区的道路监测与出行服务信息后,逐级上传至省、部两级公路交通情况调查数据中心。

该文件提出了利用观测站点能够统计分析获得的指标体系,该指标体系适用于政府交通主管部门及政府授权管理机构、国家高速公路生产经营管理主体、科研设计单位及出行者对国家高速公路交通量信息的应用需求,具体如表 3-8 所示。

国家高速公路交通量调查统计分析指标体系 表 3-8

指标类别	指标名称	更新频率	指标解释
流量指标	路段(线)平均交通量	年,月,实时	某一时段间隔内路段(线)交通量的平均值,辆
	路线行驶量	年,月	单位时间内平均交通量与其行驶里程的乘积,万车公里
结构指标	车型比例	年,月	交通流中各种类型车辆间数量的比例,%
道路适应程度指标	道路适应度	年,月	年平均日交通量与适应交通量的比值,%
交通量方向分布指标	方向分布系数	年	主要方向交通量与双向交通量的比,%
交通量时间分布指标	12h、16h 交通量系数	年	12h(7 时～19 时)或 16h(6 时～22 时)交通量与全天 24h 交通量的比值,%
	月不均匀系数 K_M	年	年平均日交通量与月平均日交通量的比值,%
	周日不均匀系数 K_W	年	年平均日交通量与某周日平均日交通量的比值,%

续上表

指标类别	指标名称	更新频率	指标解释
道路运行质量指标	三级以上服务水平比重 ER	年,月	报告期内昼间(6时~22时)达到一、二、三级服务水平的小时数与昼间(6时~22时)总小时数的比值,%
	道路运行质量指数 QE	实时	将道路当前运行质量定义为畅通、基本畅通、拥挤、堵塞四级指数,分别对应于一、二、三、四级服务水平
	平均行驶时间	实时	各车辆通过观测路段所用时间平均值,min
	平均行驶车速	实时	路段长度与各车辆通过观测路段所用时间平均值的比值,km/h

三、城市道路交通量调查

为了获得城市道路系统上交通量的变化规律,求出有关变化系数,推算平均日交通量,宜在每条主干道上建立一个连续观测站,在每种类型的次要道路上,建立间隙观测站,如城市较小可分别在商业区、工业区、居住区道路上总共建立3~9个间隙观测站。同时为了某种需要还要建立临时观测站。

为了得到日换算系数和月换算系数,在连续观测站可每周观测一次,且在每次观测的周日轮流更换。例如第一周在星期一,第二周在星期二,直到第七日在星期日观测,每次观测24h。使一年内各月各周各日都有观测记录。间歇观测站的观测时间、次数根据需要而定,每天只观测16h。

出于相关交通项目新建、改造或者研究的目的,也可以对某一条或者几条道路进行交通量调查,多采用人工观测的方式,也可以选用雷达测速、视频等自动化的处理方法,通常在早高峰或者晚高峰进行调查。当选用人工观测时,需要根据车道数量与车流量大小确定调查员的人数。如果车流量较大,那么适宜分车道安排调查员,每一个调查员统计一个车道的交通流量。

四、交叉口交通量调查

交叉口的交通量调查的目的是获得交叉口各个流向的交通流量与交通组成等信息,主要用于交叉口通行能力设计和为交叉口管理控制提供依据,也常用于评价交通建设项目是否对周边的交通运行产生影响。与城市道路或公路交通量调查相比,交叉口的交通状况较为复杂。

交叉口的交通量调查通常选在高峰时段(早高峰或晚高峰),连续调查时间至少要大于一个小时。在考虑交叉口的信号配时的情况下,需要结合信号配时的信息进行交通量的统计与调查,以便后续结合信号配时进行相应的分析。

交叉口交通量调查既可以采用人工观测法,也可以选用交叉口附近的车辆采集数据,在我国目前的实际调查中以人工观测法居多。在交叉口交通量调查选择人工观测法时,在入口渠化较好、车辆能够严格按照分道行驶的情况下,每人负责一个车道,否则,每一个入口需要三个调研员,分别统计左转、直行、右转的车流量。当统计自行车流量时,存在自行车流量较大的情况,适用于以5辆或10辆自行车作为一个统计单位进行记录。当要求调查的交叉口流量包含行人数据时,还应该根据实际的客流情况增加调查人员。

调查日期的选取应具有一般性与典型性,通常应避开雨、雪等恶劣天气以及星期六和星期日、节假日和公休日,调查针对上述情况的日期选择例外。对于为了评价路口改建前后的交通状况,或评价大型交通建筑投入前后对周边交叉口的影响,需要使两次调查的时间、地点、记录和统计方法、气候条件尽可能地保持相同,以减少非相关因素对于调查数据精确性的影响。

五、分隔查核线交通量调查

分隔查核线交通量调查是为了记录跨越一个主要地理障碍物或行驶于两地区之间的交通量。为使跨越分隔查核线的道路条数最少,分隔查核线一般沿地理或者自然界限设置。分隔查核线交通量调查是起讫点调查精度检验的一个重要组成部分。

对于分隔查核线交通量调查,通常至少要用便携式检测器(或人工)进行一天连续24h的观测。

六、交通量调查方法

(1)人工观测法。这种方法是由调查人员在规定的日期和时间守候在指定的路侧,记录通过道路某处的交通量。

按照调查目的,分别记录车辆类型(我国交通运输部规定机动车按8种类型记录,即:小型载货汽车、中型载货汽车、大型载货汽车、小型客车、大型客车、载货拖挂车、小型拖拉机、大中型拖拉机)、交叉口上的转弯车辆、行驶方向、车辆牌照、车道使用情况、交叉口前排队车数等,还可记录行人和各种非机动车的数量。

记录可用一定格式的表格登记,累计记录时,应按所取时段(5min、15min或1h)分别累计。表3-9为人工交通量观测记录表格式之一。

人工交通量观测记录表　　　　　　表3-9

线路_____ 观测站_____ 方向由_____向_____
日期_____年_____月_____日星期_____气候_____

观测时间	小型货车	中型货车	大型货车	小型客车	大型客车	载货拖挂车	小型拖拉机	大中型拖拉机	合计
6:00~		一		正一		一			
6:15~					正一			一	
6:30~									
6:45~									
7:00~									

人工观测法是我国最常用的交通量调查方法,适合在任何地点、任何情况进行交通量调查,机动灵活易于掌握,但长时间连续观测时,精度不易保证。

(2)自动计测法。这种方法是利用自动计测仪进行数据采集。自动计测仪是由检测器、数字处理机和记录显示装置构成。根据传感器不同,一般可分为以下几种:

①气动式。这种装置是把充气密闭的橡胶管横放在道路上,当车辆通过时,由于车轮的重力作用使管内的压力产生变化,以此推动气动开关,产生信号。这种检测器原理简单,价格低

廉,但可靠性较差。

②地磁式。采用带有磁棒的感应线圈做探头,埋设在路面下 10~20cm 处,当汽车从探头上方通过时,改变了线圈内的磁力线分布,在探头的输出端感应电信号经放大整形后,驱动计数器动作。这种检测器结构简单,性能可靠,适用于行车速度大于 5km/h 的固定地点检测。

③电磁式。采用高导磁率的磁性材料做磁心,外绕线圈,既作为激励回路,又作为信号输出回路。探头埋设于路面下,当车辆通过时,由于外磁场的作用,激励电流出现正、负半周的振幅差,将这一差值送入电路处理后,得到车辆通过的信号。这种检测器的特点是探头体积小巧,灵敏度高,不受车速限制,但电路较为复杂。

④超声波式。这种检测器的基本原理是由探头向路面发射超声波,在一定的时间周期内,通过鉴别其反射波的有无,达到感知车辆的目的。其特点是探头架设在车道上方,不需破坏路面,灵敏度高,稳定性好,但成本较高且不易排除行人的干扰。

⑤红外线式。这种检测器分主动式检测和被动式检测两种类型。主动式检测依靠发射红外线,经车体反射或延挡得到车辆信号。被动式检测通过测量车辆本身所发出的红外线,达到检测的目的。这种检测器设置的环境条件及安装工艺要求较高。

以上五种是我国应用较多的计测仪器。此外,尚有其他计测仪器也在我国研究试制成功,不再一一列举。

(3) 乘观测车调查法。这种方法是英国运输与道路研究室的华德鲁勃(Wardrop)和查尔斯沃斯(Charlesorth)在1954年提出来的。该方法灵活、方便,根据调查的数据资料,可以同时计算出交通量、平均行驶车速、平均运行时间等重要参数。

使用该方法进行调查时,一般需要观测车 1 辆,驾驶员 1 人,观测记录人员 3 名。其中 1 人记录与观测车反向行驶的会车数,1 人记录与观测车同向行驶的超车数和被超车数,另 1 人记录观测车顺向行驶时间和反向行驶时间。当交通量较小时,可以减少观测记录人员。行程为固定路段的已知距离。根据美国国家城市运输委员会的规定,总的行驶时间主要道路为 19min/km,次要道路为 6min/km。一般往返 12~16 次,即可得到满意的结果。

【例 3-7】 在 1.35km 长的一段东西向街道上,用测试车往返 12 次观测同向和逆向车数的记录结果如表 3-10 所示,求该路段的车流量和车速。

观测车观测记录结果　　　　　　　　　　表 3-10

由西向东行驶	时间 t_E(min)	会车数 X_W	超车数 Y_E	被超车数 Z_E
12 次平均	2.68	120	1.66	1.0
由东向西行驶	时间 t_W(min)	会车数 X_E	超车数 Y_W	被超车数 Z_M
12 次平均	2.53	92.08	1.0	0.66

计算:

由西向东车流量:

$$q_E = \frac{X_W + Y_E - Z_E}{t_E + T_W} \times 60 = \frac{120 + 1.66 - 1.0}{2.68 + 2.53} \times 60 = 1\,389(辆/h)$$

由东向西车流量:

$$q_W = \frac{X_E + Y_W - Z_W}{t_E + T_W} \times 60 = \frac{92.08 + 1.0 - 0.66}{2.68 + 2.53} \times 60 = 1\,064(辆/h)$$

该路段车流量：
$$q = q_E + q_W = 2\,453(辆/h)$$

由西向东平均行车时间：
$$\bar{t}_E = t_E - \frac{Y_E - Z_E}{q_E} = 2.68 - \frac{1.66 - 1.0}{23.15} = 2.65(\min)$$

由东向西平均行车时间：
$$\bar{t}_W = t_W - \frac{Y_W - Z_W}{q_W} = 2.53 - \frac{1.0 - 0.66}{17.74} = 2.51(\min)$$

平均车速：
$$v_E = \frac{60L}{\bar{t}_E} = \frac{60 \times 1.35}{2.68} = 30.22(\text{km/h})$$

$$v_W = \frac{60L}{\bar{t}_W} = \frac{60 \times 1.35}{2.51} = 32.27(\text{km/h})$$

用流动车法调查交通量时，要使观测车的车速尽可能接近车流的平均速度，当交通量很小时，则应接近调查路段的限制车速。对于多车道的情况，最好变换车道行驶。另外，要尽可能使超车数与被超车数接近平衡，特别当交通量不高时更应如此。

(4) 浮动车法。浮动车信息（Floating Car Data，简称 FCD）技术，也被称作"探测车（Probe Car）"，是近年来国际智能交通系统（ITS）中所采用的获取道路交通信息的先进技术手段之一，其突出优点是能够通过少量装有基于卫星定位的车载设备的浮动车获得准确实时的动态交通信息，成本低且效率高，具有实时性强，覆盖范围大的特点。

FCD 技术是目前国际上 ITS 中采集道路交通信息的先进技术手段，它利用定位技术、无线通信技术和信息处理技术，实现对道路上行驶车辆的瞬时速度、位置、路段行驶时间等交通数据的采集。经过汇总、处理这些信息生成反映实时道路拥堵情况的交通信息，能够为交通管理部门和公众提供动态、准确的交通控制、诱导信息。

FCD 技术采用移动的定位设备测量交通网络中各离散点的交通流信息，数据范围遍布整个地区，能全天候 24 小时地进行数据采集；利用无线实时传输、中心式处理大大提高信息采集效率；通过测量的车辆瞬时状态数据，能准确反映交通流变化；利用 FCD 技术还可以实现多参数测量，包括天气、道路状况、车辆安全等参数；利用现有 GPS 和通信网络资源，采集设备维护和安装成本低。

北京是应用 FCD 技术较好的地区，利用浮动车法进行交通量调查，为日常交通运营提供了决策依据。北京交通发展研究中心承担的国家"十五"科技攻关计划"浮动车交通信息采集关键技术研究"课题，利用既有出租车调度系统资源，建立了涵盖 1 万多辆出租车规模的"北京市浮动车交通信息采集系统"，该系统可实时分析路网运行动态、交通拥堵分布等情况。目前该系统已成为北京市交通委进行路网运行速度、拥堵点段和拥堵程度、出租车运营状况、路网可靠性、大型活动路网运行的分析工具，为北京市交通委及时采取交通管理和保障措施、制订年度疏堵方案提供了依据，并为交通信息发布和辅助决策支持系统开发提供了良好的平台。同时，北京市于 2006 年在国内率先开展道路交通评价项目，研究建立了交通拥堵评价指标体系和评价方法，制定了《城市道路交通拥堵评价指标体系》（地方标准），并利用浮动车 GPS 数据，依托北京市交通运行智能化分析平台实现自动化数据接收和数据处理。同时自 2009 年起,以定期报告(年报、月报、周报等)形式向政府内部发布主要评估结论,并从2011年起正式通过网站向市民实时发布拥堵指数等关键指标。

(5)视频检测法。此方法是借助摄像、视频检测采集视频信号,按检测算法和网络通信协议传输交通流数据,用配套软件分析交通流参数。视频检测有两种,其一是利用摄像机,记录一个断面的交通流信息,然后利用专门的视频处理设备或软件,对交通流信息进行处理,以自动识别交通车流或者人流。其二是利用安装在交通设施上方的摄像头,通过专用电缆将交通流图像传输至专门的视频处理设备,对交通流信息进行实时处理。检测数据时,镜头应安在 8~10m 的高处,迎着或逆着车行方向摄像。视频处理设备可同时连接 2~4 台摄像机,每台摄像机的视野中可以布置255个虚拟检测线圈,可分车道、分流向获得交通量、车速等数据。

视频检测的应用较为广泛,且具有精度高的特征。与人工检测法相比,其缺点是需要购置价格比较高昂的视频检测仪。

(6)收费站法。高速公路区别于普通公路不仅在于更高的线形设计和施工质量要求,其全封闭、全渠化的交通管理方式是普通公路所不能比的,高速公路具有车流量大、行车速度快、全封闭、全立交、严格控制出入口的特性。高速公路全封闭的渠化交通以及各种先进的半自动、全自动收费系统为高速公路交通量调查提供了更为便利、准确的手段,车辆通过收费站时能够记录车辆的出入口、通过时间、车型等信息,使高速公路交通量调查方法从人工统计向着数据自动化处理的方向发展。当前的计算机网络技术,已使高速公路交通量调查、统计自动化变为现实。但目前我国还有部分高速公路采用的是"人工半自动收费系统",判别车型等许多调查工作还需人工完成。随着高速公路收费系统的不断完善、发展,交通量的调查工作将完全由计算机完成。

利用收费卡的方式统计高速公路流量的步骤具体如下:

①在高速公路各收费站的入口,由收费员根据上路车辆的车型发给与之相应的通行卡,通行卡上打有本站印章。

②在高速公路各收费站的出口,由收费员收缴下路车辆通行卡,经核实车型无误后根据通行卡上的入口收费站印章计算费额,收费放行。

③各收费站每24h清点发放以及收缴的通行卡,并按车型、收费站分类作好统计。

④将各收费站的统计结果汇总,制出一份当日的交通量调查表。

七、交通量调查资料整理

根据对道路交通流量的长年连续观测,可以整理出如下成果:

(1)绘制小时交通量排序曲线图,用于确定道路设计小时交通量。

(2)关于交通量变化特征参数及其分析图:

①计算年平均日交通量,画出交通量的历年变化图。

②计算月平均日交通量及月变系数,绘制一年中各月交通量变化图。

③计算一周中各日的平均交通量及周变系数,绘制交通量周变图。

④整理一天中各小时的交通量,绘制流量时变图,计算高峰小时交通量、高峰小时流量比及昼间流量比、高峰小时系数等。

⑤计算路段方向不均匀系数。

(3)交通量构成分析。通常可以将交通量中的车辆构成分为客车与货车,并整理出客、货车辆中各种车型的比例,从而进一步了解交通流的构成特点。

(4)对城市道路网交通量观测,除可以整理出以上几项成果以外,还可以整理出以下内容:

①不同性质道路的流量变化规律及其特征参数值。

②不同性质交叉口的流量变化及流量分布图。

③整个路网高峰小时流量分布图、机动车流量高峰与自行车流量高峰形成时间的间隔大小等。

④交通小区或分隔查核线进出的高峰小时人流量。

【复习思考题】

1. 什么是交通流?它有哪些基本特征?
2. 什么是交通量?常见的交通量有哪几种?
3. 什么是第30位小时交通量?用它作为道路的设计小时交通量有何意义?
4. 什么是交通量的变化?交通量随时间和空间的变化说明了什么?
5. 如何计算、理解 M 和 D?如何运用 M 和 D 推测 AADT?
6. 交通量调查基本步骤及主要调查方法各有哪些?
7. 交通量调查对于道路运输行业的规划与管理具有什么意义?

第四章
交通流速度调查及分析

行车速度既是道路规划设计中的一项控制指标,又是车辆运营效率的一项评价指标,同时更是作为公路交通安全评价的重要依据。速度在某种程度上是效益与经济的表征,对于运输安全、迅捷、舒适也同样具有重要意义。因此,了解和掌握各道路上行车速度及其变化规律,是正确进行道路网规划、设计、运营、管理、安全防护的重要基础。

第一节　交通流速度的概念

设车辆在 t 时间内行驶了 l 距离,则车速可用 l/t 形式表示。按 l 和 t 的取值不同,可定义各种不同的车速。

1. 地点车速(又叫点车速或瞬时车速)

它是车辆驶过道路上某一断面时的瞬时速度,观测距离很短,以行驶该距离的时间小于 2s 为限。汽车上车速里程表指示的车速、交通标志中限制的车速和雷达测速仪测得的车速均为地点车速,它是用作道路设计、交叉口设计、确定道路车速限制、交通运输管理和规划的依据。

2. 行驶车速

它是指车辆在某一路段所行距离,用有效行驶时间(不包括停车时间)除之所求的车速。行驶车速用来分析道路区段行驶难易程度和设计道路通行能力以及车辆运行的成本效益分析。

3. 行程车速

行程车速又称区间车速,是车辆行驶路程与通过该路程所需的总时间(包括停车时间)之比。行程车速是一项综合性指标,用以评价道路的服务水平与通畅程度,估计行车延误情况。要提高运输效率归根结底是要提高车辆的行程车速,因此此项指标也是道路新建与改建设计的重要依据。

4. 设计车速

设计车速是指在道路交通与气候条件良好的情况下仅受道路条件限制所能保持的最大安全车速,用作道路线形几何设计的标准。

5. 运营速度

运营速度通常应用于运输企业的运营车辆,指车辆在运营线路上的周转速度,即车辆的行驶距离与运营时间的比值,如公交车辆的运营时间包含了行驶时间、停车延误时间、停靠站等待时间和首末站等待时间等。

6. 时间平均车速和区间平均车速

(1)时间平均车速。车辆通过道路某断面时,某段时间内车速分布的平均值,称为时间平均车速,简称平均车速。它的大小就是地点车速观测值的算术平均值。其数学表达式为:

$$\bar{v}_t = \frac{1}{n}\sum_{i=1}^{n} v_i \tag{4-1}$$

式中:$\bar{v}_t$——时间平均车速;

v_i——第i辆车的地点车速;

n——观测的车辆数。

(2)区间平均车速(即路段平均车速)如果说时间平均车速表征的是该路段的"点"车速,那么区间平均车速则表征了某观测路段的"线"车速。它的定义为:某瞬间道路上某区间内全部车辆车速分布的调和平均值,或者定义为一批车辆通过某一路段时,其行驶距离与各辆车行程时间的平均值之比。其数学表达式分别为:

$$\bar{v}_s = \frac{1}{\frac{1}{n}\sum_{i=1}^{n}\frac{1}{v_i}} \tag{4-2}$$

或

$$\bar{v}_s = \frac{l}{\frac{1}{n}\sum_{i=1}^{n} t_i} \tag{4-3}$$

式中:$\bar{v}_s$——区间平均车速;

v_i——第i辆车的地点车速;

t_i——第i辆车行驶l距离所用的时间;

n——观测的车辆数;

l——行驶路段的长度。

（3）两者之间的关系是：时间平均车速和区间平均车速都是描述交通流运行速度的指标，前者用于描述某地点一段时间内交通流的平均运行速度，后者用于描述某一路段某一瞬间交通流的平均运行速度。在区间平均车速这一概念出现之前，均用时间平均车速的定义，致使在某些计算当中选用的车速出现失真现象。

利用下式可用时间平均车速推求区间平均车速：

$$\bar{v}_s = \bar{v}_t - \frac{\sigma_t^2}{\bar{v}_t} \quad (4-4)$$

式中：σ_t^2——时间平均车速观测值的方差。

当由区间平均车速推求时间平均车速时，可用下式：

$$\bar{v}_t = \bar{v}_s + \frac{\sigma_s^2}{\bar{v}_s} \quad (4-5)$$

式中：σ_s^2——区间平均车速观测值的方差。

由回归分析，得到两种车速的关系为：

$$\bar{v}_s = 1.02619\bar{v}_t - 1.88960$$

该回归方差表明：当交通流速度增加时，两种车速之间的差异变小。

第二节　地点车速的观测和分析

一、观测方法

地点车速观测一般分成人工观测和机械观测。

1. 人工观测

人工观测通常选取一段较短距离 l，用秒表记录车辆经过该距离的时间 t，地点车速即为：

$$v = \frac{l}{t} \quad (4-6)$$

观测路段的长度与车速有关，为便于观测读数，车辆经过 t 段的时间不应少于 1.5s，最好在 2s 左右。选择 l 时，根据交通流的平均速度建议为：当平均车速小于 40km/h 时，l 最小值为 25m；40～65km/h 时，为 50m；大于 65km/h 时，为 75m。

2. 机械观测

机械观测方法有下面几种：

（1）自动计数器法。测速与控制测站交通量观测所用的检测仪器相同，有电感式、环状线圈式、超声波式等检测仪器。当用以测量地点车速时，需相隔一定的距离（一般可取 5m），前后各埋设一个。车辆经过前后两个检测器即发出信号，并传送给记录仪，记录车辆通过前后两个检测器的时间，然后用相隔的距离除以该时间，即得地点车速。

（2）雷达测速法。雷达测速仪通常称为雷达枪法，观测时雷达枪放在测试车上或车行道一侧，瞄准道路上某点，当车辆通过该点时，雷达枪发射出微波，根据其反射波的多普勒效应，测定该点车辆的瞬时车速。该仪器使用方便,适用于车速高、交通量密度不大的情况。当道路上交通量大时,由于雷达测速仪有一定的效应范围,同向车辆过密或对向有车通过均会相互干扰,低速车辆易产生误差,故不适用于交通流密度大、速度低的路段。

(3) 实时监控法。通过实时监控的方法也可以完成地点车速的调查。交通运输部于"十二五"期间出台了《通过实时监控系统的方法完成地点车速的调查》文件,其中目标之一是"重点营业性运输装备监测覆盖率达到100%""实现对'两客一危'车辆(长途客车、客运包车和危险货物运输车)和重点营运货车的动态定位跟踪监测"。我国要求将卫星定位系统应用到运营车辆上(例如公交车辆、长途客运车辆),可以对安装车辆的所处位置、运行轨迹、载货情况等实现实时监控,同时也可以利用系统获得运营车辆的地点车速。目前,我国选用的北斗卫星导航系统(BeiDou Navigation Satellite System,缩写为BDS)是我国自主研发、独立运行的全球卫星导航系统,是与美国的GPS、俄罗斯的格洛纳斯、欧盟的伽利略系统兼容共用的全球卫星导航系统,并称全球四大卫星导航系统。北斗卫星导航系统于2011年12月27日起提供连续导航定位与授时服务。

(4) 感应线圈法。利用感应线圈来检测车辆速度是目前世界上技术较为成熟的车辆检测方法,它可以获得当前监控路面交通流量、占有率、速度等数据,以此判定道路阻塞情况,并利用外场信息发布系统发出警告等。其基本原理是:在同一车道的道路路基段埋设一组(2个)感应线圈,每组感应线圈与多通道车辆检测器相连,当车辆分别经过2个线圈时,由于线圈电感量的变化,车辆的通过状态将被检测到,同时状态信号传输给车辆检测器,由其进行采集和计算。此方法检测精确,设备稳定,且在恶劣天气条件下仍具备出色的性能。此外,成本较低也是其在世界范围内得以广泛应用的原因之一。

此外,还有航空摄影法、电影摄影法和光电管法等。

地点车速观测地点应根据测试目的确定,适用于公路、城市道路、某些特定地点。在公路上进行调查时,应选择直线段、无纵坡以及不靠近交叉口与路边开发的畅行地段。在城市道路上进行调查时,观测地点应选择交叉口之间、无公共汽车站或临时停车站等侧旁不受停车影响、不受行人过街影响、不受支路出入人流和车流影响的路段。在某些特点地点观察时,不受上述要求的限制,如对交通管制、改善以及对有问题地段进行分析时,应在管制区域内选择有代表性地点和事故多发地点。另外,对交通措施、道路条件改善前后的效果进行评价对比时,都应选在具有代表性的同一地点(或同一路段)进行调查。

地点车速的调查通常应选择在天气良好、路况正常的日期进行,冰雹、酷暑、雨雪等恶劣天气不宜进行观测。除非存在特殊需求,才能观测此特殊条件下的车速。

当以调查车速限制、收集基础数据等一般性调查为目的时,调查时间应选择非高峰时间。当调查目的涉及高峰时段时,则应将调查时间选择为早高峰或晚高峰。

目前,在我国的道路交通管理、交警检测和执法的过程中,大部分选用雷达测速法和感应线圈法来完成地点车速的检测。

二、数据的整理和分析

观测地点车速的目的主要为了解该段道路上车速变化的规律,探求各种车辆运行的趋势,调查车速受外因条件的影响关系,以便采取有效的交通管理措施。

(1) 当观测的交通量较大时,不可能将每辆车的速度都测出来,因而需要进行选择,即抽

样操作。对于观测到的大量地点车辆数据,整理前先要按统计抽样方法进行选择,一般要求是:

①应选择交通流在畅通条件下具有代表性的随机样例。

②当车流为一车队行进时,应选择头一辆车的车速;跟随的车在没有超车的情况下,按前一辆车的车速行驶,其速度受到限制,没有代表性。

③在车流中货车出现概率大时,应选择载货汽车作为速度观测对象。

④避免大部分在高速车辆中选择样例。某一种车辆的速度,不能代表样本的其余车辆,应调查实际存在于车流中的各车种的比例,并按此比例进行测定。

⑤样本要求无偏选取。在调查中应选择正常速度的车辆,应避免如突然加速、突然减速等特殊情况,同时不要特意选取具有较高速度或较低速度的车辆。

为了使抽样测定和统计的数据能反映整个交通流的总体情况,样本应有足够的数量。根据误差理论,最少样本数(n)为:

$$n = \frac{S \cdot K^2}{E} \tag{4-7}$$

式中:n——最小的样本数;

E——车速观测值允许误差(km/h),E值取决于平均车速要求的精度,一般可取 $E = 2$km/h;

K——取决于置信水平的系数,正态分布的 K 值如表4-1所示;

S——估计的样本标准偏差(km/h),由于此值系估计值,一般参考类似地区和道路情况选用(表4-2)。

各置信水平的系数 K 值　　　　　　　　　　　　表4-1

置信水平(%)	68.3	86.6	90	95	95.5	98.8	99.7
K 值	1	1.5	1.64	1.96	2	2.5	3

样本标准差参考值　　　　　　　　　　　　表4-2

行车地区	平均标准差(km/h)		行车地区	平均标准差(km/h)	
	双车道	四车道		双车道	四车道
乡村	8.5	6.8	城市	7.7	7.9
郊区	8.5	8.5	平均值	8.0	8.0

【例4-1】 求郊区某双车道公路上某地点车速的样本数,要求的置信水平为95.5%,允许测定值误差为3km/h。

解:查表4-2知,S 为8.5km/h,所以,样本数为:

$$n = \left(\frac{8.5 \times 2}{3}\right)^2 = 32$$

(2)绘制速度频率分布曲线图。将观测到的车速数据进行归纳整理,找出车辆在自由行驶状态下的车速分布规律,通常是用绘制速度频率分布曲线的方法来实现的,其步骤如下:

①找出这批数据中的最大车速与最小车速。

②将所有数据从大到小按顺序排列并分组,各组的分级间隔 H 可按下式估算:

$$H = \frac{R}{1 + 3.322 \lg n}$$

式中：R——最大车速与最小车速之差；

n——观测次数，即数据个数。

③算出各组的次数（即车辆出现次数）和相对频率。

④绘制速度频率分布曲线和速度累积频率分布曲线图。

下面用一示例加以说明。实地观测地点车速数据共 200 个，其中最高车速为 83.4km/h，最低车速为 53.1km/h。

先计算分组间隔：

$$H = \frac{83.4 - 53.1}{1 + 3.322 \lg 200} = 1.63$$

为计算方便，将各数据按每 3km/h 间隔分成 10 组，汇列于表 4-3 中第 1~3 栏内。计算各组的频率 $f/\sum f$，最后算出累积频率。由表 4-3 中 2 栏和 4 栏数据绘出速度频率分布直方图（图 4-1），由表 4-3 中 2 栏和 6 栏数据绘出速度累积频率分布曲线（图 4-2）。

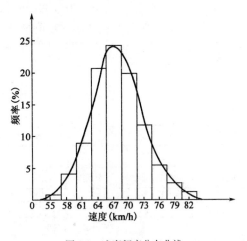

图 4-1　速度频率分布曲线

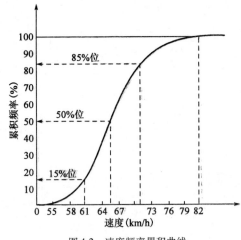

图 4-2　速度频率累积曲线

(3) 找出最多速度与百分速度。由速度频率分布曲线中可以找到最大频率的速度值，称为最多速度，如上例在图 4-1 和表 4-3 内均可找到，在表 4-3 中最大频率为 24.0%，相应的最多速度为 67km/h。累积频率分布曲线纵轴（累积频率）相应于横轴上的速度值称为百分速度。常用的百分速度有：

①85% 位速度表示在该路段上行驶的车辆中有 85% 的车辆低于该速度，如图 4-2 中，85% 位速度为 71km/h。累积频率分布曲线的斜率在 85% 处逐渐变缓，即是说大于 85% 位车速的车辆，其速度值大大超过 85% 位车速，离散性高，交通流不稳定，所以在交通管理工作中应以 85% 位速度作为制定最大限制车速标准的参考值。

②50% 位速度表示在该路段上行驶的车辆中快速车与慢速车出现数量相等的车速，又称为中位速度。图 4-2 中的中位速度为 65.5km/h。必须注意，中位速度不一定是平均速度。当图 4-1 的速度分布曲线完全对称时，中位车速等于车速的算数平均值。

③15% 位速度表示在该路段上行驶的车辆中有 15% 的车辆低于该速度。如图 4-2 中，

15%位速度为61km/h。15%位速度可用来确定最小限制车速,低于该速度的车辆将成为其他车辆的行驶障碍,尤其在等级较高的公路上不应当允许低于15%位速度的车辆行驶,因此15%的车速对于高速公路交通管理很重要。

地点速度分布表　　　　　　　　　　　　　　　　　　　　　　　表4-3

速度范围 (km/h)	中位速度 v_i	观测车辆数及频率		累计观测车辆数及累积频率	
		次数 f_i	频率 $\frac{f_i}{\sum f}$ (%)	次数	频率(%)
1	2	3	4	5	6
53.5~56.5	55	2	1.0	2	1.0
56.5~59.5	58	8	4.0	10	5.0
59.5~62.5	61	18	9.0	28	14.0
62.5~65.5	64	42	21.0	70	35.0
65.5~68.5	67	48	24.0	118	59.0
68.5~71.5	70	40	20.0	158	79.0
71.5~74.5	73	24	12.0	182	91.0
74.5~77.5	76	11	5.5	193	96.5
77.5~80.5	79	5	2.5	198	99.0
80.5~83.5	82	2	1.0	200	100.0
合计		200	100.0		

(4)计算平均速度。地点速度的观测结果,多用平均速度表示。平均速度由下式计算:

$$\bar{v} = \frac{\sum f_i v_i}{n} \tag{4-8}$$

式中：v_i——各分组速度的组中值(km/h);

　　　f_i——各分组速度的频数;

　　　n——观测车次总数。

【例4-2】 表4-3中,平均车速为:

$$\bar{v} = \frac{55 \times 2 + 58 \times 8 + 61 \times 18 + 64 \times 42 + 67 \times 48 + 70 \times 40 + 73 \times 24 + 76 \times 11 + 79 \times 5 + 82 \times 2}{200} = \frac{13\,523}{200} \approx 67.6(\text{km/h})$$

此平均车速即为时间平均车速。

(5)计算标准偏差 S。只有平均速度值还不能反映速度分布的分散程度。要了解所测各速度值分布在平均值两侧的分散程度,可以计算标准偏差作为分析的尺度,标准偏差越大,说明观测的各速度值偏离平均速度值的分散性越大。标准偏差的计算式为:

$$S = \sqrt{\frac{1}{n-1}\left[\sum(v_i^2 f_i) - \frac{1}{n}(\sum v_i f_i)^2\right]} \tag{4-9}$$

式中各符号意义同前。

利用式(4-9)计算的标准偏差也可用85%位速度与15%位速度之差的一半来估算。上例

中,85%位车速为71km/h,15%位速度为61km/h,则标准偏差近似值为:

$$S = \frac{71-61}{2} = 5(\text{km/h})$$

标准偏差大,说明道路上车辆可任意选择速度行驶,比较自由,沿途不受阻碍。当交通量增加,车辆自由行驶受到限制,地点速度下降,标准偏差也逐渐减小。

(6)确定平均车速的波动范围。根据已计算出的平均车速和标准偏差,即可确定平均车速的波动范围。如本例中,平均车速的波动范围为:

$$\bar{v} \pm S = 67.6 \pm 5 = 62.6 \sim 72.6(\text{km/h})$$

第三节　行驶车速和区间车速的观测及分析

一、观测方法

(1)车牌号码登记法。在调查路段的始终点各配备4~6人组成一观测组,再分上、下行两组进行观测。其中,1人报汽车牌照末3位的读数,1人报车辆通过观测点的时刻,1人记录。计时宜采用电子秒表。观测完毕后,将两端记录的车辆牌照号码进行对照,计算出每辆车的运行时间。

车牌号码登记法测车速可与测交通量及车头时距同时进行。这种方法的主要优点是能实地测得各种类型车辆的行程车速。但要求观测人员有连续读秒表的能力,且劳动强度大,不适宜做大于2h的观测。整理时必须使用计算机,否则内业工作量太大。

此方法的主要优点是取样速度快,室外调查时间较短,能够较为准确地获得不同时段内各种类型车辆的行程速度。此方法缺点是只能测得行程车速,不能测得行驶车速,也无法知道路段中间停车及延误的原因。不适用于沿线交叉口多及停车点多的路段。

(2)跟车测速法。用图纸测量路段全长、各交叉口间及特殊地点(如道路断面宽度变化点)间的长度,并在实地上做好标记。测速时,测试车辆必须跟踪道路上的车队行驶。车上有两名观测人员,一人观测沿线交通情况,并用秒表读出经过各标记的时间、沿线停车时间及停车原因,另一人做好记录并用表测试全程的行驶时间。

这种方法的主要优点是能测量全程各路段间的行程车速、行驶车速、停车延误时间及原因,便于综合分析与车速有关的因素;所需的观测人员少,劳动强度低,适用于交通量大、交叉口多的道路。这种方法的缺点是测量次数受行程时间的影响,测量次数不可能很多,在测量的某一个时段内(如高峰小时)一般只能往返6~8次,有时还要受偶然因素的影响。当交通量大时,测量数据能代表道路上的实际行车速度,但当交通量小时,试验车较难跟踪到有代表性的车辆,所测车速受到试验车性能及驾驶员行车习惯的影响。同时,由于测量次数不可能多,本方法所测速度只能作宏观上的参考,难以用于微观分析。

(3)乘车测定法。在调查区内沿途没有进出口的路段上,调查人员可乘车在调查区间路段上行驶,调节车速追越超车数来进行调查,同时在调查区间两端配备路上调查人员。起点调查人员从试验车出发时刻起每一分钟测记一次交通量,终点调查人员从试验车到达时间起同样每隔一分钟测记一次交通量,各延续 15min 为止。其记录和计算方法如表 4-4 所示。

乘车测定法测定行驶速度示例　　　　　　　　　表 4-4

地段 _____ 车流方向 _____ 测定区间长 0.8km　1992 年 10 月 14 日
试验车出发时间 8:30　　试验车到达时间 8:30′55″

起点			终点		
终点通过后时间（min）	终点通过交通量（辆/min）	计算	终点通过后时间（min）	终点通过交通量（辆/min）	计算
1	28	0.5×28＝14.0	1	25	0.5×25＝12.5
2	35	1.5×35＝52.5	2	30	1.5×30＝45.0
3	31	2.5×31＝77.5	3	32	2.5×32＝80.0
4	39	3.5×39＝136.5	4	36	3.5×36＝126.0
5	26	4.5×26＝117.0	5	40	4.5×40＝180.0
6	33	5.5×33＝181.5	6	31	5.5×31＝170.5
7	29	6.5×29＝188.5	7	26	6.5×26＝169.0
8	37	7.5×37＝277.5	8	24	7.5×24＝180.0
9	24	8.5×24＝204.0	9	29	8.5×49＝266.5
10	28	9.5×28＝268.5	10	27	9.5×27＝356.0
11	38	10.5×38＝399.0	11	33	10.5×33＝346.5
12	35	11.5×35＝492.5	12	36	11.5×36＝414.0
13	30	12.5×30＝375.0	13	40	12.5×40＝500.0
14	27	13.5×27＝364.5	14	38	13.5×38＝513.0
15	34	14.5×34＝493.0	15	37	14.5×37＝536.5
小计	474	3 549.0	小计	474	3 640.8
车辆通过起点加权平均时间 3 549.0÷474＝7.49＝7′29″			车辆通过终点加权平均时间 3 640.8÷474＝7.68＝7′41″		
车辆平均通过起点时刻 8:30′00″+7′29″＝8:37′29″			车辆平均通过终点时刻 8:30′55″+7′41″＝8:38′36″		

车辆平均通过路段的时间
8:38′38″−8:37′29″＝01′07″＝67″
平均速度
$$\bar{v}=\frac{L}{t}=\frac{0.8\times3\,600}{67}=42.98\approx 43(\text{km/h})$$

(4) 浮动车测定法。参见第三章第五节"交通量调查方法"。

(5) 利用卫星定位系统可以对安装车辆的所处位置、运行轨迹等实现实时监控,在给定区间两端的前提下,能够通过卫星定位系统获取区间两端的车辆运行时间、区间之间的车辆运行轨迹等信息,从而计算出选定区间的区间车速。

(6) 高速公路具有车流量大、行车速度快、全封闭、全立交、严格控制出入口的特性,应用各种先进的半自动、全自动收费系统。利用半自动、全自动收费系统的收费卡信息,可以获得车辆通过各个高速公路收费站的时间,结合高速公路收费站之间的区间长度,可以计算获得车辆在各个高速公路收费站之间的区间车速。

二、数据的整理和分析

表4-5为利用车牌号码登记法观测行驶车速的示例。下面以此例说明其观测数据整理和分析的方法。

平均行程速度计算表　　　　　　　　　　　　表4-5

观测号次	行程时间 t_i（min）	行程速度 v_i（km/h）	$v_i - \bar{v}_s$	$(v_i - \bar{v}_s)^2$	$t_i - \bar{T}$	$(t_i - T)^2$
1	2	3	4	5	6	7
1	28.4	26.4	+1.7	2.89	-1.9	3.61
2	33.8	22.2	-2.5	6.25	+3.5	12.25
3	36.2	70.7	-4.0	16.00	+5.9	34.81
4	21.1	35.5	+10.8	116.64	-9.2	83.49
5	30.2	24.8	+0.1	0.01	-0.1	0.01
6	27.6	77.2	+2.5	6.25	-2.7	7.29
7	32.7	22.9	-1.8	3.24	+2.4	5.76
8	38.1	19.7	-5.0	25.00	+7.8	60.84
9	79.9	25.1	+0.4	0.16	-0.4	0.61
10	25.3	79.6	+4.9	24.01	-5.0	25.00
Σ	303.3			200.45		233.22

注：观测路段长度12.5km。

（1）将车辆通过起、止观测截面的号码一一对应，并计算出车辆通过起、止截面的时间差即行程时间，列于表4-5中第2栏。

（2）计算每辆车的车速。

$$v_i = \frac{60l}{t_i} \tag{4-10}$$

式中：l——观测路段起终点距离（km）；

t_i——第i辆车的单程行程时间（min）。

将$l = 12.5$km及表4-5中第2栏的行程时间值代入式（4-10），求出v_i值并列入表中第3栏：

$$v_1 = \frac{60 \times 12.5}{28.4} = 26.4(\text{km/h})$$

$$v_2 = \frac{60 \times 12.5}{33.8} = 22.2(\text{km/h})$$

……

（3）计算区间平均车速$\bar{v}_s$。

$$\bar{v}_s = \frac{60l \cdot n}{\sum_{i=1}^{n} t_i} \tag{4-11}$$

式中：n——观测的车辆数，此例中$n = 10$辆。

将表 4-5 中 $\sum_{i=1}^{10} t_i = 303.3 \text{min}$ 代入上式,则:

$$\bar{v}_s = \frac{60 \times 12.5 \times 10}{303.3} = 24.7 (\text{km/h})$$

(4)计算行程速度标准差 σ_v。

$$\sigma_v = \sqrt{\frac{\sum_{i=1}^{n}(v_i - \bar{v}_s)^2}{n-1}} \qquad (4-12)$$

依次用 v_i 值(表 4-5 中第 3 栏)减去 $\bar{v}_s = 24.7$,将其结果列于表中第 4 栏并将其平方后列于表中第 5 栏,计算结果 $\sum_{i=1}^{10}(v_i - \bar{v}_s)^2 = 200.45$,代入式中,则:

$$\sigma_v = \sqrt{\frac{200.45}{10-1}} = \pm 4.7 (\text{km/h})$$

由此可知,该路段观测时间内的实际平均速度在 20.00~29.4km/h 之间。

(5)计算平均行程时间 $\bar{T}$。

$$\bar{T} = \frac{\sum_{i=1}^{n} t_i}{n} \qquad (4-13)$$

则 $\bar{T} = \frac{303.3}{10} = 30.3(\text{min})$。

(6)计算行程时间标准差 σ_t。

$$\sigma_t = \sqrt{\frac{\sum_{i=1}^{n}(t_i - \bar{T})^2}{n-1}} \qquad (4-14)$$

依次用 t_i 值减去 $\bar{T} = 30.3 \text{min}$,将其结果列于表中第 6 栏并将其平方后列于表中第 7 栏。计算结果 $\sum_{i=1}^{10}(t_i - \bar{T})^2 = 233.22$。代入式(4-14)中,得

$$\sigma_t = \sqrt{\frac{233.22}{10-1}} = \pm 5.1(\text{min})$$

说明通过测试路段的实际平均时间在 25.2~35.4min 之间。

(7)根据一条道路上各区间路段的观测、计算结果,可以汇总出整条道路按里程分区段的速度分布表和分布柱状图,从表和图上可清楚地看出道路交通流的运行情况。

第四节 影响车速变化的因素

车速随驾驶员、车辆、道路、交通及环境等因素的变化而变化,其规律简述如下。

一、驾驶员的影响

汽车行驶速度除与驾驶员的技术高低、开车时间长短有关系外,还与驾驶员的个性、年龄、性别、疲劳程度、心理状况和婚姻状况有关。一般而言,开车长途旅行的人比本地出行的人开

得快。车上无乘客时,驾驶员开车往往比有乘客时快。青年驾驶员、男性驾驶员、单身驾驶员,一般比中年驾驶员、女性驾驶员、已婚驾驶员开车快。

二、道路的影响

驾驶员实际开车速度在很大程度上受道路条件的影响,诸如道路类型、平纵线形、坡长、车道数和路面类型等对车速都有影响,又如道路所处的地理位置、视距条件、车道位置、侧向净空和交叉口间距等对车速也有影响。

(1)道路类型。不同类型的道路,其设计行车速度不同、汽车的运行条件不同,因此,其上的实际运行速度也不同。我国公路上汽车的设计速度具体参见表2-19所示。

(2)平面线形。一般说来,车辆在平曲线上较在直线段上速度要慢。平曲线半径越大,车速越快。设计车速较低的弯道上,平均车速接近设计车速。设计车速高的弯道上,平均车速低于设计车速,并接近于在切线段观测到的平均车速。

以我国西部山区农村地区为研究对象,表4-6为各省市曲线路段各车型的运行速度。可以看出,云、贵、川、渝四省市农村公路曲线路段各车型的运行速度相差不多,都存在 $v_{85小客} > v_{85大客} > v_{85小货} > v_{85摩托} > v_{85大货}$ 的趋势。总体来看,各省市 $v_{85小客}$ 在 45km/h 左右, $v_{85大客}$、$v_{85小货}$ 在 40km/h 左右。同时,对四川和贵州两省曲线路段和直线路段各车型运行速度差进行对比,可得出四川、贵州两省直线路段各车型运行速度均高于曲线路段运行速度的结论,除四川省大货车和摩托车直线曲线路段运行速度差较大(分别为24km/h 和 15km/h)之外,大部分车型两路段运行速度差值均较小,为 5~13km/h。

部分省市曲线路段各车型运行速度(单位:km/h)　　表4-6

省市\车型	小客车	大客车	小货车	大货车	摩托车	机动三轮	农用车
四川	40	38	44	20	28	29	16
云南	39	38	31	31	30	—	—
贵州	54	42	36	35	37	—	—
重庆	42	38	35	31	35	—	24

(3)纵断面线形。道路的纵断面线形对车速影响显著,并且这种影响对货车比对小客车更为明显。下坡时与运行在平坡直线路段相比,对于货车当纵坡大至5%,对于专用大客车和小客车当纵坡大至3%,平均车速都是增大的。当下坡超过此限度以及在上坡道,各类车辆的车速都降低。研究表明,重型货车爬坡行驶在一定坡度的路段上时,车速随坡度的增大几乎是直线地下降,直到降至爬坡速度后继续上坡。

(4)车道数及车道位置。多于四车道时行车道的特性与四车道设施相似。四车道公路上,由于行驶时不受对向行车的约束,比双车道和三车道公路上的平均车速高,当中央有分隔带时这种差异更明显。三车道上的车速略高于相类似的双车道公路。在行近市区的道路上,入境车辆的平均车速一般比出境车速高 3~6km/h。多车道的公路上,地点车速由靠中央分隔带的车道向靠路肩的车道逐次递减。

(5)视距。道路上视距若不能满足要求,则车速明显降低。

（6）侧向净空。在双车道公路上，一般侧向净空受到限制时，平均车速降低 2~5km/h，货车比客车受的影响小。

（7）出入口。出入口是车辆进入和离开道路系统的通道，出入口密度越大，出入公路越方便。但是，出入口的设置会将交通冲突、摩擦引入交通流，出入口处往往是交通流产生紊流的位置，出入口间距不合理、视距不足都容易诱发交通事故；另一方面，由于交通摩擦的存在，出入口的设置或多或少地对正常交通流产生一定的影响，增加了行程时间，加大了延误，降低了道路的区间运行速度，见表4-7。

出入口间距与运行速度降低比例　　　　表4-7

出入口间距 (km)	出入口密度 (个/km)	运行速度降低比例（%）				
		90km/h	80km/h	70km/h	60km/h	50km/h
0.2	5.0	10.6	8.5	5.9	4.0	2.8
0.4	2.5	7.2	6.5	4.3	2.8	2.0
0.5	2.0	6.4	5.7	3.6	2.3	1.6
1.0	1.0	3.2	2.8	1.7	1.2	1.0
2.0	0.5	1.6	1.5	1.0	0.7	0.6
3.0	0.3	0.6	0.4	0.3	0.2	0.1

（8）在自由流状态下，受隧道影响，在进入隧道前无论大货车还是一型车都会有一定的减速，但减速幅度和减速距离并不太均一。车型速度特性表明：车辆到达隧道口前200m左右，客车的特征速度（平均速度、85%位速度）均比到达隧道口处高 10~20km/h，货车的特征速度（平均速度、85%位速度）均比到达隧道口处高 5~10km/h。为了保证车辆通过隧道时驾驶员适应光线的变化，车辆经过隧道口的暗适应过程中车速降到最低点，最低点的速度变化幅度与进入隧道口时驾驶员的速度密切相关。待驾驶员适应光线和暗环境后，驾驶员适当提速稳定运行，接近洞口后驾驶员调整车速完成明适应过程并驶出洞外，这个过程速度调整的幅度很小。

（9）路面由低级变化到高级时，地点车速逐渐增加。我国大量砂石路面改善为高级、次高级路面，车速提高了30%左右。目前，载货汽车在高级路面上行驶，车速可达 60~80km/h；在次高级路面上行驶，车速可达 40~60km/h；在中级路面上行驶，车速可达 30~40km/h。我国干线公路调查指出，沥青路面上的汽车平均车速为 38.5km/h，砂石路面上的汽车平均车速为 30.0km/h（26.9~33.1km/h）。同一类型路面，其状况的优劣也直接影响车速。

三、交通条件的影响

（1）交通量。交通量越大，交通流密度越大，车速越低。这是由于交通量越大，超车越困难。超车时，超车驾驶员要提高车速，一般比被超车辆平均高16km/h。由于超车数量的减少，快行车的潜力得不到发挥，所以平均车速要下降。

（2）交通组成。快慢车分离比快慢车混合行驶车速高，在郊区公路上，畜力车越多，汽车车速越低。在城市道路上，三块板道路比一块板道路上的汽车车速高。行人（特别是横过街道的行人)交通量的大小,对车速影响极大。

(3)交通管理。道路渠化能使车速有比较明显的提高,这是由于车辆各行其道,减少了相互间的干扰。此外,交通信号、交通标志、交通设施及交通管理措施都对道路上的行车速度起控制影响作用。

四、环境的影响

季节、气候和地理位置的变化对车辆运行速度有影响。

【例4-3】 我国有关部门进行的车速调查表明,在山岭、重丘区公路上,载货汽车的平均运行速度为33.9km/h;在平原、微丘区的公路上平均运行速度为39.9km/h,后者较前者快15%。白天的平均车速比夜晚高,市区约高1.6km/h,效区高3~13km/h。在临近或穿越村镇、居民区等交通环境复杂的路段上,车速明显降低。

【例4-4】 当由于起雾原因而产生的能见度低的情况下,车辆的运行速度变化呈现以下特征:

(1)能见度下降过程中对车速的影响分为两个阶段。第一阶段为能见度开始下降的20min内,驾驶员视距由200m下降到150m,车速急速下降约30%,反映了驾驶员对视距不良时的及时反应;第二阶段为20min后,如能见度继续由150m下降到100m,驾驶员通过一段时间的适应后,速度可能会选择继续微跌10%或者保持20min时的速度不变继续驾驶,然后维持这个车速在低能见度区继续行驶。

(2)在能见度恢复阶段,随着能见度的提升,速度恢复很快,一般在20min以内能恢复至正常天气的运行速度。

第五节 车速资料的应用

交通流速度是交通运行情况的基本量度,因此,交通流速度资料有很多应用,现简要介绍如下。

一、探求各种车辆速度的发展趋势

通过对道路上运行车辆的定期或不定期抽样调查,测定各种车辆的速度,得到不同车型的车速及车速随时间的变化规律,通过构建数学模型或数据挖掘的手段探求速度的发展趋势与变化规律,为交通规划与管理提供科学的基础技术保障。

二、用作道路改善和运行调度的依据

根据交通流速度在道路网络上不同路段的分布情况,判断出某处道路条件与交通状况,以便有针对性地采取改善措施。驾驶员一般选择行车时间短的路线行车,因此,运行调度部门可以根据两地之间不同道路的距离和其上的交通流速度情况帮助驾驶员选择适合的行车路线。

三、交通规划与设计的重要依据

在道路网各路段上标有车速大小的图称为车速分布图。利用车速分布图可以判断某路段的交通状况和道路条件,以便针对问题做出改善规划。同时,设计车速是道路等级的标志,是设计道路几何尺寸的控制参数,例如根据《公路工程技术标准》(JTG B01—2014),不同设计速度下的最大纵坡如表4-8所示。

不同设计速度下的最大纵坡　　　　　表4-8

设计速度(km/h)	120	100	80	60	40	30	20
最大纵坡(%)	3	4	5	6	7	8	9

四、交通管理的依据

交通管理部门要经常研究交通量和车速在各道路上的分配。一条道路行车速度的快慢,在很大程度上反映出该路是否通畅,当车速资料表明道路交通阻塞严重时,就要考虑把部分车流量分配到邻近道路上去,以维护道路的畅通。此外,根据车速观测资料,还可以确定道路的限速值,如15%位车速和85%位车速的应用。

五、分析事故成因与确定安全系数

根据某条道路上的速度分布与交通事故统计资料,可以分析、确定交通流速度与交通事故的统计关系。在具体的事故分析中,车速更是必不可少的资料。

此外,危险路段的速度相对落差能表征汽车营运指标的下降和行车危险程度。苏联的巴布可夫教授提出用安全系数评定交通安全,即:

$$K_0 = \frac{v_b}{v_a} \tag{4-15}$$

式中:K_0——危险路段安全系数;
　　v_b——危险路段能保证的通行速度;
　　v_a——进入危险路段之前的常见速度。

根据《公路项目安全性评价规范》(JTG B05—2015),以车辆的运行速度为输入参数进行运行速度协调性评价,是对相邻路段的运行速度的差值进行评价,是公路安全性评价的重要内容。评价指标采用相邻路段运行速度的差值ΔV_{85},当ΔV_{85}小于10km/h 时,运行速度协调性好。当ΔV_{85}处于10~20km/h 时,运行速度协调性较好,条件允许时适当调整相邻路段技术指标,使运行速度的差值小于或等于10km/h。当ΔV_{85}大于20km/h 时,运行速度协调性不良,相邻路段需要重新调整平面、纵面设计。

六、经济分析

交通流速度的提高,直接意味着运输时间的节约、成本的降低和效率的提高。如果比较采取改善某一(或某些)交通环境条件或某一(或某些)项交通管制措施实施前后车速增长变化资料,可以定量地校核改善或管制措施所带来的经济效益。同时,经济时速(指汽车最节油的行驶速度)也是道路运输企业所关注的运营经济指标。

【复习思考题】

1. 什么是速度？请说明几种常用速度的概念及其使用。
2. 什么是百分速度？请分别说明15%位车速和85%位车速的概念及其作用。
3. 什么是交通流速度的标准偏差？如何确定车速波动度？
4. 调查地点车速常用哪几种方法？如何整理、分析调查数据？
5. 调查区间车速常用哪几种方法？如何整理、分析调查数据？
6. 什么是交通等时线图？它有什么作用？
7. 影响车速变化的主要因素有哪些？
8. 车速资料在交通运输规划与管理中有哪些作用？

第五章

交通流密度与交通延误调查

第一节 交通流密度的概念

一、交通流密度的定义

交通流密度(又称车流密度)是指在某一时刻,某单位长的路段上一条车道或几条车道内的车辆数。它是反映道路上车辆的密集程度、衡量道路上车流畅通情况的重要指标。交通流密度是一个瞬时值,与测定的时间、地点、交通流量均具有直接关系。因此,需要选定适当的路段长度,根据需要的时间和目的进行交通流密度的调查。

交通流密度一般用下式表示:

$$K = \frac{N}{L} \tag{5-1}$$

式中:K——交通流密度(辆/km);

L——道路长度(km);

N——在 L 长的道路上拥有的车辆数(辆)。

【例5-1】 一条双车道(双向)道路,在某一时刻,在250m长的路段内,每条车道上有2辆车,则:

$$K_{单车道} = \frac{2}{250/1\,000} = 8(辆/km)$$

$$K_{双车道} = \frac{2+2}{250/1\,000} = 16(辆/km)$$

在交通流密度中,能够使道路上的交通量达到最大值时的密度,称为最佳密度;而道路上的车流使车辆几乎无法行进,即发生交通阻塞时的交通流密度,称为阻塞密度。

二、车头间距与车头时距

车头间距是指同向行驶的一列车队中,两辆连续行驶的车辆车头之间的距离。路段中所有车头间距的平均值,称为平均车头间距,单位为 m/辆。交通流密度和车头间距呈互为倒数关系,即:

$$K = \frac{1\,000}{d_n}(辆/km) \tag{5-2}$$

式中:K——交通流密度;

d_n——平均车头间距(m/辆)。

在交通流的不同车头间距中,可以保证行车安全的最短车头间距,称为极限车头间距。它是同向行车运行安全的重要依据。

与车头间距相对应,在同向行驶的一列车队中,两辆连续行驶的车辆之车头驶过某一点时的时间间隔,称为车头时距。能够保证行车安全的最短车头时距,称为极限车头时距。

三、车道占有率

由于交通流密度是瞬时值,随观测的时间或区间长度的变化而变化,而且反映不出车辆长度与速度的关系,尤其当车辆混合行驶时,交通流密度的高低并不能明确地表示出交通流的状态,所以在交通工程中又引用了车道占有率的概念来表示交通流密度。车道占有率包括空间占有率和时间占有率两种。

(1)空间占有率(也叫作长度占有率)。空间占有率等于公路的单位面积中各车辆所占面积总和的比率。在实际观测中,一般将公路一定路段上的车辆总长度与路段长度之比的百分数作为空间占有率。交通流密度只能表示车流的密集程度,而空间占有率则能反映某路段上车队的长度。其表达式如下:

$$R_s = \frac{1}{L}\sum_{i=1}^{n} l_i \times 100\% \tag{5-3}$$

式中:R_s——空间占有率(%);

L——观测路段总长度(m);

l_i——第 i 辆车的长度(m);

n——该路段的车辆数。

(2)时间占有率。在公路的任一路段上,车辆通过时间的累计值与观测时间的比值,以百分数表示,即为时间占有率。其表达式如下:

$$R_t = \frac{1}{T}\sum_{i=1}^{n} t_i \times 100\% \tag{5-4}$$

式中:R_t——时间占有率(%);

T——观测时间(s);

t_i——第 i 辆车通过观测路段所用的时间(s);

n——在观测时间内通过观测路段的车辆数。

第二节 交通流密度调查

交通流密度的调查一般采取定点观测、出入流量法和摄影观测三种方法。

一、定点观测

这种方法是通过在某一观测点测量车速与车流量数据,根据这些数据计算交通流密度。在拟观测的公路路段上,选取 100m 长的路段,标上记号。若为双车道时,可将观测人员分为 4 组,每组 4 人,分别记录通过观测路段两端的车辆牌号与交通量,并分别整理计算,如表 5-1 所示。根据所测数据,以区间平均车速公式计算每区间车速,见式(5-5)。

测定车流密度记录表   表 5-1

序号	车号	分组时间 (时:分:秒)	起测时间 (分:秒)	终测时间 (分:秒)	行驶时间 (分:秒)	测定时间 (km/h)	汽车数量 (辆)

依式(4-3)有:

$$\bar{v}_s = \frac{L \cdot n}{\sum_{i=1}^{n} t_i} \tag{5-5}$$

式中:$\bar{v}_s$——区间平均车速(km/h);

  t_i——第 i 次行驶的行程时间(h);

  L——观测路段长度,即行程距离(km);

  n——车辆行驶于行程 L 的次数(即车辆数)(辆)。

最后,将整理后的数据填入表 5-1 中,计算平均车流密度($\bar{K}$),见式(5-6):

$$\bar{K} = \frac{\bar{Q}}{\bar{v}_s}(辆/km) \tag{5-6}$$

式中:$\bar{Q}$——平均交通流量(辆/h);

  $\bar{v}_s$——空间平均车速(km/h)。

二、出入流量法

一路段,沿途无出入交通,该路段上的车辆数随时间而变化。欲求得某时刻在路段上实有的车辆数,需计测路段两个端点进入和驶出的车辆数。这种通过测量路段端点流出流入量而取得路段原有车辆数的方法叫出入流量法。

出入流量法适用于无分流的公路路段,尤其是高速公路的相邻两座互通立交之间的路段,由于中途无车辆出入,采用这种方法准确性较高。观测路段长度取1km左右为宜,路段长度太短,则不宜采用此法。

1. 观测方法

(1)在观测前准备好出入流量法观测交通流密度统计表,如表5-2所示。设定观测路段的两个端点A点和B点,并以A端作为车流的流入端,B端为流出端。准备一台试验车,在AB路段之间往返行驶,以测定原始车辆数。

用出入流量法观测交通流密度统计表　　　　　　表5-2

时间	A地点交通量①	B地点交通量②	变化量③	时刻	初始台数④	存在台数⑤	调整值⑥	修正值⑦	瞬间密度⑧	平均密度⑨	试验车情况
14:0′~14:1′	40	54	-14	14:1′							
1′~2′	74	60	14	2′							
2′~3′	39	40	-1	3′							
3′~4′	61	68	-7	4′							
4′~5′	37	60	-23	5′							
5′~6′	72	59	13	6′							14:6′50″进
6′~7′	52/9	48/7	4/2	7′	94/	/96	0	96	119		a=10 b=2
7′~8′	67	58	9	8′		150	0	105	130		14:8′20″出
8′~9′	19/24	21/26	-2/-2	9′	103/	103/101	0	101	125		
9′~10′	69	65	4	10′		105	0	105	130		
小计	563	566	-3								
10′~11′	46	66	-20	11′		85	0	85	105 ⎫		
11′~12′	69	56	13	12′		98	0	98	121 ⎬	115	
12′~13′	57	65	-8	13′		90	1	91	112 ⎬		
13′~14′	57	59	-2	14′		88	1	89	110 ⎬		
14′~15′	58	46	12	15′		100	1	101	125 ⎭		
15′~16′	52	48	4	16′		104	1	105	130 ⎫		14:18′43″
16′~17′	40	58	-18	17′	-5	86	1	87	107 ⎬		进 a=14
17′~18′	59	59	0	18′	105/	86	1	87	107 ⎬	128	b=3
18′~19′	47/20	29/15	18/5	19′		104/110	0	104/110	136 ⎬		
19′~20′	49	31	18	20′		128	0	128	158 ⎭		
小计	554	532	22								
20′~21′	37	48	-11	21′	117	117	0	117	144		14:21′00″
21′~22′	39	40	-1	22′		116	0	116	143		出
22′~23′	48	59	-11	23′		105	0	105	130 ⎫	125	
23′~24′	41	65	-24	24′		81	-1	80	99 ⎬		
24′~25′	72	65	7	25′		88	-1	87	107 ⎭		
25′~26′	65	76	-11	26′		77	-1	76	94 ⎫		
26′~27′	53	63	-10	27′		67	-2	65	80 ⎬		
27′~28′	56	63	-7	28′		60	-2	58	72 ⎬	75	
28′~29′	46	50	-4	29′		56	-2	54	67 ⎬		
29′~30′	42	43	-1	30′		55	-2	53	64 ⎭		
小计	499	572	-73								

(2)从选定的基准时刻开始,在 A 点、B 点同时观测每分钟通过的车辆数,即得每分钟的端点处交通量。

(3)试验车的观测记录。事前应在试验车的明显位置标上易于识别的标志,使观测人员能区分出试验车以便记录。试验车测试的时间应在观测 A、B 两处交通量的时间范围之内进行。

试验车观测的项目为:进入 A 端及到达 B 端的时刻、在此路段行驶时的超车次数 a 及被超车次数 b,然后计算出 a−b 的值。由于需要有试验车抵达 A、B 两地点时的 A 点及 B 点处的交通量,而试验车抵达时间又不总是在测定交通量的单位时间的起点或终点,因此,在 A、B 端处,应于流量的单位观测时间内,分别记录流量观测单位时间的起点至试验车到达时的交通量,以及试验车到达时刻至观测单位时间的终了时的交通量,并将其填于表 5-2 中的相应栏目①、②栏内,前者记录于斜线上方,后者记录于下方。例如,试验车第一次进入 A 端的时刻为 14:6′50″,则 14:6′0″~14:6′50″的 50s 时间内,A 端通过的 52 辆车记录于斜线上方,而将 6′50″~7′0″通过的 9 辆车记于斜线下方,如表 5-2 第①栏所示。

2. 数据的计算整理与分析

1)计算原理

从图 5-1 可知,AB 路段的交通流密度应为任意时刻 AB 路段内的车辆数与该路段长度的比值。由于路段长度较易测得,因而剩下的问题就是测算 AB 路段内的车辆数了。AB 路段内的车辆数由三部分组成:首先是观测时已进入 AB 路段的初始车辆数,其次是观测时自 A 端流入的、使 AB 路段新增加的车辆数,再则是观测时自 B 端流出的、使 AB 路段减少的车辆数。因此,路段 AB 内某一时刻 t 的车辆数可按下式计算而得,

$$E_{(t)} = Q_{A(t)} + E_{(t_0)} - Q_{B(t)} \tag{5-7}$$

式中:$E_{(t)}$——在 t 这一时刻路段 AB 内的车辆数;

$Q_{A(t)}$——从观测开始(t_0)到计算取用的 t 时刻内,通过 A 端的双向累计交通量;

$E_{(t_0)}$——初始车辆数,即在观测开始的时刻 t_0 时已进入 AB 路段的车辆数;

$Q_{B(t)}$——从观测开始(t_0)到计算取用的 t 时刻内,通过 B 端的双向累计交通量。

上式中的 $Q_{A(t)}$ 及 $Q_{B(t)}$ 可从 A、B 两端直接观测记录整理得到,而初始车辆数 $E_{(t_0)}$ 需使用试验车观测记录和推算求取。

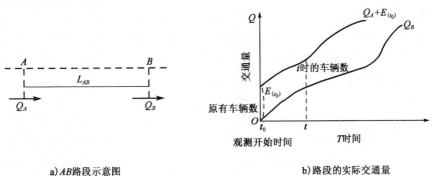

a)AB 路段示意图　　　　b)路段的实际交通量

图 5-1　计算原理示意图

2)记录及计算方法与数据分析

(1)初始车辆数的测试记录与计算。试验车在 A 端处的时刻为 t_0,到达 B 端处的时刻为 t_1,则自 $t_0 \sim t_1$ 的时间段通过 B 端的车辆数 q,即为 t_0 时刻 AB 路段的初始车辆数。试验车的行驶速度应尽量与同时行驶的车流速度保持一致,即不被超车也不超越其他车辆,测试结果才较为准确。若出现超车情况,则应按下式计算初始车辆数:

$$E_{(t_0)} = q + a - b \tag{5-8}$$

式中:q——在 $t_0 \sim t_1$ 这段时间内通过 B 端处的车辆数;
a——试验车超越其他车的辆数;
b——其他车超越试验车的辆数。

(2)表 5-2 为出入流量法观测交通流密度统计表,其填写及计算方法如下所述。

①将自 A、B 两处按分钟测得的交通量分别填入表 5-2 的第①和第②栏内,并计算 A、B 两处交通量之差,填入第③栏,即③ = ① - ②。若试验车到达端点 A 或 B 的时刻不是测定交通量的单位观测时间的开始或终了时刻,这时应在单位观测时间内分别记录流量观测单位时间的开始时刻至试验车到达时的交通量,以及试验车到达时刻至观测单位时间终了时刻的交通量,分别记录于斜线的上、下方。

②在最后一栏试验车观测栏内记录如下项目:驶入端点及驶出另一端点的时刻(记录至分钟及秒钟),试验车超越其他车辆数 a 和超越试验车的其他车辆数 b,最后计算出 $(a-b)$ 的数值。

③计算初始车辆数 $E_{(t_0)}$,并填入第④栏,计算方法如下:

$$E_{(t_0)} = q + a - b$$

以试验车第一次从 A 端至 B 端测试数据计算为例,从表 5-2 可知,B 端在 $t_0 \sim t_1$ 时间内,通过的车辆数为:

$$q = 7 + 58 + 21 = 86(辆)$$

则: $$E_{(t_0)} = 86 + (a - b) = 86 + 8 = 94(辆)$$

同理,A 端在 $t_0 \sim t_1$ 时间内,通过的车辆数为:

$$q = 9 + 67 + 19 = 95(辆)$$

则: $$E_{(t)} = E_{(t_0)} = 95 + (a - b) = 95 + 8 = 103(辆)$$

由于 A 端为流入端,故上式计算结果具有两方面的含义,一方面是 $t_0 \sim t_1$ 时间的 AB 路段的实有车辆数;另一方面又是下一流量统计时刻的初始统计车辆数。

④在表 5-2 中的第 5 栏内,记录每一观测单位的实有车辆数,即每个记录单位的 $E_{(t)}$ 值。由式(5-8)可知,t 时刻的 AB 路段的实有车辆数 $E_{(t)}$ 为已于上述算出的初始车辆数 $E_{(t_0)}$ 与经过单位观测时间后的车辆变化量(即第③栏)之和。例如表 5-2 中第⑤栏:在 14:07′时刻,$E_{(t)} = 94 + 2 = 96(辆)$。

⑤表 5-2 中第⑥栏为误差调整值,即经测试车测试计算所得的 $E(t_0)$ 与根据前次测试推算而得的数值不相等。例如 14:19′时测得的 $E_{(t_0)}$ 为 105 辆,而由前面推算下来为 104 辆(即 86 + 18 = 104),这是由于前面累计计算的误差所引起的,由于数值不大,对精度的影响也就不大,为了保持数据的一致性,可凭对测试车观测记录及计算的结果为准,把此项误差分配于前后两次试验车的测试时间范围内的第⑥栏内,作为调整值。

⑥表5-2 第⑦栏为修正后的实有车辆数,即⑦栏=⑤栏+⑥栏。

⑦计算 AB 路段交通流密度及平均交通流密度,分别填入第⑧、第⑨栏内。计算式如下:

$$\overline{K} = \frac{E_{(t)}}{L} = \frac{修正值}{AB\,路段长度} \times 1\,000 \quad (辆/km) \tag{5-9}$$

计算平均密度 $\overline{K}$ 时,一般以 5min 或 10min 的总计时间作为一组计算单元,计算结果可直接填入表5-2 第⑨栏。至此,出入流量观测交通流密度的记录计算整理工作就全部完成。

三、摄影观测

利用空中定时摄影方法求得实测路段的车辆数,然后除以路段长度即得到摄影时刻的路段交通流密度。如果进行连续摄影,即可连续拍摄获得各时刻交通流密度。

具体步骤为:在拟测路段上选长度 50~100m 区段并在路面上做出标记,然后调整摄影机对准拍摄范围做定时拍摄。当实测区段过长时,会使摄影精度下降,此时可使用多架摄影机分段联动拍摄。

此方法简单且实测精度高,但设备及器材较贵,相片处理的工作也较为复杂。

四、交通流密度资料的应用

1. 直观表示道路交通状况

在道路上行驶的车辆的车速,随着交通流密度的增大而降低。当交通流密度达到一定程度时,车速极小,交通拥挤。因此,交通流密度可直观反映道路交通状况。当交通流密度大于最佳密度时,车流处于拥挤阶段;反之,车流处于非拥挤阶段。

2. 划分道路服务水平的依据

高速公路上的车辆运行特性显示,在一个相当大的流量范围内,车速的大小几乎没有变化。这就说明仅仅以车速作为衡量服务水平的标准是不够的。同时,行车自由度和车辆之间相互紧靠程度之类的度量服务水平的参数都与交通流密度密切相关,美国《道路通行能力手册(2000 年版)》用车流密度作为划分道路服务水平的参数之一。

3. 自动检测交通事件的参数

在交通监控系统中,有的采用交通流密度作为检测交通事件的参数。在高速公路上安设大量检测器,检测交通量与车辆占有率的信息,同时比较相邻检测器测到的上行方向和下行方向的占用率。当某路段发生交通事件时,该处下行方向的占用率下降,上行方向的占用率上升。因此,当两个方向的占用率之差超过某一界定值时,就推断该处可能出现交通异常事件。

4. 作为交通诱导的重要依据

交通流密度不仅可以直观地让出行者感知道路交通状况和服务水平,而且是交通诱导的重要依据。以实时检测获得的交通流密度数据为基础进行分析,将道路的实时路况和服务水平利用公共信息平台、网站查询、智能终端应用等多种方式提供给出行者,以引导出行者自己优化出行路线,同时也是优化整个交通网络的交通流量分布。

第三节 交通延误概述

一、交通延误的定义

交通延误是指车辆在道路上运行时,由于道路与交通环境的影响而造成的时间损失,此损失是驾驶员单方面无法控制的。通常交通延误以 s/辆或者 min/辆为单位。

(1)行车时间。指汽车在实际交通条件下,沿一定路线从一处到达另一处行车所需的总时间(包括停车和延误)。

(2)延误。指车辆在行驶中,由于受到驾驶员无法控制的或意外的其他车辆的干扰或交通控制设施等的阻碍所损失的时间。由于形成的原因和着眼点不同,可有以下几种类型的延误:

①固定延误。是由于交通控制与管理、交通标志的影响而造成的延误,此延误与路段上的交通量无任何关系,即使在自由流的交通状态下,车辆也会发生固定延误。例如,交通信号、具有铁路穿行的交叉口等都会引发固定延误。

②运行延误。是由于各种交通组成间相互干扰而产生的延误。一般它含纵向、横向与外部和内部的干扰,如停车等待横穿、交通拥挤、连续停车以及由于行人和转弯车辆影响而损失的时间。

③停车延误。是由于某些原因使车辆停止不动而引起的时间延误,此延误大小等于车辆停止不动的时间。

④排队延误。是排队时间与车辆以畅行车速驶过排队路段的时间之差。排队时间是指车辆第一次停车到越过停车线的时间。排队路段是第一次停车断面到停车线的距离。

⑤引道延误。是引道时间与车辆畅行行驶越过引道延误段的时间之差。在入口引道上,从车辆因前方信号或已有排队车辆而开始减速行驶之断面至停车线的距离叫引道延误段。车辆受阻排队通过引道延误段的时间,叫引道时间。

图 5-2 是车辆在交叉路口入口引道上的行程图。由图可以看出,受到延误的车辆的引道时间为 E 点的纵坐标值(s)。在引道延误段上畅行行驶时间为 F 点的纵坐标值(s)。引道延误为 E、F 两点纵坐标之差。停车延误为 D、C 两点纵坐标之差。排队时间为 E、C 两点纵坐标之差。排队延误时间为排队时间减去 F、B 两点纵坐标之差。由于后者相对于前者很小,所以实际应用时,对排队时间和排队延误不加区别。

据调查,通常停车延误约占引道延误的 76%,排队延误约占引道延误的 97%。因此,实际上常常以排队延误近似地代替引道延误。

(3)延误率。车辆实际运行率与标准运行率之差。运行率是指车辆通过 1km 行程所用的时间,单位是 min/km。美国对标准运行率的推荐值为:高速公路或快速路,1.07min/km;主干

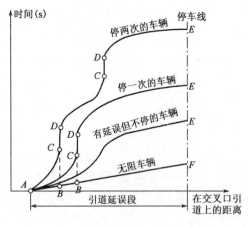

图 5-2 引道延误示意图

道,1.50min/km;次干道,1.88min/km。

(4)车辆延误率。在某路段上,由于不能达到标准运行率而造成的车流总运行时间的损失。此指标等于延误率与高峰小时单向交通量的乘积。

二、影响延误产生的因素

交通延误的产生是道路交通多种因素或一种因素影响的结果。这些因素主要是:驾驶员自身素质、车辆性能及技术状况、道路及其车流组成情况、交通负荷、转向车比例及其他干扰情况、道路服务水平及交通控制水平、道路交通环境及其他因素等。

1. 驾驶员

驾驶员的性别、年龄、技术水平等都对行车延误有影响。一般来说,年轻的驾驶员、男性驾驶员较中年驾驶员、女性驾驶员反应快,反应时间短,应变能力强,车速快,因而行车延误低。同时,单身驾驶员较已婚驾驶员行驶速度快,行车延误低。

2. 车辆

不同车型和不同车龄的车辆,其起动、加速等车辆性能不同,对延误的影响也不同。据调查,绿灯亮时,头车反应时间加起动时间,小型车为1.30s,大型车为1.62s,拖挂车为1.84s。从加速度分析,小型车、大型车、拖挂车的加速性能逐渐下降。因此,大型车越多,则延误越高。

3. 道路条件

快慢车混行的道路比快慢车隔离的道路行车延误大。据调查,无隔离带路段的行车延误约为有隔离带路段的1.3倍。入口引道有左转专用车道的交叉路口,其行车延误比没有左转专用车道的路口小。

4. 转向车比例

无论是左转还是右转行驶,通过路口的车速都低于直行车速。因此,转向车比例大,平均每辆车的延误大。

5. 交通负荷

交通负荷以饱和度(即实际交通量与通行能力的比值)度量。行车延误与交通负荷成正比。

6. 行人与非机动车

行人和非机动车的过街行为会对行驶的车辆产生干扰,从而使车辆减速而产生延误。

7. 交通管理与控制

交通控制的方式对行车延误影响较大,直接造成车辆的固定延误,特别是信号灯,信号灯的配时不当,会引起较大的行车延误。感应信号控制要比单点周期信号控制的交叉口的延误低,而线控要好于上述控制方式。同时,交通管制等交通管理手段也会引发车辆的延误行为。

第四节 交通延误调查

交通延误是分析、研究道路交通问题所需进行的一项重要调查内容,交通延误调查通常采用跟车法、输入—输出法和点样本法。其中跟车法观测交通延误往往是和区间车速调查同时进行且调查方法也相同,故不再重述。下面介绍后两种方法。

一、输入—输出法

这种方法适用于调查交叉路口、引道及瓶颈路段的行车延误。该方法的假设前提为车辆出入是均一的。车辆排队现象存在于某一持续时间内,在其中某一时段中,若到达的车辆数大于道路的通行能力时则开始排队,而当到达车辆数小于道路的通行能力时,则排队便将逐渐消散。

调查在两个断面同时进行,即在瓶颈路段的起、终点各设一名观测员,用调查交通量的办法,以 5min 或 15min 为间隔累计交通量。要求两断面的起始时间同步,当车辆受阻排队有可能超过瓶颈起点时,该断面的位置要根据实际情况后移。若该路段通行能力已知时,瓶颈终点(出口)断面可以不予调查。

表 5-3 所列为某公路上的瓶颈路段发生阻塞时的调查结果。已知该处通行能力为 360 辆/h,或平均每 15min 通过 90 辆车。

瓶颈路段堵车调查结果(单位:辆/15min)　　　　表 5-3

时间 (h:min)	到达车数		离去车数		阻塞情况	时间 (h:min)	到达车数		离去车数		阻塞情况
	到达	累计	离去	累计			到达	累计	离去	累计	
4:00~4:15	80	80	80	80	无阻塞	4:45~5:00	90	390	90	350	阻塞
4:15~4:30	100	180	90	170	阻塞开始	5:00~5:15	70	460	90	440	阻塞在消散
4:30~4:45	120	300	90	260	阻塞	5:15~5:30	70	530	90	530	阻塞结束

从表 5-3 可见,最初的 15min 内到达的车辆数小于道路通行能力,路上没有阻塞。第二个 15min 内因累计离去车数比累计到达车数少,有 10 辆车通不过,于是开始堵塞。4:15~4:45 是高峰。4:45~5:00 到达车量已减少,但累计车辆数仍远远超过累计通行能力。这 45min (4:15~5:00)是排队开始形成,并且其长度有增无减,直至出现最大排队长度的一段时间。5:00 以后到达车辆累计数和通行能力累计数的差距开始缩小,即表明排队开始消散,直至 5:30 累计车辆数等于路上累计通行能力,阻塞结束。

现在试求单个车辆,如第 300 辆车通过瓶颈段的延误时间。它的位置在 300 - 260 = 40 辆排队车辆的末尾,瓶颈路段的通行能力是 90 辆/15min,故每辆车通过瓶颈路段所需要的时间为 15/90(min)。因此第 300 辆车通过瓶颈段所需的时间为:

$$\frac{15}{90} \times 40 = 6\frac{2}{3}(\min)$$

由此得知第 300 辆车是在 4:45′后的 $6\frac{2}{3}$min 即 4:51′40″时驶出瓶颈段的。

第 300 辆车通过瓶颈段的延误应为实际行程时间与无阻碍的行驶时间之差,即:

$$6\frac{2}{3} - \frac{15}{90} = 6.5(\min)$$

输入—输出法调查延误很难得到平均每一受阻车辆占总数的百分比,并且无法确定产生延误的准确点和原因,也无法分清延误的类型,这是该法不如跟车法的地方。更主要的是,作为该法前提的车辆出入是均一的假设,与实际的交通状况不相符,事实上来车率与离去率往往不是均一而是随机的。因此计数交通量的间隔取的越小,精度越高;瓶颈长度越短,精度也越高。

尽管这种方法存在上述这些缺点,但由于简单,调查结果又能整理成十分直观的形式,因此,用于客观地研究瓶颈路段的行车延误,有一定的实用价值。

二、点样本法

为了研究改善经常发生交通阻塞的交叉口的交通状况,需要对交叉口的交通延误情况进行调查。若一个交叉口只有其中一个或几个入口方向上经常发生交通阻塞,也可以只对这一个或几个方向进行调查。但若调查是为了评价整个交叉口的运行效率,则要对该路口的各个方向同时调查。交叉口的交通延误调查通常用点样本法。

点样本法调查可得到车辆在交叉口引道上的排队时间,其具体调查方法是:每一入口需要 3~4 名观测员和一块秒表,观测员站在停车线附近的路侧人行道上,其中 1 人持秒表,按预先选定的时间间隔(通常为 15s,根据情况也可以取其他值,例如 20s)通知另外 2~3 名观测员。第二名观测员负责清点停在停车线后面的车辆数,记录在表 5-4 中,每到一个预定的时间间隔就要清点一次。第三名观测员负责清点经过停车通过停车线的车辆数(停驶数)和不经停车通过停车线的车辆数(不停驶数),当交通量较大时,可由两个观测员分别清点,每分钟小计一次,并记入表 5-4 中相应的栏内。连续不间断地重复上述过程,直至取得所需的样本量或道口交通显著地改变,不同于拟研究的交通状况时为止。

点样本法调查交叉口延误现场记录表 表 5-4

交叉口:××　　　　　　　入口:东　　　　　　　车道号:全部
日期:××年×月×日星期:___　　气候:晴　　　　观测员 ×××

开始时间 (h:min)	在下列时间停在入口的车辆数(辆)				入口交通量(辆)	
	+0s	+15s	+30s	+45s	停驶数	不停驶数
8:00	0	0	2	6	8	10
8:01	2	0	4	4	10	9
8:02	3	3	6	0	12	15
8:03	1	4	0	5	10	8
8:04	0	5	0	1	5	11
8:05	9	1	2	6	15	12
8:06	3	0	7	0	10	7
8:07	1	2	6	2	9	8
8:08	5	7	5	0	16	13
8:09	1	3	0	4	8	16
8:10	3	0	6	5	10	10
8:11	7	2	3	1	11	8
8:12	2	4	1	0	6	14
8:13	5	7	3	1	12	11
8:14	6	1	2	2	8	17
小计	48	39	47	37	150	169
合计	171				319	

若所调查的交叉口为定时信号控制,选定的取样间隔时间应保证不能被周期长度整除,否则的话,清点停车数的时间有可能是周期中的某个固定时刻,而失去了抽样的随机性。调查启动(开始)时间应避开周期开始(如绿灯或红灯启亮)时间。

每到一个清点停到入口车辆数的时刻(例如30s时),要清点停车入口(或拟调查的车道)上的所有车辆,而不管它们在上一个时刻(例如15s时)是否已被清点过。也就是说,若一辆车停驶超过一次抽样时间间隔,则这辆车就要不止一次地被清点。在任何一分钟内,入口交通量的停驶数一栏中的数值总是小于或等于这1min内停在入口车辆的总数(即0s、15s、30s、45s时停在入口车辆数之和),这一特性,可用来判断记录的正确性。

对于入口为多车道的交叉口,若不要求区分某一具体车道上的延误,可不分车道调查,否则要按车道安排调查人员。

交叉口延误调查,通常要求提供以下成果:

$$\left.\begin{array}{l} 总延误 = 总停驶数 \times 抽样时间间隔,辆 \cdot s \\ 每一停驶车辆的平均延误 = \dfrac{总延误}{停驶车辆数},s \\ 每一入口车辆的平均延误 = \dfrac{总延误}{入口交通量},s \\ 停驶车辆百分比 = \dfrac{停驶车辆数}{入口交通量} \times 100\%,\% \end{array}\right\} \quad (5\text{-}10)$$

【例 5-2】 表 5-4 为某一交叉口车辆入口延误调查结果,试对其作出分析。

解: 总延误 $= 171 \times 15 = 2\,565(辆 \cdot s)$

$$每一停驶车辆的平均延误 = \frac{2\,565}{150} = 17.1(s)$$

$$每一入口车辆的平均延误 = \frac{2\,565}{319} = 8.0(s)$$

$$停驶车辆百分比 = \frac{150}{319} \times 100\% = 47\%$$

运用上述方法调查交叉口的交通延误时,一般选择经常出现交通延误或交通延误情况突出的交通高峰时段。当希望获得高峰和非高峰时交通延误的对比资料,还要进行非高峰时的调查。若进行前后对比分析,两次调查应具备相似条件,在时间上尽可能保持一致。交叉口延误调查应在天气良好、交通正常的条件下进行。只有当需要研究不利条件下的延误特征时,才选择恶劣的天气或不利的交通条件进行调查。此外,更重要的是,为了获得满意的调查结果,一般观测的车辆数应不少于50辆。

三、交通延误资料的作用

(1)反映道路阻塞程度。交通延误十分直观地反映了道路交通的阻塞情况,而道路的使用者最关心的就是时间和延误。因此,交通延误资料客观、直观地反映了道路的阻塞程度,为交通管理者提供了交通管理与控制的依据。

(2)评价道路服务质量。对于使用小汽车的出行者最关心的是出行时间,而出行时间与交通延误密切相关。因此，可以用交通延误从一定程度上衡量道路的服务质量。

（3）提供道路改建依据。在拟订道路或路口改建计划时，是否应拓宽道路或实行快慢车隔离，是否应设左转专用道等，都应以延误分析为依据。

（4）支持运营组织调度。交通运输部门在运营调度时往往不是选择距离最短的路线而是选择行车时间最少的路线。有了延误资料，有利于运输部门进行路线选择。公共交通运输部门制订行车时刻表、调整路线运行状况时，也要依据延误资料。

（5）完善经济分析。交通运输部门计算运输成本、交通管理部门对采取某一工程措施或管理措施进行可行性研究时，通常将时间换算成经济指标，延误资料是重要的原始资料。

（6）评估交通改善效果。对交通设施改善前后的延误时间进行调查，可以对改善措施的效果作出评估。

（7）改善交通管理。根据延误资料，可以确定是否应限制停车，是否应采取单行或禁行等交通管制措施。延误资料还是确定路口信号灯配时的重要依据。当路口某一方向的延误明显大于另一方向时，则应调整绿信比，使两方向延误大致相等。交通延误也是交通诱导系统的重要数据，通过交通延误数据的采集，可为居民在出行路线选择时提供交通延误方面的数据参考。

【复习思考题】

1. 什么是交通流密度？什么是车头间距？什么是车头时距？什么是车道占有率？
2. 交通流密度调查常用哪几种方法？怎样进行调查、数据整理及分析？
3. 交通流密度的资料可以应用在哪些方面？具体举例说明。
4. 什么是交通延误？在交通工程学分析中，常用的有哪几种交通延误？其定义各是什么？影响交通延误产生的因素主要有哪些？
5. 交通延误调查常用哪几种方法？怎样进行调查、数据整理及分析？
6. 交通延误资料有哪些作用？

第六章
交通流理论

第一节　交通流理论概述

　　任何一门学科,都有其基础理论。交通工程学的基础理论就是交通流理论。所谓交通流理论是应用数学或物理学原理对交通流的各参数及其之间关系进行定性和定量的分析,以寻求道路交通流的变化规律,从而为交通规划、交通管理、道路设计及运政、路政管理提供理论依据。

　　随着车辆逐渐增多,道路上交通拥挤、阻塞现象出现,促使很多学者对交通流进行理论研究。交通流理论在20世纪30年代开始发展起来,首先将交通流看作是随机独立变量,应用概率论数理统计理论分析交通流分布规律。40年代由于受第二次世界大战的影响,交通流理论发展不多。50年代汽车工业大发展,道路上行驶车辆数量急剧增加,出现车队现象,有些学者应用流体力学理论、回波理论和动力学跟踪理论分析交通流变化规律。1959年在美国底特律举行了首届国际交通流学术讨论会,以后又举行了多次专题讨论会。1964年由美国公路研究委员会出版了"交通流理论入门"专题报告汇编,之后由美国一些大学编写了交通流理论书籍,逐渐形成了交通流理论。

　　在道路上某一地点观测交通流,当交通流量不是很大时,不难看出有这些现象:每一个时间间隔内的来车数都不是一个固定数,也就是预先不可以知道的,只有在这段时间间隔内通过的车辆数量才是唯一确定的实际数量,并且这一实际数量与其前后任意一个时间间隔内通过车辆数量是无关的。从这种现象可以认为道路上交通流是相互独立的随机变量,道路上车辆行驶过程是一种随机变化过程,交通流分布规律符合概率论数理统计分布规律,因此可以用概率论数理统计理论来分析交通流,微观地对各个车辆行驶规律进行研究,找出交通流变化规律。这种研究方法,称为概率论方法。

当道路上交通流量增大时,车辆出现拥挤现象,车辆像某种流体一样流动,车辆行驶失去相互独立性,不是随机变量,不能应用概率论方法来分析,可以将道路上整个交通流看作一种具有特种性质的流体,应用流体运动理论宏观地研究整个交通流体的演变过程,特别应用洪水回波理论研究交通拥挤阻塞回波现象,求出交通流拥挤状态变化规律。这种研究方法称为流体力学方法。

道路上一辆车跟踪另一辆车的追随现象是很多的,前一辆车行驶速度的变化,影响后一辆车的行驶,后一辆车为了与前车保持具有最小安全间隔距离,需要不断调整车速,这种前后车辆运动过程可以应用动力学跟踪理论,建立道路上行驶车辆流动线性微分方程式来分析车辆行驶情况和变化规律。这种研究方法称为交通跟驰理论。

交通流理论正处在不断发展不断完善过程,今后将会更多地应用数学物理学理论分析交通流现象,使交通流理论得到完善和发展。

第二节　交通流中各参数之间的关系

道路上的人流和车流形成了交通流,交通流定性和定量的特征,称为交通流特性。交通流如同其他流体一样,可以用交通量、速度和交通流密度三大基本参数来描述。速度和密度反应交通流从路上获得的服务质量,交通量可度量车流的数量和对交通设施的需求情况。道路上的交通流是相互独立的随机变量,道路上车辆行驶过程是一种概率变化过程,交通流分布规律符合数理统计规律。

一、交通流基本模型

(1)交通流三个参数的关系

描述交通流的三个参数是交通量、速度和交通流密度,它们之间的关系可以用式(6-1)表示:

$$Q = vK \tag{6-1}$$

式中:Q——交通量(辆/h);

v——速度(km/h),一般指区间平均车速;

K——交通流密度(辆/km)。

上述三大参数是交通量最基本的计量,它们的变化规律反映交通流最基本特性。

(2)交通量、速度和交通流密度的关系曲线

由交通量、速度和交通流密度三者关系图(图6-1)可知:

①Q_m是速度—流量图上的峰值,表示最大流量。

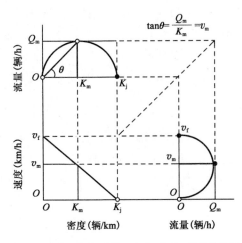

图 6-1　速度—密度、流量—密度、速度—流量曲线图

②v_m 是流量取最大值($Q=Q_m$)时的速度,称为临界速度。

③在速度—密度图上,车辆减少,密度随着变小,速度增大。当密度趋于零时,速度可达最大值,这时车辆可畅行无阻,所以 v_f 是畅行速度。当车辆增多时,则密度增大,车速随之减小。当密度达到最大值 K_j 时,车流受阻,即 $Q=0$。此时的密度 K_j 称阻塞密度。

④在流量—密度图上,密度过小,速度虽大,但流量仍达不到最大值。密度过大,速度会降低,流量也达不到最大值。只有当密度合适时,通过的流量才最大,对应流量为最大值的密度称为最佳密度,用 K_m 表示。

二、交通量、速度和密度的相互关系

(1)速度和密度之间的关系

在道路上行车时,我们经常能有一种体会,当道路上交通流密度小时,车速较高,畅行无阻;当交通流密度增大,即道路上的车辆增加时,驾驶员被迫降低车速;当交通达到拥挤状态时,车速更加降低,直至处于停滞状态。

1933 年,格林希尔兹(Greenshields)提出了速度—密度线性模型,见式(6-2)。

$$v = v_f\left(1 - \frac{K}{K_j}\right) \tag{6-2}$$

式中:v_f——畅行速度;

K_j——阻塞密度。

这一模型较为直观、实用(图 6-2),且与实测数据拟合良好。当 $K=0$ 时,v 值可达理论最高速度,即畅行速度 v_f。实际上,AE 线不与纵坐标轴相交,而是趋于该轴,因为在道路上至少有一辆车以速度 v_f 行驶。这时,v_f 只受道路条件限制。该图也可以表示流量,根据直线关系,直线上任意点的纵横坐标与原点 O 所围成的面积表示交通量,如运行点 C,速度为 v_m,密度为 K_m,其交通量为 $Q_m = v_m \cdot K_m$,即图上的矩形面积。

(2)交通量和密度的关系

交通量和密度的关系可由格林希尔兹模型导出,见式(6-3)。

$$Q = Kv = Kv_f\left(1 - \frac{K}{K_j}\right) \tag{6-3}$$

式(6-4)是二次函数关系,可用一条抛物线表示,如图 6-3 所示。

当交通流密度为零时,流量为零,故曲线通过坐标原点。当交通流密度增加,流量增大,直至达到道路的通行能力,即曲线 C 点的交通量达到最大值,对应的交通流密度为最佳密度 K_m;从 C 点起,交通流密度增加,速度下降,交通量减少,直到阻塞密度 K_j,速度等于零,流量等于零;由坐标原点向曲线上任一点画矢径。这些矢径的斜率表示矢端的平均速度。通过 A 点的矢径与曲线相切,其斜率为畅行速度 v_f;对于密度比 K_m 小的点,表示不拥挤情况,而密度比 K_m

大的点,表示拥挤情况。

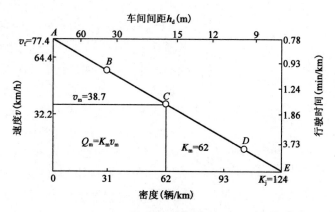

图 6-2 速度—密度线性模型

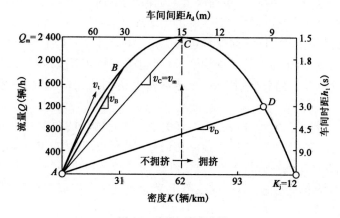

图 6-3 流量—密度曲线

对于式(6-3),若令 $\dfrac{dQ}{dK}=0$,则可求出对应于 Q_m 的 K_m 值:

$$K_m = \frac{K_j}{2} \tag{6-4}$$

$$v_m = v_f\left(1 - \frac{K_m}{K_j}\right) = \frac{v_f}{2} \tag{6-5}$$

从而

$$Q_m = v_m \cdot K_m = \frac{v_f \cdot K_j}{4} \tag{6-6}$$

(3)速度和流量的关系

由式(6-2)可得:

$$K = K_j\left(1 - \frac{v}{v_f}\right) \tag{6-7}$$

代入式(6-1),得:

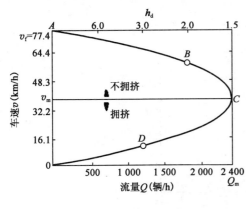

图 6-4　速度 — 流量曲线

$$Q = K_j\left(v - \frac{v^2}{v_f}\right) \quad (6\text{-}8)$$

式(6-8)表明速度与流量的关系曲线同样是一条抛物线(图6-4)。当交通流密度为零时,畅行交通流的车速就可能达到最高车速,如图6-4中曲线的最高点 A,就是畅行速度 v_f,而流量等于零。当交通流密度等于阻塞密度时,速度等于零,流量也等于零,因此,曲线通过坐标原点。过 C 点作一条平行于流量坐标轴的线,将曲线分成两部分,这条线以上的部分,为不拥挤部分,速度随流量的增加而降低,直至达到通行能力的流量 Q_m 为止,速度为 v_m;这条线以下部分为拥挤部分,流量和速度都下降。

综合以上三个参数的关系可知:当道路上交通流密度小时,车辆可自由行驶,平均车速高,交通流量不大;随着交通流密度增大,交通流量也增加,但车速下降;当交通流密度增加到最佳密度时,交通流量达到最大值,即交通流量达到了道路的通行能力,车辆的行驶形成了车队跟随现象,车速低且均衡;当交通流密度继续增大,即超过了最佳密度,交通流量下降,车速明显下降,直到车速接近于零,道路出现阻塞,交通流密度达到最大值,即阻塞密度,交通流量等于零。

根据以上分析,为在安全运输前提下,保证完成道路运输量的要求并使道路运输的效率尽可能提高,在交通运政管理上,就要根据道路交通量、速度、密度状况和变化,宏观调控投入的客、货运力,尤其是在客运线路管理上,更重要在运力投放、班次安排等方面加以科学调控,使其运力既与客源、客流相适应,又不造成线路上交通量过大、交通密度过高,以防影响行车速度、降低运输效率。

我国道路运输管理在理论和实践相结合方面的研究还有待进一步深化,技术管理手段还有待加强。在当前,如何根据道路交通流的变化规律及其对道路交通的影响,科学、有效地进行道路运输管理,值得进一步研究。

第三节　交通流的统计分布特性

在新建或改善交通设施,确定新的交通管理方案时,均需要预测交通流的某些具体特性,并且常希望能用现有的或假设的有限数据做出预报。交通流的统计分布特性知识为解决这些问题提供了有效的手段。

在道路上观测车流会发现有这种现象:每个时间间隔内来车数目不存在规律,事先也不能知道某一时间间隔内来车数,只有当车辆来到时才有唯一确定的数量,并且任何一个时间间隔内来车数与其前后任何一个时间间隔内来车数无关。从这个现象说明了交通流是一个受许多随机因素而变化的随机变量。

交通的到达具有某种程度的随机性,描述这种随机性的统计规律的方法有两种。一种是考虑在固定长度的时段内到达某场所的交通数量的波动性,采用概率论中的离散型分布为工具;另一种是研究上述事件发生的间隔时间的统计特性,如车头时距的概率分布,采用概率论中的连续型分布为工具。在描述像车速和可穿越空档这类交通特性时,也用到连续分布。在交通工程学中,离散型分布有时被称为计数分布;连续型分布根据使用场合的不同而被赋予不同的称谓,如间隔分布、车头时距分布、速度分布和可穿越空档分布等。

一、泊松分布

交通流具有下列泊松分布(图6-5)规律性:来车数是相互独立离散型独立变量,进行相当多次观测试验,每次观测出现的概率是很小的,是属于稀有小概率事件,因此可以利用泊松分布公式,见式(6-9):

$$P(x) = \frac{m^x e^{-m}}{x!} \quad 或 \quad P(x) = \frac{(\lambda t)^x e^{-\lambda t}}{x!} \tag{6-9}$$

式中:$P(x)$——在某一时间间隔(t)的来车数为x辆的概率;

t——规定时间间隔($t=20s,30s,60s$);

λ——单位时间平均来车数,以辆/s计,如已知交通量Q(辆/h),则$\lambda = \frac{Q}{3\,600}$(辆/s);

m——在t时间间隔内平均来车数;$m = \lambda \cdot t$;

e——自然对数的底,取值为2.718 28。

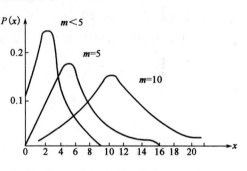

图6-5 泊松分布

m当为已知时,应用式(6-9)可以求出在计数周期t内恰好有x辆车到达的概率。此外,在计算累计概率时,可以分别选用下列公式:

小于x辆车到达的概率,

$$P(<x) = \sum_{i=0}^{x-1} \frac{m^i e^{-m}}{i!} \tag{6-10}$$

小于等于x的情况,

$$P(\leqslant x) = \sum_{i=0}^{x} \frac{m^i e^{-m}}{i!} \tag{6-11}$$

大于x的情况,

$$P(>x) = 1 - \sum_{i=0}^{x} \frac{m^i e^{-m}}{i!} \tag{6-12}$$

大于等于x的情况,

$$P(\geqslant x) = 1 - \sum_{i=0}^{x-1} \frac{m^i e^{-m}}{i!} \tag{6-13}$$

至少是x但不超过y的情况,

$$P(x \leqslant i \leqslant y) = \sum_{i=x}^{y} \frac{m^i e^{-m}}{i!} \tag{6-14}$$

用泊松分布拟合观测数据时,参数m按下式计算:

$$\frac{观测的总车辆数}{总周期数} = \frac{\sum_{i=1}^{g} x_i f_i}{\sum_{i=1}^{g} f_i} = \frac{\sum_{i=1}^{g} x_i f_i}{N} \tag{6-15}$$

式中：g——观测数据分组数；

$\quad f_i$——周期 t 内到达 x_1 辆车这一事件发生的次（频）数；

$\quad N$——观测的总周期数。

当直接计算各 x 值的概率时，常用下列递推公式，见式(6-16)、式(6-17)：

$$P(0) = e^{-m} \tag{6-16}$$

当 $x \geq 1$ 时，

$$P(x) = \frac{m}{x} P(x-1) \tag{6-17}$$

泊松分布适用的交通状况为车辆行驶随机性较大的交通流，即交通量不大，干扰小的情况，并且观测数据得到的方差等于其算术平均值，即 $S^2/m = 1.0$。当观测数据表明 S^2/m 显著地不等于 1.0 时，就表示泊松分布不适合。观测数据的方差可按式(6-18)计算：

$$\begin{aligned} S^2 &= \frac{1}{N-1} \sum_{i=1}^{N} (x_i - m)^2 = \frac{1}{N-1} \sum_{j=1}^{g} (x_j - m)^2 f_j \\ &= \frac{1}{N-1} \sum_{j=1}^{g} f_j x_j^2 - \frac{1}{N(N-1)} \left(\sum_{j=1}^{g} f_j x_j \right)^2 \end{aligned} \tag{6-18}$$

二、二项分布

当交通拥挤时，车辆自由行驶机会少，车辆行驶受到约束，这时交通流具有较小方差值，符合于二项分布，见式(6-19)：

$$P(x) = C_n^x P^x (1-P)^{n-x} \tag{6-19}$$

式中：$P(x)$——在某一时间间隔内来车数为 x 辆的概率；

$\quad P$——在观测 n 辆车当中，在某一时间间隔内来车数为 x 辆的频率数；

$\quad C_n^x$——在观测 n 辆车一次取 x 辆的组合，$C_n^x = \dfrac{n!}{x!(n-x)!}$。

由概率论可知，对于二项分布，其均值 $E(x) = nP$，方差 $D(x) = nP(1-P)$，因此，当二项分布拟合观测数据时，公式中参数 P 和 n 可以由众观测样本数据估计值 $\hat{P}$ 和 $\hat{n}$ 来估算，见式(6-20)、式(6-21)：

$$\hat{P} = \frac{m - s^2}{m} \tag{6-20}$$

$$\hat{n} = \frac{m}{P} = \frac{m^2}{m - s^2} \tag{6-21}$$

上式中 m 和 s^2 是从观测样本数据计算得出，因此二项分布具有两个计算参数 m 和 s^2。二项分布适用于交通拥挤，车辆受到约束，并且方差值小于算术平均值，即 $s^2/m < 1$ 的情况。

三、负指数分布

以上是研究某一个时间间隔内对应有一定的来车数的离散型的随机变量分布规律。对于交通流前后车辆的车头时距是连续型的随机变量，其分布规律服从下面的连续型分布。

若车辆到达符合泊松分布,则车头时距就是负指数分布。由式(6-9)知,在计数周期 t 内没车到达($x=0$)的概率为:

$$P(0) = e^{-\lambda t} \tag{6-22}$$

式(6-22)表明,在具体的时间间隔 t 内,如无车辆到达,则上一次车到达和下一次车到达之间,车头时距至少有 t 秒,换句话说,$P(0)$ 也是车头时距等于或大于 t 秒的概率。于是,我们得到式(6-23):

$$P(h \geq t) = e^{-\lambda t} \tag{6-23}$$

而车头时距小于 t 的概率则如式(6-24)所示为:

$$P(h < t) = 1 - e^{-\lambda t} \tag{6-24}$$

若 Q 表示小时交通量,令 $\lambda = Q/3\,600$(辆/s),则式(6-23)可以如式(6-25)所示写为:

$$P(h \geq t) = e^{-Qt/3600} \tag{6-25}$$

式中 $Q_t/3\,600$ 是到达车辆数的概率分布的平均值。

若令 T 为车头时距概率分布的平均值,则应有式(6-26):

$$T = \frac{3\,600}{Q} = \frac{1}{\lambda} \tag{6-26}$$

于是,式(6-23)又可写为(其分布曲线见图6-6)式(6-27):

$$P(h \geq t) = e^{-t/T} \tag{6-27}$$

式(6-24)可写为(其分布曲线见图6-7)式(6-28):

$$P(h < t) = 1 - e^{-t/T} \tag{6-28}$$

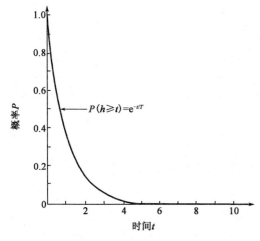

图6-6 大于等于 t 的车头时距分布曲线($T=1$s)

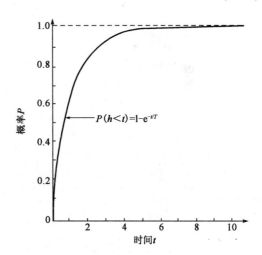

图6-7 小于 t 的车头时距分布曲线($T=1$s)

通常使用较多的是式(6-27)和式(6-28),因为负指数分布的方差就是 T^2。

负指数分布在描述车头时距的各种分布中使用最广泛。它适用于交通流密度不大,车辆到达是随机的情况。当每小时每车道的不间断车流量小于或等于 500 辆时,用负指数分布描述车头时距,通常是符合实际的。

除了以上分布外,交通流在某些形态时,还符合负二项分布、移位负指数分布、厄尔兰分布等,本书不再一一叙述。

四、统计分布应用举例

【例6-1】 某路段,交通流量为360辆/h,车辆到达符合泊松分布。求:
(1)在95%的置信度下,每60s的最多来车数。
(2)在1s、2s、3s时间内无车的概率。

解:(1)根据题意,每60s平均来车数 m 为:

$$m = \frac{360 \times 60}{3\,600} = 6$$

于是,由式(6-9)知,来车分布为:

$$P(x) = \frac{m^x \mathrm{e}^{-m}}{x!} = \frac{6^x \times \mathrm{e}^{-6}}{x!}$$

按式(6-16)、式(6-17)的递推公式计算,结果见表6-1。

表6-1

x	$P(x)$	$P(\leq x)$	x	$P(x)$	$P(\leq x)$
0	0.002 5	0.002 5	6	0.162 0	0.611 5
1	0.015 0	0.017 5	7	0.138 9	0.750 4
2	0.015 0	0.062 5	8	0.104 1	0.854 5
3	0.090 0	0.152 5	9	0.069 4	0.923 9
4	0.135 0	0.287 5	10	0.014 7	0.965 6
5	0.162 0	0.449 5			

因此,根据计算结果,在95%的置信度下每60s的最多来车数少于10辆。

(2)当 $t=1\mathrm{s}$ 时, $m = \frac{360 \times 1}{3\,600} = 0.1$,由式(6-9)知,1s内无车的概率:

$$P(0) = \frac{(0.1)^0 \times \mathrm{e}^{-0.1}}{0!} = \mathrm{e}^{-0.1} = 0.905$$

同理,当 $t=2\mathrm{s}$ 时, $m = \frac{360 \times 2}{3\,600} = 0.2$

$$P(0) = \frac{(0.2)^0 \times \mathrm{e}^{-0.2}}{0!} = \mathrm{e}^{-0.2} = 0.818\,7$$

当 $t=3\mathrm{s}$ 时, $m = \frac{360 \times 3}{3\,600} = 0.3$

$$P(0) = \frac{(0.3)^0 \times \mathrm{e}^{-0.3}}{0!} = \mathrm{e}^{-0.3} = 0.740\,8$$

【例6-2】 有60辆车随意分布在5km长的道路上,对其中任意500m长的一段,试求:
(1)有4辆车的概率。
(2)有大于4辆车的概率。

解:如 Q 辆车独立而随机地分布在一条道路上,若将这条道路均分为 Z 段,则一段中所包括的平均车数 m 为:

$$m = \frac{Q}{Z}$$

在本例中，$Q = 60, Z = 5\ 000/500 = 10$

所以，$$m = \frac{60}{10} = 6$$

(1) 有 4 辆车的概率：
$$P(4) = \frac{6^4 \times e^{-6}}{4!} = 0.135\ 0$$

(2) 有大于 4 辆车的概率：
$$P(>4) = 1 - \sum_{i=0}^{4} \frac{6^i \times e^{-6}}{i!} = 1 - P(0) - P(1) - P(2) - P(3) - P(4)$$
$$= 1 - 0.002\ 5 - 0.015\ 0 - 0.045\ 0 - 0.090\ 0 - 0.135\ 0 = 0.712\ 5$$

【例 6-3】 一交叉口，设置了专供左转的信号相，经研究指出，来车符合二项分布，每一周期内平均到达 20 辆车，有 25% 的车辆左转但无右转。求：

(1) 到达三辆车中有一辆左转的概率。

(2) 某一周期不使用左转信号相的概率。

解： (1) 已知 $n = 3, x = 1, P = 0.25$ 代入式(6-19)，求到达三辆车中有一辆左转的概率。
$$P(1) = \frac{3!}{1! \times 2!} \times (0.25)^1 \times (1 - 0.25)^{3-1} = 0.422$$

(2) 已知：$n = 20, x = 0, P = 0.25$

同样，由式(6-19)求得：
$$P(0) = \frac{20!}{0! \times 20!} \times (0.25)^0 \times (1 - 0.25)^{20-0} = 0.003\ 2$$

第四节　交通流中排队理论

道路上交通流排队现象随时可见，因此，有必要研究交通流中的排队理论（或称排队论）及其应用。

排队论是研究"服务"系统因"需求"拥挤而产生等待行列（即排队）的现象，以及合理协调"需求"与"服务"关系的一种数学理论，是运筹学中以概率论为基础的一门重要分支，有的书中称为"随机服务系统理论"。这里，主要介绍排队论的基本概念、方法及其在交通工程中的一些应用。

一、排对论的基本概念

(1) "排队"单指等待服务的，不包括正在被服务的车辆，而"排队系统"既包括了等待服务的，又包括了正在服务的车辆。

例如，一队汽车在加油站排队等候加油，它们与加油站构成一个排队系统。其中尚未轮到加油依次排队等候的汽车行列，称为排队。所谓"排队车辆"或"排队（等待）时间"，都是仅指排队本身而言；如说"排队系统中的车辆"或"排队系统（消耗）时间"，则把正在受服务者也包括在内，后者当然大于前者。

(2) 排队系统的三个组成部分。

①输入过程。指各种类型的"顾客(车辆或行人)"按怎样的规律到来。有各式各样的输入过程,例如:

定长输入——顾客等时距到达。

泊松输入——顾客到达时距符合泊松分布。这种输入过程最容易处理,因而应用最广泛。

爱尔朗输入——顾客到达时距符合爱尔朗分布。

②排队规则。指到达的顾客按怎样的次序接受服务。例如:

损失制——顾客到达时,若所有服务台均被占,该顾客就自动消失,永不再来。

等待制——顾客到达时,若所有服务台均被占,它们就排成队伍,等待服务。服务次序有先到先服务(这是最通常的情形)和优先权服务(如急救车、消防车)等多种规则。

混合制——顾客到达时,若队长小于 L,就排入队伍;若队长大于或等于 L,顾客就离去,永不再来。

③服务方式。指同一时刻有多少服务台可接纳顾客,每一顾客服务了多少时间。每次服务可以接待单个顾客,也可以成批接待,例如公共汽车一次就装载大批乘客。

服务时间的分布主要有如下几种:

定长分布——每一顾客的服务时间都相等。

负指数分布——即各顾客的服务时间相互独立,服从相同的负指数分布。

爱尔朗分布——即各顾客的服务时间相互独立,具有相同的爱尔朗分布。

为了今后叙述上的方便,引入下列记号:令 M 代表泊松输入或负指数分布服务,D 代表定长输入或定长服务,E_k 代表爱尔朗分布的输入或服务。于是泊松输入、负指数分布服务、N 个服务台的排队系统可以写成 M/M/N,泊松输入、定长服务、单个服务台的系统可以写成 M/D/1。同样可以理解 $M/E_k/N$,D/M/N…等记号的含义。如果不附其他说明,则这种记号一般都指先到先服务,单个服务的等待制系统。

(3)排队系统的主要数量指标 最重要的数量指标有三个:

①等待时间——从顾客到达时起到他开始接受服务的这段时间。

②忙期——服务台连续繁忙的时期,这关系到服务台的工作强度。

③队长——有排队顾客数与排队系统中顾客数之分,这是排队系统提供的服务水平的一种衡量。

二、单通道排队服务(M/M/1)系统

此时,由于排队等待接受服务的通道只有单独一条,故称"单通道服务"系统(图6-8)。

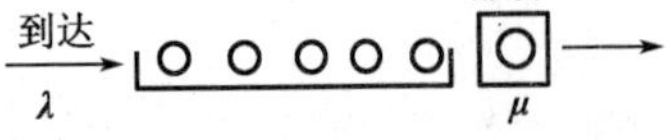

设顾客随机单个到达,平均到达率为 λ,则两次到达之间的平均间隔为 $\frac{1}{\lambda}$。从单通道接受服务后出来的输出率(即系统的服务率)为 μ,则平均服务时间为 $\frac{1}{\mu}$。比率 $\rho = \frac{\lambda}{\mu}$ 叫作

图6-8 单通道服务系统示意图

交通强度或利用系数,可确定各种状态的性质。如果 $\rho < 1$(即 $\lambda < \mu$),并且时间充分,每个状态将会循环出现。当 $\rho \geq 1$,每个状态是不稳定的,而排队的长度将会变得越来越长,没有限制。因此,要保持稳定状态即确保单通道排队能够疏散的条件是 $\rho < 1$,即 $\lambda < \mu$。

在系统中没有车辆的概率见式(6-29):

$$P(0) = 1 - \rho \tag{6-29}$$

在系统中有 n 辆车的概率，见式(6-30)：

$$P(n) = P^n(1-\rho) = \rho^n P(0) \tag{6-30}$$

排队系统中车辆的平均数，见式(6-31)：

$$\bar{n} = \frac{\rho}{1-\rho} \tag{6-31}$$

排队系统中车辆数的方差，见式(6-32)：

$$\sigma^2 = \frac{\rho}{(1-\rho)^2} \tag{6-32}$$

$\bar{n}$ 和 σ 与 ρ 的关系可绘成图6-9，从图中不难看出当交通强度 ρ 超过0.8时，平均排队长度迅速增加，而系统状态的变动范围和频度增长更快，即不稳定因素迅速增长，服务水平迅速下降。

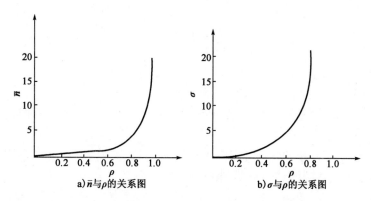

图6-9 $\bar{n}$、σ 与 ρ 的关系图

平均排队长度见式(6-33)：

$$\bar{q} = \frac{\rho^2}{1-\rho} = \rho\bar{n} \tag{6-33}$$

排队系统中的平均消耗时间见式(6-34)：

$$\bar{d} = \frac{1}{\mu - \lambda} \tag{6-34}$$

排队中的平均等待时间见式(6-35)：

$$\overline{W} = \frac{\lambda}{\mu(\mu-\lambda)}\bar{d} - \frac{1}{\mu} \tag{6-35}$$

【例6-4】 某高速公路入口处设有一收费站，车辆到达该站是随机的，单向车流量为300辆/h，收费员平均每10s完成一次收费并放行一辆汽车，符合负指数分布。试估计在检查站上排队系统中的平均车辆数、平均排队长度、排队系统中的平均消耗时间以及排队中的平均等待时间。

解： 这是一个 M/M/1 系统。由题意知：

$$\lambda = 300(辆/h)$$

$$\mu = \frac{1}{10}辆/s = \frac{3600}{10} = 360(辆/h)$$

$$\rho = \frac{\lambda}{\mu} = \frac{300}{360} = 0.83 < 1$$

因此,该系统是稳定的。

由式(6-31)~式(6-35)分别得出:

排队系统中车辆的平均数:

$$\bar{n} = \frac{\rho}{1-\rho} = \frac{\lambda}{\mu-\lambda} = \frac{300}{360-300} = 5(辆)$$

平均排队长度:

$$\bar{q} = \bar{n}\rho = 5 \times 0.83 = 4.15(辆)$$

排队中的平均消耗时间:

$$\bar{d} = \frac{1}{\mu-\lambda} = \frac{1}{360-300} \times 3600 = 60(s/辆)$$

排队中的平均等待时间:

$$\overline{W} = \frac{\lambda}{\mu(\mu-\lambda)} = \frac{300}{360 \times (360-300)} \times 3600 = 50(s/辆)$$

三、多通道排队服务(M/M/N)系统

在这种排队系统中,服务通道有 N 条,所以叫"多通道服务"系统。根据排队方式的不同,又可分为:

单路排队多通道服务:指排成一个队等待数条通道服务的情况。排队中头一辆车可视哪个通道有空就到哪里去接受服务,如图6-10所示。

多路排队多通道服务:指每个通道各排一个队,每个通道只为其相对应的一队车辆服务,车辆不能随意换队,如图6-11所示。这种情况相当于 N 个单通道服务系统。

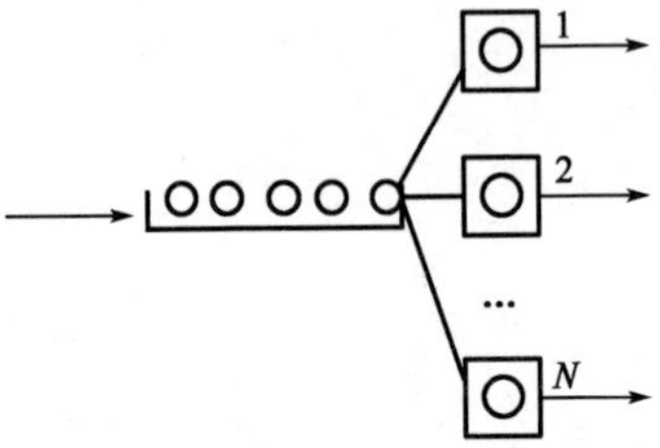

图6-10 单路排队多通道服务 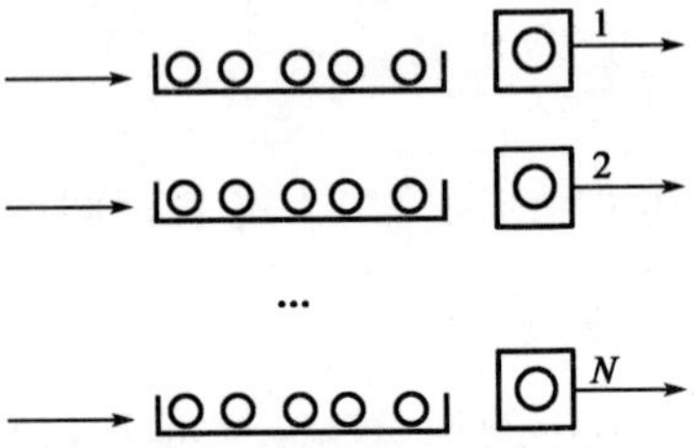　　图6-11 多路排队多通道服务

对于多通道服务系统,保持稳定状态的条件,不是 $\rho<1$,而是 $\frac{\bar{\rho}}{N}<1$。其中 $\bar{\rho}$ 为各通道 ρ 的平均值。现考虑各通道 ρ 值相等的情况则 $\bar{\rho}=\rho$。若令 λ 为进入系统中的平均到车率,则对于单路排队多通道服务系统,存在下列关系式,见式(6-36)~式(6-41):

系统中没有车辆的概率:

$$P(0) = \frac{1}{\left[\sum_{n=0}^{N-1}\frac{1}{n!}\left(\frac{\lambda}{\mu}\right)^n\right] + \frac{1}{N!}\left(\frac{\lambda}{\mu}\right)^N\left(\frac{N\mu}{N\mu-\lambda}\right)} = \frac{1}{\sum_{n=0}^{N-1}\frac{\rho^n}{n!} + \frac{\rho^N}{N!(1-\rho^n)}} \quad (6-36)$$

系统中有 n 辆车的概率:

$$\begin{cases} P(n) = \dfrac{\rho^n}{n!}P(0) & 当 n \leq N \\ P(n) = \dfrac{\rho^n}{N!N^{n-N}}P(0) & 当 n > N \end{cases} \quad (6\text{-}37)$$

排队系统中的平均车辆数：

$$\bar{n} = \frac{\lambda}{\mu} + \frac{\lambda\mu\left(\dfrac{\lambda}{\mu}\right)^N P(0)}{(N-1)!(N\mu-\lambda)^2} = \rho + \frac{P(0)\rho^{N+1}}{N!N}\left[\frac{1}{(1-\rho/N)^2}\right] \quad (6\text{-}38)$$

平均排队长度：

$$\bar{g} = \frac{\rho^{N+1}P(0)}{N!N}\left[\frac{1}{(1-\rho/N)^2}\right] = \bar{n} - \rho \quad (6\text{-}39)$$

排队系统中的平均消耗时间：

$$\bar{d} = \frac{\mu\left(\dfrac{\lambda}{\mu}\right)^N P(0)}{(N-1)!(N\mu-\lambda)^2} + \frac{1}{\mu} = \frac{\bar{n}}{\lambda} \quad (6\text{-}40)$$

排队中的平均等待时间：

$$\bar{W} = \frac{\mu\left(\dfrac{\lambda}{\mu}\right)^N P(0)}{(N-1)!(N\mu-\lambda)^2} = \frac{\bar{g}}{\lambda} \quad (6\text{-}41)$$

【例 6-5】 有一收费公路，高峰小时以 2 400 辆/h 的车流量通过 4 个排队车道引向 4 个收费口。平均每辆车办理收费的时间为 5s，服从负指数分布。试分别按单路排队和多路排队的两种服务方式计算各相应的指标并比较之。

解：按多路排队计算：

根据题意，有 4 路排队，即每个收费口有它各自的排队车道，而将到达的车流 4 等分，于是：

$$\lambda = \frac{2\,400 \div 4}{3\,600} = \frac{1}{6}(辆/s)$$

$$\mu = \frac{1}{5} 辆/s$$

$$\rho = \frac{\lambda}{\mu} = \frac{5}{6} < 1$$

即相当于 4 个单通道排队情况，由 M/M/1 系统的计算公式，得到：

$$\bar{n} = \frac{\lambda}{\mu - \lambda} = \frac{\dfrac{1}{6}}{\dfrac{1}{5} - \dfrac{1}{6}} = 5(辆)$$

$$\bar{g} = \rho\bar{n} = \frac{5}{6} \times 5 = 4.17(辆)$$

$$\bar{d} = \frac{1}{\mu - \lambda} = \frac{1}{\dfrac{1}{5} - \dfrac{1}{6}} = 30(s/辆)$$

$$\bar{W} = \bar{d} - \frac{1}{\mu} = 30 - 5 = 25(s/辆)$$

按单路排队计算,这时:

$$\lambda = \frac{2\,400}{3\,600} = \frac{2}{3}(辆/s)$$

$$\mu = \frac{1}{5} 辆/s$$

$$N = 4, \bar{\rho} = \rho = \frac{\lambda}{\mu} = \frac{\frac{2}{3}}{\frac{1}{5}} = \frac{10}{3}$$

$$\frac{\bar{\rho}}{N} = \frac{\frac{10}{3}}{4} = \frac{5}{6} < 1$$

用式(6-36)计算 $P(0)$。为此:

$$Y = \frac{1}{n!}\left(\frac{\lambda}{\mu}\right)^n$$

于是:

$$n = 0, \quad Y_0 = 1$$

$$n = 1, \quad Y_1 = \left(\frac{2}{3} \times \frac{5}{1}\right) = \frac{10}{3}$$

$$n = 2, \quad Y_2 = \frac{1}{2 \times 1} \times \left(\frac{2}{3} \times \frac{5}{1}\right)^2 = \frac{100}{18}$$

$$n = 3, \quad Y_3 = \frac{1}{3 \times 2 \times 1} \times \left(\frac{2}{3} \times \frac{5}{1}\right)^3 = \frac{1\,000}{162}$$

于是:

$$\sum_{n=0}^{N-1} Y_n = 16.061\,7$$

令

$$Z = \frac{1}{N!}\left(\frac{\lambda}{\mu}\right)^N \frac{N\mu}{N\mu - \lambda} = \frac{1}{4 \times 3 \times 2 \times 1} \times \left(\frac{2}{3} \times \frac{5}{1}\right)^4 \times \frac{4 \times \frac{1}{5}}{4 \times \frac{1}{5} - \frac{2}{3}} = 30.864\,2$$

将 $Y、Z$ 值代入式(6-36),得:

$$P(0) = \frac{1}{Y + Z} = \frac{1}{16.061\,7 + 30.864\,2} = 0.021\,3$$

由式(6-39),得:

$$\bar{g} = \frac{\lambda\mu\left(\frac{\lambda}{\mu}\right)^N}{(N-1)!(N\mu - \lambda)^2} \cdot P(0)$$

$$= \frac{\frac{2}{3} \times \frac{1}{5} \times \left(\frac{\frac{2}{3}}{\frac{1}{5}}\right)^4}{3 \times 2 \times 1 \times \left(4 \times \frac{1}{5} - \frac{2}{3}\right)^2} \times 0.021\,3 = 3.3(辆)$$

$$\bar{n} = \bar{g} + \rho = 3.3 + \frac{10}{3} = 6.6(\text{辆})$$

由式(6-40)得：

$$\bar{d} = \frac{\bar{n}}{\lambda} = \frac{6.6}{\frac{2}{3}} = 10.0(\text{s}/\text{辆})$$

由式(6-41),得：

$$\bar{W} = \frac{\bar{g}}{\lambda} = \frac{3.3}{\frac{2}{3}} = 5(\text{s}/\text{辆})$$

由表6-2可见，在服务通道数目相同时，单路排队优于多路排队。这在 $\bar{d}$、$\bar{W}$ 两项指标的比较中尤为显著，单路排队比多路排队分别减少了67%和80%。因为多路排队多通道服务表面上到达车流量被分散，但实际上受着排队车道与服务通道一一对应的束缚。如果某一通道由于某种原因拖长了为某车服务的时间，显然就要增加在此通道后面排队车辆的等待时间，甚至会出现邻近车道排队车辆后来居上的情形。而单路排队多通道服务就要灵活得多，排在第一位的车辆没有被限制死非走某条通道不可，哪儿有空它就可以到哪儿去。因此，就整个系统而言，疏散反而比多路排队要快。这一结论对道路上的收费系统、车辆的等待装卸系统及其他方面的排队系统设计均具有指导意义。

两种服务方式相应指标对比 表6-2

服务指标	服务方式			服务指标	服务方式		
	多路排队	单路排队	$\frac{\text{多}-\text{单}}{\text{多}} \times 100\%$		多路排队	单路排队	$\frac{\text{多}-\text{单}}{\text{多}} \times 100\%$
系统中车辆数 n	5.0	6.6	-32.0	系统中消耗时间 d	30.0	10.0	67.0
平均排队长度 q	4.17	3.3	21.0	平均排队时间 w	25.0	5.0	80.0

四、简化的排队延误分析方法

交通工程师在应用数学上成熟的排队论之外，还对交通拥挤现象以简化的方式做过分析，前提是假定在某一持续时间内车辆的出入是均一的。

可将上列的车辆到达、离去情况绘成到达—离去曲线图，图6-12表示的是公路与铁路交叉口的车辆到达、离去的情况。

图中虚线为到达车辆累计数，实线为离去车辆累计数。两曲线的水平间隔即为某车的延误时间，垂直间隔为某一时刻的受阻(排队)车数。两曲线围成的面积即为总延误车时数。在此图上用几何方法不难求出下列各项指标，见式(6-42)～式(6-47)。

(1)排队的持续时间 t_T：

$$t_T = \frac{\mu}{\mu - \lambda} t_r \quad (6-42)$$

(2)栅栏关闭受阻的车辆数 n：

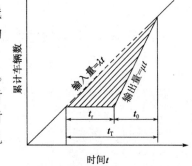

图6-12 车辆到达—离去示意图
μ-栅门开启后的车辆平均输出率(辆/h)；
λ-到达车辆平均输入率(辆/h)；
t_r-栅门关闭持续时间(min)；
t_0-栅门开启后排队车辆疏散时间(min)

$$n = \lambda t_T \tag{6-43}$$

（3）最大排队车辆数 Q：

$$Q = \lambda t_r \tag{6-44}$$

（4）平均排队车辆数 $\bar{Q}$：

$$\bar{Q} = \frac{1}{2}\lambda t_r \tag{6-45}$$

（5）车辆总延误时间 D：

$$D = \bar{Q}t_T \tag{6-46}$$

（6）平均每辆车延误时间 $\bar{d}$：

$$\bar{d} = \frac{D}{n} \tag{6-47}$$

（7）单辆车最长延误时间 t_m：

$$t_m = t_r$$

（8）排队车辆的疏散时间即为 t_0。

【例 6-6】 有一公路与铁路的交叉口，火车通过时，栅栏关闭的时间 $t_r = 0.1\text{h}$。已知公路上车辆以均一的到达率 $\lambda = 900$ 辆/h 到达交叉口，而栅栏开启后排队的车辆以均一的离去率 $\mu = 1\,200$ 辆/h 离开交叉口。试计算由于关闭栅栏而引起的：单个车辆的最长延误时间 t_m，最大排队车辆数 Q，排队疏散时间 t_0，排队持续时间 t_j，受限车辆总数 n，平均排队车辆数 $\bar{Q}$，单个车辆的平均延误时间 $\bar{d}$，车时总延误 D。

解： 栅栏刚关闭时到达的那辆车的延误时间最长：

$$t_m = t_r = 0.1\text{h}$$

栅栏关闭期间，车辆只有到达没有离去，因此栅栏刚开启时排队的车辆数量多：

$$Q = \lambda t_r = 900 \times 0.1 = 90(\text{辆})$$

栅栏开启后，排队车辆的队头以离去率 μ 疏散离去，而队尾以到达率 λ 向后延长，因此排队的净疏散率为 $\mu - \lambda$，疏散时间为：

$$t_0 = \frac{Q}{\mu - \lambda} = \frac{90}{1\,200 - 90} = 0.3(\text{h})$$

排队持续时间等于栅栏关闭时间加疏散时间：

$$t_j = 0.1 + 0.3 = 0.4(\text{h})$$

疏散时间内离去的总车数为受阻车辆总数：

$$n = 0.3 \times 1\,200 = 360(\text{辆})$$

平均排队车辆数：

$$\bar{Q} = 0.5Q = 45(\text{辆})$$

单个车辆的平均延误时间：

$$\bar{d} = 0.5t_r = 0.05(\text{h})$$

车时总延误：

$$D = n\bar{d} = 360 \times 0.05 = 18(\text{h})$$

第五节 跟驰理论简介

跟驰理论是运用动力学方法,研究在无法超车的单一车道上车辆列队行驶时,后车跟随前车的行驶状态的一种理论。它用数学模式表达跟驰过程中发生的各种状态。

1950年,鲁契尔(Reuschel)开始研究车辆在排队行驶时的运行状态。1953年,派普斯(Pipes)用动力学分析车辆跟驰现象,形成了车辆跟驰理论。此后,赫尔曼(Herman)和罗瑟瑞(Rothery)等人又进行了实验室研究并将跟驰理论做了进一步的扩充。

跟驰理论研究的一个主要目的是试图通过观察各个车辆逐一跟驰的方式来了解单车道交通流的特性。这种特性的研究可用来描述交通流的稳定性,加速干扰以及干扰的传播;检验在高速公路专用车道上运行的公共汽车车队的特性;检验管理技术和通信技术,以便预测短途车辆对市区交通流的影响,使尾撞事故减到最低限度。

一、车辆跟驰特性分析

在道路上,当交通流的密度相当大时,车辆间距较小,车队中任一辆车的车速都受前车速度的制约,驾驶员只能按前车提供的信息采用相应的车速。我们称这种状态为非自由运行状态。跟驰理论就是研究这种运行状态车队的行驶特性。非自由状态行驶的车队有以下三个特性:

(1)制约性。在一队汽车中,驾驶员总不愿意落后,而是紧随前车前进,这就是"紧随要求"。同时,后车的车速不能长时间的大于前车车速,只能在前车车速附近摆动,否则会发生碰撞。这是"车速条件"。此外,前后车之间必须保持一个安全距离,在前车制动后,两车之间有足够的距离,从而有足够的时间供后车驾驶员做出反应,采取制动措施,这是"间距条件"。紧随要求、车速条件和间距条件构成了一队汽车跟驰行驶的制约性,即前车车速制约着后车车速和两车间距。

(2)延迟性。从跟驰车队的制约性可知,前车改变运行状态后,后车也要改变。但前后车运行状态的改变不是同步的,后车运行状态的改变滞后于前车。因为驾驶员对前车运行状态的改变要有一个反应过程,需要反应时间。假设反应时间为T,那么前车在t时刻的动作,后车在$(t+T)$时刻才能做出相应的动作,这就是延迟性。

(3)传递性。由制约性可知,第一辆车的运行状态制约着第2辆车的运行状态,第2辆又制约着第3辆……第n辆制约着第$n+1$辆。一旦第一辆车改变运行状态,它的效应将会一辆接一辆地向后传递,直至车队的最后一辆,这就是传递性。而这种运行状态的传递又具有延迟性。这种具有延迟性的向后传递的信息不是平滑连续的,而是像脉冲一样间断连续的。

二、线性跟驰模型的建立

跟驰模型是一种刺激—反应的表达式。一个驾驶员所接受的刺激是指其前方导引车的加速或减速以及随之而发生的两车之间的速度差和车间距离的变化;该驾驶对刺激的反应是指其为了紧密而安全地跟踪前车所做的加速或减速动作及其实际效果。

假定驾驶员保持他所驾驶车辆与前导车的距离为$S(t)$,以便在前导车制动时能使车停下而不至于和前导车尾相撞。设驾驶员的反应时间为 T,在反应时间内车速不变,这两辆车在 t 时刻的相对位置及制动操作后的相对位置用图6-13表示,图中 n 为前导车,$n+1$ 为后随车。图中:

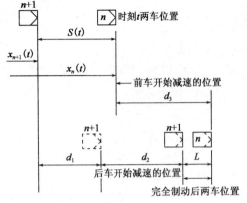

图6-13 线性跟车模型示意图

$x_i(t)$——第 i 辆车在时刻 t 的位置;

$S(t)$——两车在时刻 t 的间距,$S(t) = x_n(t) - x_{n+1}(t)$;

d_1——后随车在反应时间 T 内行驶的距离,$d_1 = T\dot{x}_{n+1}(t) = T\dot{x}_{n+1}(T+t)$;

d_2——后随车在减速期间行驶的距离;

d_3——前导车在减速期间行驶的距离;

L——停车后的车头间距;

$\dot{x}_i(t)$——第 i 辆车在时刻 t 的速度。

假定 $d_2 = d_3$,要使在时刻 t 两车的间距能保证在突然制动事件中不发生撞碰,则应有:

$$S(t) = d_1 + L = T\dot{x}_{n+1}(t)(t+T) + L \tag{6-48}$$

对 t 微分,得:

$$\dot{x}_n(t) - \dot{x}_{n+1}(t) = T\ddot{x}_{n+1}(t+T) \tag{6-49}$$

或

$$\ddot{x}_{n+1}(t+T) = \frac{1}{T}[\dot{x}_n(t) - \dot{x}_{n+1}(t)] \tag{6-50}$$

式中,$\ddot{x}_{n+1}(t+T)$ 为后车在时刻 $(t+T)$ 的加速度,称为后车的反应;$\frac{1}{T}$ 称为敏感度;$\dot{x}_n(t) - \dot{x}_{n+1}(t)$ 称为时刻 t 的刺激。这样,式(6-50)就可理解为:反应 = 敏感度 × 刺激。

式(6-50)是在前导车制动、两车的减速距离相等以及后车在反应时间 T 内速度不变等假定下推导出来的。实际的跟车操作要比这两条假定所限定的情形复杂得多,例如刺激也可能是由前车加速而引起的,而两车在变速过程中行驶的距离可能不相等。为了适应更一般的情形,把式(6-42)修改为式(6-51):

$$\ddot{x}_{n+1}(t+T) = a[\dot{x}_n(t) - \dot{x}_{n+1}(t)] \tag{6-51}$$

式中,a 称为反应强度系数,量纲为 s^{-1}。这里 a 不再理解为敏感度,而应看成是与驾驶员动作的强弱程度直接相关。式(6-51)表明后车的反应与前车发出的刺激成正比,此公式称为线性跟车模型。

第六节 流体力学模拟理论

1955年,英国学者莱特西尔(Lighthill)和惠特汉(Whitham)将交通流比拟为流体流,在一条很长的公路隧道里,对密度很大的交通流的规律进行研究,提出了流体力学模拟理论。

该理论运用流体力学的基本原理,模拟流体的连续性,建立车流的连续性方程。把交通流密度的疏密变化比拟成水波的起伏而抽象为车流波。当车流因道路或交通状况的改变而引起密度的改变时,在车流中产生车流波的传播如表 6-3 所示。通过分析车流波的传播速度,以寻求车流流量和密度、速度之间的关系。因此,该理论又可称为车流波动理论。

交通流与流体流的比较表 表 6-3

物 理 特 性	流体动力学系统	交通流系统
连续体	单向不可压缩流体	单车道不可压缩车流
离散元素	分子	车辆
变量	质量 m	密度 k
	速度 v	车速 u
	压力 p	流量 q
动量	mv	ku
状态方程	$P = CMT$	$q = ku$
连续性方程	$\dfrac{\partial m}{\partial t} + \dfrac{\partial(mv)}{\partial x} = 0$	$\dfrac{\partial k}{\partial t} + \dfrac{\partial(ku)}{\partial x} = 0$
运动方程	$\dfrac{dm}{dt} + \dfrac{c^2}{m}\dfrac{\partial m}{\partial x} = 0$	$\dfrac{du}{dt} + k\left(\dfrac{du}{dk}\right)^2 \dfrac{\partial k}{\partial x} = 0$

流体力学模拟理论是一种宏观的模型。它假定在车流中各单个车辆的行驶状态与它前面的车辆完全一样,这是与实际不相符的。尽管如此,该理论在"流"的状态较为明显的场合,如在分析瓶颈路段的车辆拥挤问题时,有其独特的用途。

一、车流连续性方程的建立

假设车流顺次通过断面Ⅰ和Ⅱ的时间间隔为 dt,两断面的间距为 dx,同时,车流在断面Ⅰ的流入量为 q,密度为 k。车流在断面Ⅱ的流出量为$(q + \mathrm{d}q)$,密度为$(k - \mathrm{d}k)$。dk 取负号表示在拥挤状态,交通流密度随车流量的增加而减少。

根据质量守恒定律:

$$\text{流入量} - \text{流出量} = \text{数量上的变化}$$

即

$$[q - (q + \mathrm{d}q)]\mathrm{d}t = [k - (k - \mathrm{d}k)]\mathrm{d}x \tag{6-52}$$

化简得到式(6-53):

$$-\mathrm{d}q \cdot \mathrm{d}t = \mathrm{d}k \cdot \mathrm{d}x$$

$$\frac{\mathrm{d}k}{\mathrm{d}t} + \frac{\mathrm{d}q}{\mathrm{d}x} = 0 \tag{6-53}$$

又由

$$q = kv$$

得:

$$\frac{\mathrm{d}k}{\mathrm{d}t} + \frac{\mathrm{d}(kv)}{\mathrm{d}x} = 0 \tag{6-54}$$

式(6-54)表明,车流量随距离而降低时,车流密度则随时间而增大。

同样,我们还可以用流体力学的理论来建立交通流的运动公式,见式(6-52):

$$\frac{dk}{dx} = -\frac{dv}{dt} \tag{6-55}$$

式(6-55)表明,车流密度增加,产生减速。

二、车流中的波

图6-14是由八车道路段过渡到六车道路段的半幅平面示意图。由图可以看出,在四车道的路段(即原路段)和三车道的路段(即瓶颈段),车流都是各行其道,井然有序。而在由四车道向三车道过渡的那段路段内,车流出现了拥挤、紊乱,甚至堵塞。这是因为车流在即将进入瓶颈段时会产生一个方向相反的波。就像声波碰到障碍物时的反射,或者管道内的水流突然受阻时的后涌那样。这个波导致在瓶颈段之前的路段,车流出现紊流现象。

(1) 基本方程。为讨论方便起见,取图6-15所示的计算图示。假设一直线路段被垂直线 S 分割为 A、B 两段。A 段的车流速度为 v_1,密度为 k_1;B 段的车流速度为 v_2,密度为 k_2;S 处的速度为 v_W,假定沿路线按照所画的箭头 X 正方向运行,速度为正,反之为负,并且:

v_1 = 在 A 区车辆的区间平均车速;

v_2 = 在 B 区车辆的区间平均车速。

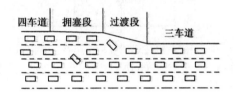
图6-14 瓶颈处的车流波

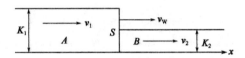
图6-15 两种密度的车流运行情况

则如式(6-56)所示,在时间 t 内横穿 S 交界线的车数 N 为:

$$N = (v_1 - v_W)k_1 t = (v_2 - v_W)k_2 t \tag{6-56}$$

即:

$$(v_1 - v_W)k_1 = (v_2 - v_W)k_2$$

$$v_W = \frac{v_1 k_1 - v_2 k_2}{k_1 - k_2} \tag{6-57}$$

令 A、B 两部分的车流量分别为 q_1、q_2,则根据定义可得:

$$q_1 = k_1 v_1, \quad q_2 = k_2 v_2 \tag{6-58}$$

于是,式(6-57)变为:

$$v_W = \frac{q_2 - q_1}{k_2 - k_1} \tag{6-59}$$

当 $q_1 > q_2$,$k_1 < k_2$ 时,v_W 为负值。表明波的方向与原车流流向相反。此时在瓶颈过渡段(图6-14)内的车辆即被迫后拥,开始排队,出现拥塞。有时 v_W 可能为正值,这表明此时不致发生排队现象,或者是已有的排队将开始消散。若 A、B 两区车流量与交通流密度大致相等,则可以写成:

$$q_2 - q_1 = \Delta q, \quad k_2 - k_1 = \Delta k$$

因此可得传播小紊流的速度,见式(6-60):

$$v_W = \frac{\Delta q}{\Delta k} = \frac{dq}{dk} \tag{6-60}$$

至此,以上分析尚未涉及区间平均车速 v_1 及 v_2 与密度 k_1 及 k_2 之间的任何具体关系。如果我们采用线性的速度与密度关系式,即:

$$v_i = v_f\left(1 - \frac{k_i}{k_j}\right)$$

如果再进一步,如式(6-57),设:

$$\eta_i = \frac{k_i}{k_j} \tag{6-61}$$

则可以得出:

$$v_1 = v_f(1 - \eta_1), \quad v_2 = v_f(1 - \eta_2)$$

式中,η_1 及 η_2 是在界线 S 两侧的标准化密度。

将以上关系代入式(6-57),得式(6-62),即波速为:

$$v_W = \frac{k_1 v_f(1 - \eta_1) - k_2 v_f(1 - \eta_2)}{k_1 - k_2} \tag{6-62}$$

从式(6-61)得到的 η_1 和 η_2 的关系式可得到简化式(6-63),结果为:

$$v_W = v_f[1 - (\eta_1 + \eta_2)] \tag{6-63}$$

式(6-63)说明,波速可用交通流密度不连续线两侧的标准化密度表示。

(2)交通流密度大致相等的情况。如果在界线 S 两侧的标准化密度 η_1 与 η_2 大致相等,如图6-16所示。S 左侧的标准化密度为 η,而 S 右侧的标准化密度为 $(\eta + \eta_0)$,这里 $\eta + \eta_0 \leqslant 1$。

在此情况下,设:

$$\eta_1 = \eta, \quad \eta_2 = \eta + \eta_0$$

并且: $[1 - (\eta_1 + \eta_2)] = [1 - (2\eta + \eta_0)] = 1 - 2\eta$

式中,η_0 忽略不计。把上式代入式(6-63),则此断续的波就以下列速度传播,见式(6-64)。

$$v_W = v_f = (1 - 2\eta) \tag{6-64}$$

这是由莱特希尔和惠特汉推导的车流波传播公式。

(3)停车产生的波。对于车流的标准化密度为 η_1,以区间平均车速 v_1 行驶的车辆,假定式(6-65)成立:

$$v_1 = v_f(1 - \eta_1) \tag{6-65}$$

在道路上,位置 $x = x_0$ 处,因红灯停车,车流立即呈现出饱和的标准化密度 $\eta_2 = 1$。如图6-17所示。线 S 左侧,车流仍为原来的密度 η_1,按方程(6-60)的平均速度继续运行。将 $\eta_1 = \eta_2, \eta_2 = 1$ 代入式(6-59),就得到停车产生的波的波速,见式(6-66):

$$v_W = v_f[1 - (\eta_1 + 1)] = -v_f \eta_1 \tag{6-66}$$

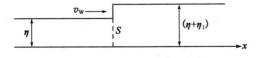

图6-16 交通密度的微小不连续性

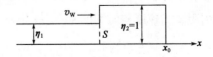

图6-17 停车产生的波

式(6-62)说明,由于停车而产生的波,以 $v_f \eta_1$ 的速度向后方传播。如果信号在 $x = x_0$ 处变为红灯,则经 t 秒以后,一列长度为 $v_f \eta_1 t$ 的汽车就要停在 x_0 之后。

(4)发车产生的波。现在来讨论一列车辆起动(发车)所产生的波的性质。假定 $t = 0$ 时,一列车已停在位于 $x = x_0$ 处的信号灯后边。因为该列车停着,所以具有饱和密度 $\eta_1 = 1$。如图 6-18 所示。如果在 $t = 0$ 时,$x = x_0$ 处变为绿灯,车辆以速度 v_2 起动,此时停车一方(S 线左侧)的交通流密度仍为饱和密度 $\eta_1 = 1$,而 η_2 可以从式(6-67)得出:

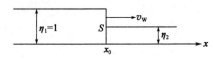

图 6-18 发车产生的波

因为:
$$v_2 = v_f(1 - \eta_2)$$

变换得:
$$\eta_2 = 1 - \frac{v_2}{v_f} \tag{6-67}$$

代入式(6-63),得到式(6-64):
$$v_W = v_f[1 - (1 + \eta_2)] = -v_f \eta_2 = -(v_f - v_2) \tag{6-68}$$

所以,一候车队开始运行(发车),就产生了发车波,该波从 x_0 处以 $(v_f - v_2)$ 的速度向后传播。由于发车速度 v_2 一般总是很低,因此可看作几乎以 $-v_f$ 速度传播。

三、车流波动理论的应用

【例 6-7】 车流在一条六车道的公路上畅通行驶,其速度为 $v = 80 \text{km/h}$,路上有座四车道的桥,每车道的通行能力为 1 940 辆/h,高峰时车流量为 4 200 辆/h(单向)。在过渡段的车速降至 22km/h,这样持续了 1.69h,然后车流量减到 1 956 辆/h(单向)。试估计桥前的车辆排队长度和阻塞时间。

解:(1)计算排队长度。

①在能畅通行驶的车道里没有阻塞现象,其密度为:
$$k_1 = \frac{q_1}{v_1} = \frac{4\ 200}{80} = 53 (\text{辆}/\text{km})$$

②在过渡段,由于该处只能通过 $1\ 940 \times 2 = 3\ 800$(辆/h),而现在却需要通过 4 200 辆/h,故出现拥挤,其密度为:
$$k_2 = \frac{q_2}{v_2} = \frac{3\ 880}{22} = 177(\text{辆}/\text{h})$$

由式(6-55)得:
$$v_W = \frac{q_2 - q_1}{k_2 - k_1} = \frac{3\ 880 - 4\ 200}{177 - 53} = -2.58 (\text{km/h})$$

表明此处出现迫使排队的反向波,其波速为 2.58km/h。

因距离为速度与时间的乘积,故此处的平均排队长度为:
$$L = \frac{0 \times 1.69 + 2.58 \times 1.69}{2} = 2.18 (\text{km})$$

(2)计算阻塞时间。

高峰过去后,排队即开始消散,但阻塞仍要持续一段时间。因此阻塞时间应为排队形成时间(即高峰时间)与排队消散时间之和。

① 排队消散时间 t'

已知高峰后的车流量 $q_3 = 1\,956$ 辆/h $< 3\,880$ 辆/h,表明通行能力已有富裕,排队已开始消散。

排队车辆数为:

$$(q_1 - q_2) \times 1.69 = (4\,200 - 3\,880) \times 1.69 = 541(辆)$$

疏散车辆数为:

$$q_3 - q_2 = 1\,956 - 3\,880 = -1\,924(辆/h)$$

则排队消散时间:

$$t' = \frac{(q_1 - q_2) \times 1.69}{|q_3 - q_2|} = \frac{541}{1\,924} = 0.28(h)$$

② 阻塞时间 t

$$t = t' + 1.69 = 0.28 + 1.69 = 1.97(h)$$

第七节　元胞自动机模型

基于元胞自动机的交通流模型是在20世纪80年代提出,90年代得到迅速发展的一种新的交通流微观模型。基于元胞自动机的交通流模型,采用离散的时空和状态变量,灵活地制订车辆的演化规则,通过大量的样本平均来揭示交通流动的基本规律。由于交通元素从本质上讲就是离散的,因此用元胞自动机理论来研究交通流,便可以有效地避免"离散—连续—离散"的近似过程,故而具有独特的优越性。

一、元胞自动机的基本概念

元胞自动机是定义在一个离散的、有限状态的元胞所组成的空间上,并且按照一定的局部演化规则在离散的时间上进行演化的动力学系统,它包括四个组成部分,分别是元胞、元胞空间、元胞邻居、演变规则,如图6-19所示。

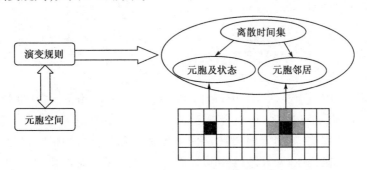

图6-19　元胞自动机的组成部分示意图

(1)元胞。是元胞自动机最基本的组成部分,分布在一维、二维或多维的欧几里得空间上。每个元胞都有自己的状态,原则上每一个元胞只能有一个状态变量,但是在用元胞自动机研究交通流时,可以根据需要添加其他状态变量。

(2) 元胞空间。是指每个元胞分布在欧几里得空间上网格点的集合。元胞的大小和形状与元胞的划分有关。元胞空间的划分一般有一维的、二维的和多维的,最常见的是一维和二维。理论上,元胞空间在各维向上是无限扩展的,是没有边界的,但是在计算机模拟元胞自动机模型时,不可能处理无限的元胞空间,因此必须给元胞空间设定边界条件。常用的边界条件有周期型、绝热型、固定型、映射型以及开口型。

(3) 元胞邻居。是指某一个元胞状态更新时需要搜索一定空间域内其他元胞的状态,这个空间域内其他元胞的集合即构成了元胞邻居。原则上邻居的大小没有限制,在实际中往往把邻接的元胞看成邻居,如果邻居太多,则模型的演化规则将会非常复杂,因此需合理地选择元胞邻居。

(4) 演变规则。是指根据元胞当前状态以及元胞邻居的状态确定该元胞下一时刻的状态变化函数。演变规则是元胞自动机运动的基础,演变规则设计是否合理,是否能真实反应出客观事物的本质特征是元胞自动机成败的关键。

二、元胞自动机模型的特点

在基于元胞自动机的交通流模型中,道路被划分为等距离的格子,每个格点代表一个元胞。在某一特定的时刻 t,元胞或者是空的,或者被一辆或多辆车占据。在由时刻 t 到下一个时刻 $t+1$ 的过程中,根据特定的规则对系统的状态进行更新。

元胞自动机模型的计算效率要优于车辆跟驰模型,因此适合计算机模拟和仿真。这是因为:①每个元胞只有有限个状态;②离散的时空和状态变量都是整数,整数的仿真计算效率要高于浮点数的仿真计算效率;③元胞自动机模型更新的时间步长(通常为 1s)大于车辆跟驰模型(通常为 0.1s 左右)的时间步长,从而有效地减少了更新次数;④绝大多数元胞自动机使用并行更新策略。

因此,同其他微观模型相比,元胞自动机模型不仅能够刻画交通系统这一复杂大系统的非线性行为及其物理特征,而且更易于计算机仿真,并且能够灵活地修改更新规则以适应各种不同的真实交通条件(如驾驶员的过度反应引起的随机慢化等影响),从而得到了广泛的应用和发展。

三、元胞自动机模型的分类

现有的基于元胞自动机的交通流模型,主要可以分为用来模拟一维交通的元胞自动机模型、用来模拟城市二维网络交通的元胞自动机模型以及用来模拟混合交通流的元胞自动机模型。

一类用于模拟一维城市交通。其中,最简单的形式是由 Wolfram 命名的 184 号模型,最经典的则是 Nagel 和 Schreekenbe 在 1992 年提出的 NS 模型。NS 模型虽然形式简单,但却可以描述一些实测的交通现象(如时走时停波),因此引起了相关学者的极大兴趣,人们也做了大量相关的研究工作。概括地讲,大体包含以下几个方面:①在 NS 模型的基础上,考虑各种实际的交通现象,提出了各式各样的、改进的模型。如改进加速规则的 FI 模型,引入慢启动规则的模型,考虑前车速度效应的 VE 模型,舒适驾驶模型以及三相交通状态模型等。②对元胞自动机进行了相关的解析分析,以加深人们对于元胞自动机内在机理的了解。③使用元胞自动机模拟各种实际交通情况,如考察了各种交通瓶颈对于交通的影响,主道以及匝道之间的相互作用,以及引入换道规则用来模拟多车道超车的情况等。

另一类用于模拟城市二维网络交通。第一个用来模拟城市交通的元胞自动机模型是由 Biham、Middleton 和 Levine 在 1992 年提出的,因此被称作 BML 模型。在 BML 模型的基础之上,相关学者同样做了大量的工作,主要可以分为如下几个方面:①对 BML 模型的改进,如 Chowdhury 等将 NS 模型的规则应用到 BML 模型的车辆更新过程中,Freund 等人将 BML 模型中的单向交通改进为双向交通,顾国庆等学者将二维均匀网格改造为非均匀网格等。②对 BML 模型进行平均场分析以加深人们对于 BML 模型内在机理的了解。③分析了各种实际交通因素对交通系统的影响,如交通灯的随机性、立交桥、收费站、恶劣路况以及车辆非对称分布等。

第三类是混合交通流元胞自动机模型。J. R. Meng 建立基于元胞自动机的摩托车与机动车的单车道混合交通流模型,分析了随着摩托车比例的增加,摩托车换道的概率和道路通行能力的变化。S. H. Cheng 利用元胞自动机模型描述了闯入机动车道的自行车的行为,并分析了不同机非比例的道路通行能力。熊宁等人基于我国行人和自行车的交通特性建立新的混合交通流 CA 模型,同时定义了符合我国道路交通状况的规则。赵小梅等人基于公交车站台附近的机非干扰特性建立了 NaSch 模型和 BCA 模型的综合模型,并对这种机非干扰的情况进行了仿真,结果表明公交车停靠时间越长,自行车道通行能力损失越大。肖瑞杰在 FI 模型的基础上,采用周期性边界条件,研究了十字路口对于不同长度和不同最大行驶速度的车辆构成的混合交通流的影响。李新刚等人建立了基于元胞自动机的直行自行车和右转机动车的交叉口模型,通过引入在连续两个时步内冲突点被同类车辆占据的概率来描述两股交通流在交叉口的冲突行为,但是缺乏相关参数的标定。熊桂林等人通过建立二维 CA 模型对平面交叉口的混合交通流进行了模拟控制。

综上所述,元胞自动机因为其较快的计算机仿真速度,灵活且容易修改的规则以及对复杂交通系统非线性特征的重现等各方面的优点,在交通科学和工程领域得到了较为广泛的应用和发展,成为交通流理论界研究的热点之一。

第八节 交通流理论研究展望

随着现代科学技术和方法的日趋完善,模拟技术、神经网络及模糊控制等研究手段也逐渐被应用于现代交通流理论中,其特点是所采用的模型和方法不追求严格意义上的数学推导和明确的物理意义,而更重视模型或方法对真实交通流的拟合效果。这类模型主要用于对复杂交通流现象的模拟、解释和预测,而使用传统交通流理论要达到这些目的就显得比较困难。

1. 车辆跟驰模型新发展

随着交通科技进步,智能交通运输系统 ITS、驾驶员信息诱导系统和车辆自动巡航系统 AICCS 的开发建立,传统的跟驰模型显然已不符合时代发展,部分研究者分别针对 ITS 和 AICCS 适时开发了新的模型,有的提出了基于可变跟驰时间和随机因素的车辆跟驰模型。跟驰模型作为 ITS 模拟论证与实际运营的基础理论,再次成为研究热点,其研究呈现出内容的细致化、深入化,手段和方法的多样化以及应用的专门化。

2. 交通流宏观模型与微观模型的统一

传统理论中,车辆跟驰理论(微观模型)与流体动力学模拟理论(宏观模型)是相互独立的,建立二者统一的模型是交通流动力分析模型的发展方向。

美国通用汽车动力实验室 GM 研究组用数学的方法由微观跟驰模型推导出宏观交通流模型。在交通流宏观与微观模型之间架起了沟通的桥梁。参考文献 21 首次从严格理论意义上将交通流宏观模型与微观模型统一起来,为从理论上研究宏观交通流模型奠定了基础,也为进一步研究动态交通流模型提供了有效途径。

3. 实时动态交通流分配与交通系统仿真

对交通流进行实时管理是目前城市道路网交通管理中遇到的非常现实的问题。传统的实时交通流管理方法均存在不同的局限,不能适应现时迅猛增长的城市交通流量和日益复杂的城市道路网络系统。而目前 ITS 技术的研制开发和人工智能在各行业的广泛应用,为实时动态交通流分配理论的提出和实现提供了良好的内、外部环境。

最近,美国公路交通部门研制开发了一种实时路线决策支持系统,此系统采用了基于实例推理系统(CBR)和随时搜索算法的人工智能(AI)方法,用于实际交通管理后可及时将交通信息采集系统反馈情报提供给学习模块,以判断决策成功与否。同时,通过对交通系统的仿真研究,可以得到交通流状态变量随时间与空间的变化分布规律及其与交通控制变量间的关系,从而实现对现有和未来系统的行为进行再现或预先把握。到目前为止,国内外已推出了几百种交通仿真软件,比较流行的有 Paramics、Aimsun2 等。

随着经济发展,交通量的持续增加,尽管修建了大量的交通设施,交通拥挤阻塞状况仍然十分严重。这就要求必须用系统的观点来对待交通运输系统,使现在独自存在的车辆和道路设施及使用者能结合成一个整体,协同作用,最终形成一个快速、安全、方便、舒适和准时的大交通运输体系。

与之相适应的,这就要求用系统科学的新理论来推动交通流理论的研究。系统分析的特点要求以系统整体效益为目标,以寻求解决特定问题的最优策略为重点,运用定性和定量分析方法,给决策者以价值判断,求得有利的决策。

系统分析不仅要立足于系统内部分析(系统结构分析),同时也要着眼于系统外部分析(系统环境分析)及系统外部与内部关系的分析(系统灵敏度分析、系统适应性分析)。

传统交通流理论追求严格意义上的理论推导,模型过于理想化,对交通流模型的限制条件比较苛刻,常与实际车辆行为相差甚远,这些问题在很大程度上影响了实际应用效果。鉴于此,现代交通流理论应更倾向于重视模型或方法对真实交通流的拟合效果。同时,交通流理论的应用和发展也与现代科学技术息息相关,计算机技术、电子通信和自动控制技术的发展可为交通流理论提供广泛的思维空间和技术保障。

【复习思考题】

1. 什么是交通流理论?研究交通流理论常用哪些方法?

2. 交通流中各参数之间具有怎样的关系?这些特性对汽车运输组织及公路交通运政管理有什么指导作用?

3. 交通流的泊松分布、二项分布和负指数分布的特点、参数及各自的适用条件是什么？

4. 简述排队论的基本原理、主要参数(指标)计算及其在交通运政和汽车运输管理等方面的作用。

5. 交通跟驰理论、流体力学模拟理论的依据、模型(方程)的意义及其作用各是什么？

6. 元胞自动机模型的特点和分类，典型的元胞自动机模型包括哪些？

第七章

道路通行能力与服务水平

第一节 道路通行能力的概念

一、交通设施的类型

通行能力是交通设施的一种功能。通行能力分析的主要目的是测定某交通设施能容纳的最大交通量。而不同的交通设施类型，其功能不同，对其分析的方式、方法也不相同。因此，有必要明确交通设施的不同类型。

在研究道路通行能力问题时，一般可以将道路设施分为两大类：

(1) 连续交通流。这类交通流设施没有像交通信号那样在交通流外部引起交通流中断的固定因素。其交通流状况是交通流中车辆之间，以及车辆与道路线形、道路环境之间相互影响的结果。

(2) 间断交通流。这类交通流设施，有引起交通流周期性间断的固定元素。这些元素包括交通信号、停车标志和其他类型的交通管制设备。不论道路上交通流量的大与小，这些装置都会使交通流周期性停止或流速显著减慢。

连续交通流和间断交通流是描述道路交通设施的名词，不是描述任何给定时间的交通流性质。因此，即使是一条极端拥挤的高速公路，仍然是"连续交通流设施"，因为拥挤是交通流的内在原因产生的。

以上两类交通设施的分析不大相同。间断流设施的分析必须说明固定中断的影响。例如,一座交通信号机限制了交叉口各种流向各自利用的部分时间,通行能力不仅受到所提供的实际道路空间的限制,而且受到交通流中各种流向有效运行时间的限制。连续流设施没有固定的间断,因此,在利用道路空间方面没有时间限制。

二、通行能力的概念

道路的通行能力是指在一定时段和通常道路、交通、管制条件下,车辆(或行人)通过道路某一点或均匀断面上的最大小时流率。

在大多数通行能力分析中,取用的时段是交通高峰15min,这是稳定流存在的最短间隔。以此时段为基础计算得出的最大小时流率是道路所能通过的车辆极限数值的量度。

通行能力所指的"通常的道路、交通和管制条件",应理解为通行能力对被分析的交通设施的任何断面都是适用的。这些通常条件的任何变化都会引起设施通行能力的变化。通行能力的定义,还假定具有良好的气候条件和路面条件。

(1)道路条件指街道或公路的几何特征,包括:交通设施的种类及其形成的环境、每个方向的车道数、车道和路肩宽度、侧向净空、设计速度以及平面和纵面线形。

(2)交通条件涉及使用道路的交通流特性。它是由交通流中车辆类型的分布、设施的可用车道中交通量和交通分布以及交通流的方向性分布等共同确定的。

(3)管制条件指的是已知设施上提出的管制设备和具体设计的种类,以及交通规则。交通信号的位置、种类和配时是影响通行能力的关键性管制条件。其他重要管制包括停车和让路标志、车道使用限制、转弯限制以及类似的措施等。

需要指出,通行能力指的是在一段特定的关键时期内,常常是高峰15min的时段,车辆或行人的流率。这就能判明在1h周期内交通流量实际变化的潜力,并集中在最大流量间隔上的分析。

应该注意的是,流率与交通量之间的区别很重要。交通量是在一段时间间隔内,通过一条车道或道路某断面的实际车辆数。而流率则是在给定不足1h的时间间隔(通常为15min)内,通过一条车道或道路指定断面的车辆数,但以当量小时流率表示,即取不足1h时段观测的车辆数除以观测时间(以小时为单位),则得到流率。因此,在15min内观测到的交通量为100辆,暗示流率为100辆/0.25h或400辆/h。

下面的例子进一步用表格表示出两种度量之间的区别。表7-1所列交通计数是在1h调查周期内得到的。

不同度量下交通量对比　　　　　　　　　表7-1

时　间　段	交通量(辆)	流率(辆/h)	时　间　段	交通量(辆)	流率(辆/h)
8:00~8:15	1 000	4 000	8:45~9:00	1 000	4 000
8:15~8:30	1 200	4 800	8:00~9:00	4 300	
8:30~8:45	1 100	4 400			

从表7-1可知,交通量是在四个连续15min时段内观测到的。1h的总交通量是这些数量之和即4 300辆或4 300辆/h(因为观测时间为1h),然而流率在每个15min时段内都不相同。

在流量最大的15min时段内,流率是4 800辆/h。应注意,在观测的1h内,只有4 300辆车通过了指定的道路断面,而并没有4 800辆车通过所指定的道路断面;但是用流率来说,却暗示着这个道路断面上流率达到了4 800辆/h。

三、道路通行能力的种类

按照公路的不同组成部分,需要进行下列通行能力的计算:
(1)高速公路(控制进入)的基本路段;
(2)不控制进入的汽车多车道公路路段;
(3)不控制进入的汽车双车道公路路段;
(4)混合交通双车道公路路段;
(5)匝道,包括匝道—主线连接部分;
(6)交织区;
(7)信号控制的平面交叉;
(8)非信号控制的平面交叉;
(9)市区及近郊干线道路。

从使用意义上来讲,道路路段通行能力又可分为基本通行能力、可能通行能力和设计通行能力。

(1)基本通行能力是指公路组成部分在理想的道路、交通、控制和环境条件下,该组成部分一条车道或一车行道的均匀段上或一横断面上,不论服务水平如何(服务水平的概念参见本章第二节),1h所能通过标准车辆的最大车辆数。这是假定理想条件下的通行能力,也称为理论通行能力,以 $C_{基}$ 或 C_B 表示。

(2)可能通行能力是指某已知公路的一个组成部分在实际或预计的道路、交通、控制及环境条件下,该组成部分一条车道或一车行道对上述诸条件有代表性的均匀段上或一横断面上,不论服务水平如何,1h所能通过的车辆(在混合交通公路上为标准车)最大数目,以 $C_{可}$ 表示。

由于实际的道路与交通等条件与理想条件存在差距,因此必须以基本通行能力为基础,从道路条件和交通条件两方面去确定合理的修正系数 k。

$$C_{可} = C_{基} k_1 k_2 k_3 k_4 k_5 \tag{7-1}$$

式中:k_1——车道宽度修正系数;
k_2——侧向净宽修正系数;
k_3——纵坡修正系数;
k_4——视距修正系数;
k_5——沿途条件修正系数。

(3)设计通行能力是指设计中公路的一个组成部分在预计的道路、交通、控制及环境条件下,该组成部分一条车道或一车行道对上述诸条件有代表性的均匀段上或一横断面上,在所选用的设计服务水平下,1h所能通过的车辆(在混合交通公路上为标准车)最大数目,记作 $C_{设}$。它用来作为道路规划和设计标准。

$$C_{设} = C_{可} \frac{服务交通量}{通行能力} = C_{可}\left(\frac{V}{C}\right)_i \tag{7-2}$$

设计通行能力与可能通行能力的主要区别是:可能通行能力是在不论运行质量情况下的,而设计通行能力作为设计的依据是实际可以接受的通行能力,考虑设计规划者对道路要求并按公路运行质量要求及经济安全因素加以确定。

第二节　道路服务水平

所谓道路服务水平,是为描述道路上交通流内的运行条件及其对驾驶员、乘客所提供的服务程度的一种质量标准。服务水平一般规定根据以下因素来描述:速度和行驶时间、驾驶自由度、交通间断、舒适、方便和安全。

美国将不同类型交通设施的服务水平分为从 A 到 F 六个等级。其中 A 级服务水平代表最佳运行条件,而 F 级服务水平则是最差的。

1. 服务水平的分级

根据服务水平的定义,通常对连续交通流设施规定各级服务水平如下:

A 级服务水平,表示自由流。每位使用者实际上不受交通流中其他使用者的影响,在交通流内选择所需速度和驾驶的自由度很大,对驾驶员、乘客或行人提供的舒适度和方便性是优越的。

B 级服务水平是在稳定流范围内,但是开始要注意到交通流内有其他使用者。选择所需速度的自由度,相对不受影响。但交通流中驾驶的自由度较 A 级服务水平略有下降。因为交通流中其他使用者的存在,开始影响个别操作,所提供的舒适和方便程度也比 A 级差些。

C 级服务水平是在稳定流范围内,但是标志着"在这里各个使用者的运行显著地受到交通流内其他使用者的相互影响"这样一种流量范围的开始。其他使用者的存在影响速度的选择,并且在交通流中驾驶,要求对部分驾驶员切实提高警惕,总的舒适度和方便性显著地下降。

D 级服务水平,表示高密度但仍是稳定的交通流。速度和驾驶的自由度受到严格限制。驾驶者或行人一般感觉到缺少舒适度及方便性。在这个水平,要是交通量稍有增长,一般都会引起运行问题。

E 级服务水平表示运行条件等于或接近通行能力值。所有车辆的速度都降到很低但相对一致的水平,交通流中驾驶的自由度极少,为了适应这种驾驶,一般需要强迫行人或车辆让路。舒适和方便程度极差,驾驶员和行人受到的阻碍一般都很大。在这个水平上运行通常不稳定,因为交通流中流量稍有增大或微小波动,都会引起交通中断。

F 级服务水平通常用于说明强制流或间断阻塞流。这一服务水平存在于到达交通量超过设施允许通过量的地方。在这些地点的后面形成了等候的车队。队列中的运行出现停停走走交织的现象,它们极不稳定。车辆可能会以合理的速度前进数百米或更多些,然后不得不周期性地停下来。F 级服务水平除了用来表述间断阻塞外,通常也用来说明队列中的运行情况。然而,应当指出的是,在很多情况下从队列中出来的车辆或行人的运行情况也许十分良好,不过,正是在这些点到达的流量超过驶离的流量而形成排队,F 级服务水平就是这些点的恰当称号。

以上这些定义是一般性和概念性的,并且主要应用于连续交通流。间断流设施的服务水平,按照使用者对服务质量的感受和描述服务水平的运行变量这两个条件而论,变化很大,这里不再一一述及。连续流设施服务水平的直观概念可参照图 7-1。

图 7-1 连续流设施服务水平示意图

图 7-2 为高速公路的车流量与平均行程车速间的关系；图 7-3 表示高速公路交通流密度与车流量间的关系。图 7-2 的曲线表示在理想的道路与交通条件下，对应设计车速为 120km/h 时，每车道的通行能力都为 2 000pcu/h（辆小客车/小时），而对应设计车速为 80km/h 时，每车道的通行能力为 1 900pcu/h，对应设计车速为 60km/h，每条车道的通行能力为 1 800pcu/h。速度—流量曲线还反映了在设计车速为 120km/h 时，四、六、八车道之间差别甚微，以致曲线难以绘出。

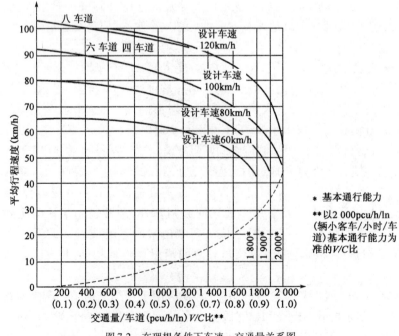

图 7-2 在理想条件下车速—交通量关系图

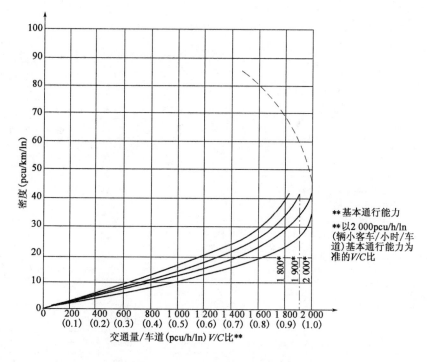

图 7-3 交通流密度—交通量关系图

美国《道路通行能力手册》中对各类交通设施规定的服务水平标准分别见表 7-2 ~ 表 7-7。

高速公路基本路段服务水平　　　　　　表 7-2

服务水平	车流密度（pcu/km/ln）	113km/h 设计车速			97km/h 设计车速			80km/h 设计车速		
		行程车速[2]（km/h）	V/C[3]	MSV[1]（pcu/km/ln）	行程车速[2]（km/h）	V/C	MSV[1]（pcu/km/ln）	行程车速[2]（km/h）	V/C	MSV[1]（pcu/km/ln）
A	≤8	≥97	0.35	700	—	—	—	—	—	—
B	≤12	≥92	0.54	1 100	≥80	0.49	1 000	—	—	—
C	≤19	≥67	0.77	1 550	≥76	0.69	1 400	≥69	≥0.67	1 300
D	≤26	≥74	0.93	1 850	≥68	0.84	1 700	≥64	≥0.83	1 600
E	≤42	≥48	1.00	2 000	≥48	1.00	2 000	≥45	≥1.00	1 900
F	≤42	>48	***	***	<48	***	***	<45	***	***

注：***表示变化大，不稳定。
①为理想条件下每车道的最大服务交通流量 MSV，MSV 值取 50 辆/h 整数。
②为平均行程车速（km/h）。
③V/C 为某级服务水平相应的最大交通量与通行能力的比值。

匝道与高速公路连接点处服务水平标准 表7-3

服务水平	合流流量 V_m^* (pcu/h)	分流流量 V_d^{**} (pcu/h)	高速公路流量 V_f^{***} (pcu/h)								
			设计车速 113km/h			设计车速 97km/h			设计车速 80km/h		
			四车道	六车道	八车道	四车道	六车道	八车道	四车道	六车道	八车道
A	<600	<650	<1 400	<2 100	<2 800	—	—	—	—	—	—
B	<1 000	<1 050	<2 200	<3 300	<4 400	<2 000	<3 000	<4 000	—	—	—
C	<1 450	<1 500	<3 100	<4 650	<6 200	<2 800	<4 200	<5 600	<2 600	<3 000	<5 200
D	<1 750	<1 800	<3 700	<5 500	<7 400	<3 400	<5 100	<6 800	<3 200	<4 800	<6 400
E	<2 000	<2 000	<4 000	<6 000	<8 000	<4 000	<6 000	<8 000	<3 800	<5 700	<7 600
F			变化很大								

注：—表示由于设计车速限制，达不到服务水平。
* 对于单车道右侧驶入匝道：V_m = 1 车道流量 + 匝道流量。
** 对于单车道右侧匝道 V_d = 紧接驶出匝道上游的 1 车道流量。
*** V_f 为单方向驶出匝道上游或驶入匝道下游的高速公路总流量。

多车道公路服务水平标准 表7-4

服务水平	密度 (pcu/km/ln)	113km/h 设计车速			97km/h 设计车速			80km/h 设计车速		
		运行车速* (km/h)	V/C	MSV** (pcu/h/ln)	运行车速* (km/h)	V/C	MSV (pcu/h/ln)	运行车速* (km/h)	V/C	MSV (pcu/h/ln)
A	≤8	≥91.7	0.36	700	≥80.5	0.33	650	—	—	—
B	≤12	≥85.3	0.54	1 100	≥77.2	0.50	1 000	≥67.6	0.45	850
C	≤19	≥80.5	0.71	1 400	≥70.8	0.65	1 300	≥62.8	0.60	1 150
D	≤26	≥64.4	0.87	1 750	≥64.4	0.80	1 600	≥56.3	0.76	1 450
E	≤42	≥48.3	1.00	2 300	≥45.1	1.00	2 000	≥48.3	1.00	1 900
F	>42	<48.3	C	C	<45.1	C	C	<48.3	C	C

注：C 为变量不定值。
* 平均运行车速。
** MSV 为理想条件下每一车道的最大服务流量 (pcu/h/ln)。

用于一般双车道公路的服务水平标准 表7-5

服务水平	时间延误率	比 值①																		
		平原地形							丘陵地形							山岭地形						
		平均速度②	不准超车区百分率						平均速度②	不准超车区百分率						平均速度②	不准超车区百分率					
			0	20	40	60	80	100		0	20	40	60	80	100		0	20	40	60	80	100
A	≤30	≥93	0.15	0.12	0.09	0.07	0.05	0.04	≥92	0.15	0.10	0.07	0.05	0.04	0.03	≥91	0.14	0.09	0.07	0.04	0.02	0.01
B	≤45	≥89	0.27	0.24	0.21	0.19	0.17	0.16	≥87	0.26	0.23	0.19	0.17	0.15	0.13	≥87	0.25	0.20	0.16	0.13	0.12	0.10
C	≤60	≥84	0.43	0.39	0.36	0.34	0.33	0.32	≥82	0.42	0.39	0.35	0.32	0.30	0.28	≥79	0.39	0.33	0.28	0.23	0.20	0.16
D	≤75	≥80	0.64	0.62	0.60	0.59	0.58	0.57	≥79	0.62	0.57	0.52	0.48	0.46	0.43	≥72	0.58	0.50	0.45	0.40	0.37	0.33
E	≤75	≥72	1.00	1.00	1.00	1.00	1.00	1.00	≥64	0.97	0.94	0.92	0.91	0.90	0.90	≥56	0.91	0.87	0.84	0.82	0.80	0.78
F	100	≥72	—	—	—	—	—	—	<64							<56	—	—	—	—	—	—

① 车流率与理想的双向通行能力 2 800pcu/h 的比值。
② 所有车辆的平均行驶速度 (km/h)，用于设计速度 ≥97km/h 的公路；用于设计速度低于 97km/h 的公路时，按每 10km/h 递减 6km/h。假设按规章不限制较低的设计速度值。

信号交叉口服务水平标准　　　　　　　　　　表7-6

服务水平	每辆车停车延误(s)	服务水平	每辆车停车延误(s)
A	≤5.0	D	25.1~40.0
B	5.1~15.0	E	40.1~60.0
C	15.1~25.0	F	>60.0

无信号交叉口服务水平的标准　　　　　　　　表7-7

储备通行能力(pcu/h)	服务水平	次要道路交通的预期延误	储备通行能力(pcu/h)	服务水平	次要道路交通的预期延误
≥400	A	极少或无延误	100~199	D	长时间的交通延误
300~399	B	短时间交通延误	0~99	E	很长时间的交通延误
200~299	C	通常的交通延误	①	F	①

①当需求交通量超过车道通行能力时,则交叉口排队等候会遇到很大的延误,会引起严重的拥挤,影响到其他交通流向。这种情况下通常成为改善交叉口的根据。

我国公路服务水平现分为四级,一级相当于美国的A、B两级,二、三级分别相当于美国的C级和D级,四级相当于美国的E、F两级。

我国高速公路基本路段(基本路段的概念见第四节)服务水平分级表可参照表7-8。

我国高速公路基本路段服务水平分级表　　　　表7-8

服务水平等级	密度(pcu/km/h)	设计车速120km/h			设计车速100km/h			设计车速80km/h			设计车速60km/h		
		车速①(km/h)	V/C②	最大服务交通量③	车速(km/h)	V/C	最大服务交通量	车速(km/h)	V/C	最大服务交通量	车速(km/h)	V/C	最大服务交通量
一	≤12	≥94	0.56	1 100	≥81	0.51	1 000	—	—	—	—	—	—
二	≤19	≥86	0.79	1 600	≥75	0.71	1 400	≥69	0.67	1 300	≥59	0.64	1 150
三	≤26	≥73	0.94	1 900	≥68	0.85	1 700	≥62	0.83	1 600	≥53	0.81	1 450
四	≤42	≥48	1.00	2 000	≥48	1.0	2 000	≥45	1.00	1 900	≥43	1.00	1 800
	>42	<48	④	④	<48	④	④	<45	④	④	<43	④	④

①车速指平均行程速度;
②V/C比是有理想条件下,最大服务交通量与基本通行能力之比,基本通行能力是四级水平上半部的最大服务交通量;
③在理想条件下各级服务水平通行的最大交通量(pcu/h/ln),pcu/h/ln 为辆小客车/小时/车道;
④在第四级服务水平下半部,交通处于强制流情况下,V/C比及交通量变化很大且频繁,但最大不会超过四级服务水平上半部的V/C比及最大服务交通量。

在我国,公路设计中采用的服务水平等级为:

高速公路基本路段、匝道—主线连接处、交织区均采用二级服务水平。但在不得已的情况下,匝道—主线连接处以及交织区可降低要求采用三级服务水平。

不控制进入的汽车多车道公路路段在平原微丘的乡区采用二级服务水平,在重丘山岭地形及在近郊采用三级服务水平。

不控制进入的汽车双车道公路路段采用三级服务水平。

混合交通双车道公路路段采用三级服务水平。

2. 服务流率

除不稳定流的 F 级服务水平以外，可以确定在每级服务水平上各种设施所能容纳的最大流率。因此，每一种设施有五个服务流率，各与每一级服务水平相对应（从 A 级到 E 级）。其定义如下：

服务流率是在通常的道路条件、交通条件和管制条件下，在给定时间周期内保持规定的服务水平，合理地期望人或车辆通过一条车道或道路的一点或均匀断面，所能达到的最大小时流量。关于通行能力，服务流率通常取 15min 为一时段。

应注意到服务流率是离散值，而服务水平则表示条件的范围，因为服务流率规定为每一种服务水平的最大值，所以这就有效地规定了不同服务水平之间的流量界限。

3. 效率度量

对于每种交通设施，是用最能说明其运行质量的一项或几项运行参数来确定服务水平。为确定每种设施服务水平而选择的参数，就称为效率度量。表 7-9 列出了用于确定每种设施服务水平的效率度量。

确定服务水平的效率度量　　　　　表 7-9

设施种类	效率度量
高速公路	密度(pcu/km/ln)
高速公路基本路段	平均行程速度(km/h)
交织区	流率(pcu/h)
匝道连接点	密度(pcu/km/ln)
多车道公路	时间延误百分率(%)
双车道公路	平均行程速度(km/h)
信号交叉口	平均每辆车停车延误(s/辆)
无信号交叉口	储备(或预备)通行能力(pcu/h)
干道	平均行程速度
公共交通	旅客占位系数(客/座)
行人交通	空间(m²/行人)

每一服务水平代表一个条件范围，如表 7-9 所列参数范围的规定。因此，服务水平不是各个独立条件，而是确定界限的一系列条件。

第三节　影响通行能力和服务水平的因素

一、理想条件

在分析某种类型交通设施（道路路段或交叉口）的通行能力时，通常要给定此类型设施的标准条件，并备有相对应的表格和图样。对于与标准条件不相符的通常的道路条件要对照标准条件和给定的图、表进行修正，以便定量分析其通行能力和所达到的服务水平。这里，我们将给定的标准条件称为"理想条件"。

在原理上,理想条件就是通过改善也不能使通行能力有所增加的条件。例如,我国公路通行能力手册给出的连续交通流道路和信号交叉口的理想条件分别为:

1)连续交通流设施的理想条件包括:

(1)车道宽度为 3.75m;

(2)行车道边缘线与右侧障碍物之间的净宽为 1.75m、距左侧障碍物之间的净宽为 0.75m;

(3)多车道公路设计时速≥100km/h;

(4)交通流中只有小客车,没有其他类型车辆;

(5)平原地形;

(6)双车道公路中没有禁止超车区;

(7)没有行人和自行车的干扰;

(8)没有交通控制或转弯车辆干扰直行车的运行。

2)交叉口引道的理想条件包括:

(1)车道宽 3.75m;

(2)引道坡度为 0;

(3)交叉口引道上没有路边停车;

(4)交通流中只有小客车;

(5)驾驶行为规范、冲突车流遵守优先规则;

(6)没有自行车和行人干扰。

在大多数通行能力分析中,一般条件都不是理想的,通行能力、服务流率或服务水平的计算,必须包括反映一般条件的修正。通常,一般条件分为道路条件、交通条件或交通管制条件。

二、道路条件

道路因素包括所有描述道路的几何参数,有:

(1)交通设施的类型及其所处环境;

(2)车道宽度;

(3)路肩宽度和(或)侧向净空;

(4)设计速度;

(5)平面和纵断面线形。

交通设施类型是关键,是否存在连续交通流、双向车流之间是否有中央分隔带,以及其他类型主要设施都明显地影响交通特性和通行能力。同时所在环境对多车道公路和信号交叉口也有影响。

车道和路肩宽度对交通流有显著影响。车道狭窄会使车辆行驶侧向距离过小,这是大多数驾驶员都不喜欢的。驾驶员只能相应地减速或为维持一定速度而保持较大纵向间隔。这实质上降低了通行能力和(或)服务流率。

狭窄的路肩和侧向障碍有两种主要影响。许多驾驶员试图避开他们觉得有危险的路边或中央障碍物,这会使其更靠近毗邻车道内的车辆,从而引起与狭窄车道相同的作用。很多地区的双车道公路上,路肩允许慢速车辆行驶,路肩狭窄反过来又影响流量。

限制设计车速会影响运行和服务水平。因为驾驶员被迫降低速度行驶,而且对由于降低设计速度所反映的低劣平纵线形必须更加警惕。在极端情况下,低设计车速对多车道设施的通行能力也有影响。

公路的平、纵线形,取决于采用的设计速度和道路所经过的地形。对公路的一般地形分类如下:

(1)平原地带。其坡度和平、纵线形的任何组合,都使中型车辆能保持与小客车大致相同的速度,这一般包括不超过1%~2%的短坡。

(2)丘陵地带。其坡度和平、纵线形的任何组合,都会导致中型车辆降低速度,实际上低于小客车速度,但不致使重型车辆在相当长距离或频繁地以爬坡速度运行。

(3)山岭地带。其坡度和平、纵线形的任何组合,都会导致重型车辆在相当长距离或频繁出现以爬坡速度运行。

重型车辆是指任何多于四个轮胎接触路面的车辆。爬坡速度是指重型车辆在某坡度的坡道上持续上坡所能保持的最大稳定速度。

这些定义是通用的,它们取决于交通流中重型车辆的特定混合比。一般来说,在地形较险峻处,通行能力和服务流率都要降低。这种影响对双车道乡村公路尤其严重。险峻的地形不仅影响交通流中个别车辆的运行性能,而且限制了交通流中超车的机会。

除了地形的一般影响之外,相当长的局部上坡也会明显地影响运行。重型车辆在这种上坡路段速度明显降低,在交通流中造成运行困难,并且降低道路的使用效率。

坡度对交叉口引道的运行也有重要影响,因为车辆不仅必须克服从停车状态起动的惯性,同时还要克服坡度。

三、交通条件

车辆类型的分布是影响通行能力、服务流率和服务水平的主要交通流特性。如前所述的重型车辆,在两个关键方面对交通有不利影响:

(1)重型车比小客车大,因此占用的道路空间比小客车多。

(2)重型车运行性能比小客车差,尤其是加速、减速和保持上坡车速的能力。

第二条影响更为关键,因为在很多情况下重型车辆不能保持跟上小客车。在交通流中形成的大间隙很难由超车来填补,这就造成无法完全避免的道路空间的低效利用。这双车道公路必须使用对向车道才能完成超车的地方特别明显,而陡峭的上坡是运行性能差别最明显的地方。

重型车辆也影响下坡运行,特别是坡度很陡时,要求重型车以低速挡运行。在这种情况下,重型车辆必须再次以低于小客车的速度运行,从而在交通流中形成间隙。

当然,重型车辆又可分为货运汽车、公共汽车(含公路客车)和其他重型车辆。各类重型车辆之间,其车辆的特性和运行性能及运行特点也有相当大的差别,在实际应用时,应具体分析。

除了车辆种类的分布外,还有两个影响通行能力、服务流率和服务水平的交通特性:方向性分布和车道使用。"方向性分布"对双车道乡村公路的运行很有影响。每个方向的交通流大约各占50%时,交通条件最好。方向性分布很不平衡时,通行能力就会下降(表7-10)。多车道公路的通行能力分析通常是针对一个方向上的车流。然而,无论如何交通设施的每一方向通常都设计成能适应高峰方向的高峰流率。有代表性的情况是早晨高峰交通出现在一个方向,而晚上却出现在相反方向。在多车道道路上,"车道分布"也是一个因素。典型的情况是多车道道路靠路肩的车道承担的交通量较其他车道少。

双车道公路通行能力与交通方向性的关系　　　　　表 7-10

方向分布	合计的通行能力 (pcu/h)	通行能力与理想 通行能力的比值	方向分布	合计的通行能力 (pcu/h)	通行能力与理想 通行能力的比值
50/50	2 800	1.00	80/20	2 300	0.83
60/40	2 650	0.94	90/10	2 100	0.75
70/30	2 500	0.89	100/0	2 000	0.71

四、交通管制条件

间断流设施对具体交通流流向有效的时间管制,是影响通行能力、服务流率和服务水平的关键因素。这类交通设施中最关键的控制设施是交通信号。使用的控制设备、信号相位、绿灯时间分配和信号周期长度均影响车辆运行,这些名词的定义见第十一章,此处的介绍只需指明交通信号决定交叉口各种车道上流向的有效时间就足够了。

停车和让路标志也影响通行能力,但不起决定作用。在允许每次流向时,信号必定分配给一定时间。停车或让路标志永远将优先通行权分配给主要街道,次要街道的车辆必须在主要交通流中寻找穿越的间隙。因此,这种引道的通行能力就取决于主要街道上的交通条件。

四向停车管制迫使驾驶员轮流地依次进入交叉口,这种管制限制了通行能力,并且运行特性会因各引道上的交通需求而有很大变化。

能显著影响通行能力、服务流率和服务水平的还有其他类型的管制和规则。限制路边停车能增加街道和公路的有效车道数。转弯限制能取消交叉口车流的冲突点而提高通行能力。车道使用管制可给各种流向明确地分配有效道路空间;它们既可以在交叉口使用,也可以在关键的干道上开辟变向车道。

第四节　通行能力计算概述

如前所述,通行能力是衡量道路所能承担通过车辆的极限数值,是对现有道路交通进行运行状态分析的依据,是新建或改建道路上各种设施的设计、规划和管理的基本指标。因此,通过通行能力的计算和分析,确定具体道路的通行能力数值则显得非常重要。

根据美国《道路通行能力手册》提供的理论和方法,道路通行能力计算首先要确定道路在理想条件下的最大通行能力。理想最大通行能力是通过对各种类型道路进行观测,取得很多实测资料,绘制车速—流量关系曲线和密度—流量关系曲线进行标定估计,其曲线峰值即为理想最大通行能力。当确定道路理想最大通行能力后,可以求出相应的交通量与通行能力比值(V/C)。再根据实际道路条件、交通条件和交通管制条件确定各种影响因素校正系数,将理想最大通行能力乘以 V/C,得到道路最大服务流量,再乘以各种影响因素的校正系数,即可求得现有道路相应某一服务水平的实际通行能力。

一、一条车道的理论通行能力

理论通行能力是指在理想的道路与交通条件下,车辆以连续车流形式通行时的通行能力。在缺乏大量实测资料的情况下,理论通行能力可以用数学分析法计算(图 7-4),其计算公式如式(7-3)所示。

$$C_{基} = \frac{3\,600}{T} = \frac{1\,000v}{S_T}(辆/h) \tag{7-3}$$

式中:T——道路上行驶车辆车头时间间隔(车头时距)(s);
v——道路上行车速度(km/h);
S_T——道路上行驶车辆最小安全车头间隔空间距离(m)。

$$S_T = L + S = L + \frac{v}{3.6}t + 0.003\,94\frac{v^2}{\phi} \tag{7-4}$$

式中:L——车辆平均长度(m);
S——驾驶员反应时间内行驶距离(m);
ϕ——车辆与路面之间的附着系数;对于沥青类黑色路面根据经验数据推证,ϕ 的数值与行车速度的关系见表 7-11;
t——驾驶员反应时间(s),一般取 $t = 1s$ 或 $1.5s$。

纵向附着系数 ϕ 与行车速度 v 的关系　　　　　　　　　表 7-11

v(km/h)	90	70	60	50	40	35	30
ϕ	0.25	0.30	0.30	0.35	0.35	0.40	0.45

如以货车为标准,考虑安全需要,取 $L = 8m$,按上式计算车速 10~20km/h 的理论通行能力如表 7-12 及图 7-5 所示。

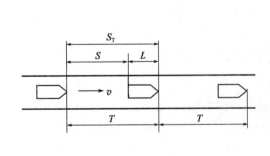

图 7-4　车头间隔和速度

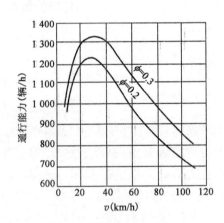

图 7-5　通行能力与 v,ϕ 的关系

由表 7-12 及图 7-5 可知,对于道路路面为沥青类黑色路面来说,理想条件下,一条车道的理论通行能力的最大值发生在车速为 30~40km/h 的区间范围内。当车辆的平均速度小于 30km/h 时,随着车速的增加,理论通行能力也较快增加;当车辆的平均速度大于 40km/h 时,随着车速增加,由于所要求的最小安全车头间隔距离是按行车速度的平方增加,而使理论通行

能力逐渐降低。

理论通行能力计算表　　　　　　　　　表7-12

车速(km/h)	120	115	110	105	100	95	90	85	80
附着系数 ϕ	0.32	0.329	0.338	0.347	0.356	0.363	0.374	0.383	0.392
车头时距(s)	6.56	6.21	5.88	5.56	5.27	4.99	4.73	4.49	4.26
车头空距(m)	218.6	198.3	179.7	162.4	146.4	131.8	118.8	105.9	94.6
理论通行能力(辆/h)	549	580	612	647	683	721	761	802	846
车速(km/h)	75	70	65	60	55	50	45	40	35
附着系数 ϕ	0.401	0.41	0.417	0.428	0.347	0.446	0.455	0.464	0.473
车头时距(s)	4.04	3.84	3.65	3.97	3.31	3.17	3.04	2.94	2.87
车头空距(m)	84.1	74.6	65.98	57.80	50.55	43.98	38.04	32.71	27.93
理论通行能力(辆/h)	802	939	985	1 038	1 088	1 137	1 183	1 223	1 253
车速(km/h)	34	33	32	31	30	25	20	15	10
附着系数 ϕ	0.475	0.477	0.478	0.480	0.481	0.491	0.500	0.509	0.518
车头时距(s)	2.86	2.85	2.85	2.84	2.84	2.87	3.01	3.34	4.15
车头空距(m)	27.04	26.17	25.32	24.50	23.70	19.95	16.71	13.91	11.53
理论通行能力(辆/h)	1 258	1 261	1 264	1 266	1 266	1 253	1 197	1 078	867

二、现实条件下车道的实际通行能力

现实条件下车道的实际通行能力是指以理论通行能力为基础,对与理想的道路和交通条件不相符合的实际的道路和交通条件进行修正并确定其达到某种服务水平时的通行能力。这里主要介绍高速公路基本路段的实际通行能力。

1. 高速公路基本路段的定义

高速公路基本路段是指主线上不受匝道附近车辆汇合、分离以及交织运行影响的路段部分。具体讲,是指驶入匝道—主线连接处上游150m至下游760m以外、驶出匝道—主线连接处上游760m至下游150m以外及表示交织区开始的汇合点上游150m至表示交织区终端的分离点下游150m以外的主线路段,见图7-6。

2. 高速公路基本路段通行能力的计算

(1)最大服务交通量,即一、二、三级及四级上半段的该级服务水平最差时的服务交通量为最大的,故称最大服务交通量,以 MSV_i 表示

$$MSV_i = C_B \left(\frac{V}{C}\right)_i \tag{7-5}$$

式中: MSV_i——第 i 级服务水平的最大服务交通量(pcu/h/ln,即辆小客车/小时/车道);

C_B——基本通行能力(pcu/h/ln);

$(V/C)_i$——第 i 级服务水平最大服务交通量与基本通行能力的比值。

(2)单向 N 车道现有道路和交通条件下,采用 i 级服务水平所能通行的实际通行能力,以 C_P 表示。

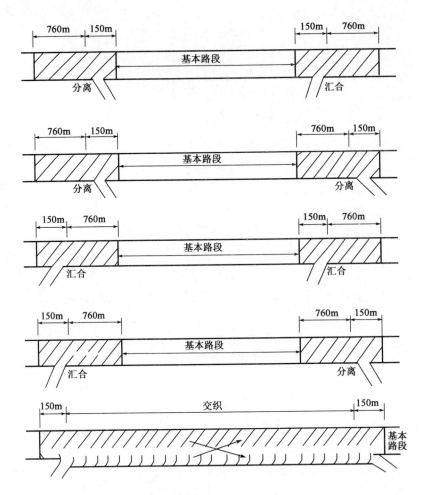

图 7-6 高速公路基本路段示意图

$$C_p = \text{MSV}_i \cdot N f_W f_{HV} f_p \tag{7-6}$$

或

$$C_p = C_B \left(\frac{V}{C}\right)_i N f_W f_{HV} f_p \tag{7-7}$$

$$N = \frac{\text{DDHV}}{C_B \left(\dfrac{V}{C}\right)_i f_W f_{HV} f_p} \tag{7-8}$$

式中：C_p——在通常的道路和交通条件下，i 级服务水平单向 N 车道的实际通行能力（即考虑客观的道路和交通条件的影响对 MSV_i 修正后的流量）；

N——高速公路单向车道数（条）；

f_W——考虑车道宽和侧向净空影响的修正系数，见表 7-13；

f_{HV}——考虑大型车对通行能力影响的修正系数，可以用式(7-9)计算：

$$f_{HV} = \frac{1}{1 + P_{HV}(E_{HV} - 1)} \tag{7-9}$$

P_{HV}——大型车交通量占总交通量的百分比；

E_{HV}——大型车换成小客车的车辆折算系数，见表7-14；

f_p——考虑驾驶员条件对通行能力影响的修正系数。根据驾驶员的技术熟练程度，遵守交通规则的程度确定，一般在0.9~1.0范围内。

车道宽度和侧向净空修正系数 f_W 表7-13

侧向净宽（m）	行车道一边有障碍物		行车道两边有障碍物	
	车道宽度（m）			
	3.75	3.5	3.75	3.50
有中央分隔带的四车道公道（每边有二个车道）				
≥1.75	1.00	0.97	1.00	0.97
1.60	0.99	0.96	0.99	0.96
1.20	0.99	0.96	0.98	0.95
0.90	0.98	0.95	0.96	0.93
0.60	0.97	0.94	0.97	0.91
0.30	0.93	0.90	0.87	0.85
0.00	0.90	0.87	0.81	0.79
有中央分隔带的六或八车道公路（每边有三个或四个车道）				
≥1.75	1.00	0.96	1.00	0.96
1.60	0.99	0.95	0.99	0.95
1.20	0.99	0.95	0.98	0.94
0.90	0.98	0.94	0.97	0.93
0.60	0.97	0.93	0.96	0.92
0.30	0.95	0.92	0.93	0.89
0.00	0.94	0.91	0.91	0.87

注：两边侧净宽不足且不等时，取两侧面净宽的平均值。

高速公路、一级公路车辆折算系数   表7-14

车型\地形折算系数	平原		微丘	重丘		山区
	高速公路	一级公路	高速公路	一级公路		—
大型车①②	1.7	2.0	2.5	3.0		3.0
小客车③	1.0	1.0	1.0	1.0		1.0

注：①大型车包括中型及重型载货汽车、单车通道式大客车。
②对特定纵坡上坡路段应考虑坡值，坡长另行换算。
③小客车包括吉普车、摩托车、载重≤2t货车、面包车。

【**例7-1**】 某省平原区有一条连接两大城市的四车道高速公路基本路段，设计车速为120km/h，单方向高峰小时交通量为2 100辆/h，其中货车占40%，高峰小时系数PHF＝0.95，车道宽度3.5m，路边和中央分隔带两侧障碍物离路面边缘距离为0.60m，现场调查在交通高峰期15min内平均行程车速为76km/h，试求该高速公路服务水平。当达到通行能力时，还能增加多少交通量？

解:(1)求算高峰期服务流量和 V/C 比值

$$C_p = C_B\left(\frac{V}{C}\right)_i Nf_W f_{HV} f_p$$

$$\left(\frac{V}{C}\right)_i = \frac{C_p}{C_B Nf_W f_{HV} f_p}$$

$C_B = 2\,000$ 辆$/h/$车道(查表7-3), $N = 2$(单向)

查表7-13, 得 $f_W = 0.91$; 查表7-14, 得 $E_{HV} = 1.7$

$$f_{HV} = \frac{1}{1 + P_{HV}(E_{HV} - 1)} = \frac{1}{1 + 0.40 \times (1.7 - 1)} = 0.78$$

$$f_p = 1.0$$

实有高峰期服务交通量 $V_i = 2\,100/0.95 = 2\,211$(辆$/h$)($V_i$ = 实际高峰小时交通量/PHF)

$$\left(\frac{V}{C}\right)_i = \frac{V_i}{C_B Nf_W f_{HV} f_p} = \frac{2\,211}{2000 \times 2 \times 0.91 \times 0.78 \times 1} = 0.78$$

(2)求该路段服务水平

对照表7-8得出二级水平 $V/C = 0.79$,所以该路段属二级服务水平。

由于 $V/C = 0.79$,查图7-2得出理想条件下平均车速为85km/h,查图7-3 交通流密度为34pcu/km/ln,现场调查在高峰期15min内平均车速为76km/h,这时交通流密度为:

$$K = \frac{Q}{V} = \frac{2\,211}{76} = 14.5(辆/km/ln)$$

由于货车占40%,必须换算为小客车, $E_{HV} = 1.7$,则换算为小客车的交通流密度 $K = 14.5 \times 0.4 \times 1.7 + 14.5 \times 0.6 = 18.6$(pcu/km/ln)

此数与查表得到的二级服务水平规定的交通流密度19.0相近,证明该高速公路符合二级服务水平。

(3)如果该中段服务水平降到三级水平,交通量达到最大值,求该路在高峰期多增加多少交通量

这时 $(V/C)_3$ 查表为0.94。

$$C_p = C_B\left(\frac{V}{C}\right)_3 Nf_W f_{HV} f_p = 2\,000 \times 2 \times 0.94 \times 0.91 \times 0.78 \times 1.0 = 2\,669(辆/h)$$

在高峰期间实际增加的交通量为:$(2\,669 - 2\,211) \times 0.95 = 434$(辆)。

【例7-2】 已知在某平原市区,设计一条高速公路,二级服务水平,预计路段定向设计小时交通量为4 500辆/h,其中货车占12%,该路段高峰小时系数 PHF = 0.90,驾驶员特征是通勤性质的,试确定该高速公路的车道数。

解:车道数

$$N = \frac{V_i}{C_B\left(\frac{V}{C}\right)_2 f_W f_{HV} f_p}$$

假定设计车速 $v = 120$km/h,车道宽度3.75m,无侧向障碍,查表7-14, $f_W = 1.0$;式中实有高峰小时服务交通量 $V_i = 4\,500/0.90 = 5\,000$(辆/h)。

$$C_B = 2\,000\ \text{小客车/h/ln}$$

查表 7-8,得 $(V/C)_2 = 0.79$,而 $E_{HV} = 1.7$,则:

$$f_{HV} = \frac{1}{1 + P_{HV}(E_{HV} - 1)} = \frac{1}{1 + 0.12 \times (1.7 - 1)} = 0.92$$

因此

$$N = \frac{5\,000}{2\,000 \times 0.79 \times 1.0 \times 0.92 \times 1.0} = 3.4(条)$$

因 0.79 是二级服务水平的 $(V/C)_2$ 最大值,且车道段不能为小数,故要达到二级水平所需最少设计车道数为单向四车道,即双向为八车道。

由于设计车道段有一定富裕,因此,对车流的运行条件再作一分析。

将 $N = 4$ 代入公式计算服务水平:

$$\frac{V}{C} = \frac{5\,000}{2\,000 \times 4 \times 1.0 \times 0.92 \times 1.0} = 0.68$$

查表 7-8 可知,虽然仍处于二级水平,但车流运行条件将有所改善,查图 7-2 和图 7-3 可以看出,当 $(V/C)_2 = 0.79$,对应的车速为 86km/h,交通流密度为 18pcu/km/ln,当 $(V/C)_2 = 0.68$ 时,对应的车速为 90km/h,交通流密度为 15pcu/km/ln。

三、交叉口通行能力

1. 无信号灯控制交叉口通行能力

在无信号灯控制的交叉口上,相交方向的车流按照交通规则的规定运行。次要道路上的车让主要道路上的车先行,拐弯的车让直行的车先行。因此,沿主干道行驶的车辆有优先通行权,它在通过路口时不需要停车,其通行能力按路段计算。次要道路上行驶的车辆通过路口时,要穿插主要道路上的车流空当,其通行能力的大小要受主要道路上车流车头间隔分布、次要道路上车辆穿越主干道上车流所需时间及次要道路上车流的平均车头间距等因素制约。

路口的通行能力等于主要道路上车流通过量加上次要道路上车流穿越主要道路上车流的数量。

假设主要道路上的车流量为 N,车辆到达服从泊松分布。主要道路上车流允许次要道路车辆穿插的最小车头时距为 t,次要道路上饱和车流的平均车头时距为 t_0,则每小时次要道路上的车辆能穿越过主要道路车流的总数为:

$$N_{次} = \frac{N\mathrm{e}^{-Nt_0}}{1 - \mathrm{e}^{-Nt}} \tag{7-10}$$

主要道路上车流允许车辆穿越的最小车头时距与次要道路的交通管理有关系,若用停车标志,$t = 6 \sim 8\text{s}$;若用让路标志,$t = 5 \sim 7\text{s}$。一般 $N_{次}$ 小于 N 的一半。

2. 信号灯控制交叉口的通行能力

当进入交叉口的车辆达到一定数量时,穿插通行有困难,需要在交叉口安装信号灯,从时间上将相交叉的车流分开,以便维持交通秩序,保证交通安全。

由于交通信号灯强制使道路上的连续交通流变成间断流,按照预定相位和绿灯时间分配不同方向车流的通行权,这样就使得各个方向车流的有效通行时间减少,因此通行能力也随之降低(与路段上车流连续运行相比较)。

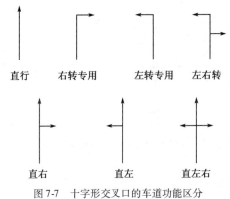

图 7-7 十字形交叉口的车道功能区分

许多国家都对信号灯控制交叉口的通行能力进行过研究,形成了目前适合各国情况的多种计算方法。本书在此介绍中国《城市道路设计规范》(CJJ 37—90)中对信号灯控制交叉口的设计通行能力所规定的计算方法。限于篇幅,本节只介绍十字形交叉口的设计通行能力计算。

(1) 十字形交叉口的车道功能划分按功能分为以下7类:直行车道、右转专用车道、左转专用车道、左右转混合车道、直行右转混合车道、直行左转混合车道、直行左转右转混合车道(图7-7)。整个交叉口的设计通行能力等于各进口道设计通行能力之和,进口道设计通行能力等于各车道设计通行能力之和。

(2) 一条直行车道的设计通行能力计算公式为:

$$C_s = \frac{3\,600}{T}\left(\frac{t_g - t_0 + t_i}{t_i}\right)\phi \tag{7-11}$$

式中:C_s——一条直行车道的设计通行能力(pcu/h);

T——信号灯周期(s);

t_g——信号每周期内的绿灯时间(s);

t_0——绿灯亮后,第一辆车启动并通过停车线的时间(s),如无本地实例数据,可采用2.3s;

t_i——直行或右行车辆通过停车线的平均时间(s/pcu);

ϕ——折减系数,可用0.9。

车辆平均通过停车线的时间 t_i 与车辆组成、车辆性能、驾驶员条件有关。设计时,可采用本地区调查数据。如无调查数据,直行车队可参考下列数值取用:

小型车组成的车队,$t_i = 2.5$s/pcu;

大型车组成的车队,$t_i = 3.5$s/pcu;

拖挂车组成的车队,$t_i = 7.5$s/pcu;

混合车组成的车队,按表7-15选用。为计算方便,将拖挂车划归大型车。

混合车队的 t_i 值 (s/pcu)　　　　表 7-15

大车:小车	2:8	3:7	4:6	5:5	6:4	7:3	8:2
t_i	2.65	2.96	3.12	3.26	3.30	3.34	3.42

(3) 直右车道通行能力计算公式为:

$$C_{sr} = C_s \tag{7-12}$$

式中:C_{sr}——一条直右车道的设计通行能力(pcu/h)。

(4) 直左车道设计通行能力计算公式为:

$$C_{sl} = C_s\left(1 - \frac{\beta'_l}{2}\right) \tag{7-13}$$

式中:C_{sl}——一条直左车道的设计通行能力(pcu/h);

β'_l——直左车道中左转车所占比例。

(5) 直左右车道设计通行能力计算公式为：

$$C_{slr} = C_{sl} \tag{7-14}$$

式中：C_{slr}——一条直左右车道的设计通行能力。

(6) 交叉口进口车道的设计通行能力。我们已经知道，进口道的设计通行能力等于该进口各车道设计通行能力之和。此外，也可以根据本进口车辆左、右转车道比例计算。

进口设有专用左转与专用右转车道时，进口道设计通行能力按下式计算。

$$C_{elr} = \frac{\sum C_s}{1 - \beta_l - \beta_r} \tag{7-15}$$

式中：C_{elr}——设有专用左转与专用右转车道时，本方向进口道的设计通行能力(pcu/h)；

$\sum C_s$——本方向直行车道设计通行能力之和(pcu/h)；

β_l、β_r——左、右转车占本方向进口道车辆的比例。

专用左转车道的设计通行能力为：

$$C_l = C_{elr}\beta_l \tag{7-16}$$

专用右转车道的设计通行能力为：

$$C_r = C_{elr}\beta_r \tag{7-17}$$

进口设有专用左转车道而未设专用右转车道时，进口道设计通行能力按下式计算：

$$C_{el} = \frac{\sum C_s + C_{sr}}{1 - \beta_l} \tag{7-18}$$

式中：C_{el}——设有专用左转车道时，本方向进口道设计通行能力(pcu/h)；

$\sum C_s$——本方向直行车道设计通行能力之和；

C_{sr}——本方向直右车道设计通行能力。

专用左转车道的设计通行能力为：

$$C_l = C_{el}\beta_l \tag{7-19}$$

进口道设有专用右转车道而未设专用左转车道时，进口道设计通行能力按下式计算：

$$C_{er} = \frac{\sum C_s + C_{sl}}{1 - \beta_r} \tag{7-20}$$

式中：C_{er}——设有专用右转车道时，本方向进口道设计通行能力(pcu/h)；

$\sum C_s$——本方向直行车道设计通行能力之和；

C_{sl}——本方向直左车道设计通行能力。

专用右转车道的设计通行能力为：

$$C_r = C_{er}\beta_r \tag{7-21}$$

(7) 通行能力折减。在一个信号周期内，对向到达的左转车超过 3~4 辆时，左转车通过交叉口将影响本方向直行车。因此，应折减本方向各直行车道（包括直行、直左、直右、直左右车道）的设计通行能力。

当 $C_{le} > C'_{le}$ 时，本方向进口道折减后的设计通行能力为：

$$C'_e = C_e - n_s(C_{le}C'_{le}) \tag{7-22}$$

式中：C'_e——折减后本方向进口道的设计通行能力(pcu/h)；

C_e——本方向进口道的设计通行能力(pcu/h);

n_s——本方向各种直行车道数;

C_{le}——本方向进口道左转车的设计通过量(pcu/h),由下式求得;

$$C_{le} = C_e \beta_l \tag{7-23}$$

C'_{le}——不折减本方向各种直行车道设计通行能力的对面左转车数(pcu/h)。当交叉口小时为 $3n$,大时为 $4n$。n 为每小时信号周期数。

【例7-3】 已知某交叉口设计如图7-8所示。东西干道一个方向有三条车道,南北支路一个方向有一条车道。信号灯管制交通。信号配时:周期 $T=120s$,绿灯 $t_g=52s$。车种比例大车:小车为 2∶8,东西方向左转车占该进口交通量的 15%,右转车占该进口交通量的 10%。求交叉口的设计通行能力。

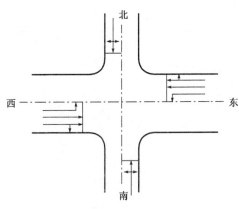

图7-8 交叉口通行能力计算图

解:先计算东西方向干道。东进口有三条车道,区分为专用左转、直行和直右三种车道。

(1)计算直行车道的设计通行能力,用式(7-11)。

$$C_s = \frac{3\,600}{T}\left(\frac{t_g - t_0 + t_i}{t_i}\right)\phi$$

取 $t_0 = 2.3s, \phi = 0.9$;

根据车种比例为 2∶8,查表7-16,得 $t_i = 2.65$。将已知参数代入式(7-11),则

$$C_s = \frac{3\,600}{120} \times \left(\frac{52 - 2.3 + 2.65}{2.65}\right) \times 0.9 = 533(\text{pcu/h})$$

(2)计算直右车道的设计通行能力,用式(7-12)。

$$C_{sr} = C_s = 533\text{pcu/h}$$

(3)东进口属于设有专用左转车道而未设右转专用车道的类型,其设计通行能力用式(7-18)计算。

$$C_{el} = \frac{\sum C_s + C_{sr}}{1 - \beta_l} = \frac{533 + 533}{1 - 0.15} = 1\,254(\text{pcu/h})$$

(4)该进口专用左转车道的设计通行能力用式(7-19)计算。

$$C_l = C_{el}\beta_l = 1\,254 \times 0.15 = 188(\text{pcu/h})$$

(5)验算是否需要折减。

当 $C_{le} > C'_{el}$ 时,应当折减。

不影响对面直行车辆行驶的左转交通量 C'_{el} 等于 $4n$,n 为一个小时内的周期个数,因为:

$$T = 120s$$

故

$$n = \frac{3\,600}{120} = 30$$

故

$$C'_{le} = 4 \times 30 = 120(\text{pcu/h})$$

进口设计左转交通量 $C_{le} = C_1 = 188\text{pcu/h}$。本题情况,$C_{le} > C'_{le}$,需按式(7-22)折减:

$$C'_e = C_e - n_s(C_{le} - C'_{le}) = 1\,254 - 2 \times (188 - 120) = 1\,118(\text{pcu/h})$$

(6)西进口设计通行能力同东进口。

(7)南进口设计通行能力 该进口只有直、左、右混行车道,其设计通行能力按式(7-14)计算。

$$C_{slr} = C_{sl} = C_s\left(1 - \frac{\beta'_l}{2}\right) = 533(1 - 0.15 \times 0.5) = 493(\text{pcu/h})$$

(8)验算南进口的左转车是否影响对向行车。因为南北进口车道划分相同,即验算北进口左转车是否影响南进口车的直行。

设计左转交通量 $C_l = 493 \times 0.15 = 74(\text{pcu/h})$。

设计左转交通量 $C_{le} < C'_{le} = 120\text{pcu/h}$,不需要折减。

(9)交叉口设计通行能力等于四个进口设计通行能力之和。

东进口折减后的设计通行能力为 1 118pcu/h;

西进口同东进口,为 1 118pcu/h;

南进口和北进口都为 493pcu/h。

故该交叉口的设计通行能力为

$$C = 1\,118 \times 2 + 493 \times 2 = 3\,222(\text{pcu/h})$$

四、高速公路收费站通行能力与服务水平

1. 收费站分类

收费站有很多种类,其分类基本上按照设立的位置、收费制式和收费形式来划分。

(1)按设立的位置分类

依收费站所处的位置可分为主线收费站和匝道收费站。

(2)按收费公路的收费制式分类

收费制式是指根据公路条件划分不同区段作为收费基本单位(各区段内按统一费额收费)的制度及相应的收费模式。目前,世界各国的收费系统常采用的收费制式可分为全线均等收费制(简称均一制,亦称匝道栏栅式)、按路段均等收费制(简称开放式,亦称主线栏栅式)、按互通立交区段收费制(简称封闭式)和混合式四种。

(3)按收费方式分类

收费方式是指收取过路费中的一系列操作过程,涉及车型的分类、通行券、通行费的计算、付款方式和停车/不停车收费等因素。每种因素又有不同的形式,不同的形式组合成不同的收费方式,但它们之间存在着关联和制约作用。根据收费员参与收费过程的多少,收费方式可分为停车人工收费、停车半自动收费、停车自动收费和不停车自动收费。

2. 车型分类及车辆折算系数

目前我国绝大多数收费系统是以货车额定载重量和客车座位数来进行车辆分类的,如表7-16所示。

目前我国典型收费车辆分类表 表 7-16

车辆类型	车辆名称	车辆判别参数	
		额定载重量(t)	座位数 N
1	小型货车	$m \leq 2.5$	
1	小型客车(含摩托车)		$N \leq 19$
2	中型货车	$2.5 < m \leq 7$	
2	中型客车		$20 \leq N \leq 39$
3	大型货车	$7 < m \leq 14$	
3	大型客车		$N \geq 40$
4	大型货车	$14 < m \leq 39$	
5	特大型货车	$m \geq 40$	

按照以上车型划分,公路收费站的车辆折算系数如表 7-17 所示。

收费站车辆换算系数 表 7-17

收费形式	交费找零流量	出口验票流量	入口领卡流量
小时流量(辆/h)	0-70-140	0-280-340	0-1 100-1 150
小型车	1-1-1	1-1-1	1-1-1
大中型车	1.15-1.10-1.05	1.18-1.13-1.05	1.22-1.17-1.05
特大型车	1.45-1.30-1.10	1.50-1.33-1.10	1.55-1.38-1.10

3. 单通道通行能力

收费车道的基本通行能力是指道路与交通处于理想情况下,每一条收费车道在单位时间内能够通过的最大交通量,按式(7-24)计算:

$$C_b = \frac{3600}{T_S + T_G} \quad (7\text{-}24)$$

式中:C_b——收费车道的基本通行能力;

T_S——标准车服务时间;

T_G——标准车离开时间。

收费站的理想道路条件是指收费车道宽度不小于3m,收费岛的宽度不小于2.2m、长度不小于30m,收费广场具有开阔的视野、良好的平面线形和路面情况。理想的交通条件是指车辆组成为单一的标准车,即小型车,车辆之间保持适当的最小车头时距,且无任何方向的干扰。实际观测的收费车道一般均能满足理想的道路条件。利用小型车的服务时间和离开时间可以计算出不同类型收费站收费车道的基本通行能力。由式(7-24)可知:收费车道的基本通行能力与收费时间成反比。

4. 多通道通行能力

在具有多通道情况下,选择 $M/G/K$ 排队模型可较好地描述收费站的实际运行状态。下面是 $M/G/K$ 模型的统计参数计算公式,见式(7-25)~式(7-27)。

平均排队时间:

$$W_q = \frac{D(S+G) + [E(S+G)]^2}{2E(S+G)[K - \lambda E(S+G)]} \cdot \left\{ 1 + \sum_{i=0}^{k-1} \frac{(K-1)!}{i!} \frac{[K - \lambda E(S+G)]}{[\lambda E(S+G)]^{K-i}} \right\}^{-1} \quad (7\text{-}25)$$

平均逗留时间：

$$W = E(S + G) + W_q \tag{7-26}$$

平均排队长度：

$$L_q = \frac{\lambda D(S+G) + \lambda [E(S+G)]^2}{2E(S+G)[K - \lambda E(S+G)]} \cdot \left\{1 + \sum_{i=0}^{k-1} \frac{(K-1)![K - \lambda E(S+G)]}{i![\lambda E(S+G)]^{K-i}}\right\}^{-1} \tag{7-27}$$

根据 $M/G/K$ 排队论模型，利用收费站服务时间和离开时间的期望和方差，可以计算出各种收费站在不同收费车道数以及不同排队程度下可以处理的最大车辆数。

5. ETC 车道通行能力

ETC 车道的基本通行能力是指在理想的道路、交通、控制和环境条件下，单条 ETC 车道在单位时间内能够通过标准车辆的最大辆数，考虑到 ETC 车辆经过收费站时通行速度是一个呈现下抛物线型的缓慢变化的过程，离开时间应乘以一个在区间 0～1 内的调节系数，以便更准确的计算 ETC 车道通行能力，计算公式如式(7-28)：

$$C_b = \frac{3\,600}{T_S + T_G k} \tag{7-28}$$

式中：C_b——ETC 车道的基本通行能力；
T_S——标准车服务时间；
T_G——标准车离开时间；
k——标准车离开时间调节系数。

ETC 车道的理想道路条件是指收费车道宽度不小于 3m，收费岛的宽度不小于 2.2m，长度不小于 30m，收费广场具有开阔的视野、良好的平面线形和路面情况；理想的交通条件是指车辆组成为单一的标准车型，即小型车，车辆之间保持适当的车头时距，没有任何非 ETC 车辆误入 ETC 车道；理想的环境条件是指 ETC 系统性能稳定，微波天线和 ETC 车载电子标签没有任何不可靠因素干扰，车辆交易成功率 100%。

在现有的技术水平和交通状况下，由于微波天线和 ETC 车载电子标签不稳定、非 ETC 车辆误入 ETC 车道等现象时有发生，实际观测的 ETC 车道一般都不能满足理想条件。但是，根据标准车的服务时间和离开时间，可以计算出单条 ETC 车道的基本通行能力。

据目前 ETC 车道使用情况来看，与常规的收费车道相比，大多数高速公路的出口道平均 25s 才能过一辆车，如成雅高速车流量很大的白家收费站，24h 的通行量是 5 000 辆，一条出口道 24h 的通行量只有 1 400 辆。而启用 ETC 车道后，收费站的通行效率可以提高到 3s 一辆，一条收费道 24h 可以通过 1 万辆左右，入口可达到现在的两倍，出口更是达到现在的 6～7 倍，一条 ETC 收费车道约相当于 8 条人工收费车道的通行能力。

相关专业部门对使用 ETC 系统和 MTC 系统(Manual Ton Collection System，人工半自动收费车道)的收费站，车辆在通过收费站前后 300m 有效区域间产生的单车油耗进行了细致的调查和对比。调查结果显示，ETC 车辆综合单车油耗比 MTC 车辆节省 50%，单次 ETC 交易可节约燃油 0.031 4L，减排 CO、CO_2 分别为 6.76g、63.8g，如果按照每年有 100 万车次使用 ETC 车道，则每年可节油 31 400L，减排一氧化碳 6.76t、二氧化碳 63.8t。

6.收费站服务水平分级

(1)服务水平的分级指标

收费站的服务水平是描述收费站内部交通流的运行条件对驾驶员与乘客感受的一种质量标准。一般评价收费站服务水平的标准有:收费时间的长短、车辆在收费站延误时间的长短、排队长度的长短。

研究表明:收费时间的长短受收费制式、收费设备以及收费人员的素质等影响较大。而车辆在收费站的延误时间的长短虽然能较好地评价收费站的交通条件质量,但易造成在相同的延误下,不同类型收费站的服务水平不一致且延误数据不易获得、精度低的情况。

收费站的平均排队长度是描述收费站内各收费车道等待接受服务的平均车辆数。排队车辆数的多少直接影响驾驶员和乘客对交通条件的感受;排队车辆多,驾驶员和乘客认为将要等待的时间长,反之要等待的时间短。排队车辆的多少容易获得,较直观,可操作性强。本文采用收费通道的平均排队车辆数作为评价收费站服务水平的主要参数。

(2)分级标准

研究表明,在不同类型的收费站,在相同的收费车道数下,排队车辆数不同导致收费站能处理的车辆数也不同,随着排队车辆数的增加,收费站能够处理的车辆数也在不断的增加。平均排队车辆数从 1 辆增加到 4 辆时,收费站的通行能力增加幅度较大;从 4 辆到 8 辆时,收费站的通行能力增加幅度趋缓;从 8 辆到 10 辆时,收费站的通行能力增加幅度进一步减缓。因此,可以把收费站的服务水平划分为 4 级,各级服务水平描述如下。

一级服务水平:收费站内几乎没有形成排队,大部分车辆没有排队直接进入收费车道接受服务,一部分车辆需要等待一个收费周期就可以接受服务,驾驶员和乘客感觉较为舒适和方便。

二级服务水平:收费站内已经形成排队,但排队长度较短,大部分车辆需要等待两到三个收费周期才能通过收费站,一部分车辆可能会等待较长的时间才能通过收费站,驾驶员和乘客能够感觉到等待,但时间较短。

三级服务水平:收费站内排队长度较长,排队车辆较多,几乎所有车辆需要等待较长的时间才能通过收费站,个别车辆可能会等待更长时间才能通过收费站,驾驶员和乘客感觉到等待明显,且时间较长,部分驾驶员和乘客开始抱怨。

四级服务水平:收费站内形成很长的排队,所有的车辆必须等待较长的时间才能够通过收费站,有时会发生排队长度持续增长的情况,驾驶员和乘客感觉到明显的不便,不能忍受这种长时间的等待。

第五节 通行能力的应用及提高通行能力的途径

一、通行能力的应用

道路通行能力是道路的一项重要指标,它在道路交通的各个方面有广泛的应用。

(1)道路规划、设计方面。通过对现有道路乃至道路网络的通行能力及现有交通量、交通量发展趋势的分析研究,可以通过道路的通行能力与交通量相比较发现:哪些道路还有一定潜力(即通行能力较交通量大)、哪些道路能基本适应、哪些道路的服务水平已经达到不能容忍的程度等,从而为道路交通的规划及分清轻、重、缓、急按序制订和实施道路的改建、扩建计划提供依据。

通过对道路通行能力和交通量需求的分析,可以正确地确定道路等级和道路线形及几何尺寸等,这些均可以提高道路的规划、组织实施的科学性及新建、改建、扩建道路的设计水平。

(2)道路交通管理方面。通过对现有道路交通能力及现有交通量的分析比较,可以确定道路的服务水平,发现道路交通存在的问题,提出各种改进交通管理的措施。

根据道路网络中每条道路具有的通行能力和交通量的自然分布状况,合理地调控交通量在道路上的分配,发挥现有道路的通行能力潜力,缓解某条道路或局部路段的交通拥挤状况。

根据影响道路通行能力的诸项因素的分析,有针对性地采取措施,提高道路通行能力。

(3)交通运输管理与运输调度方面。根据路网通行能力的研究测算,道路的建设规划与现有道路上交通量现状及发展趋势的分析,合理制订运力发展规划及控制运力盲目增长的措施。

现有道路的通行能力与交通量的比较,是加强客运管理,合理调控运力规模的依据之一。在某条客运线上,大量盲目地投放运力,可能会加剧交通紧张状况,降低整条道路的运输效率。

道路的等级不同,通行能力及服务水平也不同;即使同一等级的公路,其服务水平也不尽相同;而道路的服务水平不同,汽车运输的成本也不同。因此,根据区分不同的路况及服务水平,合理制订公路客、货运价,是道路运输管理科学化的体现。

根据道路通行能力和交通量的变化规律,合理制订行车计划,科学调度运行车辆,是提高运输效率的有效途径之一。

(4)路政管理与公路养护方面。路政管理与公路养护工作的主要目的之一是维持和恢复道路的原设计通行能力,确保公路安全畅通。因此,对道路通行能力、服务水平的变化及各项影响因素的分析,有针对性制订措施予以解决,是进一步做好路政管理和公路养护工作的关键。

二、提高通行能力的途径

根据对影响道路通行能力的诸项因素进行分析,研究提高通行能力的途径与措施可以是多方面的,我们不在这里详细叙述。现只根据我们国家经济发展对公路交通的需求,针对我国公路交通实际情况,对提高公路尤其是混合交通情况的公路通行能力提出如下具体措施:

(1)加快推进国家高速公路"断头路"和普通国道"瓶颈路段"建设。加快推进国家高速公路待建路段;《国家公路网规划》新增国家高速公路省际路段中,相邻两省有一方已建成或在建,另一方尚未开工建设,里程不超过100km 的未通路段;普通国道"瓶颈路段"。

(2)将交通量达到一定水平的公路扩建、改建成快慢车分道(路)或分车道公路是提高通行能力的最有效措施。在快慢车混杂公路的行车道上,不仅慢车本身占据了公路所能容纳的一部分交通量,从而减少了所能通行的汽车交通量,而且由于车速相差很大的车辆之间的相互干扰,使各种车辆折算系数也有所增加。快慢车分道行驶公路与二级路相比,小汽车折算系数由0.7提高到1.0,拖挂车的折算系数由1.7提高到2.5,所以能容纳的交通量也相应减少了。而快慢车分道行驶公路在一定速度下所能容纳的当量交通量明显比快慢车混杂交通公路上的容纳量高。

(3) 在有一定路面宽度的公路上应设置快慢车分车道线和其他路面标识。实地调查的结果表明，同样路面/路基为 12/15m 的公路，画线（两条快车道宽 7m、两条慢车道宽 5m）且交通管理较好的路段比不画线、交通较混乱的路段，在同一速度下容纳的交通量要提高 22% ~ 27%。因此，设置快慢车分道线的效果是明显的。

(4) 利用硬化路肩等办法增加行车道的有效宽度，对提高通行能力是有效的。由于混合交通中慢速车辆与单一汽车交通对侧向余宽的要求有明显的区别，慢车（尤其非机动车）所需侧向余宽比汽车小得多，因此在路基全宽上铺筑路面或用硬化路肩办法增加行车道有效宽度，从而使慢车行驶时尽可能减少对汽车的干扰，对提高运行质量和通行能力是行之有效的方法。

(5) 尽量减少村镇、横交路口等横向干扰。尤其是二级公路和快慢车分道行驶公路。前面已说明了横向干扰对通行能力的影响是很大的，因此在新建或扩建公路时应尽量减少横向干扰，如尽量避免穿过村镇，在不得已穿过时，也应采取各种措施，力求减少对车辆运行的干扰；对各种支路（尤其是农村道路）应适当予以控制等。减少横向干扰对二级或快慢车分道公路来说尤为重要，因为同样横向干扰情况下，容许通行能力的实际减少数，高等级公路要比低等级公路大得多。

(6) 加强交通管理，完善各种交通管理设施。要提高公路通行能力，无论采用其他何种工程措施，都应以加强交通管理、完善交通管理设施等为基础，否则各种措施就达不到预期的效果。尤其在二级公路及以上和快慢车分道行驶公路等较高等级公路，交通管理和各种设施尤为重要。这方面的内容很多，如涂设路面标识、平交道口渠化和设置色灯控制、交通较繁忙的路口严格实行"让路"和"停"等标志、在快慢车分车道公路上应禁止慢车进入快车道等。这些措施对提高通行能力和行车安全都是有利的。另外，目前有些公路两旁人行道树冠过低，无法保证汽车行驶时的净空。在弯道内侧植树过大过密，影响了超车视距。如纠正了这些不良现象，对提高通行能力也是有利的。

(7) 加强公路路政管理。诸如在公路范围内堆放建筑材料、倾倒垃圾、占路堆肥、碾场晒粮、跨路挖渠或堵渠放水、摆摊设市、占道经营等行为都违反了《中华人民共和国公路法》，应坚决予以制止。利用宣传工具教育沿线群众，增强爱路护路意识，依法治路。严禁超限超载，对于损坏公路路产、侵犯公路路权的行为要进行必要的经济赔偿，对严重损坏公路者要依法追究其刑事责任，创造一个宽松、有序、良好的交通环境。

(8) 提高道路突发事件的处理能力，促进车流的顺畅。交警、公路和路网监测与应急处置部门，必须提高处理道路突发事故的快速反应能力，才能确保尽快恢复道路畅通，抑制交通事故的发生，减少国家和人民生命财产的损失。首先，所属路段交警、路网监测机构接到报警或发现高速公路某路段发生车辆交通事故或其他事故时，办案人员要快速反应，立即带领相关工作人员及装备，在 30min 以内赶赴事故现场；其次是办案人员抵达现场后，要立即控制事故现场，挽救伤员、财产，熟练地勘测事故现场，做好询问及损坏路产现场记录；再次是尽快清理事故现场，有秩序地疏导被堵塞的车辆，若在高速公路上，还应通知前方路段的收费站做好应付车辆短时间蜂拥而来的准备，相关收费站要派足人手，开足收费车道收费，防止临时收费措施落实不够，而再次出现车辆长时间排队等候购票的现象。

(9) 建立公路信息管理系统，利用监控设施，对公路状态、行车状态及事故问题进行封闭式的监测与数据处理，及时、准确地掌握路面整体情况。通过在主线、立交、匝道设置摄像头，可以在监控中心直观地了解和掌握路面、立交和匝道的车辆运行情况,及时地发现路障,无需待到道路巡逻人员或车主报警后才知道存在或发生问题。利用可变情报版显示字幕,可提示过往车辆遵守公路交通规则和行车秩序,并告知前方路段突发事件,建议车辆采取有效的措施。

(10)提高高速公路不停车收费系统运营管理水平,提升高速公路收费站通行能力。目前,全国高速公路已经实现电子不停车收费系统联网运营。这可以使高速公路提供更高的收费站通行能力、更好的服务水平、更通畅的通行环境、更低的排放和环境污染、更便捷的付费服务和更准确的运营数据服务。要通过宣传和服务工作的改善,不断扩大使用电子不停车收费系统的用户规模,使这些功效进一步发挥。

【复习思考题】

1. 简述道路通行能力的定义、作用与交通量的差别和内在联系。
2. 道路通行能力分哪几类?各自的定义如何?
3. 什么是道路服务水平?划分依据是什么?
4. 美国《道路通行能力手册》中如何划分道路通行能力?我国又如何划分?
5. 如何计算高速公路基本路段的实际通行能力?有信号灯控制交叉口的设计通行能力如何计算?高速公路收费站的通行能力又如何计算?
6. ETC车道通行能力如何计算?与普通收费站相比,ETC的优势是什么?
7. 研究道路通行能力有何作用?
8. 提高道路通行能力的主要措施有哪些?
9. 道路通行能力与服务水平的知识对做好交通运输管理工作有什么指导作用?

第八章
道路交通事故与安全评价

第一节 道路交通事故

一、道路交通事故概论

交通运输业是国民经济的基础性、先导性、服务性行业,在人民群众的出行和经济社会的发展中发挥着重要的作用。公路交通以其机动灵活、活动面广的特点,能够将其运动的触角伸展到社会的各个层面,实现了从"门"到"门"的组织运输,在交通运输中占有重要的地位,在经济建设和社会进步中发挥着"先行、纽带、桥梁"的作用。但事物的发展无不具有矛盾的二重性。随着工业化的进程,交通运输业的突飞猛进,一方面促进了经济社会的繁荣,另一方面交通事故带来的负面效应绝不可忽视。

自人类进入汽车社会以来,道路交通事故就如影随行,迄今已经夺去了上千万人的生命。目前,全球每年有130多万人死于道路交通事故伤害,其中85%发生在发展中国家。从一些发达国家和地区道路交通安全发展的历程来看,道路交通事故通常与一个国家和地区的社会经济发展有着内在的联系。经济的高度发展、机动化水平的快速提高一般伴随着道路交通事故的高发。但是从世界一些发达国家和地区遏制道路交通事故、改善道路交通安全的具体历程来看,道路交通事故是可以遏制的,道路交通安全状况是可以改善的。

1. 发达国家的道路交通事故发展状况

纵观发达国家的道路交通事故发展状况,大体可分为四个阶段。第一阶段为1899年至1920年,第二阶段为1920年至1945年,第三阶段为1945年至20世纪70年代初,第四阶段为20世纪70年代初至现在。前三个阶段道路交通事故总的来说呈上升趋势,其中第三阶段正值发达国家道路工程大规模建设和发展时期,相当于中国目前的状况。20世纪70年代中期石油危机波及世界各国,由于燃料不足致使汽车出行减少、车速受限,同时,许多国家从20世纪60年代开始实施了一系列综合治理交通、加强交通管理和减少交通事故的措施,在第四阶段呈现出较好的治理效果。尽管汽车保有量和车辆行驶里程增长幅度都较大,但道路交通事故率增长趋势减缓,事故严重程度逐渐趋于稳定。

世界卫生组织在2015年道路安全全球现状报告中统计得出,每年全世界约有125万人死于道路交通事故。尽管各国道路交通事故的情况不相同,甚至同一地区的各个国家也不相同,但从20世纪60~70年代开始,道路交通事故死亡率在高收入国家已经开始下降。例如在北美洲,1975年至1998年期间,每10万人口的道路交通事故死亡率在美国下降27%,加拿大则下降了63%。与此同时,在中等收入和低收入国家道路交通事故死亡率则大幅度升高。亚洲各国交通事故死亡率的情况相差很大。1975年至1998年,在马来西亚上升44%,而在中国则上升243%。针对日趋严重的交通事故,除非采取有效的预防措施,否则在中等收入和低收入国家中道路交通事故死亡率增长的趋势仍会继续。世界卫生组织(WHO)在全球疾病伤害研究报告中,预测从1990年至2020年将发生下列变化:

(1)在全球主要死因排序中,道路交通事故伤害将上升为第6位;

(2)在伤残损失调整寿命年(DALYs)中,道路交通事故伤害将上升为第3位原因;

(3)在中等和低收入国家伤残损失调整寿命年(DALYs)中,道路交通事故伤害将上升为第2位原因;

(4)全球道路交通事故伤害死亡人数将从100万增加到234万(占所有死亡人数的3.4%);

(5)在中等收入和低收入国家,道路交通事故死亡人数平均将上升80%左右,而在高收入国家将下降30%左右。

(6)道路交通事故伤害所损失的DALYs将从3 430万上升为7 120万(占全球疾病负担的5.1%)。

2. 我国道路交通事故变化历程

自1951年我国对交通事故数据有统计记录以来至今,我国道路交通事故总体上经历了先升后降的变化历程,较明显的分为三个阶段。

第一阶段为从新中国成立至改革开放初期(1951~1984年),道路交通事故总量较低,增量较小。当时我国公路通车里程较少,汽车工业还没有建立起来,民用汽车仅有5万辆左右。

第二阶段为改革开放初期以后(1985~2004年),我国交通事故迅猛增长,增速快、增量大。这与当时我国道路运输市场的活跃、机动车驾驶人素质的低下、公路通车里程的剧增及交通管理体制的混乱有关。1983年全国交通工作会议提出了"有路大家行车"、"国营、集体、个人一齐上"的政策,1984年国务院又印发了《关于扶植和发展农村集体和个体(联户)运输业的通知》,道路运输市场向个体开放。个体运输车辆迅速增加,道路运输市场变得十分活跃。

但是，当时个体运输车辆技术性能落后，机动车驾驶人技术水平普遍较低，导致1985年前后个体运输车辆道路交通事故迅速增长。另外，当时我国城乡道路技术等级低，人车混杂，交通管理由公安、交通、农业（农机）部门负责，机构重叠，政出多门。直到1986年国务院决定全国城乡道路交通由公安机关统一管理，理顺了道路交通管理体制，之后的几年间交通事故总量基本保持稳定。1992年以后，随着国民经济的快速发展，公路通车里程和机动车保有量都在快速增长，交通事故的总量也开始急剧增加。1998年以后，道路交通事故增长迅猛，并在2002年达到历史极值，2003年受"非典"影响，道路交通事故有所下降，2004年出现反弹。

第三阶段为2004年至今，道路交通事故迅速下降，道路交通安全形势逐渐向好。2004年5月1日《中华人民共和国道路交通安全法》正式施行，我国道路交通安全开始进入一个崭新的发展阶段。为了遏制道路交通事故高发的趋势，我国政府采取了一系列针对性措施。随着政策和措施效果的逐步显现，我国道路交通事故自2005年起迅速回落，逐渐实现了道路交通事故从高发到基本遏制直至逐年下降的工作目标。2005年至2013年间，我国道路交通事故年死亡人数逐年下降，由2005年的98 738人降至2013年的58 539人，降幅达到了40.71%。2013年的道路交通事故死亡人数与1992年的大体相当，而1992年的公路通车里程、机动车保有量、交通量与2013年的是不可同日而语的。

根据公安部的统计数据，1951～2013年（1949年、1950年、1968年和1969年无道路交通事故统计数据），我国累计受到道路交通事故（本章所指的交通事故除特别注明外，均不包括用简易程序处理的道路交通事故）直接伤害的人数达到1 157.89万人次，其中241.97万人死亡，915.92万人受伤，相当于我国一个特大型城市消失在车轮之下，平均每年有3.8万人死于道路交通伤害、14.5万人次受伤。图8-1为我国1953～2013年道路交通事故变化趋势。

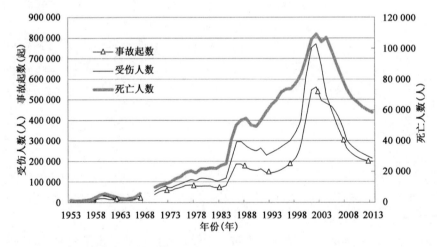

图8-1 我国道路交通事故变化趋势（1953～2013年）

虽然我国近年来道路交通安全取得了巨大成绩，事故数和死亡人数均呈明显的下降趋势，但不可否认的是与发达国家相比，我国道路交通事故率仍然偏高，如万车死亡率、亿车公里死亡率仍远高于美国、日本、英国、瑞典、荷兰等发达国家。因此，虽然从纵向看我国道路交通安全工作取得了巨大成绩，但从横向看，我国道路交通安全形势仍不容乐观。图8-2为我国与发达国家道路交通事故率的比较。

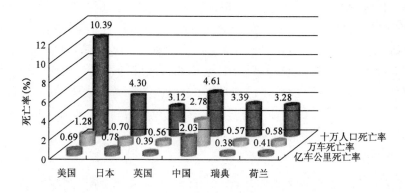

图 8-2　我国与发达国家道路交通事故率比较(2011年)

我国道路交通事故致死率较高。根据公安部公布的我国道路交通事故统计数据计算，2010年我国道路交通事故致死率为5.60%，2011年降为5.15%，2012年降为5.00%，2013年降为4.50%。虽然我国道路交通事故致死率近4年来明显下降，但仍远高于发达国家。以2011年为例，美国道路交通事故致死率为1.44%，英国仅为0.93%。我国道路交通事故致死率远高于发达国家的现实反映出我国交通事故应急救援与医疗救护水平不能满足道路交通事故救援需求，与发达国家相比差距较大，其结果直接导致了交通事故伤者错过最佳救治时间而致死或致残。因此，应加快我国道路交通事故应急救援和医疗救护水平体系和能力建设。图8-3为我国与发达国家道路交通事故致死率的比较。

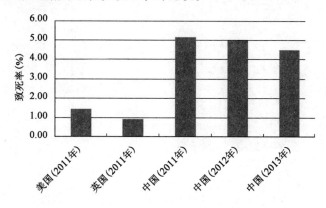

图 8-3　我国与发达国家道路交通事故致死率

二、交通事故的基本概念

1. 交通事故的定义

交通事故的定义有广义和狭义之分，广义的交通事故是指为世界上大多数国家所公认的原则定义交通事故，而狭义的交通事故则是专指我国法定的交通事故定义解释。

(1)广义的交通事故定义。交通事故是指参与交通肇事的当事一方必须是交通工具，并与另一方道路使用者或障碍物之间所发生的具有损坏后果的交通事件。

(2)狭义的交通事故定义。根据《中华人民共和国道路交通安全法》，道路交通事故是指车辆在道路上因过错或者意外造成的人身伤亡或者财产损失的事件。

交通事故定义中的"道路"是指公路、城市道路和虽在单位管辖范围但允许社会机动车通行的地方,包括广场、公共停车场等用于公众通行的场所。"车辆"是指机动车和非机动车,其中,"机动车"是指以动力装置驱动或者牵引、上道路行驶的供人员乘用或者用于运送物品以及进行工程专项作业的轮式车辆;"非机动车"是指以人力或者畜力驱动、上道路行驶的交通工具,以及虽有动力装置驱动但设计最高时速、空车质量、外形尺寸符合有关国家标准的残疾人机动轮椅车、电动自行车等交通工具。

2. 道路交通事故形态

道路交通事故的形态主要分为碰撞、碾压、刮擦、翻车、坠落、爆炸、失火七种。

(1) 碰撞。发生在机动车之间、机动车和非机动车之间、非机动车之间、非机动车和行人之间、车辆和其他物体之间;根据碰撞的形式,又可以分为正面碰撞、侧面碰撞、追尾碰撞、撞固定物、撞静止车辆等,如图8-4所示。

(2) 碾压。一般是指机动车和畜力车等对行人、自行车、牲畜等的碾压,虽然在车辆碾压前可能有碰撞现象,但在交通事故处理时一般都称为碾压。具体的讲,"碾"是指车轮在滚动状态下把物体轧过,同时,车体又给物体施加了竖向力,因此这种现象被称为"碾压",如图8-5所示。

图8-4 碰撞事故

图8-5 碾压事故

(3) 刮擦。车辆在行驶过程中,发生侧面接触,造成自身与对方车辆损坏称刮擦。根据运动情况,可以分为对向刮擦和同向刮擦两种,如图8-6所示。

(4) 翻车。车辆在行驶过程中,因受侧向力的作用,使一部分或全部车轮悬空,车身着地,称为翻车;具体可分为90°、180°、360°、720°翻车等。发生碰撞、刮擦以后又造成翻车时,应该认定为翻车,因为碰撞或刮擦只是翻车的前因或只是造成翻车的条件,而不是最后事态时,应该以事故的最后事态来认定结果,如图8-7所示。

(5) 坠落。是指从高处(如悬崖等)掉下,如坠落桥下、坠落悬崖等。坠落和翻车的区别是:当车辆驶出路外并翻车的全部过程看车辆是否始终与地面接触,如车体始终沿山坡、路坡等地势翻滚,不论车辆翻滚得有多深、多远,损失有多么严重,事故的本身可认定为"翻车",如果车辆离开地面,产生"落体"过程,事故则可以认定为"坠落"。车辆坠落前发生碰撞或刮擦,仍应根据车辆离开路面直至车辆停止运动的整个事件状态来认定,如图8-8所示。

图 8-6　刮擦事故　　　　　　　　图 8-7　翻车事故

(6)爆炸。指车辆装有"易燃、易爆"物品,或将"易燃、易爆"物品带上车辆,车辆在行驶中因故引起爆炸的事故,如图 8-9 所示。

图 8-8　坠落事故　　　　　　　　图 8-9　爆炸事故

(7)失火。指车辆装运"易燃"物品,在行驶中,由于种种原因引起着火,或因为车辆本身的原因及人员操作的因素(如发动机回火、排气歧管、排气管过热、人工直流供油等)引起着火时可以认定为失火事故,如图 8-10 所示。

3. 道路交通事故等级

根据道路交通事故造成的人身伤亡情况和直接经济损失大小,分为轻微事故、一般事故、重大事故和特大事故。

1)轻微事故

指一次造成轻伤 1 至 2 人以下,或直接经济损失机动车事故 1 000 元以下,非机动车事故 200 元以下的事故。

2)一般事故

指一次造成重伤 1 至 2 人;或轻伤 3 人以上(含 3 人);或直接经济损失折款 1 000 元以上(含

图 8-10　失火事故

1 000 元)及 30 000 元以下的事故。

3)重大事故

指一次造成死亡 1 至 2 人;或重伤 3 至 10 人;或直接经济损失折款 30 000 元以上(含 30 000 元)及 60 000 元以下的事故。

4)特大事故

指一次造成死亡 3 人以上(含 3 人);或者重伤 11 人以上(含 11 人);或死亡 1 人,同时重伤 8 人以上(含 8 人);或死亡 2 人,同时重伤 5 人以上(含 5 人);或直接经济损失折款 60 000 元以上(含 60 000 元)的事故。

4. 交通事故的责任及处罚

1)认定交通事故责任的原则

《中华人民共和国道路交通安全法实施条例》规定:"公安机关交通管理部门应当根据交通事故当事人的行为对发生交通事故所起的作用以及过错的严重程度,确定当事人的责任"认定交通事故责任,必须依法确认事故中各方当事人的法定义务;依法确认各方当事人法定义务的优先原则;确认各方当事人的行为在交通事故中的作用和过错的严重程度;根据各方当事人的行为在交通事故中的作用和过错的严重程度确认不同的交通事故责任。交通事故认定具有以下五大原则,具体表述为:

(1)行为责任原则:当事人必须具有交通违章行为,并对某一起交通事故负有责任,《中华人民共和国道路交通安全法实施条例》规定"公安机关交通管理部门应当根据交通事故当事人的行为对发生交通事故所起的作用以及过错的严重程度,确定当事人的责任"。交通事故责任认定是过错认定原则。当事人的行为对发生交通事故所起的作用,即指有因果关系的行为在事故中的所起的作用,以及过错的严重程度。其中"过错的严重程度"是以"当事人的行为"为前提的。

(2)因果关系原则:当事人的违章行为与交通事故的生成必须有因果关系。如果当事人的违章行为与交通事故之间没有因果关系,就不能认定为交通事故,当然也谈不上追究责任之说。

(3)路权原则:各行其道原则是交通安全的重要保证,是交通参与者参与交通的基本原则。现代化交通设施给所有的交通参与者规定了各自的通行路线,行人、不同类型的非机动车和机动车都有各自规定的通行路线。当"借道通行"时要本着"借道避让"的原则。

(4)安全原则:①合理避让原则:交通事故的形态千变万化,事故原因多种多样,交通参与者在享受通行权利的同时,如遇他人侵犯己方的合法通行权,必须做到合理避让,主动承担维护安全的义务。②合理操作原则:交通参与者在参与交通运行时,为了保证交通安全,应主动杜绝一些法律法规未禁止,但有可能存在危险隐患的行为。如果实施了上述行为且造成了交通事故,应负事故责任。

(5)结果责任原则:行为人的行为虽未造成交通事故的发生,但加重了事故后果,也应负事故责任。

2)交通事故的责任划分

《中华人民共和国道路交通安全法》中对道路交通事故的责任划分为五类,即:

(1)全部责任和无责任。一方当事人有下列情形之一造成交通事故的,该当事人应当负事故的全部责任,事故其他方当事人无责任:

①一方当事人故意造成道路交通事故的,负全部责任,他方无责任;

②因一方当事人的过错导致道路交通事故的,其他方当事人无违章行为的,由过错一方当事人承担事故全部责任;

③当事人逃逸,造成现场变动、证据灭失,公安交管部门无法查证道路交通事故事实的,由逃逸的当事人承担全部责任;

④当事人故意破坏、伪造现场及毁灭证据的,由其承担事故全部责任;

⑤驾驶机动车发生与本车有关联的交通事故时,当事人不立即停车,不保护现场,致使交通事故责任无法认定的,应当负事故的全部责任;

⑥当事人一方有条件报案而未报案或者未及时报案,使交通事故责任无法认定的,应当负全部责任;

⑦各方均无导致道路交通事故的过错,属于交通意外事故的,各方均无责任。

(2) 主要责任和次要责任。当事人一方具有以下行为的负主要责任,另一方负次要责任:

①机动车、非机动车、行人发生交通事故,交通事故各方当事人有违章行为,在交通事故中作用大的一方负主要责任,另一方负次要责任;

②机动车与非机动车、行人发生交通事故,当事人各方有条件报案而未报案或者未及时报案,致使事故基本事实无法查清的,机动车方应当负主要责任,非机动车、行人一方负次要责任;

③机动车与非机动车、行人发生交通事故后未立即停车,未保护现场,致使事故基本事实无法查清的,机动车一方负事故主要责任。

(3) 同等责任。因两方(或两方以上)当事人的违章行为共同导致交通事故的,其行为在事故中作用相当的,负同等责任。当事人双方具有以下行为的负同等责任:

①机动车、非机动车、行人发生交通事故,交通事故各方当事人均有违章行为,且违章行为在交通事故中的作用基本相当的;

②发生交通事故后各方当事人均未立即停车,未保护现场,致使交通事故责任无法认定的;

③当事人各方均有条件报案而未报案或者未及时报案,使交通事故责任无法认定的。

3) 道路交通事故损害赔偿

(1) 道路交通事故处损害赔偿的基本概念

①道路交通事故损害赔偿的性质。道路交通事故损害赔偿,是指车辆所有人或管理人员及车辆的驾驶人员在驾驶中或管理中因违反"道路交通法规"造成交通事故,致使他人人身伤亡或财产损失时应承担的民事责任。交通事故损害赔偿的原因、时间、交通事故的责任者实施了违反交通法规的行为,侵犯了他人财产权和生命健康权,造成了损害。其赔偿责任是依法承担的,即依照法律法规规定的责任要点和赔偿原则、赔偿范围、赔偿标准等确定赔偿。

赔偿的目的是补偿受害人的损害,抑制侵权行为。补偿是为了满足受害人利益的最低目的,抑制是维护社会整体利益的最高目的,两者共存,相得益彰。

②道路交通事故损害赔偿责任的构成的要件。交通事故损害赔偿责任由三个要件构成,即:违反交通管理法规,造成交通事故侵权行为;交通事故造成损害事实;行为和事实的因果关系。

违反交通管理法规,造成交通事故的侵权行为交通事故损害赔偿,首先是交通事故的发生为条件,交通事故的发生往往又是违反交通法规所造成。未发生交通事故,即使是违反交通法规的行为和有发生交通事故的危险,也只能承担其他法律责任,但不会承担交通事故的赔偿责任。其次,近代民法中无过错责任和公平责任的采用,排除了过错和违法性作为侵权赔偿构成要件理论,如:无过错责任往往是以不违法为要件。

交通事故造成了损害事实构成交通事故损害赔偿义务的前提条件是有损害结果,也就是在道路交通事故中必须有其他当事人的车、物损坏和人身伤亡的事实。一般交通事故都会具有造成车物损害或人身伤亡的事实出现。交通事故损害的特点是:一是具有可确定性,如对车物的损毁,可以依据价值尺度衡量;对人身的损害,可以依照法定标准认定并考虑社会实际和当事人的情况裁定。可确定性是裁定赔偿的依据;二是具有可补性,即损害达到一定程度,可予以赔偿或恢复原状等补救措施。

侵权行为与损害事实之间的因果关系交通事故损害赔偿的因果关系,是指侵权行为与损害之间的关联性,即造成交通事故的行为是损害原因,而损害是造成交通事故的行为结果。因果关系是交通事故损害赔偿的要件之一。因果关系形态纷繁,既有事实的认定,又有法律价值的衡量。交通事故受害人因接触所致损害之间应有直接的因果关系,才承担赔偿责任,特殊情况下,有间接因果关系也可能承担赔偿责任。

(2)道路交通事故损害的赔偿原则

道路交通事故损害的赔偿原则是指依照交通事故责任认定的原则和责任要件在确认责任的情况下,决定赔偿的准则,赔偿原则,损害赔偿的目的及现实条件。因此,应有过失相抵、兼顾公平的原则;社会救助基金等先行垫付、保险方替代赔偿原则;"保护交通弱者"的过错责任和无过错责任并用原则。

《中华人民共和国道路交通安全法》第七十六条指出,机动车发生交通事故造成人身伤亡、财产损失的,由保险公司在机动车第三者责任强制保险责任限额范围内予以赔偿;不足的部分,按照下列规定承担赔偿责任:

机动车之间发生交通事故的,由有过错的一方承担赔偿责任;双方都有过错的,按照各自过错的比例分担责任。

机动车与非机动车驾驶人、行人之间发生交通事故,非机动车驾驶人、行人没有过错的,由机动车一方承担赔偿责任;有证据证明非机动车驾驶人、行人有过错的,根据过错程度适当减轻机动车一方的赔偿责任;机动车一方没有过错的,承担不超过百分之十的赔偿责任。交通事故的损失是由非机动车驾驶人、行人故意碰撞机动车造成的,机动车一方不承担赔偿责任。

①肇事方过错直接赔偿原则。机动车之间的交通事故责任适用过错责任原则:机动车之间发生交通事故的,由有过错的一方承担责任;双方都有过错的,按照各自过错的比例分担责任。承担赔偿责任的机动车驾驶员暂时无力赔偿的,由驾驶员所在单位或者机动车的所有人负责垫付。但是,机动车驾驶员在执行职务中发生交通事故,负有交通事故责任的,由驾驶员所在单位或者机动车的所有人承担赔偿责任;驾驶员所在单位或者机动车的所有人在赔偿损失后,可以向驾驶员追偿部分或者全部费用。

②社会救助基金等先行垫付原则。医疗机构应对交通事故中的受伤人员进行抢救、保险公司应支付抢救费用以及道路交通事故社会救助基金先行垫付抢救费用,充分体现了保护弱者、保障人权和维护社会正义的人文主义关怀的理念。

③保险方替代赔偿原则。机动车交通事故造成人身伤亡、财产损失的,应当先由保险公司在机动车第三人强制保险责任限额范围内予以赔偿。这是基于保险合同的约定,由保险方先

行赔付的替代责任。不管是机动车之间、机动车与非机动车、行人之间发生交通事故,首先由保险公司在第三人强制责任限额内予以赔偿,意味着受害人对保险公司享有直接请求权;由于采取了让具有优势的整个机动车集团承担赔偿责任的策略,因而减轻了由机动车个体来单独承担无过错责任的不利局面,从而更有利于无过错责任的推行。其次,对于机动车和行人、非机动车驾驶人之间超出保险限额部分的,原则上由机动车一方承担无过错责任,但并不否定受害方有过错的,可以减轻机动车方的赔偿责任。这不仅明确了交通工具对社会所应承担的危险责任,又明确了受害人也应承担一定的法律义务,充分体现了公平与秩序两大原则。

(3) 道路交通事故损害赔偿的范围

道路交通事故造成财产、人身损害,形成了具体实际的损害后果,有的是由于交通事故本身造成的,有的是由于交通事故的发生而间接造成的,其赔偿方式是支付赔偿金或实物。"人身伤亡",是指机动车发生交通事故侵害被侵权人的生命权、健康权等人身权益所造成的损害;"财产损失",是指因机动车发生交通事故侵害被侵权人的财产权益所造成的损失。

交通事故人身损害赔偿的项目包括:医疗费、误工费、护理费、交通费、住宿费、住院伙食补助费、必要的营养费、残疾赔偿金、残疾辅助器具费、康复费、整容费、后续治疗费、丧葬费、被扶养人生活费、死亡补偿费、精神损害抚慰金等。

(4) 道路交通事故损害赔偿的免责事由

由于机动车运行所具有的危险性,法律、法规较之其他侵权损害严格得多,如一些不可抗力侵权行为的一般免责事由,并不是交通事故损害赔偿的免责事由。因为不可抗力与机动车运行的危险结合才可能引起交通事故损害,故不是交通事故免责。我国现行法律、法规的交通事故损害赔偿的免责事由仅有一种,即交通事故的损失是由非机动车驾驶人、行人故意碰撞机动车造成的,机动车一方不承担赔偿责任。

三、关于道路交通事故的属性

根据交通事故发生的渊源与机理,其属性有以下几点。

1. 交通事故的因果性

交通与事故是一个统一体,其因果关系不言自喻。显然,交通是引发事故的直接原因。但其深层动因则是经济社会的发展,推动交通运输事业的发展。由于车辆的增多,人们出行方式的改变,活动半径的扩大,区域或跨区域经济联系的加强,车与车的冲突,车与物的冲突,车与人的冲突越来越多,其危害与影响也越来越大。自从世界上出现了汽车,就有了现代交通事故。人类的出行方式以交通工具的改变为准,划分不同的时代。

2. 交通事故的意外性

人们在社会实践中,不论是单一的,或群体的活动,愿望总是美好的。但由于种种原因,难免发生有悖于自己意志的意外的变故,即事故,迫使自己的行动暂时地,或永久地停止,遗憾无穷。在各类事故中以交通事故最为典型。

据世界卫生组织统计,近年来由意外事故引起的死亡中,交通事故占50%。不但是事故的意外性有违于受害者的初衷而往往预想不到,而且事故会怎样发生,无论是交通参与者,或者是被动的参与者,都无法预料。例如在繁忙的的车辆运行中,谁会发生交通事故,事故在什么时间、什么地点发生,以怎样的形态出现,其后果如何等等,都无法做到"未卜先知"。这种意外性是外部因素的矛盾运动结果。如来自气象因素的袭扰,路面不良情况的反射,混合交通的影响,机械故障的刺激,突发事件的作用,等等。据实验得知,驾驶员在繁华的城市道路行车,每行驶1km,会有300多个信息出现。当然绝大多数信息驾驶员可能没有发现,有的即使发现了也没有形成威胁,形成威胁的信息约三至五次。这些随机因素的出现,随时都有引发交通事故的可能。

3. 交通事故的可控性

交通事故的发生原理是交通要素系统运行的矛盾冲突。交通要素可归纳为两大类,物质条件因素和意识能动性因素。在交通安全与事故原理的分析中认为,物质条件因素是交通安全的基础,也是引发事故的主要影响方面;而意识能动性因素则是由交通的直接参与者、间接参与者和交通管理者所共同组成的交通主体,在与物质条件因素的交互影响与作用中构成矛盾的主要方面,因而成为交通安全的主导因素。在正常的交通运行中,物质条件因素随时反映、传递不断变化的信息给交通主体,交通主体迅速作出反馈,采取综合协调措施或制动手段,使人—车—路—环境系统产生整体协同效应,实现安全畅通目标。若物质条件因素的反射作用不能得到交通能动者的及时反馈,或交通能动者有某种素质缺陷,或其他原因,反应迟钝、判断失误,协调中断,失衡不当,使人、车、路、环境系统的整体协同效应间断,失去动态平衡,矛盾激发,发生事故。基于这样一种原理,我们认为交通事故是完全可控的。

四、交通事故分布特征

就某一具体的事故而言,它的发生地点、发生时间和发生原因等都是随机事件,是事先不可能精确预测的。但是,在大量的交通事故的统计中可以发现,交通事故的类型、发生原因、发生时间和发生区域等总是存在着一定的特征和规律,在数学上称为统计规律。交通工程学对交通事故的研究主要侧重于对这些规律的研究。交通事故的主要分布特征有如下几种:

1. 交通事故的空间分布

交通事故的空间分布主要是指在某一个区域,在某一个统计时间段中对该区域中各社区发生交通事故从数量等方面的描述,以便使交通事故的空间分布规律表现得更加清楚。

交通事故的空间分布不但可以分社区统计,而且可以分地理地貌、气候区划、道路等级、城乡区域等为统计单位,甚至可以分道路车道统计。

1)我国道路交通事故地域分布情况

(1)东部地区[①]是道路交通事故高发地区

2013年,经济相对发达的东部地区11个省(市)机动车保有量占总数的48.11%,人口占总数的41.48%,交通事故死亡人数占全国道路交通事故死亡总数的49.01%;中部地区8个省机动车保有量占总数的26.93%,人口占总数的31.49%,交通事故死亡人数占总数的23.87%;西部地区12个省(区、市)机动车保有量占总数的24.95%,人口占总数的27.04%,交通事故死亡人数占总数的27.12%。

---

① 东部地区包括北京、天津、河北、辽宁、上海、江苏、浙江、福建、山东、广东和海南等11个省(市);中部地区包括山西、吉林、黑龙江、安徽、江西、河南、湖北、湖南等8个省;西部地区包括四川、重庆、贵州、云南、西藏、陕西、甘肃、青海、宁夏、新疆、广西和内蒙古等12个省(市、区)。

（2）中部地区道路交通事故死亡率相对较低

2013年中部地区万车死亡率、10万人口死亡率分别为2.07和3.27，远低于东部地区的2.38、5.10和西部地区的2.54、4.33。

（3）中部地区道路交通事故致死率高

2013年全国道路交通事故平均致死率为4.50%，东部、西部、中部地区致死率分别为4.04%、4.50%和5.89%。与2012年相比，无论是全国道路交通事故平均致死率，还是东部、西部、中部地区致死率都有所下降。即便如此，中部地区交通事故的致死率依然是最高的。另外，从全国范围看，黑龙江、西藏、吉林、内蒙古、河北、山西、陕西、青海等8省（区）道路交通事故致死率较高，都在10%以上。

表8-1为我国东、中、西部地区道路交通事故分布表。

我国东、中、西部地区道路交通事故分布 表8-1

地区	所占比例			万车死亡率	10万人口死亡率
	机动车保有量	人口	交通事故死亡人数		
东部地区	48.11%	41.48%	49.01%	2.38	5.10
中部地区	26.93%	31.49%	23.87%	2.07	3.27
西部地区	24.95%	27.04%	27.12%	2.54	4.33

2）各省道路交通事故情况

2013年，全国31个省（区、市）中有27个省（区、市）的道路交通事故起数都呈现出下降趋势。各省（区、市）道路交通事故死亡人数仍以广东省、浙江省、江苏省和山东省最多。这四个省份均为我国东部沿海省份，经济相对发达，且机动车保有量和人口在全国所占的比重也在逐年上升。截至2013年底，四省份的机动车保有量共7 715万辆，人口3.38亿，分别占全国的30.84%和24.95%。2013年四省份道路交通事故死亡人数为18 934人，占全国道路交通事故死亡总人数的32.34%。虽然四省份道路交通事故死亡人数与去年相比有所减少，但死亡人数依然占到了全国的近1/3。表8-2为2013年各省（市、自治区）道路交通事故情况一览表。

2013年各省（市、自治区）道路交通事故情况一览表 表8-2

省份	所占比例(%)							万车死亡率	10万人口死亡率	致死率(%)
	事故起数		死亡人数	受伤人数		机动车保有量	人口			
	不适用简易程序处理	适用简易程序处理		不适用简易程序处理事故导致的	适用简易程序处理事故导致的					
北京	1.54	4.55	1.47	1.57	4.94	2.15	1.56	1.60	4.07	1.56
天津	2.17	2.91	1.43	2.30	1.20	1.11	1.09	3.02	5.68	4.62
河北	2.62	1.61	4.27	2.23	1.03	6.25	5.41	1.60	3.41	13.99
山西	2.67	1.56	3.64	2.58	1.00	1.96	2.68	4.35	5.88	11.88
内蒙古	1.84	0.61	1.87	1.64	0.28	2.13	1.84	2.06	4.39	14.54
辽宁	2.91	3.37	3.44	2.59	2.09	2.73	3.24	2.96	4.59	6.95
吉林	1.24	1.37	2.30	1.08	0.40	1.82	2.03	2.95	4.89	17.39
黑龙江	1.65	0.31	1.98	1.54	0.09	1.65	2.83	2.81	3.02	21.72
上海	1.01	16.33	1.56	0.68	8.19	1.14	1.78	3.21	3.78	1.06

续上表

省份	所占比例(%)		死亡人数			机动车保有量	人口	万车死亡率	10万人口死亡率	致死率(%)
	事故起数			受伤人数						
	不适用简易程序处理	适用简易程序处理		不适用简易程序处理事故导致的	适用简易程序处理事故导致的					
江苏	6.75	11.68	7.99	5.70	10.56	6.90	5.86	2.71	5.89	3.73
浙江	9.22	8.72	8.30	8.68	9.88	5.65	4.06	3.44	8.84	3.89
安徽	8.88	6.23	4.56	9.52	6.88	3.91	4.45	2.73	4.43	2.85
福建	4.29	2.86	3.65	4.45	5.70	3.11	2.78	2.75	5.67	3.04
江西	1.45	1.44	2.31	1.37	1.35	2.75	3.34	1.96	2.99	7.44
山东	6.49	4.27	6.40	5.60	4.24	9.15	7.18	1.64	3.85	6.32
河南	3.25	2.12	2.79	3.07	1.17	7.47	6.95	0.87	1.73	8.08
湖北	2.92	1.52	3.08	2.97	2.02	3.87	4.28	1.86	3.11	6.22
湖南	4.38	1.59	3.21	5.28	3.10	3.50	4.94	2.15	2.81	4.18
广东	12.81	8.49	9.65	13.30	7.74	9.15	7.85	2.47	5.31	4.97
广西	1.93	1.67	3.71	1.84	2.15	4.04	3.48	2.15	4.60	7.71
海南	1.00	0.48	0.84	1.27	0.68	0.79	0.66	2.48	5.51	4.83
重庆	2.84	3.48	1.66	3.69	5.26	1.64	2.19	2.37	3.27	1.54
四川	4.82	3.85	4.54	5.34	6.34	4.94	5.98	2.15	3.28	3.35
贵州	0.63	1.36	1.45	0.78	1.39	1.61	2.58	2.10	2.42	5.03
云南	1.89	3.70	2.98	2.14	7.63	4.03	3.46	1.73	3.73	2.06
西藏	0.36	0.02	0.50	0.41	0.02	0.12	0.23	9.29	9.29	20.44
陕西	3.00	1.17	3.07	2.55	0.84	2.41	2.78	2.99	4.78	11.31
甘肃	1.47	0.92	2.45	1.56	1.29	1.23	1.91	4.66	5.56	7.97
青海	0.54	0.19	0.91	0.58	0.30	0.34	0.43	6.25	9.20	10.88
宁夏	0.90	0.61	0.68	1.02	0.58	0.73	0.48	2.18	6.12	4.69
新疆	2.49	1.02	3.30	2.64	1.64	1.73	1.67	4.46	8.52	7.90

3) 道路交通事故多发路段分析

在实际的道路交通安全管理工作中,另外一种较为常用的交通事故空间分布统计方式(图8-11)是将道路划分成不同的路段,统计各路段上的交通事故,从而直观的判别事故多发路段。

2. 交通事故的时间分布

交通事故的时间分布是交通事故分布的一个重要特性,交通管理人员可以根据事故的时间分布规律制订相应的管理措施。可见事故时间分布的重要性。

交通事故的时间分布主要分为:年分布、季分布、月分布、周日分布、日分布、小时分布等。

1) 年分布

年分布的统计首先要定出一个"年时间段"。年时间段的确定原则是根据事故分析的目的而定,如:某个政策出台前的某一时段、政策出台后的时间段。某条道路拓宽前的时段、拓宽后的时段。我国1970年以来交通事故的年分布如图8-12所示,从中可以看出不同时期的交通事故分布情况。

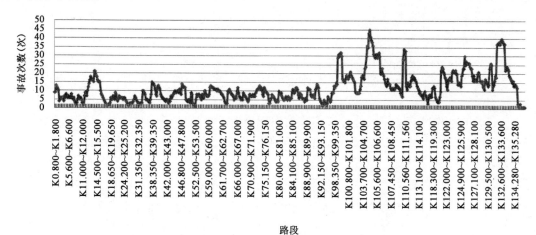

图8-11 交通事故空间分布图示例

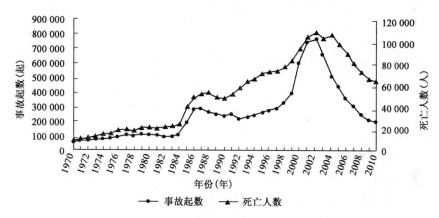

图8-12 1970—2010年我国道路交通事故年分布图

2）季分布

季分布是对某一年中,对所发生的交通事故按季度统计的一种方法和成果,如:2010年我国交通事故季分布(表8-3)。

2010年我国交通事故的季分布 表8-3

季度		事故起数		死亡人数		受伤人数		直接财产损失(元)	
		数量	占总数	数量	占总数	数量	占总数	数量	占总数
合计		219 521	100%	65 225	100%	254 075	100%	926 335 315	100%
上半年	小计	105 965	48.27%	30 082	46.12%	125 147	49.26%	446 079 260	48.15%
	一季度	51 991	23.68%	15 529	23.81%	61 419	24.18%	228 132 854	24.62%
	二季度	53 974	24.59%	14 553	22.31%	63 728	25.08%	217 946 406	23.53%
下半年	小计	113 556	51.73%	35 143	53.88%	128 928	50.74%	480 256 055	51.85%
	三季度	55 069	25.09%	16 201	24.84%	65 440	25.75%	226 009 387	24.40%
	四季度	58 487	26.64%	18 942	29.04%	63 488	24.99%	254 246 668	27.45%

从表8-3中统计的情况来看,2010年第三、四季度的交通事故的发生次数大于第一、二季度,其中第四季度事故次数最多,为58 487次。从交通运输量与交通事故的发生成正比例的关系来分析,第三、四季度的交通运输量大于第一、二季度的运输量。

3)月分布

交通事故的月分布表现了交通事故在一年之中十二个月的分布规律。利用这种规律,交通管理部门可以有的放矢地进行人员安排、突出和加强交通管理的时间重点,有效地提高交通管理水平。

根据2010年道路交通事故统计,2月发生次数最少,为15 508次,而12月最多,为21 047次。由图8-13可知,2010年因交通事故死亡的人数在3月最少,为4 255人,11月最多,达到6 746人。

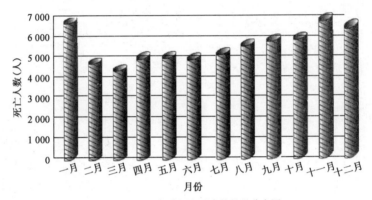

图8-13　2010年我国交通事故的月分布图

4)周日和日分布

交通事故的周日分布是指交通事故在某一个时间段内所有的周日(从星期一至星期日)的事故平均值的分布(如计算一年中星期一交通事故的平均值为全年52个星期一交通事故总和的算术平均值),也可以专指某一个周日具体的交通事故数的分布数。同理,交通事故的月分布也是指在某一个时间段内每一个月的交通事故数,或在某一个大的时间段内某一个月在若干的该月交通事故发生总数的平均值。

交通事故周日、月分布数同样是交通管理部门和交通运输部门以及公路管理部门制订计划、制订措施、规划和改建公路的有力依据。2010年我国交通事故的周日分布和日分布如图8-14和图8-15所示。

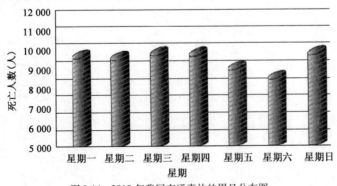

图8-14　2010年我国交通事故的周日分布图

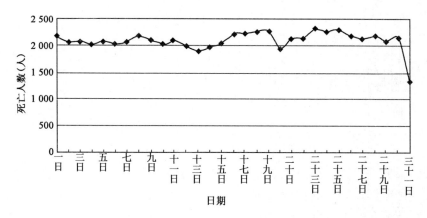

图 8-15　2010 年我国交通事故的日分布图

5) 小时分布

交通事故的小时分布是指在某一个时间段(大于 2h)内每小时发生的交通事故数的统计。一般情况,小时数的排列是按该时间段的前后顺序排列的,但也可以按照交通事故发生数的大小来排列。通常是以一年为时间段,从该年的第一个小时开始,进行 8 760 个小时统计,也可以以一昼夜 24h 统计,同时也可以是某一时间段的小时平均值。

分布统计结果可以是表格的形式,也可以是曲线的形式和直方图的形式(图 8-16)。

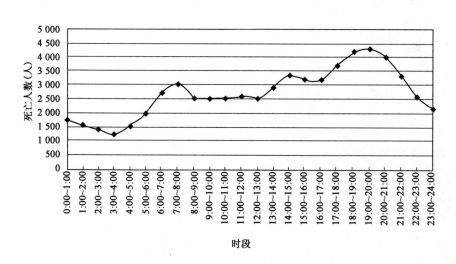

图 8-16　2010 年我国交通事故的 24h 分布图

交通事故的时间分布有着重要的实用意义。它的统计需要做过细的工作,数据的积累可以进行多时间段的同期比较,也是多区域交通管理工作情况分析比较的重要依据,当然,多区域的比较,不能采用"绝对数据指标"法,因为该方法缺少可比性,多区域的比较只能采用"相对数据指标"法进行(相对数据指标法目前有当量法、强度法等)。

第二节　交通事故统计分析

一、交通事故统计分析的作用

就某一具体的事故而言,它的发生地点、发生时间和发生原因等是随机事件,是事先不可能精确预测的。但是,在大量的交通事故的统计中可以发现,交通事故的类型、发生原因、发生时间和发生区域等存在着一定的特征和规律。交通事故的统计分析是通过交通事故的统计报表对事故的总体进行的调查研究活动,目的是通过各种统计分析理论方法,定量地认识事故的现象、挖掘事故的本质。交通事故的统计分析对综合治理交通和保证道路交通安全有着重要的作用,具体表现如下:

(1)发现和识别事故高发的区域、交叉口和路段;

(2)可以分析交通事故成因、特征、规律及交通安全工作中的薄弱环节,明确交通安全管理工作的重点及对策;

(3)可以证实道路几何设计、行车道设计、交叉口设计、交通控制装置的设置及参数选择的合理性;

(4)可以证实交通建设投资的合理性;

(5)可以鉴定某些交通管理方法的实际效果;

(6)可以提供交通管理机构设置的合理性论证资料;

(7)检验交通法规中所规定的款项的合理性,了解哪些款项应进一步完善和补充;

(8)检验驾驶员培训、交通安全教育的作用;

(9)检验道路交通规划的合理性;

(10)可以分析出影响交通安全的诸因素及其影响的重要程度,预测交通事故的发展趋势。

二、交通事故统计分析指标及其主要分析方法

1. 交通事故统计分析指标

用事故分析指标可以反映事故总体的数量特征。由于交通事故的复杂性,需要用一系列的指标才能反映事故总体各方面的数量特征,揭示出事故总体的内在规律。

(1)绝对指标

一般采用四项绝对指标对交通事故进行统计分析,即交通事故发生次数、交通事故死亡人数、交通事故受伤人数、交通事故直接经济损失。交通事故的绝对指标能反映某地区某一时期交通事故的规模、总量和水平。绝对指标逐年逐月地累积还可以反映出交通事故的发展趋势,亦可用来衡量每年、每月,不同国家或各省、市、县等交通安全情况。

(2)相对指标

与绝对指标相比,相对指标更能客观反映道路交通安全水平。常用的相对指标有:万车死亡(致伤)率、10万人口死亡(致伤)率、亿车公里事故死亡(致伤)率、百万车公里行车肇事死亡率等。

①万车事故死亡(致伤)率。表示在所研究的区域内,平均每一万辆机动车在一年内所造成的交通事故死亡(或致伤)人数。用公式(8-1)表示为:

$$万车事故死亡(致伤)率 = \frac{交通事故死亡(致伤)人数}{机动车拥有量} \times 10^4 (人/万车) \quad (8\text{-}1)$$

②10万人口事故死亡(致伤)率。表示在所研究的区域内,平均每10万人口在一年内因交通事故而死亡(或致伤)的人数。用公式(8-2)表示为:

$$10万人口事故死亡(致伤)率 = \frac{交通事故死亡(致伤)人数}{人口总数} \times 10^5 (人/10万) \quad (8\text{-}2)$$

用万车事故死亡(致伤)率和10万人口事故死亡(致伤)率来宏观评价交通事故的严重程度,是国际上一种通用做法(表8-4)。

中美交通事故情况比较   表8-4

年份	美国			中国		
	死亡人数	十万人口死亡率	万车死亡率	死亡人数	十万人口死亡率	万车死亡率
2001	42 196	14.80	1.91	105 930	8.51	15.46
2002	43 005	14.94	1.91	109 381	8.79	13.71
2003	42 884	14.77	1.86	104 372	8.08	10.81
2004	42 836	14.62	1.80	107 077	8.24	9.93
2005	43 510	14.71	1.77	98 738	7.60	7.57
2006	42 708	14.30	1.70	89 455	6.84	6.16
2007	41 259	13.68	1.61	81 649	6.21	5.10
2008	37 423	12.30	1.45	73 484	5.56	4.33
2009	33 808	11.01	1.30	67 559	5.10	3.63
2010	32 788	10.60	1.30	65 225	4.89	3.15

③亿车公里事故死亡(致伤)率。表示在所研究的区域内,平均每运行1亿车公里的交通事故死亡(致伤)人数。用式(8-3)表示为:

$$亿车公里事故死亡(致伤)率 = \frac{交通事故死亡(致伤)人数}{总运行车辆公里数} \times 10^8 [人/(亿车 \cdot km)] \quad (8\text{-}3)$$

与万车事故死亡(致伤)率和10万人口事故死亡(致伤)率相比,亿车公里事故死亡(致伤)率较为科学。国际上通常用此来比较国与国之间的交通事故严重程度。例如,2010年美国、德国、英国及韩国亿车公里交通事故死亡率分别为0.7、0.5、0.4及1.9。近年来我国国道网、高速公路亿车公里事故率和死亡率均呈明显的下降趋势。2013年全国国道网、高速公路亿车公里事故率分别降至3.0和1.0,亿车公里事故死亡率分别降至1.4和0.7(图8-17)。

④百万车公里行车肇事死亡率。是我国用于考核公路运输企业安全生产的一项重要指标。它说明某企业平均每运行100万车公里所造成的交通事故死亡人数。这种指标的计算方法与亿车公里事故死亡率相类似,可以用公式(8-4)表述为:

$$百万车公里行车肇事率 = \frac{交通事故死亡人数}{总运行车公里数} \times 10^6 [人/(百万车 \cdot km)] \quad (8\text{-}4)$$

我国规定:国家二级公路运输企业的行车肇事死亡率标准是不超过 0.17 人/(百万车·km)。

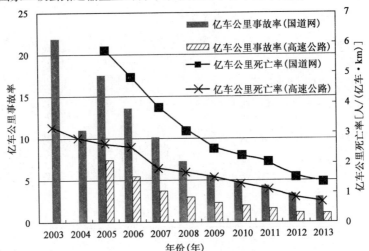

图 8-17 我国国道网和高速公路事故率及死亡率情况(2003—2013 年)

2. 交通事故统计分析的主要方法

在交通事故统计分析中,常利用以下几种方法:

(1)计算主要指标

主要的事故指标可以说明事故总体的基本规模和水平。我国最常用的事故指标是在某一时期内的交通事故次数、负伤人数、死亡人数、直接经济损失等四项绝对指数,以及这四项指标的增减速度。

(2)统计表格

根据不同的分析目的,将统计分析的结果编列成各种表格。表格内可包括各种必要的绝对指标和相对指标的具体数值,是交通事故统计中常用的一种方式。

(3)直方图

由一横坐标及一系列高度不等的矩形组成。横坐标可以是性质不同但互相有联系的各种因素,也可以是同一因素的数值分段。各矩形的高度代表对应横坐标的某一指标数。因直方图比较直观、形象,用直方图进行交通事故统计分析,不仅可以表示交通事故的变化和趋势,还可以比较各种因素对交通事故的影响程度。

(4)排列图法

也叫巴雷特图法,是找出影响交通事故主要原因的一种有效方法,形式如图 8-18 所示。图中有两个纵坐标,一个横坐标,几个矩形和一条曲线。左边的纵坐标表示图 8-18 分析事故原因的排列图事故次数或死亡人数、受伤人数等;右边的纵坐标表示事故频率(以百分比表示);横坐标表示要分析的各个因素,按影响程度的大小从左至右排列;矩形的高度表示某个因素影响的大小;曲线表示各因素影响大小的累计百分数,称巴雷特曲线。采用排列图反映交通事故的主要原因时,通常把累积百分数分为三类:对于占 0~80% 频率的作为 A 类因素(关键因素),80%~90% 频率的作为 B 类因素(次要因素)。集中力量解决 A、B 两类因素,就能够解决 90% 的交通事故问题。

例如某汽车运输公司根据报告期行车事故统计,发生一般事故、重大事故、特大事故(均为责任事故)共 67 次。将发生事故的原因进行分组：

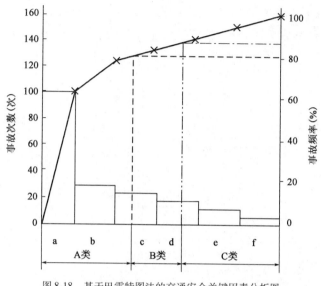

图 8-18　基于巴雷特图法的交通安全关键因素分析图

①由于驾驶员工作持续时间过长,过度疲劳而造成的事故 19 次,占总事故次数的 28.4%。
②由于保修质量不高,机件发生故障造成的事故 17 次,占总事故次数的 25.4%。
③由于装载不当,货物重心偏移引起的事故 14 次,占总事故次数的 20.9%。
④驾驶员开"赌气车",高速行驶肇事 8 次,占事故总数的 11.9%。
⑤驾驶员行车时,由于饮食、谈笑、疏忽肇事 5 次,占总事故次数的 7.4%。
⑥驾驶员已申明机件存在故障,不宜运行,但调度人员仍坚持派车,在运行中因机件故障造成事故 3 次,占总事故的 4.5%。
⑦驾驶员酒后行车造成事故 1 次,占事故次数的 1.5%。

上列各类因素按其频率大小排列为：
①驾驶员过度疲劳(28.4%)；
②机件故障(25.4%,累计 53.8%)；
③装载不当(20.9%,累计 74.7%)；
④高速行驶(11.9%,累计 86.6%)；
⑤违反驾驶守则(7.4%,累计 94%)；
⑥调度错误(4.5%,累计 98.5%)；
⑦酒后行车(1.5%,累计 100%)。

其中(1)+(2)+(3)为 A 类因素,(4)为 B 类因素,(5)+(6)+(7)为 C 类因素。解决 A、B 两类因素,即可解决 86.6% 的行车事故问题。于是得出减少行车事故的措施为:安排好驾驶员的食宿,适当安排驾驶员的出车时间,减轻驾驶员的劳动强度,加强维修质量检验和车辆进出场检验,装载时必须监装,对不合理的装载(重心超高、偏移、后移等)要督促重装,这样便可使事故次数减少 74.7%。如果再加强驾驶员遵章守纪教育,杜绝违章超速,则可进一步减少 94%。

(5) 事故分析图

用来分析交通事故在道路上的分布情况和事故多发点。其做法是在道路图上，用约定的简明符号将实际发生的交通事故的时间、事故形态、事故前车辆的行驶状态和方向、行人或自行车的行进方向、事故后果等标注在相应的位置上，即是事故分析图（图8-19）。

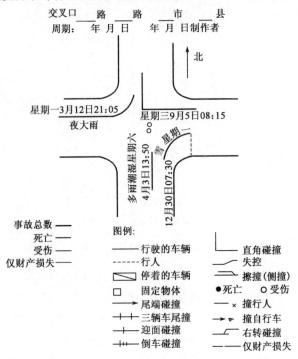

图 8-19　事故分析图示例

(6) 坐标图

简单的坐标图是由一个横坐标和一个纵坐标构成的。横坐标一般是连续数列，如时间、年龄等。纵坐标可以是某一绝对指标或相对指标。用坐标图进行分析比较，有很强的直观性，一般常用来表示交通事故中某一特征指标的发展变化过程和趋势。图8-20 为1993 年以来全国交通事故次数和伤、亡人数曲线图。

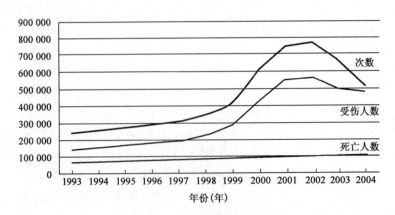

图 8-20　1993 年以来全国交通事故次数、受伤人数、死亡人数曲线图

(7) 圆图法

圆图是将要分析的项目按比例画在同一个圆内,整个圆周360°被看作是100%,半圆周180°相当于50%,90°扇形相当于25%,用圆图可以直观地看出各个分析项目所占比例大小。

例如,通过对2004年全国交通死亡事故的数据进行系统分析,就交通死亡事故的原因、肇事驾驶员责任、肇事驾驶员年龄、天气、死者年龄等五个方面,分析了交通事故的特征,见图8-21。

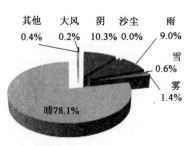
a) 各种天气条件下的事故死亡人数构成示意图

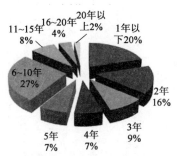
b) 不同驾龄的驾驶人肇事导致死亡人数构成示意图

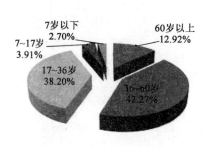
c) 交通事故死者年龄结构

d) 事故主要原因死亡人数构成

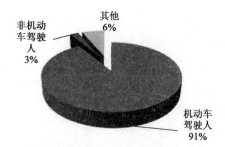
e) 各种交通方式肇事导致死亡人数构成示意图

图 8-21 交通事故特征分析图

(8) 因果分析图法

因果分析图也叫特性因素图,因其形状特殊,也称为树枝图或鱼刺图,其形式如图8-22所示。

制作因果分析图时,应集思广益,进行分析研究,尽可能地把事故的各种大小原因客观全面地找出来,绘在图上。

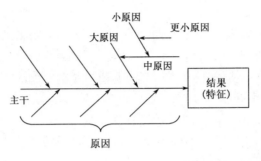

图 8-22 因果分析图

因果分析图对于分析交通事故的原因是适用的。它直观、逻辑性强、因果关系明确,因此便于采取措施。它既可以对总的方面进行分析,也可以对单项原因进行分析,还可以对具体案例进行分析(图 8-23)。

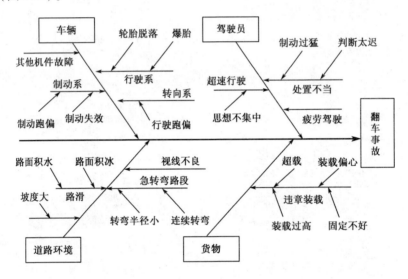

图 8-23 翻车事故因果分析图

(9)统计调查分析表法

是利用统计调查表来进行数据整理和粗略的原因分析。这也是在交通安全管理工作中常用的分析方法,例如我们的交通事故月报表就是这种分析方法。统计调查分析表的格式根据分析的内容来确定,可以是各种各样的,只要包含调查分析的内容,达到调查分析的目的即可。

第三节 交通事故成因分析

交通事故的成因分析是交通管理部门、路政管理部门及交通运输管理等部门必须进行的一项主要工作,通过分析,各自找到相关的事故诱发原因,为相关部门指挥好交通、养护好道路、管理好运输提供有力依据。

交通事故是在特定的交通环境影响下,由于人、车、路、环境诸要素配合失调偶然发生的。

因此,分析交通事故成因最主要的是分析人、车、路、环境对交通事故形成的影响。

人,主要包括道路上的行人和车辆驾驶员,是道路交通动态要素中的主体。所以,离开人的交通行为,是不可能造成交通事故的。而车,主要指机动车、非机动车、畜力车、残疾人专用车等,一般来说,由于人的因素才使车辆发生交通效应,从而使车成为交通事故构成的主要因素。而道路是交通体系中的必要条件之一,构成交通事故的必要条件的环境往往被称为交通事故的诱发条件。

人、车、路、环境是四个完全不同的概念,但是,这四者在交通系统中有着相互协调、相互依赖、相互作用的密切关系,其中任何一个要素失调,都会导致交通事故以某种形态发生。因此,要保证交通安全,取决于各要素的完善程度。这是《交通工程学》的基本观点。但是,要彻底完善上述四要素,从理论到实践中都是不可能的,所以,交通事故的发生也成为必然事件。因此,有力地减少交通事故的发生仅是交通管理部门和其他有关部门的一个努力方向。

道路交通事故虽然严重地威胁着人类的生命和财产安全,但可以断言,依靠高科技的手段和为人民负责的态度,人们不会使交通事故无休止的上升。美国、法国、日本等一些发达国家从20世纪60年代开始对交通事故从理论上进行了深入研究,实践上加大综合治理的力度,收到了良好的成效。对交通事故的成因分析也是理论研究和实施综合治理的一个重要措施。

一、人的因素

人既是交通事故的制造者,又是交通事故的受害者。同时,人是交通安全中的一个能动因素,是交通安全的主体。根据交通事故发生原因的相关统计分析,有80%～85%的交通事故是由于人的违章行为造成的。人对交通事故形成的影响,主要表现在以下几个方面:

(1)自身的生理、心理状况等不符合交通安全的要求;

(2)自身违章行走、违章操作、违章装载、违章行驶等酿成事故;

(3)对他人的交通动态及道路变化、气候变化、车况变化、观察疏忽或措施不当等引起交通事故的发生。

1. 因驾驶员原因的交通事故分析

从机动车驾驶员方面来分析,驾驶员责任事故的发生主要是在行车过程中反应、分析和操作三个环节上出现了错误,见表8-5。

日本驾驶员责任事故原因分析表　　　　　表8-5

原因种类	交通事故数(次)	构成率(%)
反应迟缓	656	59.6
判断错误	384	34.8
驾驶错误	53	4.3
其他原因	9	0.8
合计	1 102	100

(1)反应迟缓

据有关资料统计,因反应迟缓或大意而引起的交通事故,按其内容可以分为以下几类:①注意力在其他事情上,没有及时发现紧急情况;②认为自己车前后没有其他车辆和行人的威胁。这是由于心理上或生理上的原因,如没有能够充分掌握情况或者驾驶时思想不集中、和人谈话或东张西望。

驾驶员在行车过程中把注意力放在其他事情上的心理原因有:①家庭和工作单位的烦恼;②交通阻塞引起的长时间缓慢驾驶;③强行超车和挤进汽车行列后的烦躁、焦急驾驶等。

注意力放在其他事情上的生理原因有:①疲劳过度;②睡眠不足;③饮酒过量;④身体健康情况不佳等潜在原因。

除上述两方面原因外,车外环境的变化和车内其他人员有趣的谈话等也影响驾驶员集中注意力,造成反应迟缓甚至酿成事故。

(2) 判断失误

据日本统计,由于驾驶员判断错误引起的交通事故,约占交通事故总数的 35%。这类事故按其内容可分为以下几类:①凭自己的想象判断对方的行动;②看错了道路的形式和线形;③看错了对方车辆的速度和与对方车辆的距离;④对自己的驾驶技术过分自信;⑤对驾驶的汽车性能、速度和长度判断错误。

因为驾驶员的性格、经历等各不一样,即使是对同一对象,也会因每个人的情况不同而做出不同的判断,就是同一个人也会因时间、地点的不同而做出不同的判断,而判断的错误往往是交通事故的直接起因。

(3) 操作错误

由操作错误引起的交通事故,按其内容可以分为:①由于驾驶技术不熟练而发生的操作错误;②由于情绪不安而发生的操作错误;③由于对车辆维护不良,致使制动或回避动作不充分而发生的操作错误等。操作上的错误,大多数与反应、判断的迟缓或错误有直接关系,这是操作错误肇事的一大特点。

(4) 其他原因

驾驶员的操作水平是交通事故成因的一个主要因素,但因为对驾驶员操作水平的衡量,从标准到操作上都没有统一,所以没有进行过系统的分析。目前,这项分析工作主要是从驾驶员肇事次数的地域分布和驾驶员的驾龄着手分析的。

很多交通研究学者对驾驶员年龄与交通事故之间的关系进行了研究。一般来说,年轻驾驶员的交通事故率较高,25 岁以后,随着年龄的增长,交通事故率下降;当驾驶员的年龄大于 60 岁,交通事故率又随着年龄的增长而增加。交通事故率较高的原因在于年轻驾驶员通常没有丰富的驾驶经验,为寻求刺激经常超速行驶,并且责任心不强;对于老年驾驶员而言,随着年龄的增长,他们对外部交通环境的感知能力开始降低,手脚变得不太灵活,对于新的交通环境的适应能力变差,从而导致交通事故率增大。

交通事故责任人员的职业特性也是有一定的规律。有资料认为,交通事故责任人中从事科学研究、工程技术、文化教育及在国家机关工作的人员从数量上少于从事工、商等工作的人员数量。从这个规律分析,事故责任人中受教育程度越高,发生责任肇事的数量越少,这里体现了人的素质和行为准则的水平对道路交通安全的影响。

2. 交通违法肇事情况

(1) 机动车违法行为

近年来,我国机动车交通违法行为一直居高不下,因机动车交通违法行为导致的交通事故比例总体上呈现增长态势。根据公安部的统计,2013 年因机动车违法行为导致的交通事故起数、死亡人数和受伤人数已分别占总数的 88.93%、90.92% 和 89.20%。图 8-24 为 1998～2013 年机动车违法行为肇事情况。

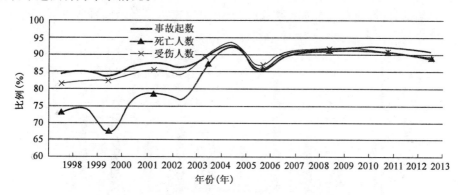

图 8-24　机动车违法行为肇事情况(1998～2013 年)

（2）非机动车、行人和乘车人违法行为

与机动车违法行为一样,近年来全国处理非机动车、行人和乘车人违章(法)次数、教育人次和处罚人次也起伏较大。与处理的机动车违法行为相比较,虽然非机动车、行人和乘车人违法行为数量上相对较少,但绝对数量仍然较大。2013 年,全国处理非机动车违章(法)次数、教育人次和处罚人次分别高达 2 387 万、1 744 万和 642 万;处理行人和乘车人违章(法)次数、教育人次和处罚人次分别高达 2 642 万、2 040 万和 603 万。图 8-25 为 2004～2013 年全国处理非机动车交通违法情况,图 8-26 为 2004～2013 年全国处理行人和乘车人交通违法情况。

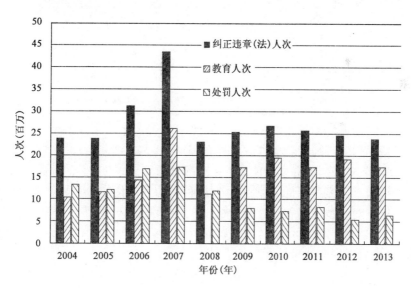

图 8-25　全国处理非机动车交通违法情况(2004～2013 年)

二、车辆因素

车辆技术性能的好坏,是影响道路交通安全的重要因素。

由于车辆技术性能不良引起的交通事故比例并不大,但这类事故一旦发生,其后果一般都是比较严重的,这类事故的起因通常是由于制动失灵、机件失灵和车辆装载超高、超宽、超载及货物绑扎不牢固所致。另外,由于车辆行驶过程中,各种机件承受的反复交变载荷,当超过一定数量也会突然产生疲劳而酿成交通事故。除此之外,由于一些维修制度的不完善、不落实,车辆检验方法落后,致使车辆常常因带病行驶而肇事,这也是车辆本身造成事故的原因。对于这类应当排除的责任事故,统称为"车辆机械事故"。

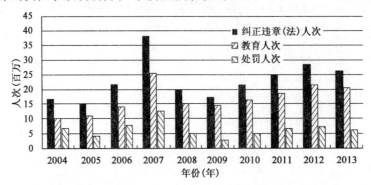

图 8-26 全国处理行人和乘车人交通违法情况(2004~2013 年)

"车辆机械事故"主要发生在"制动系统和转向系统"中,监督运输车辆的良好技术状态,对于防止交通事故,保证安全运输具有重要意义。表 8-6 为重庆市 2003 年车辆机械事故统计数据。

重庆市 2003 年车辆机械事故的统计数据　　　　表 8-6

事 故 原 因	事故次数(次)	死亡人数(人)	受伤人数(人)	经济损失(元)
制动失效	180	10	172	446 300
制动不良	161	13	136	450 591
转向失效	42	8	44	120 158
灯光失效	19	10	19	12 874
其他机械故障	40	5	25	90 118
合计	442	48	396	1 120 042

相关研究表明,车辆的种类与事故的恶性程度有相关关系。车辆的种类和性能的差异对于驾驶的难度、错误驾驶行为的诱导等方面具有不同的影响。随着机动车制造工艺的迅速发展,汽车的加速性能、最大速度和爬坡能力有了明显的提高,加之我国的公路条件也有了明显的改善,汽车的操作难度显著降低。但同时,车辆种类的多样化使驾驶员对所驾车辆的功能并不熟悉,我国又缺少对新技术、新功能(指对机动车)的培训和咨询部门,这是由车辆因素导致交通事故发生的一个主要原因。此外,现代车辆上的视觉减速功能、操纵的简易化等往往诱导驾驶员超速行驶进而引发交通事故。

三、道路因素

道路交通的安全取决于交通过程中人、车、路、环境之间是否协调,因此,除了前两个因素以外,道路本身的技术等级、设施条件及交通环境作为构成道路交通的基本要素,对交通安全的影响是不容忽视的,在某些情况下,它们可能成为导致交通事故发生的主要原因。

1. 道路线形与交通事故

道路的坡道(纵坡)和弯道(平曲线)是道路的主要组成部分,但是在道路设计时和养护中如果不注意科学性和实用性,就会造成交通事故。道路线形几何要素的不合理,以及种种不良的线形组合,均可能导致交通事故的发生。

1)长直线路段

过长的直线路段容易使驾驶员对行进前方过于一目了然,且道路景观一般是静止的,驾驶员容易因单调而产生疲劳,注意力不集中,从而造成反应迟缓,一旦发生意外情况就会措手不及而肇事。另外,驾驶员为了尽快地驶出直线路段,往往高速行车,使车辆进入直线路段末端的曲线部分时速度仍较高,从而造成行车失控。

2)曲线路段

(1)平曲线。英国某学者进行的调查表明:曲率愈大,事故率愈高。原因在于:一方面曲率越大,汽车在运行中的转弯半径越小,而所受的横向力越大,容易发生溜滑;另一方面驾驶员的行车视距变小,视盲区增大,事故的隐患就大。

(2)竖曲线。凸形竖曲线半径过小时,会影响到驾驶员的视距,使其视野变小,也容易酿成事故。

(3)纵坡度。坡道上交通事故率高的原因主要是:①下坡时,驾驶员为节油而常常采取熄火滑行的操作方法,一旦遇到紧急情况来不及采取应急措施,这类事故约占坡道事故的24%;②在车辆下坡时,由于重力作用使行驶速度过高,制动非安全区过长,遇有紧急情况不能及时停车,这种原因引起的事故占坡道事故总数的40%;③车辆上坡行驶时,由于超越停放或后备功率较小的低速行驶车辆所造成的坡道事故占18%;④由于其他原因引起的坡道事故占18%左右。

3)线形组合

不同线形之间的组合是否协调与行车安全有密切的关系。下列不良的线形组合往往是导致交通事故发生的重要原因:

(1)线形的骤变如长直线的末端设置小半径的平曲线;

(2)在连续的高填方路段,如果没有良好的视线引导,驾驶员容易使车辆偏离车道中心线而冲出路面,酿成车祸。

(3)短直线介于两个不同向平曲线之间,形成所谓的断背曲线,这样容易使驾驶员产生错觉,把线形看成为反向曲线,在直线过渡段造成翻车事故。

(4)在直线路段的凹形竖曲线路段上,驾驶员位于下坡时看到对面的上坡段,容易产生错觉,把上坡的坡度看得比实际的坡度大。这样,驾驶员就有可能加速以便冲上对面的上坡路段;在下坡路段上行车,驾驶员未觉察自己是在下坡,因而有可能发生事故。

(5)在凸形竖曲线与凹形竖曲线的顶部或底部插入急转弯的平曲线,前者因没有视线引导而造成必须突然急打方向盘;后者在超出汽车设计速度的地方仍然要急打方向盘,这些都是容易引发交通肇事的。

(6)在凸形竖曲线的顶部或凹形竖曲线的底部设置断背曲线,在前者情况下,视线失去诱导的效果,在公路上行驶的车辆好像突入空中状态,给驾驶员以不安的感觉。车到顶点才知道线形开始向相反的方向弯曲,故在操纵方向盘时也是非常紧张的。而后者会因为道路排水不畅造成看起来道路是扭曲的,也有使驾驶员视觉产生偏差的缺点。

(7)在一平面曲线内,如果纵断面反复凹凸,每每产生这样的情况,即形成只能看见脚下和前方,而看不见中间凹陷的线形,这样的线形容易发生事故。

(8)转弯半径较小的平曲线与陡坡组合在一起时,则会使事故从数量和恶性程度上剧增。

2. 道路路面与交通事故

道路路面与行车有着密切的关系,这个关系主要表现在路面和车轮之间的附着性,也即摩擦系数。附着性和道路路面的材料有关,不同的路面材料有着不同的摩擦系数,即使是相同的材料,路面表面的粗糙程度、干湿程度以及路面的完好程度不同,摩擦系数差异也很大。

在美国宾夕法尼亚州各类路面类型的事故调查发现,路面湿润时的事故率是路面干燥时的2倍,降雪时是路面干燥时的5倍,结冰时是路面干燥时的8倍。据英国道路研究所发表的有关资料介绍,因路滑发生的事故与道路线形关系极大,半径为150m以下的弯道部分,因路滑的肇事率为直线区间上肇事率的48倍,而环形交叉道路上因路滑肇事则是直线区间肇事数的80倍。

据日本东京的调查,由于道路缺陷而造成的交通事故中,因路面光滑而肇事者占30%。因路面光滑肇事有两种情况,一种是发生在制动前,路滑使驾驶员控制不住汽车;另一种是发生在制动后,在预定距离内不能减速或停车。因此,对路面进行防滑处理,增大其摩擦系数,可以有效减少事故的发生。

3. 道路类型与交通事故

有人在美国加利福尼亚州的高速公路(完全控制进出口)上做过交通事故调查。结果表明,这种高速道路的事故率比普通道路低,特别是两车相撞和交叉口肇事明显减少。不同类型的道路,由于车道数、车道宽度、公路路肩、中央分隔带等设置的不同,对交通安全的影响程度也不同(表8-7)。

英国各种类型道路上受伤事故率 表8-7

道 路 类 型	事故率(次/万车公里)	道 路 类 型	事故率(次/万车公里)
商业中心道路	5~8.1	两块板式道路(乡村)	1
居住区道路	2.5~4.4	两块板式道路(城市)	3
乡区道路	0.9~1.6	高速公路	0.4
三车道道路	1.3		

4. 道路交叉与交通事故

交叉口是道路交通的枢纽,驾驶员在交叉口处要选择自己的行车路线,从而与其他车辆交织或冲突,因而平面交叉口往往是交通事故的高发点。国外统计资料表明,平面交叉口的交通事故约占全部事故的50%左右。

交叉口附近的交通流既有汇聚、又有分散,不同方向的车流在交叉口处形成了较多的冲突点和交织点,如图8-27所示。研究表明,交叉口的冲突点数和会集道路的条数 n 成4次方的关系。汇集的道路条数越多,冲突点也越多,交叉口内事故率也越高。

除了交通冲突点以外,影响交叉口交通事故的主要因素还有:交通量大小,交叉口有无信号控制及方式、交叉口长度及车道宽度等。此外,距离交叉口远近不同,事故发生率也不尽相同,交叉口事故绝大多数发生在路口内和相距路口 20m 范围的路面上。日本东京一干道的交通事故统计如表 8-8 所示。

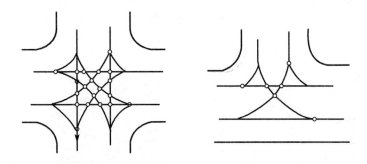

图 8-27　平面交叉口的冲突点与交织点

距离交叉口远近与交通事故的关系　　　　表 8-8

距离(m)	路口内	0~10	10~20	20~30	30~50	>50
事故发生率(%)	42.8	26.8	16.9	5.2	5.5	2.8

5. 公路景观与交通事故

公路景观与交通安全之间的关系常常被人忽略,事实上公路景观与交通安全二者之间是相辅相成、既相互促进又相互制约的辩证关系。优美舒适、功能科学合理的公路景观设计不仅能起到美化公路交通环境、保护自然环境的目的,也能对良好的交通安全环境起到积极的营造和辅助作用。

1) 公路景观对交通安全的促进作用

(1) 视线诱导与防眩

人的视野有水平的宽度和空间的深度,汽车行驶时人的视野是随道路前方情况而变化的,植物在立面上所形成的竖线条可成为人的视觉的参照物,引导驾驶员的视线。尤其是在黑暗中、有雾或下雪时,可以辅助驾驶员识别道路线形和侧向界限,提高交通安全性。这主要体现在驾驶员视线方向,公路景观在空间范围内形成的类似引导线的视觉效果,这种效果比公路路面和路线本身给予驾驶员的引导要强烈和有效得多。因此,合理的中央分隔带绿化和路侧具有视线诱导性植物能够显著地提高驾驶员行驶的安全性。例如,在平面弯道外侧种植成行的乔木,能够使曲线的变化非常明显,更好地帮助驾驶员对路线走向形成正确的预期。此外,高速公路中央分隔带内的植物,在满足高度和密度要求的情况下具有良好的防眩作用。

(2) 延缓驾驶员紧张和疲劳

优美的公路景观,能够平缓心情,使驾乘人员心情舒畅,增添旅途乐趣。富有变化的景观对驾驶员视觉刺激则有助于减少烦躁,消除旅途疲劳。从生理机能上讲,优美而富有变化的公路景观则能够使人体各个系统器官,特别是中枢神经系统、血液循环系统和内分泌系统的功能活动全部处于稳定的平衡状态之中,有助于缓解紧张,增加驾驶安全感。

(3) 缓解自然环境的明暗变化

在明亮的日光下,环境亮度可高达 8 000cd/m²,虽然隧道内设有隧道照明,但与自然环境相比,仍然存在巨大反差。由此形成的黑洞效应或白洞效应往往成为事故多发的促成原因。而通过洞外景观设计则可以有效降低洞外的环境亮度,具体的景观设计手法包括洞外尽量采用绿化植树减少环境光线的反射,在隧道口道路两侧设遮阳篷、遮光棚或种植高大的遮光树木等。通过这些措施可以在营造优美的公路景观的同时,有效地实现照度的过度,提升隧道洞口处的安全性(图 8-28、图 8-29)。

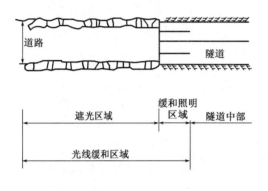

图 8-28　隧道出入口指数遮光示意图　　　图 8-29　隧道口遮光栽植示例

2)公路景观对交通安全的制约作用

在肯定公路景观对公路交通安全有促进作用的同时,也不能忽视不合理的公路景观会对交通安全造成不利的影响,这主要体现在以下几个方面。

(1)分散驾驶员的注意力

与环境不和谐、视觉冲击力强的公路景观很容易分散驾驶员的注意力,导致驾驶员驾驶时不够专注,从而加大发生交通意外的风险。

(2)遮挡视线,影响视距

最常见的不利于交通安全的典型问题就是高速公路中央分隔带内的绿化植物或景观设施影响驾驶员的视线,使安全行车需要的视距条件得不到保障。例如在弯道内侧,行道树距行车道过近,影响到驾驶员的视距和车辆安全行驶所需的横净距,就存在较高的事故危险。

四、交通环境因素

驾驶员行车的工作状况,不仅受道路条件的影响,而且还受到道路交通环境的影响。

1. 交通量的影响

在影响驾驶员行车的诸多交通因素中,交通量的影响起着重要作用。交通量的大小,直接影响着驾驶员的心理紧张程度,也影响着交通事故率的高低。交通量、车流速度和交通事故的关系如图 8-30 所示。

(1)交通量非常小时,驾驶员只根据道路信息操纵汽车,在没有同向和逆向汽车的干扰时,驾驶员可以根据汽车动力特性和制动性能自由选择车速,这时,一般车速都比较高。当道路的视线受到限制、路面宽度不足、路面粗糙度不够时,行车速度过高,驾驶员往往应付不了道路环境的变化。所以,在交通量小的道路,交通事故的绝对数虽然不大,但按每百万辆 km 计算的相对事故数比较,则有可能超过交通量大的道路。

(2)随着交通量的增大,驾驶员开始注意到同向汽车和迎面来车的影响,使驾驶员行车开始谨慎,这时事故的相对数量有所减少。当交通量再增加时,超车将受到限制,即超越时必须先跟随被超越车辆,等待适当的时机才能完成超车,车多时有可能形成 2~3 辆的跟车队列,故此时的车速较前一段有所下降,而相对的事故将随交通量的增加而增长。

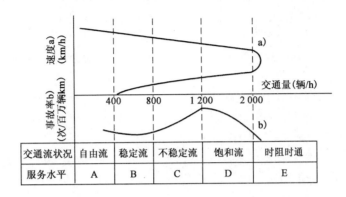

图 8-30 交通量、速度和交通事故的关系

（3）由于交通量的不断增加,与超车有关的道路交通事故的相对数量亦不断增加。同时,事故的增加与昼夜平均交通量成正比。多数国家的规范规定,当双车道路的交通量达到 6 000~7 000 辆/昼夜时,驾驶员在超车时,必须等候迎面来车出现足够的间隔才能进行,交通量越大,得到这种间隔的机会越少,超车的风险也越大。在这种条件下超车非常困难,必须把这种道路的行车道分隔开,使车辆单向行驶。这个阶段道路交通事故的相对数与昼夜平均交通量之间近似直线关系被破坏,车速继续下降,相对事故数上升很快。

（4）当交通量再增大,速度继续减低,这时只有冒着风险才能超车。同时超越车对迎面来车形成障碍,使迎面来车减速,甚至需要刹车或驶向路肩。这种冒险超车的驾驶员虽然不是大多数,但却使道路交通事故的相对数达到最大值。

（5）在饱和车流情况下,多数车辆只能跟随行驶,且使跟随车相互的速度差变小,速度继续下降,相对的交通事故数也有所下降。

综上所述,在交通量很小时,车辆的行驶主要取决于车辆本身的性能。这个阶段的交通肇事往往是由于高速行驶、冒险行车、汽车的运行与道路条件不相适应所致。随着交通量的不断增加,交通条件逐渐成为影响安全行车的主要因素,形成车辆的相互干扰、超车不当、避让不及等,常导致交通肇事。

2. 交通混杂程度与行车速度的影响

有人在德国的高速公路上调查发现,在稳定的小客车交通流中,若混入载货汽车,交通事故率将随载货汽车占比的增大而急剧地增大。

我国的道路多为双车道,且为混合式交通,由于各种机动车在一条道路上行驶,其动力性不同、行车速度相差很大,特别是机动车和非机动车的差异更大。我国的混合交通和交通混杂程度严重是交通事故率高的重要原因之一。

车速与交通事故也有密切的关系,相关研究表明:一条道路上,交通事故的多少与车速本身的关系较小,而与道路上各种车辆行驶速度的离散程度成正比。因此,车速太快或太慢均易肇事,而顺应交通流的一般速度则是最安全的。当然,从整个交通流来说,在交通量一定的情况下,交通流的平均速度越低,交通事故率也越低;反之,则交通事故率越高。

3. 交通信息特征与交通事故

汽车是在错综复杂的环境中行驶的,行车过程中,驾驶员总是通过自己的视觉、听觉、触觉等从不断变化着的交通环境中获得信息,并通过对他们的识别、分析、判断和选择,做出相应的反应。

不同的信息特征,经驾驶员分析、判断后会产生不同的心理反应,也就是不同的安全感。驾驶员的安全感(主观安全性)与道路本身的安全性能(客观安全性)的不同组合,决定着道路的交通安全性程度的高低。

所谓道路本身的安全性能,就是该道路为汽车的安全行驶提供的物质保障,或者称道路本身能够满足汽车安全行驶的程度,它取决于道路本身技术条件的可靠性以及这种可靠性能否以"信息"的形式显示出来并为人们所感觉。

道路交通的安全性既与道路本身的安全性能(客观安全)有关,又与驾驶员的安全感(主观安全)有关。一般有以下规律:

(1)道路本身的安全性能差、驾驶员安全感也低的道路上,道路交通的安全性可能高,即交通事故率可能低。

这是因为道路本身的安全性能虽然差,但危险性具有信息的先兆性,易为驾驶员所感觉,因而有从思想上和行动上应付的准备,这样,就不易肇事。

(2)道路本身的安全性能差、驾驶员安全感反而高的道路上,其交通安全性低,即事故率高。

如某些弯道上加宽不够、超高不足(甚至有微量反超高)的路段以及阴雨后初晴的沥青路面(附着系数很低)上,虽然道路本身的安全性能差,但因其危险性未直接显示,信息潜伏或信息微弱,同时,道路因为转弯半径并不小,或路面光滑如洗,容易使驾驶员产生比较高的安全感,这样往往在高速转弯时发生横向侧滑、翻车,或因遇到紧急情况(信息突显时)不能迅速停车及制动时侧滑、跑偏而肇事。

(3)道路本身的安全性能好,驾驶员安全感低的路段上,其安全性并不高,即事故率较高。

这时行车安全性并不好,即事故发生率有可能较高。它多发生在原本过于优越且单调的行车环境发生突然变化的时候,突变的行车环境使驾驶员的注意力发生了不必要的急剧转移,安全感下意识地骤然下降,并因之采取了多余的甚至错误的操作,导致事故发生。比如,某国道有一段 2km 的路段,路面宽直、车少人稀,路两旁有高大整齐的行道树遮映,由东至西是很缓的下坡,行车条件很优越,驾驶员行车至此一般都心情轻松,且车速较快,但因路宽且景物单调,驾驶员的主观速度感并不强烈,即并不认为自己车速很高。该路段西侧与一桥梁相连,且桥头有一岔道,在接近桥头处行道树结束。就该路段与桥梁、岔道的设计、连接等方面来看,无任何不妥之处,即有较高的安全保证。可事实上该桥头处频发翻车、撞护栏等行车事故。究其原因,问题出在驾驶员的心理上。该路段因行车环境条件好,道路交通安全保证高,故车速偏高且驾驶员很放松,身体应激水平下降。在车辆接近桥头时行道树突然消失,且眼前同时出现桥梁与岔道等刺激信息,尽管他们并不妨碍行车安全,但环境的突然变化,还是较强地刺激了驾驶员,使其安全感没必要地骤然变低,往往下意识地踩踏制动踏板,由于高速制动使这处道路交通安全保证较高的地方成了事故的多发点。与此类似,在许多良好路段上的事故多发点细究起来多与交通环境、驾驶员心理等因素的非正常变化有关。

(4) 道路安全保证高,驾驶员安全感更高的路段上,交通安全性也不高,即事故率较高。

某二级公路城市出入口路段,呈微凹形,路面平直、宽阔、视线良好。驾驶员进入该路段,首先获得这些信息,安全感很高,容易产生空挡滑行并提前提速冲坡的心理活动及驾驶操作,一旦遇到行人横穿公路、自行车放坡失控或高速转弯等突显信息,便惊慌失措而肇事。此为该地成为事故高发点的主要原因之一。安全保证、安全感更高的道路上,交通安全性并不一定高,有时反而事故率高。

(5) 道路安全保证和驾驶员安全感适度的道路上,交通安全性比较高,即事故率较低。

在此情况下,道路既足以保证行车安全,交通环境给予驾驶员的刺激信息又不致造成十分安全、可以任意行驶的感觉,因此安全性高。一些道路条件好,交通标志设置齐全、合理的路段以及有适度弯、坡路段比长直线路段事故率低的事实,就证明了这一点。

由上述分析,当道路的安全保证较高,而驾驶员的"信息"又并非十分安全的道路交通环境为最佳;最差的是不具备较好的安全行驶条件而给予驾驶员的"信息"又相当"安全"。交通管理的任务之一,就是通过改善交通环境,设置合适的交通标志来调节道路的安全保证与驾驶员安全感之间的关系,使其转向有利于交通安全的组合。

第四节 交通安全及其评价

交通安全及其评价问题,在我们日常生活中几乎处处都能接触到。无论何时何地,只要该地区有交通行为存在,交通安全问题便马上跃入社会和民众的心中。

近年来,由于我国改革开放政策的实施,道路交通事业和其他行业一样突飞猛进。但在人民群众眼里似乎交通越发达,其安全问题越使人牵挂。这种"牵挂"体现了人们对交通运输造成交通事故程度的评价,这可以称为广义的"交通安全评价"。道路安全评价是指以一个地区或一条道路为研究范围,通过收集资料、事故调查、现场测量等手段获得与研究对象范围内相关的信息,通过事故指标、隐患指标及风险指标等,应用合适的评价方法对研究范围进行安全程度的评价。道路交通安全评价按研究对象可以分为宏观评价与微观评价。宏观评价主要是研究较大范围的问题,往往是以国家或省、市为对象,其目的在于研究交通安全水平与经济发展、机动车保有量、人口及其构成等相关因素的关系,对被评价对象的交通安全状况作出客观的判断,并在此基础上制订技术和政策方面的道路安全性改善对策。微观评价法主要是研究局部的具体问题,如一条或一段道路、一个交叉口等。评价着重研究道路、车辆、交通及环境等因素与交通事故的关系,从不同角度分析影响道路安全、引发交通事故的各种具体因素,为改善道路安全状况制订技术与政策措施。

一、交通安全及其评价理论

1. 交通安全概念

这里讲的交通安全是指道路交通安全问题。所谓道路,一般包括城市道路和各等级的公路(不包括一般厂矿企业内部的道路)。道路交通安全与否是建立在对道路交通事故定性分析认识的基础之上。

在道路交通系统中,如果对交通工具使用不当或因其他原因,就可能造成人员的伤亡及经济损失。若发生这样的情况,人们就认为不安全。若此类事件多次发生,人们就认为是非常不安全。在一定的区域范围和一定的时限内不发生或极少发生交通事故,则认为是安全的。若要求绝对不发生这类事件,除非此区域不再有道路交通行为。这在当前高速发展的社会里是不可能的。而且在今后一个时期,道路交通事业的发展与道路交通事故的发生,这对矛盾还会越来越尖锐,交通事故不可能陡然消失。问题是如何减少这种灾难性事故的发生。这一观点既反映了全社会的呼声,也把对交通安全的认识由理论上的"绝对观点"转变为"相对观点"。这是符合辩证唯物主义认识论的。

2. 交通安全的评价理论

当我们在对交通安全概念上有了一个正确的认识之后,便可以把人们对交通事故发生的惧怕心理的程度用一种尺度来界定,这便是对交通安全的评价。但是,如何科学、正确地评价交通安全的程度,这一直是全世界有关专家、学者致力钻研的一个问题。若使评价具有科学性,既能够实事求是地反映交通事故的客观事实,又能够对人们做出准确的解释和有说服力的安抚作用,则评价方法必须有较充实的理论作为基础。评价者一般以管理者的身份出现,这一点世界各地的专家和学者几乎都有统一的认识。

最初的交通安全评价是以交通事故所致后果的大小程度来衡量的。其目的是以此给交通行为的表现者以印象深刻的教训。这种方法因其"简明、直观"的特点,经整理后在全世界沿袭至今。这便是人们所熟知的"四项指数"法。由于社会的发展,人们认识的提高,其他种类的评价方法也相继纷纷出现,如每万车死亡人数和每万车万人死亡人数的相对指标已成为今天全世界通行的标准评价指标。我国有关学者也提出了一些评价方法,其主要的事故评价体系如图 8-31 所示。

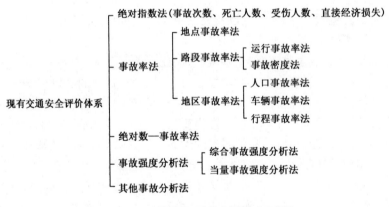

图 8-31 现有道路交通安全评价体系示意图

下面就评价体系中的一些主要方法分别作简单介绍。

(1)"四项指数"法。该方法指在不考虑交通事故发生的任何主、客观因素,只在要求的一定范围内(如一个国家、一个城市、一条公路、一个地区等)统计"四项指数",即:①交通事故的发生次数;②因交通事故死亡的人数;③因交通事故受伤(可以分轻伤和重伤)的人数;④因交通事故造成的直接经济损失(一般按规定折算成货币元)。因这四项指数无任何参照比较值,所以称为绝对数,也称为绝对指标。这种方法在统计上简单易行、对比度明显,可以单纯的做纵向、横向的比较,人们比较容易接受,在我国是一种常用的方法。但交通事故的发生是由多种原因造成的,从数理统计和概率论的观点出发,车辆和人越多,事故出现的概率就越大。而

"四项绝对值法"没有反映这些背景数据和因素,所以在不同等条件下没有可比性。因此,作为不同地区、不同条件的比较安全程度的指数时是缺乏科学性和说服力的。

(2)条件强度比较法。该方法认为交通事故是交通行为的产物。参与交通行为的主要因素是车、人和路。当车、人和路数量增多时,事故自然增加。要用交通事故的四项指数评价交通安全时,必须以相应保有的车辆数、人口数及道路数等作为比较的相对条件。从这种观点出发,出现了下面三类复合评价指标。

①每万辆车死亡人数和每百万辆车死亡数,表示为:死亡人数/万车、死亡人数/百万车;

②每万辆车、万人死亡人数,表示为:死亡人数/万车人;

③每万辆车、万人、万 km 死亡人数,表示为:死亡人数/万车万人万 km。

由上述三类指标可以看出,在评价安全指标时,由于掺入了相对参照数据,评价数据就表现出了一定的科学性和可比性。但是对这种评价指标也有批评意见,主要认为道路有等级好坏之分,汽车有大小快慢之别,人有素质之高低,不能平等做比较。这在理论上是对的,但要绝对做到平等比较是困难的。因此,上述三类指标中万车死亡人数和万车万人死亡人数这两项指标认为相对差异较小,而容易被人们接受。这在国际上也视为比较的统一评价指标。而各国在评价所需或其他用途时道路也作为评价指标,如以某一等级的公路为"标准路",将其他等级的公路换算成"当量标准路",然后采用万车万人 km 死亡数(死亡数/万车万人万 km)做指标等。"鉴于目前车辆状况不断改进,道路状况不断改善,人口不断增长的现实,不少学者都在努力修正条件强度比较法,以获得更为合理的评价结果。

(3)综合事故率评价法。该方法认为"四项绝对指数"法忽略时间和空间及交通条件的因素,是缺乏科学性的,如果在评价中加入人口数量、汽车数量因素,虽然这些指标是静态的,但是它考虑了人、车的交通因素,相对是比较合理的,因此提出了"综合事故率评价法",其数学模型为:

$$K_s = 10^4 \frac{D}{\sqrt{P \cdot N}} \tag{8-5}$$

式中:D——死亡人数(人);

P——(地域)人口数(人);

N——(地域)机动车数(辆)。

(4)数理统计法。该方法认为交通事故的发生是属于随机事件,可以用数理统计的方法来研究,所以提出了概率法。具体做法是:将被评价的路段分成 k 个小区间,令 Q_i 为第 i 个区间相对于全路段发生事故的危险率,即第 i 区间上发生的交通事故的概率(图 8-32),所以:

$$\sum_{i=1}^{N} Q_i = 1 \tag{8-6}$$

再令 Y_i 为第 i 区间上在时间间隔 $[0,T]$ 内发生的事故,则:

$$Y_i = \sum_{i=1}^{T} y_{it}, \quad y_{it} = \begin{cases} 0 \\ 1 \end{cases} \tag{8-7}$$

这表示在第 i 区间上第 t 段时间内发生的事故数。由于每小段时间间隔都取得很短,以致来不及发生两起交通事故,所以 Y 上取 0 或 1。因为 $[0,T]$ 这段时间是取在交通繁忙的时间段,可以认为每小段时间段 t 内，发生事故的概率均为 Q，其中 $t=1,2,\cdots,T$。由于每个时间间隔都是相互独立的，因此 Y 服从二点分布，又因为在第 $[0,T]$ 时间内，y 应服从二项分布，即式(8-8)：

$$P(Y_i = Y_t) = C_T^{y_i} Q^{y_i} (1-Q)^{T-y_i} \quad (8-8)$$

其中：均值 $m_i = IQ_i$，方差 $D_i = TQ_i(1-Q_i)$。

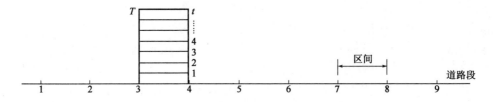

图 8-32　路段区间与时间间隔划分示意

当：$T \to +\infty$ 时，由泊松定理可得：

$$P(Y_i = y_i) \to \frac{m_i^{y_i}}{y_i} \cdot e^{-m_i} \quad (8-9)$$

也就是说第 i 段小区间内发生事故数 y_i 的概率是符合泊松分布的。借助第 i 段路段上主要交通因素的观测值（如行人交通量、机动车交通量、道路宽度、沿线条件、自行车交通量、大型车辆混入率等等）建立数学模型（多元回归方程）来确定估算值 i 用以代替 m_i，这样便 $m_i = i$。从而第 i 段区间路上发生的事故数 y_i 可以视为以 i 为均值的按泊松分布的随机变量。当 $i>5$ 时，时间间隔数 T 就充分大了（可以认为是 $[0,T]$ 区间数 T 充分得大，也可以认为对 $[0,T]$ 分段很细，也就是说时间单位取得很小，故 T 就相对大了。）

根据德莫非—拉普拉斯定理，随机变量 Z 为：

$$Z = \frac{Y_i - TQ_i}{\sqrt{TQ_i(1-Q_i)}} = \frac{Y_i - \hat{y}_i}{\sqrt{\hat{y}_i \left(1 - \frac{\hat{y}_i}{T}\right)}} \quad (8-10)$$

它近似服从于标准的正态分布 $N(0,1)$（当 T 趋近于 ∞ 时），由于 Y_i/T 是充分的小，这样随机变量 Z 为：

$$Z = \frac{Y_i - \hat{y}_i}{\sqrt{\hat{y}_i}} \quad (8-11)$$

鉴于上述的假设和推理，可以认为各小区间内的交通事故发生数 T_i 是近似于正态分布的。如果将划分的小区间以省、市地区等区域而定，也可以得到上述相似的或相同的结论，并且可以对不同的省、市地区的事故进行预测和安全度的评价。(对于该方法在此只做概要的叙述，详细方法请查阅有关资料。)

关于交通安全评价可以根据具体的评价目的来选择评价方法，或应用上述几种方法进行组合、比较等，这种做法在我国和世界其他地方都有应用，为了比较深刻地理解交通安全评价的做法，这里选择我国某一社区的交通安全评价的资料为例加以说明。

二、我国某一社区的交通安全的结合评价方法介绍

1. 评价指标的选择

(1) 首先根据社区的特点,同时考虑与国家和国际通用指标接轨,选择四项指数修正法和当量条件强度比较法为基本的评价方法。

(2) 数学模型的建立:

$$Z_1 = \frac{S}{C}; \quad Z_2 = \frac{S}{CR}; \quad Z_3 = \frac{SH + S + S_a + J}{CR}$$

式中:Z_1、Z_2、Z_3——评价指标;
  S——死亡人数;
  C——车辆保有量;
  R——人口数;
  SH——事故数;
  S_a——受伤数;
  J——直接经济损失。

(3) 修正项目及考虑因素:

①把各等级公路按宽 12m 的值换算成当量里程;

②按公路穿越山岭重丘地区里程占比和恶劣气候占评价时间段的长短在标准当量里程上再做修正;

③采用实际交通量(年平均日交通量)作为评价条件;

④将"四项绝对值"仍作为基本指数。整个修正理论采用"模糊数学"的模糊观点评价内容为指导思想,并将修正值向公路管理部门人员征求意见,确认修正得当。

2. 评价方法与理论

当把评价区域内的各因素当量化后,受评价的对象则处于同一个基准面,这样便有了一个公平的起点。在评价后可用比较的方法给予定论。而安全度的论证还需考虑两个因素:①交通事故的发生是不可避免的;②安全与否在不同的时间段内(年代段、月份段等)是相对而言的,如前十年评价时定为安全年的,若将评价时间段扩大若干年后,可能是相对不安全年。根据这个理论,在评价时以数理统计和概率论中"符号检验法"为指导,将被评价年(月)定为三个档次,即:安全年、临界年和不安全年。可以以公路(条、段)为单位进行评价,以比较评价值的大小为标准,小者比大者较为安全。

3. 对社区交通安全情况的评价

对某社区连续 42 年交通安全评价,采用了三个类型的评价指标,即:

Ⅰ类:万车死亡数(人/万车);

Ⅱ类:万车万人死亡数(人/万车万人);

Ⅲ类:万车万人当量经济损失(元/万车万人)。

这三类指标都是相对指标,相对于被评价地区各年代的机动车保有量、人口拥有数量。其中,事故死亡人数在计算中采用了真实数据,因为交通事故致死的数据在人们对交通安全的心

理是十分敏感的数值,世界各国对此数据都十分重视,在评价中提出"致死率"的理论就是这个原因。而对事故造成的受伤人数这一指标一般都不放在较重要的位置,在本评价中对受伤指标也没有直接在评价中反映出来。为了不忽略这一重要指标,在本评价中用了一个综合指标,即将事故致死数、受伤数、事故次数都用了一个假定的货币数进行折算(如假定发生一次事故折算货币为某一值、事故致死一人折算为某一值、事故致伤一人折算某一值,折算单位可以自定,因为是为了评价方便,不是实际价值,这点很重要,不要误解),然后加上实际的经济损失,和相对项目数量单位进行比较,称为相对数的"当量"经济损失。

在评价时,对上述三项指标分别计算,并和评价时间段的单位平均值进行比较,若某一单位时间(如/年)的某一评价值大于平均评价值时,可以认为该评价项目在该时间段位的安全度是"不安全"的;若小于则称为"安全";出现相等时被认为是处于"安全"和"不安全"之间,被命名为"临界"。如果在某一时间单位(如/年)的三项指标均是不安全,可以认定为该时间单位是"不安全单位"(如不安全年),如果三项指标结果不统一时,就评价为"安全",见图 8-33a)、b)、c),这个方法也称为"一票否决法"。应用该方法对本例中某一社区 42 年的交通评价如表 8-9 所示。

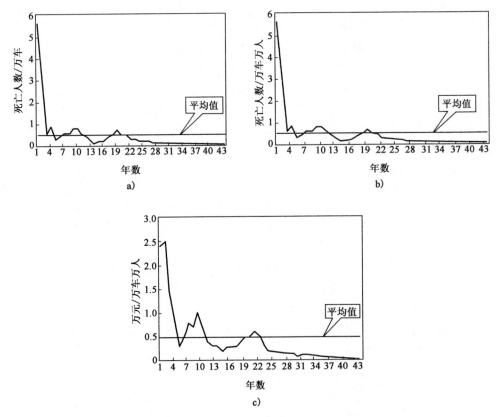

图 8-33 42 年交通安全统计评价图

对表 8-9 所示的结果进行分析认为,该社区 42 年中,有 9 年是"不安全年",见表 8-10。但是,从评价指标的趋势看,因交通事故死亡的人数虽然在增加,但是评价指标逐年在下降,说明我国的交通设施逐年在完善、交通管理水平逐年在提高,事故造成死亡数的增加是个绝对数,而相对于机动车、人口的增加情况分析,交通安全度在提高。

表 8-9 某社区连续 42 年交通安全的评价表

时间段(年)	机动车保有量(万辆)	人口数(万人)	事故数(次)	死亡数(人)	受伤数(人)	经济损失(万元)	死亡数/万车	评价	死亡数/万车人	评价	元/万车人	评价
1951	0.010	161.380	12	9	6	0.529	900.00	不安全年	5.577	不安全年	24 166.889	不安全年
1952	0.013	162.880	18	6	26	1.203	461.538	不安全年	2.834	不安全年	25 030.791	不安全年
1953	0.028	164.010	30	3	42	0.922	107.143	安全年	0.653	安全年	14 372.148	不安全年
1954	0.053	173.240	72	9	13	0.922	169.811	不安全年	0.980	不安全年	8 277.417	不安全年
1955	0.177	179.410	112	10	24	2.549	56.497	安全年	0.315	安全年	3 464.039	安全年
1956	0.334	199.920	263	33	122	5.836	98.802	安全年	0.494	不安全年	5 279.146	不安全年
1957	0.396	204.640	557	53	244	25.618	133.838	不安全年	0.654	不安全年	8 410.010	不安全年
1958	0.415	225.000	502	59	228	27.753	142.169	不安全年	0.632	不安全年	7 025.732	不安全年
1959	0.489	260.010	999	108	557	49.025	220.859	不安全年	0.849	不安全年	10 858.077	不安全年
1960	0.685	248.650	809	139	417	56.628	202.920	不安全年	0.816	不安全年	7 271.715	不安全年
1961	0.689	211.420	325	84	272	17.015	121.916	不安全年	0.577	不安全年	4 712.876	不安全年
1962	0.669	205.010	267	66	156	16.862	98.655	安全年	0.481	安全年	3 554.582	安全年
1963	0.638	209.740	306	34	157	19.320	53.292	安全年	0.254	不安全年	3 079.042	安全年
1964	0.631	219.480	290	14	129	12.960	22.187	安全年	0.101	安全年	2 281.816	安全年
1965	0.633	230.450	285	39	206	15.039	61.611	安全年	0.267	安全年	3 191.195	安全年
1966	0.575	240.620	450	34	208	21.243	59.130	安全年	0.246	安全年	3 866.976	安全年
1967	0.604	250.450	295	65	140	25.221	107.616	不安全年	0.430	不安全年	3 189.790	安全年
1968	0.616	260.950	427	87	193	22.365	141.234	不安全年	0.541	不安全年	4 152.673	安全年
1969	0.634	271.930	754	124	251	30.759	195.584	不安全年	0.719	不安全年	5 800.521	不安全年
1970	0.737	282.730	759	121	319	34.202	164.179	不安全年	0.581	不安全年	5 094.419	不安全年
1971	0.840	295.650	1 032	126	673	48.522	150.000	不安全年	0.507	安全年	6 309.941	不安全年

续上表

时间段(年)	机动车保有量(万辆)	人口数(万人)	事故数(次)	死亡数(人)	受伤数(人)	经济损失(万元)	死亡数/万车	评价	死亡数/万车人	评价	元/万车人	评价
1972	1.173	307.060	1 291	132	975	58.616	112.532	安全年	0.366	安全年	5 598.731	不安全年
1973	1.212	318.160	920	139	602	67.387	114.686	安全年	0.360	安全年	3 835.657	安全年
1974	1.845	328.750	1 228	157	690	74.688	85.095	安全年	0.259	安全年	2 926.540	安全年
1975	2.367	337.490	1 310	189	640	104.909	79.848	安全年	0.237	安全年	2 331.014	安全年
1976	2.623	346.580	1 381	228	710	80.374	86.923	安全年	0.251	安全年	2 293.068	安全年
1977	3.182	356.750	1 508	210	746	96.200	65.996	安全年	0.185	安全年	1 876.442	安全年
1978	3.842	364.860	1 591	237	771	97.320	61.687	安全年	0.169	安全年	1 624.775	安全年
1979	4.415	372.020	1 581	276	877	119.239	62.510	安全年	0.168	安全年	1 519.329	安全年
1980	4.492	376.900	1 586	292	92	92.210	65.010	安全年	0.172	安全年	1 040.415	安全年
1981	4.786	381.600	1 468	259	987	104.053	54.120	安全年	0.142	安全年	1 367.907	安全年
1982	5.103	392.790	1 647	280	1 148	105.268	54.874	安全年	0.140	安全年	1 402.821	安全年
1983	5.572	392.570	1 618	319	1 226	108.885	57.252	安全年	0.146	安全年	1 367.908	安全年
1984	6.470	401.670	1 817	315	1 275	142.594	48.685	安全年	0.121	安全年	1 203.859	安全年
1985	7.691	407.380	2 369	400	1 473	282.218	52.007	安全年	0.128	安全年	1 231.227	安全年
1986	8.781	421.120	2 207	369	1 199	281.090	42.025	安全年	0.100	安全年	922.150	安全年
1987	10.007	427.900	2 510	454	1 420	363.549	45.369	安全年	0.106	安全年	942.879	安全年
1988	11.293	434.200	2 643	470	1 352	290.894	41.618	安全年	0.096	安全年	832.823	安全年
1989	11.741	440.200	2 957	455	1 275	445.600	38.752	安全年	0.088	安全年	796.936	安全年
1990	13.047	447.660	2 724	438	1 293	455.689	33.572	安全年	0.075	安全年	679.655	安全年
1991	14.084	454.430	2 728	440	1 249	483.140	31.242	安全年	0.069	安全年	614.601	安全年
1992	15.085	461.020	1 558	409	888	536.762	27.112	安全年	0.059	安全年	415.838	安全年
1993	16.474	466.700	1 627	430	908	993.732	26.102	安全年	0.056	安全年	391.830	安全年

社区交通安全评价结果表　　　　　　　　表8-10

第Ⅰ类指标 评价不安全年 （年）	第Ⅱ类指标 评价不安全年 （年）	第Ⅲ类指标 评价不安全年 （年）	一票否决法的 总体评价 （年）
1951	1951	1951	1951
1952	1952	1952	1952
—	1953	1953	—
1954	1954	1954	1954
—	—	1956	—
1957	1957	1957	1957
1958	1958	1958	1958
1959	1959	1959	1959
1960	1960	1960	1960
1968	1968	—	—
1969	1969	1969	1969
1970	1970	1970	1970
1971	—	1971	—
—	—	1972	—
Σ = 11 年 占总年的26%	Σ = 11 年 占总年的26%	Σ = 13 年 占总年的30.9%	Σ = 9 年 占总年的21.4%

从表8-10中也可以看出，该社区的交通安全宏观评价具有不安全年连续性和不安全年集中分布在前20年这种时间分布特点。

第五节　道路交通事故预防

交通事故给人们的生命和财产带来了十分严重的损害。如何有效减少交通事故的数量，降低交通事故的危害程度，是摆在每一个交通行业建设者、应用者和管理者面前的课题。根据道路交通事故的影响因素分析，道路交通事故的预防主要从交通安全教育、车辆安全性能的提升、道路设施安全保障能力的提升以及道路交通安全管理等四个方面着手。

一、交通安全教育

道路交通是由人、车、路、环境和管理等要素构成的一个具有特定功能的系统。国内外研究均表明，道路交通事故是以上诸要素相互作用的结果，是多因素联合效应的产物。其中，作为道路交通参与者的人是影响道路交通安全诸因素中最活跃因素，人的不安全行为是引发道路交通事故的主要原因。据公安交管部门统计，2008~2013年全国发生一次死亡10人以上重特大交通事故93起，因驾驶人违法违规操作等因素导致的事故占比在83%左右。因此，提升道路交通参与者文明交通素质是改善道路交通安全的重要基础。为了提高交通安全,世界各国都十分注意交通安全教育,交通安全教育主要分为两大部分,即对机动车驾驶员的教育和对全社会人员的安全教育。

对驾驶员的教育内容主要包括驾驶员定期学习交通法规,学习机动车的新技术、新操作技能、机械理论,以及对驾驶员定期进行的理论考核、操纵考核和车辆审验等。

对全社会人员的安全教育主要包括学校教育以及利用一切新闻媒介和宣传手段对全社会进行交通安全教育和对交通法规的宣传等。通过对全社会人员的安全教育提高交通参与者的整体素质,加强和提高其交通安全意识和交通法制观念,有利于实现交通系统的整体安全,从而全面提高交通安全水平。

2009年科学技术部、公安部、交通运输部联合开展的国家道路交通安全科技行动计划项目"重特大道路交通事故综合预防与处置集成技术开发与示范应用"设置了课题五——"全民交通行为安全性提升综合技术及示范",该课题在全面调查分析和评估不同交通参与者、不同交通方式的各类交通行为特征的基础上,梳理了我国在改善和提高交通参与者安全意识、交通素质方面所面临的问题,系统提出了全面提升道路交通参与者交通行为安全性的综合对策体系和重点工程措施。

(1)通过深入分析现阶段国民交通行为特征,科学评估交通参与者交通行为安全性,提出全面提升交通行为安全性的对策体系与综合措施(图8-34)。

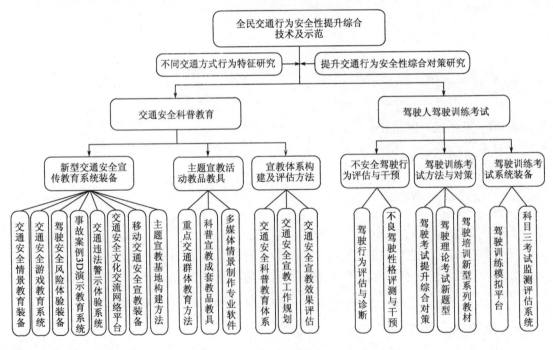

图8-34 提升交通行为安全性的对策体系与综合措施

(2)通过强化安全驾驶的意识、行为,能力的训练和培养,改进驾驶人培训、考试内容与方法,提高驾驶人驾驶技能和驾驶行为安全性。如图8-35~图8-38所示。

(3)通过创新交通安全科普教育新技术,构建交通安全科普教育主题基地,提高交通参与者交通素质和安全意识。如图8-39~图8-41所示。

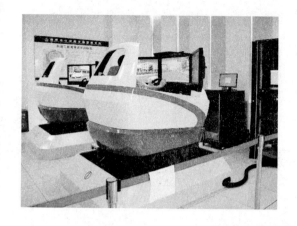

图 8-35　驾驶安全风险体验装备

图 8-36　事故案例3D演示教育系统

图 8-37　通过驾驶行为特征检测车开展实车驾驶测试

二、车辆安全性能提升

机动车是道路交通运输的重要载体,其安全性能的好坏直接影响到道路交通安全。提高机动车安全性能,对于保障道路交通安全具有重要意义。

 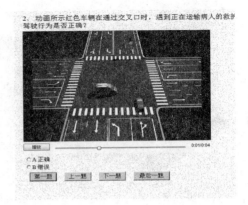

图 8-38　驾驶理论考试情景化新题型

图 8-39　针对儿童和青少年的交通安全情景教育装备

图 8-40　交通安全文化交流网络平台　　　　图 8-41　移动式交通安全宣教车

1. 建立缺陷汽车产品召回制度和"三包"制度

为消除缺陷汽车产品对使用者及公众人身、财产安全造成的危险，维护公共安全、公众利益和社会经济秩序，2004 年 3 月 12 日，国家质量监督检验检疫总局、国家发展和改革委员会、商务部和海关总署联合发布《缺陷汽车产品召回管理规定》，标志着我国缺陷汽车召回制度正式建立。据统计，2004 年以来，全国共召回了超过 320 万辆存在隐患的机动车。2012 年 10 月 22 日，为了规范缺陷汽车产品召回，加强监督管理，保障人身、财产安全，国务院发布了《缺陷汽车产品召回管理条例》。

为了保护家用汽车产品消费者的合法权益,明确家用汽车产品修理、更换、退货(即"三包")责任,2012年12月29日,国家质量监督检验检疫总局发布了《家用汽车产品修理、更换、退货责任规定》以下简称《规定》。该《规定》规定了家用汽车产品生产者、销售者和修理者义务以及"三包"责任,自2013年10月1日起施行,标志着我国家用汽车产品"三包"制度的正式确立。

2. 修订机动车强制报废标准

我国实施机动车强制报废制度已有多年。1997年7月15日发布的《汽车报废标准》,其中对于私家车的强制报废标准为期限10年,行驶10万km。在2000年的《汽车报废标准规定》中,规定私家车可通过年检将标准延长为15年。2006年,商务部就《机动车强制报废标准规定》征求意见。2012年12月27日,商务部、国家发展和改革委员会、公安部、环境保护部共同发布了《机动车强制报废标准规定》,规定国家根据机动车使用和安全技术、排放检验状况对达到报废标准的机动车实施强制报废。修订后的《机动车强制报废标准规定》对于私家车无使用年限限制,但是国家对达到一定行驶里程的机动车引导报废。2013年2月2日,商务部印发了《关于进一步加强报废汽车回收拆解行业监督管理工作的通知》。商务部、工业和信息化部、公安部、交通运输部、工商总局和质检总局6部门组成的督察组,开展专项整治督查,重点对报废汽车回收拆解企业出售报废汽车及其"五大总成"、拼装车、倒卖报废汽车回收证明等违法行为加大打击力度,切实维护报废汽车回收拆解的正常秩序。

3. 提高大中型客货车安全技术性能

从重特大道路交通事故调查情况分析,既有超员、超速、违规载货、疲劳驾驶等管理和操作问题,也有大中型客货车自身存在的安全技术性能问题。部分大中型客车存在车身结构强度不高、乘员保护设施不完善、抗侧倾稳定性能不强等方面问题;部分卧铺客车存在车内易燃品多、逃生通道狭窄等安全隐患;大型货车及挂车存在超载、超长、超宽违规运输问题,违法改装商品车运输车、低平板车问题突出。为进一步提高车辆安全技术性能,加强车辆注册登记管理,2011年12月31日,工业和信息化部、公安部联合发布《关于进一步提高大中型客货车安全技术性能加强车辆〈公告〉管理和注册登记管理工作的通知》,就大中型客货车安全技术要求、加强车辆生产质量监督管理、加强车辆注册登记和商品车运输车管理提出具体要求。

4. 强化校车安全

为加强校车安全管理,保障乘坐校车学生的人身安全,2012年4月5日,国务院公布了《校车安全管理条例》。《校车安全管理条例》规定接送小学生的校车应为按照专用校车标准设计和制造的小学生专用校车,并规定国务院标准化主管部门会同国务院工业和信息化部、公安部、交通运输部等部门,按照保障安全、经济适用的要求,制定并及时修订校车安全国家标准。截至2012年年底,已有《校车标识》(GB 24315—2009)、《专用校车安全技术条件》(GB 24407—2012)、《专用校车学生座椅系统及其车辆固定件的强度》(GB 24406—2012)等一批校车标准颁布施行,促进了校车安全技术性能的提高。2013年3月18日,教育部、公安部、交通运输部联合印发了《关于做好校车信息采集工作的通知》,决定建立全国校车信息管理系统,便于各级政府和相关部门及时了解掌握全国校车、校车驾驶人、随车照管人员和校车运营企业的基本情况,满足校车安全管理工作需要,提高校车安全管理水平。

三、道路设施安全保障能力提升

公路是道路运输的重要基础设施,公路基础设施行车安全保障能力对于保障道路交通安全至关重要。道路的沿线设施是否完备,是能否减少交通事故的重要因素,沿线设施比较差的道路,交通事故的发生率要大大高于沿线设施比较完善的同级道路。近年来,随着公路交通事业的快速发展、公路安全保障工程的实施,我国公路基础设施行车安全保障能力有了质的提升,为道路交通安全提升提供了重要保障。

1. 实施公路安全保障工程

2004年初,交通部在国省干线公路上启动实施以"消除隐患、珍视生命"为主题的公路安全保障工程。十年来,全国交通运输部门共投入安保工程资金305.9亿元,用于新增护栏8万km、各类标志190万块、标线41万km、减速设施28万处、警示桩780万个、警示墩1.8万km,共整治视距不良的路段21万处,超过30万km的道路步入"安全高效"的运行轨道。公路行车安全保障能力得到有效提升,促进了我国道路交通安全形势的持续好转。

2. 开展公路危桥改造工程

截至2015年年底,我国公路桥梁达779 159座,其中大部分是在最近一二十年建造的。由于桥梁的老化、结构性损伤以及过去相对较低的设计标准,部分桥梁变为危桥,对交通安全造成较大隐患。2011年,交通运输部启动了危桥改造工程。"十五"期间,交通运输部投入了150亿元,改造了7 000多座危桥。"十一五"期间,全国共完成11 296座/87万延米危桥改造任务。"十二五"期间,全国共改造危桥1.7万座/151万延米,国省道新增危桥处治率达到100%,四、五类桥梁总数和比重逐年下降。公路危桥改造工程的实施,确保了我国公路桥梁技术状况和安全水平的稳步提升,并促进了公路行车安全保障能力的稳步提升。

3. 实施干线公路灾害防治工程

为提高干线公路抗灾能力,交通运输部于2006年启动了干线公路灾害防治工程。公路灾害防治工程是通过增设和完善公路的灾害防护设施,对公路边坡、路基、桥梁构造物和排(防)水设施进行综合整治,以提高公路抗灾能力的专项工程。"十一五"期间,全国共处治公路灾害路段10 283km。"十二五"期间,交通运输部继续加大国省干线公路灾害防治工程实施力度,基本完成国道、省道中抗灾能力明显不足路段的改造任务。干线公路灾害防治工程的实施,提高了我国干线公路抗灾能力,确保了国省干线公路的技术状况和安全水平稳步提升,并促进了公路行车安全保障能力的稳步提升。

4. 开展超载超限治理工程

从20世纪90年代以来,我国运输车辆超限超载现象十分普遍和严重,车辆超限超载引发了大量的交通事故,成为道路交通安全的重大隐患。同时,由于超限超载车辆和核载远超公路和桥梁的设计承受核载,致使公路基础设施正常使用年限大大缩短,不得不提前进行大中修。根据国务院的统一部署,从2004年6月起,交通运输部、公安部、国家发展改革委等八个部委,从宣传教育、路面执法、车辆生产和改装、吨位标定和牌照发放、运输市场秩序、公路收费政策等多个环节入手,综合采取经济、行政、法律、科技手段,在全国集中开展车辆超限超载治理工作,取得了明显成绩。全国干线公路货车超限率由80%以上下降到6%左右,车辆超限超载现象得到有效遏制,道路交通安全形势也明显好转。

四、道路交通安全管理

1. 理顺道路交通安全管理体制

1984年以前,我国的道路交通基本由交通部门一家管理,1984～1986年因农村经济的发展,农机部门参与了农用运输车辆的管理。1986年以后,我国道路交通的管理演变成了交通和公安两部门共管的局面:交通部门负责道路规划、建设、路政管理、运政管理、稽征管理等,公安部门负责交通安全管理。目前道路交通安全仍然沿用这一管理体制,并涉及宣传、司法、计划、建设、工商、财产、卫生、教育、安全监督等17个政府部门。

道路交通安全管理是一个跨部门、跨行业的综合性管理工作。为切实加强对道路交通安全工作的组织领导,协调、整合部门力量,形成政府统一指导,有关部门各司其职、齐抓共管、综合治理、标本兼治的工作格局,促进道路交通安全与经济社会协调发展,2003年10月,经国务院批准,全国道路交通安全工作部际联席会议制度建立。其主要职能是在国务院领导下,掌握全国道路交通安全情况,分析道路交通安全形势,研究政策,制订中长期战略规划;统筹研究全国道路交通安全工作,对全国道路交通安全工作进行部署,指导和监督各省、自治区、直辖市人民政府及其职能部门的道路交通安全工作;协调解决涉及相关部门的道路交通安全问题,促进部门协作配合,实现信息共享,建立长效机制,预防和减少道路交通事故,全面推进道路交通安全工作。至此,道路交通安全工作格局基本形成,为我国道路交通安全形势的持续改善奠定了重要的体制保障。

2. 建立健全道路交通安全相关法律、法规和规章

建立健全道路交通安全法律体系是我国成功应对道路交通安全问题的重要经验。目前,全国基本建立了以《道路交通安全法》为龙头、一个行政法规和多个部门规章为主体、地方性法规及政府规章为补充的较为完善的道路交通管理法律法规体系。

(1)制订并实施《道路交通安全法》为龙头的法律体系

2003年10月28日,十届全国人大五次会议审议通过了《中华人民共和国道路交通安全法》,自2004年5月1日起施行。2004年4月30日,国务院颁布了《道路交通安全法实施条例》,明确了贯彻落实道路交通安全法的实施细则。2006年3月21日,国务院颁布了《机动车交通事故责任强制保险条例》,建立了机动车交通事故强制保险制度。各地区、各部门围绕实施《道路交通安全法》,先后制订、修订了50多个地方法规、规章,60多个部门规章,150多个国家和行业技术标准。如公安部颁布了《机动车登记规定》、《机动车驾驶证申领和使用规定》、《道路交通安全违法行为处理程序规定》、《交通事故处理程序规定》等多个部门规章;财政部等部门联合发布了《道路交通事故社会救助基金管理试行办法》,加大交通事故受伤人员的应急救治力度。

(2)及时修法,加大违法行为惩治力度

为了有效惩处人民群众反响强烈的饮酒后驾驶机动车违法行为,2011年2月25日,十一届全国人大常委会第十九次会议表决通过了《中华人民共和国刑法修正案(八)》。其中明确规定,在道路上驾驶机动车追逐竞驶,情节恶劣的,或者在道路上醉酒驾驶机动车的,处拘役,并处罚金。有前款行为,同时构成其他犯罪的,依照处罚较重的规定定罪处罚。2011年4月22日十一届全国人大常委会第二十次会议表决通过的《关于修改中华人民共和国道路交通安

全法的决定》中也加大了对饮酒后驾驶机动车违法行为的行政处罚力度。两部法律的修改及施行,有效遏制了饮酒后驾驶车辆行为。

3. 道路交通安全科技支持

科学研究是快速改善道路交通安全的催化剂,其对道路交通安全的改善起支撑和引领作用。改革开放初期,受社会经济的限制,交通安全没有受到应有的关注,相关研究工作比较薄弱。随着改革的逐步深化,交通安全越来越受到社会的广泛关注。在加强法律、执法、宣传教育和工程治理等措施降低交通事故之外,科技改善道路交通安全的重要性日益显现,通过科技改善道路交通安全形势的需求愈加强烈。《国家中长期科学和技术发展规划纲要(2006~2020年)》将"交通运输安全与应急保障"作为交通运输业的优先主题之一。《公路水路交通中长期科技发展规划纲要(2006~2020年)》也将"交通安全保障技术"作为重点领域。2006年,"综合交通运输系统与安全技术"首次进入国家"863计划"。2008年2月,科技部、公安部和交通部联合启动《国家道路交通安全科技行动计划》。该计划围绕人、车、路等影响道路交通安全的因素,开展交通安全领域关键技术研发,并组织实施示范工程。交通运输部西部交通建设科技项目也对道路交通安全研究提供了强有力的支持,为道路交通安全提供了技术保障。我国道路交通安全研究从无到有,取得了巨大的发展。许多交通安全研究成果已应用于我国道路交通安全改善实际工作中,并取得了显著的效果,为我国道路交通安全形势的持续改善提供了重要的技术保障。

4. 通过运政管理预防交通事故

道路交通事故是社会秩序、人、车、路、环境等多种因素的综合反映,是一个严重的社会问题。预防和减少交通事故是全社会各行各业、千家万户共同的责任。

交通安全管理工作是一项复杂的社会系统工作。虽然道路交通安全统一划归公安部门管理,但是,交通部门在交通安全管理方面仍然有义不容辞的责任。

安全行车的因素是多方面的,预防和减少交通事故的途径是多方面的,方法措施也是多种多样。各行各业应该利用其自身的优势,在预防和减少交通事故的工作中发挥应有的作用。

交通运政管理工作和交通安全管理有着密切的联系。因此,各级交通运政部门要根据行业管理的原则,对所有运输单位和所有个体运输联户的安全运输工作加强领导和指导,整顿运输秩序,依法治运,强化运营车辆管理,确保运输安全。

(1)要根据货源和客源以及道路网的通行能力合理调控运力,防止运力盲目增长,做好货运车辆配载工作,以减少交通拥挤程度,促进道路的畅通与安全。

(2)在对运输经营者的开业审批工作中,要认真审核其车辆条件使之与经营范围相适应,要促进其健全各项交通安全管理规章制度,配备必要的安全管理人员。

(3)认真把好"营运许可证"核发关,对驾驶员及车辆状况要严格核查。

(4)在审批客运线路(特别是新开线路)时,要认真审核线路的安全条件及经营者的安全运行措施是否符合营运条件。

(5)在营运管理中,要严格禁止客货车超载运输。

(6)客运站点设置要合理、实行社会客运车辆统一进站管理,线路管理要严格,不准客车相互追逐抢客源;要建立货运有形市场,防止车辆乱停乱放,影响公路的畅通与安全。

(7)加强对运输经营者的监督和管理,强化内部安全管理机制。帮助其建立健全驾驶员安全运营、内部车辆检测和维修、违章事故处理等规章制度。

（8）强化营运车辆技术管理，加强对汽车维修质量的监督，确保营运车辆良好的技术状况，预防和降低车辆机械故障引起的交通事故。

（9）注意了解本地区道路交通流的变化规律和交通事故成因规律，合理组织客、货运输，及时交流交通安全信息，指导运输经营者做好安全运输工作。

总之，要搞好公路运输安全工作，交通运政管理部门起着举足轻重的作用。因此，交通运政管理部门要以对国家和人民高度负责的精神，切实做好安全管理工作，最大限度地减少交通事故的发生，也只有这样，才能使公路运输更好地为发展和满足人民生活需要服务。

5. 公路运输企业安全管理

公路运输企业在交通管理工作中，要认真做好以下工作：

（1）认真开展安全教育活动。

①要保证安全教育时间，尤其对驾驶人员每星期至少安排2h的安全教育。

②安全教育的主要内容是，国家关于安全教育的方针、政策，安全工作的重要意义，交通规则、安全基本常识，规章制度等。

③安全教育的形式要多种多样。

④安全教育要理论联系实际并与加强两个精神文明建设、开展职业道德教育结合起来，针对混合交通状况与如何加强安全工作的讨论结合起来，强化职工安全意识。

⑤曾经发生重大事故的单位，要结合事故后果、原因及责任分析、反复进行教育，使职工吸取教训，时刻不忘安全工作。

（2）强化安全管理工作。

①摆正安全与生产的关系，坚持安全是为了生产，生产必须安全和管理生产必须管理安全的原则。

②实行安全责任制，明确安全责任。运输企业的经理对安全工作要负第一位的责任，分管安全工作的副经理要负重要责任；其他领导也要负综合治理的责任。

③对安全工作要进行全方位管理，党、政、工、团要分工合作，齐抓共管。

④分管安全工作的企业领导每月至少两次跟班上路或深入车队、车站督促检查安全工作。

⑤充实安全科室人员，并保持人员的相对稳定。

⑥对违反劳动纪律，不遵守操作规程的人员要及时批评，纠正其错误。情节严重者，要进行必要的处理。

⑦对已发生的事故，不论大小，均要查明情况，严肃处理，认真总结教训，提出改进措施。

⑧认真加强基础工作和安全业绩的考核工作，要使安全质量具有否决权，把安全情况列为评比、升级的重要条件。对事故多的单位，要组织人员进行整顿。

⑨加强安全工作的全面质量管理，要使安全工作逐步科学化。推广"生物节律"理论在安全管理中的应用。

（3）进一步健全安全规章制度。要建立健全安全规章制度，并将安全责任层层分解，落实到人，形成上下结合，左右配合的安全保证体系。

（4）认真开展安全大检查。

（5）切实加强车辆技术工作要严密注视车辆的技术状况，每年对车辆进行技术检查，鉴定技术状况；合理使用车辆，不超载运行，不乱停乱放；要坚持日常的车辆进出场检验，特别是客车,经检验后要层层签字,未经检验合格,一律不得参加营运;严禁车辆带病运行。

(6)严格遵守操作规程。

①督促职工,尤其是驾驶人员学习并熟悉有关的操作规程和安全注意事项。

②要教育驾驶人员养成勤检查、勤调整车辆的习惯,使转向、制动、传动、灯光、喇叭等车辆安全保障系统经常处于良好、有效状态。

③驾驶人员在运行途中要集中精力、不闲谈、不赌气、不强超抢会、不盲目快速、严禁超载,等等。

(7)及时交流安全信息,掌握本地区道路交通流的变化规律和交通事故成因规律,指导驾驶员安全行车。

安全是汽车运输的第一质量。公路运输企业要以对国家、对人民高度负责的精神,切实搞好内部安全管理工作,最大限度地减少交通事故,这是对社会应尽的责任,也是企业生存、发展,取得良好经济效益的前提和保证。

【复习思考题】

1. 什么是交通事故?
2. 交通事故统计分析有什么作用?
3. 交通事故的统计分析指标和统计分析的主要方法各有哪些?
4. 交通事故有哪些分布特征?这些特征的形成原因主要是什么?
5. 人、车、路、环境对交通事故的形成各有些什么影响?
6. 为什么在道路交叉口及附近的交通事故频率比较高?
7. 道路的服务水平及道路上的交通量对交通事故率有什么影响?
8. 不同的道路条件及其交通信息特征与道路上交通事故率有什么关系?为什么?
9. 我国的道路交通事故状况如何?具有哪些特征?
10. 谈谈预防交通事故的主要途径和措施,怎样通过加强交通运政管理预防交通事故?
11. 汽车运输企业在加强安全行车管理、降低交通事故工作中应做好哪些工作?
12. 简述道路交通事故处理的一般程序、主要的技术原则和法律、法规原则。
13. 请阐述道路交通安全的基本概念。
14. 为什么要进行道路交通安全的评价?
15. 请简述道路交通安全评价的基本理论和基本方法。

第九章
道路交通与环境保护

第一节 概 述

一、环境与环境问题

1. 环境的概念

环境是指相对并相关于某项中心事物的周围事物。环境总是相对于某一中心事物而言的,围绕中心事物的外部空间、条件和状况,构成中心事物的环境。环境研究是以人类为中心,因此,我们通常所称的环境就是指人类生存的环境。《中华人民共和国环境保护法》明确指出:"本法所称环境,是指影响人类生存和发展的各种天然和经过人工改造的自然因素的总体,包括大气、水、海洋、土地、矿藏、森林、草原、野生动物、自然遗迹、人文遗迹、自然保护区、风景名胜区、城市和乡村等。"其中,"影响人类生存和发展的各种天然和经过人工改造的因素的总体",就是环境的科学而又概括的定义。

2. 环境的分类

按属性可以把环境分为自然环境和社会环境两类。自然环境是社会环境的基础,而社会环境又是自然环境的发展。

自然环境是环绕人们周围的各种自然因素的总和,如大气、水、植物、动物、土壤、岩石矿物、太阳辐射等,是人类赖以生存和发展的物质基础。自然环境不等于自然界,只是自然界的一个特殊部分,是指那些直接和间接影响人类社会的自然条件的总和。自然环境按组成要素一般分为大气环境、水环境、生物环境、土壤环境、声环境等。

社会环境是在自然环境的基础上,人类通过长期有意识的社会劳动,加工和改造了的自然物质、创造的物质生产体系、积累的物质文化等所形成的环境体系,是与自然环境相对的概念。社会环境包括了经济、政治、文化、道德、意识、风俗以及人类建造的各种建筑物、构筑物、各种形态和用途的人工物品等要素。可以说社会环境包括了除自然环境以外的众多内容,如农业耕地、基础设施、社会结构、经济发展、文化宗教、文物古迹、旅游景观、环境经济等内容。社会环境按所包含的要素性质可分为三类:物理社会环境,如建筑物、道路、工厂等;生物社会环境,如栽培的植物、驯养的动物等;心理社会环境,如人的行为、风俗习惯、法律和语言等。

3. 环境问题

所谓环境问题是指由于人类活动作用于人们周围的环境所引起的环境质量变化,以及这种变化反过来对人类的生产、生活和健康的影响问题。这种人为环境问题一般可分为三类:一是不合理开发利用自然资源,超出环境承载力,使生态环境质量恶化或自然枯竭的现象,如大面积的生态破坏、生物多样性降低、森林面积锐减、土壤退化及荒漠化等;二是人口激增、城市化和工农业高速发展引起的环境污染和破坏,如突发性严重污染事件、化学品环境污染事件等;三是全球性、广域性的环境污染,如全球性的气候变暖、臭氧层破坏、大面积的酸雨污染、淡水资源枯竭及污染等。当前人类面临全球气候变暖、臭氧层破坏、酸雨蔓延、淡水资源危机、能源短缺、森林锐减、土地荒漠化、物种加速灭绝、垃圾成灾、有毒化学品污染等十大全球性环境问题。

二、道路交通环境影响

道路交通对环境的影响主要包括以下方面。

1. 对土地利用方式的影响

道路交通建设要占用大量的土地,截断原来的地形地貌和交通线路,从而改变所经地区的土地利用方式。道路交通用地一旦被征用,便永久性地失去了其原来的生态功能,因而影响到相关土地的利用格局,土地出现不可逆性的硬化和人为荒漠化,形成区域景观的改变,并引发一系列生态要素发生变化,其中废水、废气、噪声等各类污染物排放显著增加。此外,高等级公路基本为封闭式管理,附近农民的穿越比较困难,使原来容易通达的地方变得疏远起来,从而影响到其生态、生产或社会经济功能。

2. 对野生动物的影响

道路建设及交通运行对动物的影响主要包括致死、移动格局、过滤等方面,其影响方式主要通过植被破坏、通道阻隔、交通噪声和汽车灯光等施加。道路使动物的活动区域缩小,领地被切割,导致种群内和种群间交流减小,道路还会造成地表水系阻隔及地下水径流方向改变,对水生生物及动物栖息方式造成影响,进而分割种群、减少动物种类。道路交通量的增加导致两栖类动物数量的衰减,与自然廊道相比,道路的移动通道作用相对较小、而阻隔作用较大、致死风险较高。

3. 水环境的影响

道路在养护和使用过程中向周边环境释放如下化学物质:重金属燃料及除冰用的盐类中有一定量的重金属,随着它们的使用,其中的重金属如 Pb、Zn、Al、Cd、Fe、Cu、Mn、Ti、Ni 等,及 Na、Ca、K、Mg 等盐基离子在使用时向周边环境大量释放,改变了周边土壤和水环境的化学组成和酸碱度。由于化石燃料使用的不完全和油品泄漏,车辆运输物料洒落以及汽车在行驶过程中轮胎磨损产生的橡胶粉尘等都会随降雨形成的路面(桥面)径流进入道路两侧的水体造成污染。服务区等沿线设施生活、洗车等废水若不能达标处理排放,也有可能对水环境造成污染。危险化学品运输过程中一旦发生泄漏事故,将会对沿线水环境安全产生巨大威胁。

4. 交通废气对环境的污染

交通废气主要来源于发动机汽缸的废气排放,汽车尾气有 100 多种有害物质,主要是一氧化碳、碳氢化合物、氮氧化物、二氧化碳和苯并芘、烟尘及铅的污染,是大型城市 PM2.5 的主要来源之一。随着近年来我国经济的快速发展,国内出现了一大批大型城市和若干赶超世界水平的超大型城市,在城市大型化的发展过程中必然伴随着机动车保有量的激增,从而对大气环境带来巨大的压力。

5. 交通噪声对环境的影响

道路交通工具的鸣号及其在道路上奔驰所发出的声音,都将对周边声环境产生影响,这种噪声对于附近居民的学习、工作、生活以及周边生态系统生物的行为如觅食、移动、扩散、繁殖、信号传递等均有很深的影响。

6. 道路交通生态影响

道路交通排放的汽车废气、交通噪声、路面雨水径流以及危险品运输交通事故,给道路两侧环境质量带来了严重影响。这种影响不仅表现在人类活动区域的环境质量下降,也使道路两侧自然生态系统中的生物的生存环境质量下降,影响了生态系统的稳定。道路的交通运输功能在空间上产生由道路向两侧和前端的辐射影响力。由于道路系统和交通运输工具的发展,使得同样的道路长度传输的物流、能流和信息流的流速与流量倍增,从而使得道路系统的传输功能及其影响范围更为强大和广泛,这也在一定程度上影响了自然生态系统。

三、环境对道路交通的影响

环境因素对道路交通也会产生一定的影响。

道路建设会对沿线生态环境产生较大扰动,特别是丘陵、山区修建道路势必会高填深挖,对沿线地形地貌、水文水系及森林植被造成破坏,在公路运营过程中,由于扰动区域的生态恢复较慢,公路路基及边坡防护存在安全隐患,在降雨或地震等外力作用下容易产生塌方、滑坡、泥石流等次生灾害,严重威胁道路运输的安全。道路沿线分布有大型野生动物的区域,道路建成后会对野生动物迁徙廊道形成阻隔,这些大型野生动物(如亚洲象等)有时会穿越道路,给行车安全造成威胁。

与环境不和谐的、视觉冲击力强的公路景观很容易分散驾驶员的注意力,导致驾驶员驾驶时不够专注,从而加大发生交通意外的风险;而道路绿化不当也会给行车安全造成影响,例如在弯道内侧,行道树距行车道过近,影响到驾驶员的视距和车辆安全行驶所需的横净距,就存在较高的事故危险;如果景观绿化的高大树木种植在路侧净区范围内,则会增加车辆碰撞树干的可能性,在树干直径大于10cm时,则会加重事故的严重程度;根据法国有关部门的观察,在汽车撞树的事故中造成死亡的平均概率是10.2%,同时,在其他交通事故中造成死亡的概率是2.9%。发生重伤的概率相应为39.3%与12.7%。因此,景观绿化时,不当的路侧和中央分隔带绿化树的栽植容易误导驾驶员,尤其在平面曲线和凸形竖曲线相结合的路段。

大气污染会降低能见度,不利于车辆正常行驶,特别在重度雾霾的情况下往往会造成高速公路封路现象,影响道路运输。其他道路在严重雾霾条件下,车辆行驶也受到很大影响,由于能见度降低,增加了事故风险概率。

第二节 道路交通大气污染与防治

一、道路交通大气污染源组成及危害

1. 概述

空气是多种气体的混合物,其组成可分为恒定的、可变的和不定的三部分。正常空气由20.95%氧、78.09%氮、约0.939%的微量成分如氖、氦、氪、氙等稀有气体组成,这些是恒定成分。可变的组分是指空气中的二氧化碳和水蒸气,通常情况下二氧化碳含量是随季节和气象的变化以及人们的生产生活活动而发生变化的。上述二部分构成清洁空气。空气中不定部分主要来源于两个方面:一个是自然界火山爆发、地震、森林火灾、大风刮起沙尘等自然现象形成的硫氧化物、氮氧化物、硫化氢、尘埃等;另一个是由于人类活动如工业生产,汽车排出废气,人类取暖、生活而燃烧燃料以及垃圾废弃物的焚烧等人为因素造成大气中增加有害气体。一般来说,前者是局部和暂时性污染,而后者是空气中不定组分的最主要来源。

道路交通是人为因素造成大气污染的主要来源之一。据统计,在全球一氧化碳人为排放量中,约60%来自交通运输,并且随着社会的发展和汽车的普及,这一比例还在不断提高;在全球NO_x人为排放量中,43%来自于交通运输,32%来自于电力部门,12%来自于工业,8%来自于住宅及商业,5%来自于其他方面。目前,在我国许多大城市,汽车交通排放的污染物CO、HC、NO_x的分担率均超过50%,已成为城市大气污染的主要来源。而形成我国大面积雾霾天气的罪魁祸首PM2.5,其中超过30%的量是由于道路交通产生的。可见,道路交通大气污染已经到了非常严峻的地步。

2. 汽车尾气的组成

道路交通污染主要是由汽车排放的尾气造成的环境污染。内燃机排出的汽车尾气包括许多成分,随内燃机种类及运转条件的变化而变化。尾气中基本成分是二氧化碳(CO_2)、水蒸气(H_2O)、过剩的氧(O_2)及未参与燃烧的氮(N_2)等。它们是燃料和空气完全燃烧后的产物,与空气的组成基本相同,所不同的只是CO_2和H_2O的含量较高而O_2的含量较低,一般来说,尾气中的基本成分是无害的。除基本成分之外,汽车尾气中还有不完全燃烧的产物和燃烧反应的中间产物,包括一氧化碳(CO)、碳氢化合物(HC)、氮氧化合物(NO_x)、二氧化硫(SO_2)、颗粒物(铅化物、黑烟、油雾等)、臭气(甲醛、丙烯醛等)80多种。这些污染物质的总和,在柴油机排气中不到废气总量的1%,在汽油机排气中随不同工况变化较大,有时可达5%左右。尾气中的这些成分大部分是有毒的,或有强烈的刺激性、臭味和致癌作用,因此列为有害成分。

3. 汽车尾气污染危害

进入21世纪,汽车污染日益成为全球性问题。随着汽车数量越来越多、使用范围越来越广,它对世界环境的负面效应也越来越大,尤其是危害城市环境,引发呼吸系统疾病,造成地表空气臭氧含量过高,加重城市热岛效应,使城市环境转向恶化。汽车尾气中的一氧化碳、碳氢化合物、氮氧化合物和颗粒物等,会对人体健康造成直接危害。尾气中的二氧化碳虽然对人体健康无害,但它会造成温室效应,影响人类生存环境。

(1) 一氧化碳(CO)

一氧化碳是烃燃料燃烧的中间产物,主要是在局部缺氧或低温条件下,由于烃不能完全燃烧而产生,混在内燃机废气中排出。当汽车负重过大、慢速行驶时或空挡运转时,燃料不能充分燃烧,废气中一氧化碳含量会明显增加。一氧化碳由呼吸道进入人体的血液后,会和血液里的血红蛋白Hb结合,形成碳氧血红蛋白,导致携氧能力下降,使人体出现反应,如听力会因为耳内的耳蜗神经细胞缺氧而受损害等。吸入过量的一氧化碳会使人发生气急、嘴唇发紫、呼吸困难甚至死亡。

(2) 氮氧化物(NO_x)

氮氧化物是在内燃机气缸内大部分气体中生成的,氮氧化物的排放量取决于燃烧温度、时间和空燃比等因素。氮氧化物的生成原因主要是高温富氧环境,比如燃烧室积碳等因素。从燃烧过程看,排放的氮氧化物95%以上可能是一氧化氮,其余的是二氧化氮。一氧化氮是无色无味气体,只有轻度刺激性,毒性不大,人受一氧化氮毒害的事例尚未发现,一氧化氮遇空气中的氧后被氧化成二氧化氮。二氧化氮是一种红棕色呼吸道刺激性气体,对人体影响甚大,由于其在水中溶解度低,不易为上呼吸道吸收而深入下呼吸道和肺部,从而引发支气管炎、肺水肿等疾病。

(3) 碳氢化合物(HC)

碳氢化合物也称烃类物质,是由碳和氢组成的化学物质。汽车尾气的碳氢化合物来自三种排放源。对一般汽油发动机来说,约60%的碳氢化合物来自内燃机废气排放20%~25%来自曲轴箱(PCV系统)的泄漏,其余的15%~20%来自燃料系统(碳罐)的蒸发。甲烷是窒息性气体,高浓度时对人体健康造成危害。乙烯、丙烯和乙炔则主要是对植物造成伤害,使路边的树木不能正常生长。苯是无色类似汽油味的气体,可引起食欲不振、体重减轻、易倦、头晕、头痛、呕吐、失眠、黏膜出血等症状,也可引起血液变化,红细胞减少,出现贫血,还可导致白血病。汽车尾气中还含有多环芳烃,虽然含量很低,但由于多环芳烃含有多种致癌物质(如苯丙芘)而引起人们的关注。

(4) 光化学烟雾

碳氢化合物(HC)和氮氧化物(NO_x)在大气环境中受强烈太阳光(紫外线)照射后,产生一种复杂的光化学反应,生成一种新的污染物形成光化学烟雾。光化学烟雾是一种浅蓝色、具有强烈刺激性的有害气体,含有臭氧(O_3)、甲醛、丙烯醛和过氧酰基硝酸盐等,这些物质危害人体健康。1952年12月伦敦发生的光化学烟雾4天中死亡人数较常年同期约多4 000人,事件发生的一周中,因支气管炎、冠心病、肺结核和心脏衰弱者死亡分别为事件前一周同类死亡人数的9.3倍、2.4倍、5.5倍和2.8倍。

(5) 颗粒物

颗粒物对人体的危害与颗粒的大小及其组成有关。颗粒越小,悬浮在空气中的时间越长,进入人体后停滞在肺部及支气管中的比例越大,危害越大。颗粒除对人体呼吸系统有害外,由于颗粒存在空隙而能黏附 SO_2、HC、NO_x 等有毒物质或苯丙芘等致癌物,因而对人体健康造成更大危害。汽车尾气排放的含铅颗粒大部分来自内燃机的废气排放,铅在人体内各器官中积累到一定程度,会对人的心脏、肺等造成损害,使人贫血,行为呆傻,智力下降,注意力不集中,严重的还可能导致不育症以及高血压。所以,我国已全面禁止使用含铅汽油。

(6)二氧化碳(CO_2)

二氧化碳会产生温室效应,使地球变暖。温室效应的程度不仅和温室气体在大气中的浓度有关,而且和该温室气体在大气中的停留时间(寿命)有密切关系。在所有温室气体中,二氧化碳是最重要的温室气体,其温室效应的分担率占55%。一般来说,煤的燃烧是人为二氧化碳增多的主要因素,但随着汽车保有量的不断增加,石油消耗量迅猛增长,道路交通占人为二氧化碳增加的比例也在不断提高。因而应重视降低汽车油耗,以减少流动源造成二氧化碳的增加对温室效应的影响。

二、汽车尾气污染防治

1. 使用清洁燃料

(1)不断提高汽车燃油标准

我国在2000年之前所用汽油均为含铅汽油,含铅汽油是指铅含量大于0.013g/L的汽油。含铅汽油燃烧后约75%的铅都排入到大气环境中,据统计,1986~1995年10年间我国因燃烧含铅汽油排放的铅累计约为15万t,对大气环境造成严重危害。为了控制含铅汽油的污染,我国自2000年1月1日起停止生产含铅汽油,目前,我国已实现了车用无铅汽油(铅含量小于0.013g/L)的推广应用。

为进一步控制铅污染,并限制生产无铅汽油过程中新的防爆有机添加剂产生的污染,环境保护部于2011年批准发布了《车用汽油有害物质控制标准(第四、五阶段)》(GWKB1.1—2011)。标准对车用汽油中可能产生的有害气体组分进行了严格的规定,如:车用汽油中硫含量不大于50(mg/kg),铅含量不大于0.005g/L,苯含量不大于1.0%(v/v),芳烃含量不大于40%(v/v),烯烃含量不大于28%(v/v)等。新标准2011年5月1日开始在全国范围实施。随着大气污染形势越来越严峻,我国车用汽油的标准还将进一步提高。

(2)开发研究替代能源

①天然气及液化石油气

天然气是一种资源丰富的气态能源,它具有辛烷值高、价格低廉、对环境污染小、使用安全可靠等优点。其主要成分为甲烷,能适应较高压缩比的发动机,从而提高发动机的功率。天然气在发动机的工作温度下以气态存在,因此它能与空气混合得十分均匀,在发动机燃烧过程中不会有高分子的液态燃料存在,能充分燃烧。使用这种燃料的有害物质排放量与汽油相比有明显减少。目前天然气汽车技术已十分成熟,获得了广泛使用并大力推广。

液化石油气是以丁烷为主的碳氢化合物,其辛烷值高、污染小、储运方便,虽与天然气同属非再生能源,也不如天然气丰富,但可在石油开采中作为废气或副产品及煤制取燃料时的副产品加以回收并有效利用。其应用技术已相当成熟,因此石油液化气汽车的保有量仍将有所增长。

②电能

作为"绿色环保交通运输工具"的电动汽车已受到世界各国的普遍重视,具有十分诱人的发展前景。电动汽车以其零排放、噪声小、结构简单、维修方便等优势深受青睐,目前许多国家都在研究、开发电动汽车,并在技术上取得了长足发展,相信在不久的将来,电能必将成为汽车主要能源之一。

③醇类

醇类能源系指甲醇和乙醇。可利用生物及煤炭来制取,来源有长期保证,且其自身含氧,要求的理论空气量少,其热值虽比汽油柴油低,但混合热值却比它们高,自燃温度和辛烷值高,着火界限度宽,火焰传播速度快,有利于提高充气系数。其缺点是:沸点低、蒸汽压高、易产生气阻;汽化潜热高,低温起动性差;对塑料及橡胶有腐蚀作用;对人体有害,且醇类汽车污染较大。

研究表明在柴油机中掺入甲醇蒸汽后,在中等负荷运转时可明显降低排气中有害成分含量,且能节约柴油用量,故有很大发展前景。

④氢气

氢气是一种辛烷值高、热值高且不会产生有害气体的气态能源。其来源方便,但生产成本高、能量密度小且储运不便。而液态氢技术难度大、成本高,目前研究仍处于基础阶段。若制氢技术及储运技术有突破性进展,其应用范围必将大大拓宽。

随着科学技术的不断发展,如页岩汽、可燃冰等新的能源势必会进入汽车替代能源行列。

2. 内部净化

改革汽车发动机的构造和性能,提高燃料在内燃机内的燃烧水平,湿式机内净化是控制汽车污染的根本途径。内部净化技术主要有:

(1)正曲轴箱通气系统的设计

把从汽缸窜入曲轴箱的气体(主要是未燃气体)再循环进入进气歧管,使其再次燃烧,改变了过去将其直接排入大气所造成的污染。发动机上的PCV系统就是发挥这样的作用。

(2)排气再循环设计

发动机排气口用控制阀与进气歧管相连接,使排出的气体经过再次循环,降低氮氧化物的排放量。

(3)蒸发排放控制系统的设计(碳罐)

将化油器浮子室中的汽油蒸发汽引入进气系统,而将油箱中的蒸发汽引入储存系统,可大大减少污染物的排放。

(4)使用电子点火装置

使用电子点火装置取代传统触点式点火装置,可减少碳氢化合物排放。

3. 机外净化

机外净化是指利用单独的处理系统,在废气离开发动机后而未进入大气之前,去除其中的污染物。一般在汽车的排放系统安装各种装置以减少尾气中污染物的排放量,从而可减少对大气环境的污染。

(1)采用催化剂

将CO氧化成CO_2,HC氧化成CO_2和H_2O,NO_x被还原成为N_2等。采用的催化剂有氧化锰、一氧化铜、氧化铬、一氧化镍、一氧化铜等金属氧化物和白金属(铂)等贵金属。它们都可以净化CO、HC。催化反应器设置在排气系统中排气歧管与消音器之间。

(2) 水洗

通过水箱,汽车尾气中的碳烟粒子经过水洗和过滤及蒸汽的淋浴,可使碳粒子胀大而将粘在碳粒上的有毒物质去除。

4. 改善道路交通条件,建立高效交通系统

(1) 改善道路质量

恶劣的道路使汽车损坏严重,车速降低,耗油增加,尾气排放加剧。如果道路弯曲狭窄,则汽车滞留时间延长,污染加重。改善道路质量,发展高等级和高速公路,提高车辆行驶速度,可降低汽车排气污染。

(2) 建立高效道路交通系统

建造立交桥及高速公路不停车收费系统,改进红绿灯信号控制系统,建造交通环岛等,使交通干线及交叉口车辆畅通行驶,尽量减少汽车怠速状态,可有效减轻汽车尾气污染。

5. 道路防污绿化

树木等绿化植物对颗粒物具有吸滞和阻挡作用,因而能使空气中的大部分颗粒物沉降下来。同时,树木等绿化植物还对汽车排放的污染气体具有一定的吸收转化作用,使空气得到净化,减轻道路临近地区大气污染程度。

6. 加强管理措施

要减少汽车污染对城市环境的危害,最有效的办法是调整城市交通政策,大幅减少私家车数量,优先发展公共交通,提倡自行车交通;同时,还应加速发展、普及环保型汽车,减少对石化燃料的依赖。

同时要使公共汽车、地铁等公共交通工具迅速发展起来,向市民提倡骑自行车、乘坐公共汽车和地铁;公务员更要以身作则,尽量使用公共交通工具,少乘坐私家车,尽量减少汽车尾气排放量。

要提高汽车尾气污染物排放标准,严格把关,不能让未达到标准的汽油流入市场。对不符合尾气排放标准的汽车进行淘汰或改造。

三、雾霾状态下的交通管制措施

雾霾严重、低能见度下交通管制步骤具体如下。

(1) 起雾前,采集数据,接收预报信息

在多雾霾季节,高速公路交通管理部门和监控中心应每天定时收听气象预报,并做记录。当接到有雾信息后,通知相应的部门提前安排好值班巡逻等工作。另外,根据沿线雾区雾情规律,每天按指定周期接收实时的高速公路多雾区段的能见度信息。当能见度低于100m时,及时向高速公路控制中心报告。

(2) 起雾时,收集相关信息,做好交通疏导准备工作

收集交通量的大小,了解起雾时交通状态是否正常以及是否有交通事件等情况。另外,收集环境参数,包括路面状态(干燥、舒润、积水等),降雨情况(小雨、中雨、大雨等),冰冻和黑冰情况(有,无)等。

(3) 起雾后,继续收集相关信息,并采取交通管制措施

巡逻人员注意监视雾的发展变化情况;控制中心人员注意收集能见度仪检测到的能见度

数据的变化,一旦能见度等级发生变化,需要及时改变交通管制措施或交通组织措施。当能见度小于50m实施封路后,一旦能见度发生变化,道路具备交通管制情况下的通车条件,应及时与交通执法大队及相关单位联系,转入解封道路流程。

(4)起雾后,进行交通疏导工作

巡逻人员和收费站工作人员每隔20min向控制中心报告起雾的动态情况。同时,通过CMS发布雾天行车诱导信息,通过CSLS发出限速指令,并随时查看能见度数据的变化,及时掌握路上的情况。

(5)雾情好转或消失,解除交通管制,恢复交通

能见度好转并不再反复的情况下,可解除封闭管制措施,逐步恢复交通。同时应在相关CMS上发布"保持车距,减速慢行"、"车流量大,谨慎驾驶"等提示信息,间隔一段时间后,视车速密度大小决定是否将信息发布恢复正常。

四、灾害天气下交通管制案例应用与分析

以灾害天气下山区高速公路应急管理为例,对高速公路现代化管理的实际应用进行说明。

受山区地形地貌多样性的影响,山区高速公路沿线气象具有条件多变、气候多样的特征,大雾、暴风、连阴雨、高温等异常气候发生率较高,对高速公路的运营安全产生了重要影响。结合高速公路现代化管理技术与手段,低能见度下交通管制步骤具体如下。

(1)起雾前,采集数据,接收预报信息

在多雾季节,高速公路交通管理部门和监控中心应每天定时收听气象预报,并做记录。当接到有雾信息后,通知相应的部门,要求提前安排好值班巡逻等工作。另外,根据沿线雾区雾情规律,每天按指定周期接收实时的高速公路多雾区段的能见度信息。当能见度低于100m时,及时向高速公路控制中心报告。

(2)起雾时,收集相关信息,做好交通疏导准备工作

收集交通量的大小,了解起雾时交通状态是否正常,阻塞,严重阻塞以及是否有交通事件等情况。另外,收集环境参数,包括路面状态(干燥、舒润、积水等),降雨情况(小雨、中雨、大雨等),冰冻和黑冰情况(有,无)等。

(3)起雾后,继续收集相关信息,并采取交通管制措施

巡逻人员注意监视雾的发展变化情况;控制中心人员注意收集能见度仪检测到的能见度数据的变化,一旦能见度等级发生变化,需要改变交通管制措施或交通组织措施。当能见度小于50m实施封路后,一旦能见度发生变化,道路具备交通管制情况下的通车条件,及时与交通执法大队并与相关单位联系,转入解封道路流程。

(4)起雾后,进行交通疏导工作

巡逻人员和收费站工作人员每隔20min向控制中心报告起雾的动态情况。同时,通过CMS发布雾天行车诱导信息,通过CSLS发出限速指令,并随时查看能见度检测仪检测到的能见度数据的变化,及时掌握路上的情况。

(5)雾情好转或消失,解除交通管制,恢复交通

能见度好转并不再反复的情况下,可解除封闭管制措施,逐步恢复交通。同时应在相关CMS上发布"保持车距,减速慢行"、"车流量大,谨慎驾驶"等提示信息,间隔一段时间后,视车速密度大小决定是否将信息发布恢复正常。

第三节　道路交通噪声污染与防治

一、噪声及其危害

1. 噪声定义和分级

噪声是声波的一种,从物理学的观点来讲,噪声是声强、频率变化没有规律,杂乱无章听起来不和谐的声音,从广义上讲,凡是人们感觉不适,干扰人们休息、学习和工作,可引起人的心理和生理变化,使人烦躁的声音都是噪声。

通常用分贝(dB)来测量噪声的强度,噪声在 0~120dB 的范围内分为三级:① Ⅰ 级(30~59dB),可以忍受,但已有不舒适感,达到40dB时开始困扰睡眠。② Ⅱ 级(60~89dB),对植物性神经系统的干扰增加,听话困难,85dB 是保护听力的一般要求。③ Ⅲ 级(90~120dB),显著损害神经系统,造成不可逆的听觉器官损伤。

我国 2008 年发布的《声环境质量标准》(GB 3096—2008)明确规定了五类环境功能区的环境噪声限值:康复疗养区等特别需要安静的区域,昼间 50dB、夜间 40dB;以居民住宅、医疗卫生、文化体育、科研设计、行政办公为主要功能,需要保持安静的区域,昼间 55db、夜间 45dB;以商业金融、集市贸易为主要功能,或者居住、商业、工业混杂,需要维护住宅安静的区域,昼间 60dB、夜间 50dB;以工业生产、仓储物流为主要功能,需要防止工业噪声对周围环境产生严重影响的区域,昼间 65dB、夜间 55dB;交通干线两侧一定区域之内,需要防止交通噪声对周围环境产生严重影响的区域,包括 4a 类和 4b 类两种类型(4a 类为高速公路、一级公路、二级公路、城市快速路、城市主干路、城市次干路、城市轨道交通(地面段)、内河航道两侧区域,4b 类为铁路干线两侧区域),4a 类昼间 70dB、夜间 55dB,4b 类昼间 70dB、夜间 60dB(夜间指 22 时到次日晨 6 时)。

2. 噪声的分类

(1)交通噪声:主要指的是机动车辆、飞机、火车和轮船等交通工具在运行时发出的噪声。这些噪声的噪声源是流动的,干扰范围大。

(2)工业噪声:主要指工业生产劳动中产生的噪声。主要来自机器和高速运转设备。

(3)建筑施工噪声:主要指建筑施工现场产生的噪声。在施工中要大量使用各种动力机械,要进行挖掘、打洞、搅拌,要频繁地运输材料和构件,从而产生大量噪声。

(4)社会生活噪声:主要指人们在商业交易、体育比赛、游行集会、娱乐场所等各种社会活动中产生的喧闹声,以及收录机、电视机、洗衣机等各种家电的嘈杂声,这类噪声一般在 80 分贝以下。

3. 噪声的危害

噪声给人带来生理上和心理上的危害主要有以下几方面:

(1)干扰休息和睡眠、影响工作效率

休息和睡眠是人们消除疲劳、恢复体力和维持健康的必要条件。但噪声使人不得安宁,难以休息和入睡。人进入睡眠之后,即使是 40~50dB 较轻的噪声干扰,也会从熟睡状态变成半熟睡状态。人在熟睡状态时,大脑活动是缓慢而有规律的,能够得到充分的休息;而半熟睡状态时,大脑仍处于紧张、活跃的阶段,这就会使人得不到充分的休息和体力的恢复。

研究发现,噪声超过85dB,会使人感到心烦意乱,人们会感觉到吵闹,因而无法专心地工作,结果会导致工作效率降低。

(2)损伤听觉、视觉器官

强的噪声可以引起耳部的不适,如耳鸣、耳痛、听力损伤。据测定,超过115dB的噪声还会造成耳聋。据临床医学统计,若在80dB以上噪音环境中生活,造成耳聋者可达50%。医学专家研究认为,家庭噪音是造成儿童聋哑的病因之一。据统计,当今世界上有7 000多万耳聋者,其中相当部分是由噪声所致。专家研究已经证明,家庭室内噪音是造成儿童聋哑的主要原因,若在85dB以上噪声中生活,耳聋者可达5%。

试验表明:当噪声强度达到90dB时,人的视觉细胞敏感性下降,识别弱光反应时间延长;噪声达到95dB时,有40%的人瞳孔放大,视模糊;而噪声达到115dB时,多数人的眼球对光亮度的适应都有不同程度的减弱。所以长时间处于噪声环境中的人很容易发生眼疲劳、眼痛、眼花和视物流泪等眼损伤现象。同时,噪声还会使色觉、视野发生异常。调查发现噪声对红、蓝、白三色视野缩小80%。

(3)对人体的生理心理影响

噪声是一种恶性刺激物,长期作用于人的中枢神经系统,可使大脑皮层的兴奋和抑制失调,条件反射异常,出现头晕、头痛、耳鸣、多梦、失眠、心慌、记忆力减退、注意力不集中等症状,严重者可产生精神错乱。这种症状,药物治疗疗效很差,但当脱离噪声环境时,症状就会明显好转。噪声可引起植物神经系统功能紊乱,表现在血压升高或降低,心率改变,心脏病加剧。噪声会使人唾液、胃液分泌减少,胃酸降低,胃蠕动减弱,食欲不振,引起胃溃疡。

噪声对儿童的智力发育也有不利影响,据调查,3岁前儿童生活在75dB的噪声环境里,他们的心脑功能发育都会受到不同程度的损害,在噪声环境下生活的儿童,智力发育水平要比安静条件下的儿童低20%。噪声对人的心理影响主要是使人烦恼、激动、易怒,甚至失去理智。此外,噪声还对动物、建筑物有损害。

二、道路交通噪声声源

1. 道路交通噪声的构成

道路交通噪声主要是车辆运行过程中产生的噪声。在道路运营过程中,汽车噪声大致可分为喇叭声、与发动机转速有关的声源及与车速有关的声源。车辆噪声的构成包括以下几个部分。

(1)燃烧噪声

指内燃机工作时,由于气缸内的气体压力周期性变化而产生的噪声。

(2)进气和排气噪声

指内燃机工作时,气体经过进气管和排气管高速流动所产生的噪声。

(3)风扇运转噪声

指冷却系统风扇运转时所产生的噪声。

(4)机械噪声

指车辆行驶时,车辆的各种机构运动件之间以及运动件和固定件之间,周期性变化的作用力所产生的噪声。

(5)轮胎噪声

指车辆行驶轮胎在地面上滚动时,由于轮胎花纹间的空气流动和轮胎四周空气扰动形成的空气噪声、轮胎胎体和花纹弹性变形振动而激发的振动噪声以及由于路面不平造成的轮胎与道路间的冲击噪声等。

(6)车身噪声

车辆行驶时,车身和空气的摩擦、冲击以及车体的各板壁结构在发动机和凹凸不平的路面振动激励下产生的噪声。

道路交通车辆噪声就是以上各个噪声源综合作用的结果。对大型车而言,进气和排气噪声在整个车辆噪声中占有显著比例;而对于小型车而言,轮胎噪声在整个车辆噪声中所占比例较大,且随着车速增大而相应增大。

2. 影响道路交通噪声的因素

在道路上行驶的车辆,其噪声大小主要与以下因素有关。

(1)车辆行驶速度

轮胎与道路噪声随着行驶速度的增加而增加。通常,轮胎与道路噪声强度与行驶的速度成正比。

(2)轮胎荷载和充气压力

轮胎荷载和充气压力对噪声的影响程度因轮胎的种类不同而不同,其对纵向花纹轮胎几乎没有什么影响,而对横向花纹轮胎,会随着荷载增加或充气压力增加而使胎肩部的接地压力增加,进而导致噪声增加。

(3)环境温度

路面轮胎所发出的噪声随着室外温度的增加而降低,当外界温度升高时,轮胎的温度也上升,轮胎的结构材料软化,进而减少了轮胎—路面噪声。

(4)路面材料

多孔吸声材料内部有很多空隙,空隙间彼此连通,且通过表面与外界相通,当声波传到材料表面时,一部分在材料表面反射,一部分则进入到内部向前传播。在传播过程中,声波引起空隙中空气运动,并与空隙内壁发生摩擦,由于黏滞性和热传导效应,声能则转化成热能消耗掉,因此多空隙材料是通过其内部的连通空隙吸收了声能。空隙率越大吸声系数也越大,这表明增加沥青混合料的连通空隙率有助于提高路面的吸声功能。

(5)路面粗糙度

路面粗糙度对小型车的行驶噪声有明显影响,这主要是由轮胎噪声引起的。车辆噪声强度的测量一般是在路面粗糙度为 $0.4 \sim 0.7$ mm 的条件下进行的,当路面粗糙度每增加或减小 0.3 mm 时,小型车的行驶噪声级相应增加或减小 2 dB(A)。

(6)道路纵坡

道路纵坡对小型车的行驶噪声无明显影响。但对载货汽车来说,因上坡时发动机转速的增加,增大了动力噪声,使行驶噪声明显增强。当道路纵坡增大到 $3\% \sim 4\%$ 时,相应噪声级增大约 2 dB(A);当道路纵坡增大到 $5\% \sim 6\%$ 时,相应噪声级增大约 3 dB(A);道路纵坡增大到 7% 以上时,相应噪声级增大约 5 dB(A)。

三、道路交通噪声防治

交通噪声是城市主要污染源之一,相关资料表明,城市噪声 50%～70% 来自于交通噪声。据调查,全国 90% 以上城市交通噪声平均声强超过 70dB,且大多数城市噪声污染呈恶化趋势。

1. 降低声源噪声

道路上较理想的声音为稳定的马达声、微弱的排放声、由路面和轮胎引起的低微的摩擦声。若要达到上述要求应从以下两方面着手。

(1) 改善轮胎结构

从轮胎花纹沟以及花纹沟的角度入手来降低道路噪音,要降低由轮胎振动产生的噪音,最好是加大接地前端和后端接地印痕与胎面花纹沟的角度;降低由横向花纹沟内的空气压缩产生的噪音,最好是加大前端接地印痕与胎面花纹沟的角度。虽然通过减小胎面的横向花纹沟宽度也可以降低振动,但其效果比加大横向花纹沟角度的效果小。

(2) 改善路面结构

所谓降噪路面,也称多空隙沥青路面,又称为透水(或排水)沥青路面。它是在普通的沥青路面或水泥混凝土路面结构层上铺筑一层具有很高空隙率的沥青混合料,其空隙率通常在 15%～25% 之间,有的甚至高达 30%。低噪声路面具有低噪声、防溅水、防反光、增强路面附着力等优点,它能有效地降低汽车轮胎与路面接触而产生的空气爆炸噪声;能改善雨天及冬季的行车条件,提高驾车的舒适性与安全性;能降低阳光下路面的反光程度;能有效地提高路面的附着力。

2. 阻挡噪声的传播

(1) 声屏障技术

建造声屏障可以消除或减少噪声,其形式可分为防噪堤和声屏墙。防噪堤常用于路堑或挖方地段,开挖出的土可直接用来修筑防噪堤,而且可以进行相应绿化。在降噪的同时还起到对环境综合治理和美化的作用。反射式声屏墙主要对噪声声波的传播进行漫反射,以降低区域内噪声。声屏墙的优点是节约土地、降噪明显,同时由于采用拼装式而具有可拆装的优点。但声屏墙也会产生副作用,如易造成驾驶员心理压抑;透明材料墙体易发生眩目和反光现象,并要求经常清洗,提高了道路的造价,同时在一定程度上还破坏了道路景观。

(2) 种植降噪绿化林带

树木及绿化植物形成的绿带,能有效降低噪声。在公路两侧植树绿化,是防治交通噪声的有效措施之一。同时,绿化林带还可以起到吸收二氧化碳及有害气体、吸附微尘的作用,能改善小气候,防止空气污染,截留公路排水、防眩和美化环境等作用。有关研究资料表明,当绿化林带宽度大于 10m 时,可降低交通噪声 4～5dB。

3. 远离噪声源

噪声音量随距离的增加而减小。噪声的扩散成球形时,音压与距离的平方成比例减少。根据这一性质,在进行路线设计时应综合考虑以下几方面:

(1) 公路选线应尽量避免穿越城镇和环境敏感地区;

(2) 公路中线距声环境敏感点的距离应大于 100m,其中距学校、医院病房、疗养院宜大于 200m;

(3) 调整临噪声源一侧建筑物的使用功能,如将居住房屋调整为仓库;

(4) 对噪声超标的环境敏感点采取拆迁安置或采取降噪措施等方法,减少运营期间交通噪声的影响;

(5) 尽量利用绿化林作为防噪林,但要处理好路线线形与公路景观的关系。

【复习思考题】

1. 环境的概念与分类?人类目前主要面临哪些主要环境问题?
2. 道路交通对环境有哪些影响?
3. 道路交通有哪些水污染源?服务区污水处理技术有哪些?
4. 简要介绍汽车尾气的组成与污染危害?汽车尾气污染有哪些防治措施?
5. 什么是噪声?噪声有什么危害?如何防治道路交通噪声?

第十章 城市交通

第一节 概述

一、城市交通的内涵

城市是人类群居的高级形式,城市从诞生到发展一直与交通存在着千丝万缕的联系,城市交通系统是城市的社会、经济和物质结构的基本组成部分,城市交通系统发展与城市发展是一个相互影响、相互作用的动态过程。一方面,交通系统要具备聚集和扩散的功能,能保持一定的通达性和时效性,影响城市空间聚集和扩散的过程,进而促进城市空间结构和经济结构的调整,培育区域发展新的增长极;另一方面,城市发展也会对交通运输供给能力、服务水平和品质提出新的要求。因此,城市交通系统在支撑城市发展的同时,也在一定程度上引领城市的发展。

在定义上,城市交通是指在城市范围内的人和物的流动,作为城市的重要组成部分,城市交通系统不仅是一个非常庞大、复杂的系统,而且是一个开放的系统,它与社会经济、人口分布、土地利用、地形地貌等外部环境存在着极强的相互作用关系,畅达的城市交通系统对城市发展、居民生活条件改善和劳动生产率提高具有重要的保障和促进作用。在现代社会,城市作为人类的生产生活中心,其交通基础设施密度、交通出行强度、交通流的复杂程度都远高于非

城市区域。从要素构成上来看,城市交通系统主要包括以下五个基本要素:

(1) 运输对象,即人和物;

(2) 运载工具,用于运输的车辆;

(3) 运输平台,即承载运输工具的道路、场站等设施;

(4) 运输组织,即对运载对象、运载工具和运输平台的组织和调控;

(5) 运输政策,保障城市交通运转的体制机制、财政、用地、人才等方面的政策和措施。

从运输对象上来划分,城市交通系统(图10-1)包括客运交通系统和货运交通系统,其中客运交通系统又可以划分为公共交通和私人交通;从运输方式进一步划分城市客运系统,又可以划分为公共交通系统、自行车交通系统、行人交通系统及私人机动车交通系统。

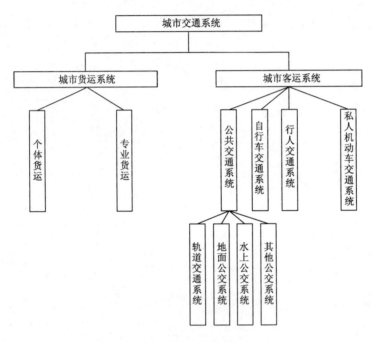

图 10-1 城市交通系统构成

城市的复杂性决定了城市交通系统的复杂性,通常情况下,城市交通系统因城市的地形地貌、区位、规模、功能定位、空间结构和经济发展水平的不同而有所不同,世界上众多城市有个性特征的一面(例如:每个城市的客流空间分布是不相同的),也有共性特征的一面,这些共性特征大致可以归纳为以下几个方面。

(1) 城市交通网络都是由交通节点和交通线路构成

城市交通网络是城市客运和货运的载体和平台,任何城市的交通网络均是由分布在城市内部的交通节点(如枢纽、场站等)和交通线路(如道路网路、公共交通线网、对外公路铁路线网等)构成,其中城市道路网络是上述网络的基础,城市的道路网络千差万别,但决定了城市的骨架和城市的发展。

(2) 城市交通系统有规律性较强的客流高峰与平峰期

城市交通的重点是城市客运,而城市客运又随着居民出行的规则呈现出非常典型的高峰期和平峰期,这种特征与城市的生产活动紧密相连。大城市具有典型的早晚客流高峰期,中小的城市往往出现四个高峰期,除了早晚客流高峰期,还有中午的上下班高峰期。相对于出行高峰来说,其他时间段则为出行平峰期。如图10-2、图10-3所示。

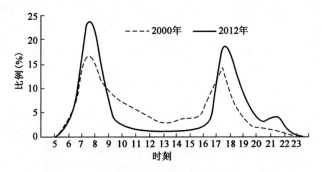

图 10-2　城市居民出行时间分布比例变化图(两个高峰)

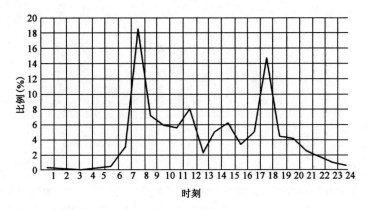

图 10-3　城市居民出行时间分布比例变化图(四个高峰)

(3)城市交通量与城市的规模和布局有密切关系

城市交通量(客货运量)与城市的规模有着非常直接的关系,城市人口规模越大,城市居民出行的基数就越大,城市客运的出行总量也大;此外,城市的经济活动活跃,城市的客货运量也大。城市土地利用空间布局也是决定城市交通量的重要因素,合理的城市布局往往可以避免大量的无效出行,从而减少城市的客货运量。

二、城市交通发展趋势

近些年来,随着我国经济社会的快速发展和居民生活水平的提高,城市交通系统发展也呈现新的趋势,城市交通一体化、城市交通低碳化、城市交通智能化、城市交通服务均等化等已经成为未来城市交通发展的显著趋势。

1. 城市交通系统的机动化水平进一步增高

机动化发展水平是现代社会的一个重要标志。近些年来,我国机动化发展迅猛,到2012年年底,全国机动车保有量为2.4亿辆,其中民用汽车10 933万辆,私人汽车拥有量达到8 839万辆,占民用汽车总量的81%,构成民用汽车的主体,见图10-4。

按照国际惯例,衡量一个国家或者地区机动车保有水平时,一般用千人机动车拥有率指标。据统计,西方国家机动车保有量水平是300~500辆/千人,而我国目前机动车保有水平最高的北京,千人机动车拥有率仅仅约为 200 辆/千人。如果按照西方国家的机动化发展水平,以北京两千万人计算,千人机动车拥有率取下限 300 辆/千人,机动车保有量就会达到 600 万辆,而按照现在的基础设施条件和人口密集程度,到达 600 万辆时,城市功能将会受到严重的损害。按照近年来的发展速度,有关专家预计到 2030 年我国汽车保有量可能接近 4 亿辆,届时,由于机动车的快速增长而带来的能源和环保问题将更加突出。在这个发展的关键时期,必须抓紧良机,未雨绸缪,推动城市公共交通优先发展,让越来越多的民众选择步行、自行车、公共交通等绿色出行方式,逐步减少民众出行对小汽车的依赖。

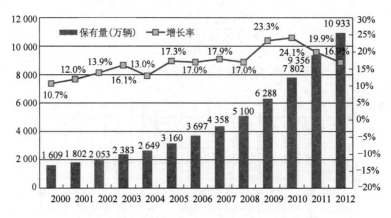

图 10-4 2000~2012 年我国民用汽车保有量变化情况

随着我国新型城镇化战略实施,城市框架进一步拉大,城市居民出行距离逐渐增加,以北京为例,2000 年北京市民的平均出行距离为 8km,到了 2010 年,这一数值达到了 10.6km。由于出行距离的增加,超出了自行车和步行等绿色交通工具的服务范围,因而只能借助于机动化运输工具来完成出行需求。城市交通的机动化已经成为现代城市交通系统发展的必然趋势,机动化出行对快速、准时、服务优质等方面都提出了更高的要求。

2. 城市交通一体化进一步提升

随着经济社会的发展,城市交通与城市对外交通的联系加强,城镇群与城镇群之间的交通联系、城乡之间的交通联系、同城化交通联系等已经成为支撑区域经济一体化和新型城镇化的重要手段。城镇化程度的进一步提升,必然要求强化城市内外交通的联系,疏通城市交通与对外交通的联系通道,拓展城市发展空间。与此同时,为解决城市交通量快速增长与土地、交通资源、环境保护之间的突出矛盾,提高交通系统的效益与效率,非常有必要对城市交通实施一体化发展,并实现城乡居民交通基本公共服务均等化。

3. 城市交通绿色化广泛普及

伴随城市规模的扩大以及人口的增长,我国城市普遍面临着交通拥堵、停车难、行车难、交通污染严重等问题,城市的可持续发展面临着严峻的挑战。目前,汽车每年消耗掉我国 1/3 左右的油品,在一些大城市中,机动车排放平均占一氧化碳排放的 80% 和 NO_x 排放的 40% 以上。从国际经验来看,大力发展低碳城市交通系统,转变市民消费观念,提高节能环保的公众参与意识,将是低碳社会和低碳城市建设的重要战略内容。因此,为了推进我国生态文明建设,必须进一步强化步行、自行车和公共交通等绿色交通系统的建设。

4. 城市交通智能化广泛普及

信息技术、电子技术、计算机技术等在城市交通中广泛应用,为解决城市交通问题提供了良好的基础和可靠的技术支持。智能交通系统(ITS,Intelligent Transportation System)是通过信息技术达到交通信息的实时传播,将人、车、路和环境紧密协调、和谐统一,让出行者做出正确的行车路径选择,以消除道路堵塞,提供方便、舒适、快捷的交通服务。ITS将有效地利用现有交通设施、减少交通负荷和环境污染、保证交通安全、提高运输效率,已成为21世纪世界各国城市交通的发展方向。目前,国内外一些城市竞相发展智能交通系统,较好地解决了城市交通资源有限等问题,缓解了城市交通拥堵,提高了城市交通系统的运输效率。

第二节 城市道路网

在城市中,行人与车辆在城市道路上行驶才能够形成道路交通流。因此,城市道路网络是城市中最基本的交通设施,要满足客流、货流与行人等不同层面的交通需求。城市交通网络与城市的结构、城市的经济发展等因素密切相关,同时需要满足城市日照通风、城市应急避难、城市工程管线等要求。在城市道路网络规划中,需要考虑上述因素,使其与相关规划协调。

一、城市道路概述

根据《城市道路交通规划设计规范》(GB 50220—1995),城市道路分为快速路、主干路、次干路、支路,其规范要求具体如下:

(1)快速路

快速路为车速高、行程长的汽车交通连续通行设置的重要道路。

①规划人口在200万以上的大城市和长度超过30km的带形城市应设置快速路。快速路应与其他干路构成系统,与城市对外公路有便捷的联系。

②快速路上的机动车道两侧不应设置非机动车道。机动车道应设置中央分隔带。

③与快速路交汇的道路数量应严格控制。相交道路的交叉口形式应符合相关规定。

④快速路两侧不应设置公共建筑出入口。快速路穿过人流集中的地区,应设置人行天桥或地道。

(2)主干路

主干路是城市道路网络的骨架,是连接城市各主要分区的交通干线,与快速路共同承担城市的主要客、货运输。

①主干路上的机动车与非机动车应分道行驶;交叉口之间分隔机动车与非机动车的分隔带宜连续;

②主干路两侧不宜设置公共建筑物出入口。

(3)次干路

次干路为介于城市主干路与支路之间的主要集散道路。

次干路两侧可设置公共建筑物,并可设置机动车和非机动车的停车场、公共交通站点和出租汽车服务站。

(4) 支路

支路为次干路与街坊内部道路的连接线。

①支路应与次干路和居住区、工业区、市中心区、市政公用设施用地、交通设施用地等内部道路相连接。

②支路可与平行快速路的道路相接，但不得与快速路直接相接。在快速路两侧的支路需要连接时，应采用分离式立体交叉跨过或穿过快速路。

③支路应满足公共交通线路行驶的要求。

④在市区建筑容积率大于 4 的地区，支路网的密度应为表 10-1、表 10-2 中所规定数值的一倍。

大、中城市道路网规划指标　　　　　　　　　　　　　表 10-1

项目	城市规模与人口(万人)		快速路	主干路	次干路	支路
机动车设计速度 (km/h)	大城市	>200	80	60	40	30
		≤200	60~80	40~60	40	30
	中等城市		—	40	40	30
道路网密度 (km/km²)	大城市	>200	0.4~0.5	0.8~1.2	1.2~1.4	3~4
		≤200	0.3~0.4	0.8~1.2	1.2~1.4	3~4
	中等城市		—	1.0~1.2	1.2~1.4	3~4
道路中机动车条数 (条)	大城市	>200	6~8	6~8	4~6	3~4
		≤200	4~6	4~6	4~6	3~4
	中等城市		—	4	2~4	2
道路宽度 (m)	大城市	>200	40~45	45~55	40~50	15~30
		≤200	35~40	40~50	30~45	15~20
	中等城市		—	35~45	30~40	15~20

小城市道路网规划指标　　　　　　　　　　　　　表 10-2

项目	城市规模与人口(万人)	干路	支路
机动车设计速度 (km/h)	>5	40	20
	1~5	40	20
	<1	40	20
道路网密度 (km/km²)	>5	3~4	3~5
	1~5	4~5	4~6
	<1	5~6	6~8
道路中机动车条数 (条)	>5	2~4	2
	1~5	2~4	2
	<1	2~3	2
道路宽度 (m)	>5	25~35	12~15
	1~5	25~35	12~15
	<1	25~30	12~15

二、城市道路网的基本形态

城市道路网络系统是为城市的发展而构建的，需要满足城市交通、土地利用及其他相关要求。目前常用的城市道路网络结构可以分为：方格式路网、放射式路网、环形放射式路网、混合式路网及自由式路网等，其特点描述具体如下。

(1) 方格式路网

又称棋盘式路网，布局简洁，设计简单，有利于建筑布置，方向性好，交叉口组织相对容易，并能在一定程度上避免城市交通拥挤。其缺点是通行性较差，过境交通不易分流，对大城市进一步发展不利（图10-5）。

(2) 放射式路网

其特点是城市有明显的市中心或广场，交通干线沿市中心为形心向外辐射，各条街道均通向这里，城市沿着交通干线两侧发展，形成"指状"城市，此网络布局适用于在小城镇或单中心城市。其缺点是中心区交通压力过大，边缘交通联系也不方便，过境交通流分流不便[图10-6a)]。

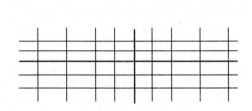

图10-5 方格网式和带状道路网络

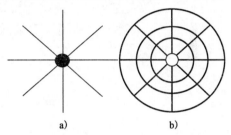

图10-6 放射式和环形放射式道路网络

(3) 环形放射式路网

既保持放射街道，又加上与市中心成同心圆的环状道路，具有通达性好、非直线系数小的优势，有利于城市扩展和过境交通分流等特点，一般用于大中城市，但不宜将过多的放射线引入城市中心，造成市中心交通过分集中。其缺点是对建筑布局不利[图10-6b)]。

(4) 混合式路网

结合方格路网、环形路网、放射路网的特点进行综合布设，具有上述路网的优势，但其规划更复杂，需要投入更多的人力和技术，否则规划不当更容易形成城市交通流的混乱。

(5) 自由式路网

由于规划地区所处地形复杂，不适用规划上述四种类型的路网，结合自然条件因地制宜地加以组织而形成的道路网形式。其缺点为占地多，城市内任何两点间道路的非直线系数都较大（图10-7）。

三、城市道路网络规划方法

城市道路网络规划与公路网络规划相同，均以各种出行的OD矩阵为输入条件，以满足出行需求为主要目标。城市道路网络规划应按以下步骤进行：

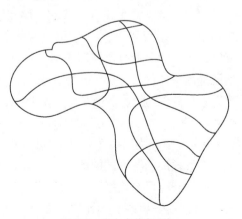

图10-7 自由式道路网络

(1) 对现状的交通网络的网络结构指标、服务质量等进行评价,同时结合城市总体规划、土地利用规划等上位规划,明确路网的规划指标,例如人均道路用地面积、道路网密度、道路等级结构、非直线系数等。

(2) 在分析城市形态及发展的基础上,确定道路网络规划方案。道路网络规划方案受到社会经济、综合交通体系、自然地理条件等约束,不同条件城市的道路网络规划方案具有不同的形态与特征,并没有固定的套用模式。应根据城市各方面的上位规划与影响因素综合考虑,因地制宜地设计道路网络的规划方案,此过程应是一个定性分析与定量计算相结合的过程。

城市道路网络规划的定量化计算方法有运筹学、图论、数学规划模型等多种方法,其共性特点是将道路网络抽象为结点(交叉口)与路段的几何体后进行定量化计算。这里选择介绍近年来应用广泛的双层规划模型,其使用广泛的原因为:城市道路网络规划问题可以理解为政府部门在一定的投资预算限制下,采用建设新的道路、改建已有道路等措施以使整个道路交通系统能够满足出行需求,使整个道路交通系统的性能最优,但是并不能控制出行者的出行选择行为,出行者是根据具体的交通状况和路网情况调节自己的出行行为的,政府与出行者的决策是一个典型的主从递阶决策问题,因此双层规划模型是描述此问题的理想工具。具体模型如下:

(上层模型)

$$\min_{y} Z(y, x(y))$$
$$并满足 G(y, x(y)) \leq 0 \tag{10-1}$$

其中 $x(y)$ 由下述规划求得:

(下层模型)

$$\min_{x} z(y, x)$$
$$并满足 g(y, x) \leq 0 \tag{10-2}$$

其中:Z 和 z 分别代表上层问题和下层问题的目标函数,G 和 g 分别代表上层问题和下层问题的约束条件,y 和 x 分别代表上层问题和下层问题的决策变量,且 x 是 y 的隐函数,即 $x = x(y)$。在双层规划模型中,下层模型代表了投资水平条件下的道路交通网络供需平衡问题,可以使用用户平衡分配模型求解,而上层模型代表了交通规划者为了使交通网络系统性能达到最优而采取的最优决策问题。因此,城市道路网络的双层规划设计模型就是在满足投资预算约束条件下,考虑了路网用户路径选择行为后,寻求最佳网络设计决策方案 y^* 使系统目标函数 Z 最优。

(3) 对道路网络的布局方案进行检验,主要包括:

① 将预测的各方式的出行 OD 量分配至路网方案上,预测每一个交叉口,每一个路段的分配交通量及路段平均车速、交叉口平均延误等指标;分析、评价每一路段、每一交叉口的交通负荷、服务水平及网络总体评价指标。

② 从城市道路网络与城市用地之间的协调关系与对外交通系统的衔接关系,以及道路网

络系统内部各组成要素之间的协调配合关系角度分析规划方案的系统性,考虑城市道路网络对城市发展的 TOD 作用。

③从道路交通噪声、大气污染与可持续发展的角度分析评价道路规划方案。

(4)如果交通质量评价及网络总体性能评价结果满足规划要求,则此路网规划方案为推荐方案,否则返回步骤(2)调整路网规划方案,直到生成科学、合理的路网规划方案。如果经过多次调整后仍然不能满足规划要求,则应对城市总体交通结构等上位规划进行反馈,并提出修改意见。

第三节　城市客运

一、概述

城市客运系统是指为城市出行需求提供实现的全部交通方式。不同城市由于其经济社会条件和自然条件的差异,具有的城市客运系统有所不同。城市公共交通是城市客运系统的重要组成部分,城市公共交通系统是指城市中供公众乘用的经济方便的各种交通方式的总称,包括公共汽车、电车、城市轨道交通、出租汽车、轮渡等方式。城市公共交通系统通过各种交通工具和设施的相互配合,为公众提供交通运输服务,维系着城市功能的正常运转,是城市经济和社会赖以生存和发展的基础,在国民经济发展中占有重要地位。城市,特别是中心城市,由于其在国家经济发展中的重要地位,其城市公共交通基础设施建设、装备水平、资金投入、服务质量等方面在新型城镇化过程中具有举足轻重的作用。因此,推进城市公共交通的可持续发展,大力改善城市公共交通有效供给,努力提高服务水平,对于促进城市和城市交通的可持续发展、推进新型城镇化战略具有十分重要的意义。

城市客运是我国汽油的消费大户。以北京为例,2005 年的能源消耗构成中占主导地位的是小汽车,约占总能源消耗的 70% 以上,远高于其他三种交通方式的能源消耗量。从历史发展来看,北京市城市交通能源消费由 1995 年的 115 万 t 标准煤上升到 2005 年的 384 万 t 标准煤,年平均增长率接近 13%;占终端能源消费量的比重从 1995 年的 3.6% 增长到 2005 年的 7.2%。同时可以看到,虽然汽柴油依然是北京市城市交通消耗的主要能源,但由于替代能源和轨道交通的发展,整个城市交通能源结构已经取得一定优化。城市公共交通占整个城市交通能耗的比例从 1995 年的 46.3% 下降到 2005 年的 25.9%(含出租车),如图 10-8、图 10-9 所示,图中数据来源:北京城市交通能源消费情景分析,发改委能源所。

日益增多的民众出行和生活质量提高的需求,与城市交通拥堵、环境污染、事故频发所形成的不协调、不和谐,成为制约城市和城市交通可持续发展的瓶颈。尤其是近年来,随着我国城镇化进程加快推进,机动车保有量快速增长,城市交通拥堵问题日益凸显,并由特大城市、大城市向中小城市蔓延,成为新型城镇化战略实施的突出问题。为解决这一事关经济和社会发展全局的问题,我国政府在科学发展观指导下,选择和实施了优先发展城市公共交通战略。据统计,与小汽车相比,每个公交车乘客所占用的道路资源仅为小汽车乘客的 1/20,公交车单位课余量所消耗的能力只有小汽车的 1/10,运载相同数量的乘客,公交车的尾气排放是小汽车的 1/10。优先发展城市公共交通是符合中国国情的正确决断。城市公共交通,特别是大运量快速公共交通是调整城市空间结构与布局的重要手段,发展以公共交通为主体的城市客运系统,可以实现集约式、节约型城市建设,从根本上解决城市"摊大饼"式向外蔓延扩张的趋势。通过公共交通调整城市空间布局,已成为国际上城市建设的通行做法。以大运量为骨干的便捷公共交通,再配合功能混合土地高强度开发的城市发展模式,有利于降低城市基础设施建设和运营成本,有利于提高公共交通的使用效率,有利于降低城市居民生产生活成本,有利于提高城市品质和可持续发展能力,增强城市竞争力。

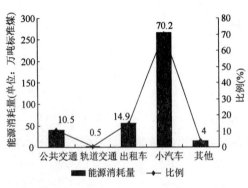

图 10-8 2005 年北京城市客运能耗及比例

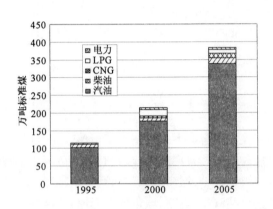

图 10-9 北京城市客运能耗发展

因此,在推动公交优先发展这一策略来解决城市交通拥堵问题时,需要注重以下几个方面的工作。

一是在编制城市总体规划时,应确立城市公共交通在城市交通系统中的主体地位,加强公共交通场站综合利用开发,推动公交导向的集约紧凑型城市发展模式。二是加强公交基础设施建设。贯彻落实《国务院关于加强城市基础设施建设的意见》,有条件的城市按照"量力而行、有序发展"的原则,推进地铁、轻轨等城市轨道交通系统建设,发挥地铁等作为公共交通的骨干作用,带动城市公共交通和相关产业发展。积极发展大容量地面公共交通,加快调度中心、停车场、保养场、首末站以及停靠站的建设;推进综合客运换乘枢纽及充电桩、充电站、公共停车场等配套服务设施建设,将其纳入城市旧城改造和新城建设规划同步实施。三是加快智能公共交通系统建设,提高城市交通管理的智能化水平,提高交通信息公共服务智能化水平。四是加强城市交通需求管理,合理调控个体机动化出行需求,优化交通需求时空分布,提高交通组织管理水平。五是加强交通文明宣传,培养良好的出行行为和出行习惯。

二、城市公共交通

城市公共交通是满足人们基本出行的重要民生工程,与人们生产生活息息相关,与城市运行和经济发展密不可分。城市公共交通是指城市中供人们乘用的经济、便捷的各种客运方式的总称,是由公共汽车、电车、轨道交通、出租汽车、轮渡等交通方式组成的公共客运交通系统。按照交通工具的技术特征,城市公共交通系统可以分为常规公共交通系统和大运量公共交通系统。其中常规公共交通主要包括公共汽车、公共电车(有轨、无轨)等。大运量公共交通又可以包括快速公交系统(BRT)和城市轨道交通(轻轨、地铁等)。表10-3所示为主要城市公共交通工具的技术经济参数比较。

主要城市公共交通工具的技术经济参数比较　　　　表10-3

技术指标	地铁	轻轨	BRT	公共汽电车
单向高峰小时客运量(万人次)	3~5	1~3	1~2.5	0.4~1
载客量(人/车)	(4~11节) 1 200~1 300	(1~4节) 110~1 000	250	标准80;铰链车180
车辆运营速度(km/h)	35~50	18~40	16~18	16~18
每公里造价(亿元)	6~8	1~3	公交专用道等 0.6~0.8	公交专用道 0.5~0.6

注:资料来源于《城市公共交通管理》,刘波等著,作者整理。

在各种公共交通运输工具中,轨道交通无疑是最有竞争力的。常规公交因为载客量小、速度慢,对比小汽车处于劣势。而轨道交通,尤其是地铁,因为载客量大、速度快和服务水平高而广受青睐。然而,轨道交通建设周期长,短期内无法形成完善的运输网络而真正发挥公共交通的骨干作用。同时轨道交通建设投资巨大、造价昂贵、投资回收缓慢,世界各地的经验表明,轨道交通的初期投资是不可能通过营运收入来回收的,轨道交通营运期间往往需要政府大量的额外补贴,这将使政府背负沉重的财政负担。

正是在这种需求下,BRT应运而生。BRT是一种以常规公交为基础,以地面道路网为支撑,结合现代公交技术,汲取轨道交通优点,并获得一定时空优先权(包括开设公交专用道和设置公交信号优先)和政策优先支持的一种新型城市公交系统,它既保持了常规公交的灵活性、经济性和便利性,又具有城市轨道交通容量大、速度快的特点,已成为现代城市改善交通状况的重要战略举措之一。由于BRT具有速度快、容量大等特点,又被誉为"路面地铁"。它的最大优势是综合了轨道交通和公共汽车的长处,在技术上兼收并蓄,创造了一种"现代化、高等级、低费用的大容量运送系统",这一系统充分考虑了大多数城市对先进公共客运交通的需求和经济承受能力的可能性,特别是为经济上还不十分富裕的发展中国家大城市对先进的大运量、快速公交运送系统的渴求与建设,开辟了一条可以迅速实现的道路。BRT自20世纪70年代在巴西的库里蒂巴出现以来,成为当前国际上迅速推广的一种公共交通方式,欧美、日本、韩国和澳大利亚的很多城市已经建造了比较完善的BRT系统。

城市公共交通服务一般有四个特点。一是服务对象的广泛性,可为各种职业、各个层次的居民和流动人口提供客运服务;服务范围广,覆盖了城市的大部分区域。二是服务方式的开放性,整个公共交通的服务过程均是公开、透明的,直接置于乘客监督之下。三是服务作业的分散性,城市公交的运营服务工作主要是单车作业,而且是流动的、分散的,每时每刻遍布在城市的各个角落。四是服务的规定性,城市公共交通主要是在规定的线路、规定的时间里把乘客安全运送到目的地,即定点、定班、定线路。

城市公共交通系统是由公交场站和公交线路构成,公共交通线网布局的主要原则,一是线路的走向要与主要客流相一致,以满足乘客特别是通勤乘客的乘车需要;二是线路应直接沟通城市各主要客流集散点，尽可能减少乘客中的中转现象，增加直达乘客的比重；三是线路行程不宜过长或者过短，平面上的线路不宜过多迂回曲折；四是在保证基本客流需要的前提下，要有利于改善公交企业生产经营管理，保证企业的经济效益；五是注重城市内外各种客运网络之间的衔接和协作，保证乘客在不同运输方式之间换乘方便。

为推进城市公共交通优先发展，2012年12月，国务院发布了《国务院关于城市优先发展公共交通的指导意见》（国发〔2012〕64号），明确提出：深入贯彻落实科学发展观，加快转变城市交通发展方式，突出城市公共交通的公益属性，将公共交通发展放在城市交通发展的首要位置，着力提升城市公共交通保障水平。在规划布局、设施建设、技术装备、运营服务等方面，明确公共交通发展目标，落实保障措施，创新体制机制，形成城市公共交通优先发展的新格局。文件还提出了公共交通优先发展的战略目标：通过提高运输能力、提升服务水平、增强公共交通竞争力和吸引力，构建以公共交通为主的城市机动化出行系统，同时改善步行、自行车出行条件。要发展多种形式的大容量公共交通工具，建设综合交通枢纽，优化换乘中心功能和布局，提高站点覆盖率，提升公共交通出行分担比例，确立公共交通在城市交通中的主体地位。文件还提出强化规划调控、加快基础设施建设、加强公共交通用地综合开发、加大政府投入、拓宽投资渠道、保障公共交通路权优先和鼓励智能交通发展等发展政策，以及完善价格补贴机制、健全技术标准体系、推行交通综合管理、健全安全管理制度、规范重大决策程序和建立绩效评价制度等发展机制。该文件成为我国推进城市公共交通优先发展的纲领性文件。

三、城乡客运一体化

城乡一体化是随着生产力的发展，使城乡居民生产方式、生活方式和居住方式变化的过程。具体而言是城乡人口、技术、资本、资源等要素相互融合、互为资源、互为市场、互相服务，逐步达到城乡之间在经济、社会、文化、生态上协调发展的过程。城乡交通一体化，就是打破城市交通和公路对外交通的界限，打破交通行政等级划分制约，打破城镇和农村分割，从城乡一体化发展高度，对路网、站场、线路、运输、市场、管理等交通要素进行统筹考虑、统一规划、整体布局、一体化建设和管理，实现城乡交通全衔接、全沟通、全畅达，体现城乡交通科学、公平、协调发展，让城市居民和农村居民享受同等优质、价廉、方便、快捷的交通文明服务。

交通运输部于2011年发布了《关于积极推进城乡道路客运一体化发展的意见》（交运发〔2011〕490号），城乡道路客运是联系城乡、服务居民出行的重要纽带，是城乡经济社会一体化发展的重要基础，与人民群众生产生活息息相关。推进城乡道路客运一体化发展，实现城乡道路客运资源共享、政策协调、衔接顺畅、布局合理、结构优化、服务优质，是实践科学发展观、贯彻中央统筹城乡协调发展战略、落实中央"三农"政策的重要举措，是加快转变城乡道路客运发展方式、提升行业可持续发展能力、发挥行业比较优势的迫切需要，对推进城乡道路客运基本公共服务均等化具有重要意义。《关于积极推进城乡道路客运一体化发展的意见》给出了我国城乡道路客运一体化的主要目标：力争用5年左右时间，全国城乡道路客运一体化发展取得重要突破，城乡道路客运发展更加协调、网络衔接更加顺畅、政策保障更加到位，服务广度和深度逐步提升，服务质量显著改善，可持续发展能力明显增强。具体目标包括：一是基本建成分工明确、衔接顺畅、保障有力、安全高效的城际、城市、城乡、镇村四级客运网络。二是建设一个管理规范、服务优质、衔接顺畅、方便灵活的城际客运系统,有效衔接城市公共交通、农村客运及其他客运方式,不断巩固道路客运的保障能力、竞争优势及其在综合运输体系中的主体地位。三是基本建成能力充分、方便快捷、安全舒适、节能环保的城市公共交通系统,实现地市级以上城市公共交通网络覆盖郊区主要乡镇。四是加快构建覆盖全面、运行稳定、安全规范、经济便捷的农村客运系统,实现全国乡镇通班车率达到100%,建制村通班车率达到92%,100%的中心镇建成客运站、候车亭或招呼站;积极推进农村客运线路公交化改造,力争实现县域内20公里范围内的农村客运线路公交化运行率达到30%以上。

建立城乡一体化客运系统,基本要通过以下建设内容完成。

(1)建立协调运营的公共客运服务系统。公共客运的各种方式将根据不同的功能定位,合理分工,紧密衔接。轨道交通将发挥大容量、快速交通的优势,承担中长距离的出行;地面公交系统发挥覆盖面广的优势。

(2)建成多种方式协调的交通衔接系统。通过客运枢纽、紧凑的站点设置,提供乘客方便的换乘条件,实现公共交通与个体交通的有效转换;通过综合性枢纽实现对内交通与内部城乡交通的紧密相连。

(3)建成统一、协调和高效的运输管理系统。以先进的管理技术为手段,以法制和体制为保障,对城乡一体化交通的规划与统筹、投资与建设、运营与管理等方面进行综合管理。通过交通投资手段,增加交通供给总量,优化供给结构;通过交通组织与控制,将有限的交通资源进行最佳组合和分配;通过定价与收费,对交通需求进行综合调控。

具体来说,需要按照"以人为本、优化结构、节点衔接、方便出行、节约资源、区别对待、分类管理"的原则,通过优化公共交通干线网络,完善支线和接驳线网,以城乡一体为导向,不断优化城乡客运衔接协调,鼓励城市公交向农村延伸,支持城市公交"车头向下",延伸和完善服务网络,推进农村客运班线的改造,支持城际间客运资源整合,优化城乡客运的网络衔接。进一步方便社区和城市外围地区的群众出行。研究制定城乡道路客运公交化改造和运营的财政补贴政策,从税费减免、票价补贴、公益性补助、能源消耗和更新改造补偿等方面给予大力支持,要扩大公共财政覆盖农村范围,使条件成熟的农村客运比照城市公交客运政策,得到政策支持成为可能,真正推进城乡居民基本公共交通服务均等化。

四、城市客运发展重点

积极发展城市客运系统,尤其是城市公共交通系统,就要坚持城市公共交通在城市客运系统中的主体地位,树立人人都有均等机会享受公共交通服务的理念,实施城市公交优先发展战略,强化政府责任,着眼实现基本公共交通服务均等化的目标,解决城市公共交通发展的关键问题,加强统筹协调,完善政策措施,创新体制机制,建设完全适应城市经济社会和新型城镇化发展需求的安全、经济、快捷、方便、舒适、绿色的城市公共交通系统,让人民群众愿意乘公交、更多乘公交。具体来说,发展城市客运系统的重点任务有如下几点。

(1)构建高标准、高质量的城市客运基础设施网络系统

以提升服务为核心,优化城市客运基础设施网络结构,提高城市客运服务网络的覆盖度和通达深度;按照统筹城乡、区域发展和综合运输体系建设的基本要求,加强城市客运枢纽、场

站、停车场、首末站、港湾式停靠站和出租汽车停靠点等基础设施建设；构建内外衔接、层次分明、布局合理、分工明确的一体化城市综合客运基础设施网络。

(2) 构建优质高效的城市客运服务体系

整合城市客运资源，完善运输组织方式，发挥各种客运方式的资源比较优势和组合效率，实现资源的优化配置与共享。强化城市公共交通和道路运输的有机衔接，通过改造或更新逐步达到城乡运输的专业化、标准化、智能化和一体化，提供更加优质的客运服务，努力实现公共服务均等化。加大智能化和信息技术推广应用，建设城市智能交通综合信息平台，不断优化公共交通系统的监控调度技术和组织化管理；改善信息网络互联互通，为公众提供及时、准确、方便查询的出行信息服务。

(3) 构建规范有序的城市客运市场体系

规范城市客运行业服务，加强运营安全、服务质量、服务装备完好、服务标准等方面的监管、考核。建立公平、公正、开放、竞争有序的城市客运市场，进一步规范城市客运市场运营秩序，努力提高城市客运的服务质量，最大限度地方便广大市民出行。

(4) 构建防控结合的城市客运安全应急体系

按照安全第一、预防为主、防控结合的原则，及时制定相应的法规、标准和鼓励政策，加快安全技术的推广应用，建设风险识别、源头管理、动态监管和应急处置相结合的城市客运安全防控体系，加快建立涵盖安全风险评估、基础设施监测、车辆运行监控、安全隐患检测、突发事件应急处置等的城市客运应急管理反应系统，减少城市客运安全事故。创造城市客运安全文化，规范居民的安全出行行为，提高城市客运参与者的整体素质，在全社会建立良好的城市客运安全氛围。

城市客运发展政策措施是对城市客运系统的发展进行的宏观指导和控制，政策措施体现了政府对城市客运发展的导向性作用，国家各级政府通过制定各项政策措施，明确城市客运行业发展在规划、土地、财务等方面的具体策略。在制定城市客运政策措施的过程中，需要注重以下几个方面。

(1) 强化城市客运系统的规划

城市要在组织城市总体规划时，注重城市客运系统规划，尤其要编制城市公共交通专题规划，且二者必须相互反馈、协调，《国务院关于城市优先发展公共交通的指导意见》(国发[2012]64号)明确提出要"强化规划调控"。通过城市客运系统规划确定城市客运网络和运营服务计划，确定城市客运与其他交通方式的衔接和优化方案，布局综合客运枢纽和换乘枢纽，按照"布局合理、能力充足、换乘便捷、服务优质"的要求，实现城市公共交通与铁路、公路、水路、民航等对外交通的有效衔接，使各种运输方式之间和某种运输方式内部有机衔接，促进城市客运的"零距离换乘"和货运的"无缝衔接"。国内外经验表明，编制城市公共交通专题规划，要实现全面协调，从规划程序上，政府严格把关，对不能实现全面协调总体规划和城市综合运输体系规划的专题报批规划方案不予批准。而且，在规划的基础上，要注重公共交通场站建设与土地综合开发相结合，做到同步设计、同步建设、同步竣工、同步使用，实现城市公共交通系统引导城市发展的目标。

(2) 制定公交优先发展的一系列政策

城市公交优先发展战略是我国实施新型城镇化战略的重要任务之一，城市公共交通具有集约高效、节能环保等优点,优先发展公共交通是缓解交通拥堵、转变城市交通发展方式、提升人民群众生活品质、提高政府基本公共服务水平的必然要求,是构建资源节约型、环境友好型社会的战略选择。发展城市公共交通,各级政府需要尽快制定相关调控政策,做到公共交通设施用地优先、投资安排优先、路权分配优先、财税扶持优先,实现公共交通优先与各种出行方式的有机整合与资源共享利用,体现总体上的组合最优,服务于城市的总体发展进程,方便公众选择公共交通出行。

(3) 建立发展公共交通稳定的资金投入与规范的补贴机制

对于公共交通应该像医疗、教育、生态环境保护等同样对待,给予优先发展的扶持,其建设和发展应坚持以政府投入为主,纳入公共财政体系。城市政府要加大对城市公共交通的投入,制定针对轨道交通、综合换乘枢纽、车辆购置等设施设备的财政扶持方案,在坚持城市公共交通投入以政府为主的同时,采取措施,鼓励社会资本以合资、合作或委托经营等方式参与公共交通投资,扩大投融资渠道。要建立规范化的补贴补偿机制,公共交通企业承担的政府公益性事业所产生的政策性营运亏损,政府应在成本监审的基础上予以补偿。要研究建立规范的成本费用监审机制和政策性亏损评估及补贴制度。建议在"公众可支付、企业可承受、政府可负担、财政可支付"的原则下,建立城乡公共交通补贴保障机制。

(4) 推动城市公共交通信息化建设

加大城市公共交通智能化建设力度,统筹规划城市公共交通行业智能化发展框架,重点建设公众出行信息服务系统、公共交通调度管理系统、决策支持与运营监控系统和安全应急处治系统,推广使用安全可靠、标准统一的公交卡,使整个系统在信息处理上是智能化的、统一实时的,能实现各类运输管理信息系统的综合集成、有效衔接和资源共享,使交通运输的管理者、运营者和使用者与各运输子系统之间建立起一个统一的、无缝衔接的平台,提供人性化和社会化公共交通信息服务。

(5) 推进公共交通安全应急能力建设

加强公共交通安全监管能力建设。落实好"安全第一、预防为主、综合治理"的方针,做到安全监督上责任明确、制度保证上严密有效、技术支撑上坚实有力、预防检查上严格细致、事故处理上严肃认真。加强公共交通安全监督,针对当地特点和突出问题定期研究、监督重特大交通安全预防、监测、预警、应急管理问题,协调协同检查重大风险源隐患、开展应急指挥调度和调查处理重特大公共交通事故。加强公共交通企业、驾驶人员的安全管理。在准入资质上严格把关、加强人员培训和车辆的安全检测工作。建立安全考核制度,将安全标准作为服务质量考核标准和奖惩的重要依据;此外,提高运营车辆的安全性能,开展经常性"站、运"安全检测检查,禁止技术条件和安全保障措施达不到要求的营运车辆进入市场,提高车辆的安全技术标准。

(6) 加强城市绿色客运系统建设

首先,加快老旧车辆的更新改造步伐,逐步淘汰尾气排放超过国家规定标准的车辆,新增公共汽电车要符合国家环保标准。鼓励液化石油气、压缩天然气、纯电动、混合动力等新能源城市公交车辆使用,并配套建设城市公交天然气、液化石油气加气站和专用充电站,不断提高城市公共交通的节能环保水平。其次,积极开展驾驶和维修节能,推广模拟驾驶培训,注重车辆维修时的绿色节能,实现城市绿色客运系统架设。

第四节 静态交通

一、概述

根据交通流的状态,城市交通可以划分为动态交通和静态交通两类,其中,城市静态交通是指实现出行目的而带来的各类车辆在停车场所的停放状态,包括短时间停放和长时间停放两种情形。城市静态交通是对停车设施和停车人实行管理的一种表象,也是实施静态交通管理的依据和对象。近些年来,随着我国机动化发展水平的进一步提高,大城市普遍存在停车设施严重不足的问题,造成了大量的机动车停放在道路上,影响道路的通行能力,引发交通拥堵等问题,目前已成为城市建设综合交通运输体系的重要问题。

作为城市交通的一个子系统,静态交通系统是由人、车、停车设施等要素组成。静态交通管理是指对出行人和车辆进行规范管理以及停车设施建设与应用管理的总称。从停车管理的各要素的角度,可以把静态交通管理定义为:从人、车、停车设施与停车环境等方面着手,分析各个要素的要求与特性以及对城市交通系统的影响,在此基础上,制定和出台相应的管理政策和措施。在静态交通的宏观管理层面,是指促进停车供需平衡,实现停车管理决策的有序化及效率化;在静态交通的微观管理层面,是指促进停车行为的秩序化以及合法化,保证停车不会造成对的严重影响,不同的停车者在选择停车服务时体现出不同的行为表现,在城市空间上不同区域的停车行为因政策的不同也有很大的差异,通常情况下,影响停车行为的主要因素有经济、使用习惯、停车环境和车辆特点等。

二、静态交通管理内容

人民生活水平的提高和汽车产业的发展,促使了我国机动化的快速发展,进而给大多数城市造成了停车难等静态交通管理问题,而且这种态势日趋普遍化,正逐步从大城市向中小城市蔓延。我国土地资源极匮乏,而停车又需要大量的土地,因此,如何解决停车难问题成为当前我国城市交通管理的重要课题之一。

从静态交通管理的对象来看,静态交通管理可以分为对停车人的管理和对停车设施的管理。从停车场在的位置来看,静态交通管理可以分为路内停车管理和路外停车管理。从停车供求关系来看,静态交通管理可以分为三个部分,即:停车供给管理、停车需求管理和停车行为管理。停车供给管理是指根据城市内不同地块内的停车需求,通过规划实施确定停车泊位数量,或者是根据城市内不同区域发展要求,通过政策措施来调整停车泊位的供给,保证恰当的城市停车空间。停车需求管理是根据城市不同地块内现状停车需求和未来停车需求,通过政策措施和规划实施对停车需求进行管理,满足停车需求在时间上和空间上的需求。停车行为管理是根据相关的法规和标准规范,对停车者的停车行为进行实施管理,规范停车的秩序。

开展静态交通管理,解决目前我国城市普遍存在的停车难问题,需要紧密结合城市空间布局规划,对城市交通系统进行全面的分析研究,掌握城市交通系统发展规律,运用科学的方法正确预测停车需求,综合考虑长效机制和短期措施,运用综合管理政策和措施,进行停车管理,解决停车难问题。具体来说,实施静态交通管理需要做好以下几个方面的工作。

一是开展静态交通规划,提高建筑配建标准,优化停车泊位供给。二是完善停车法规和管理机制,依法管理停车,净化管理秩序。三是推进停车产业化发展,解决停车资金不足问题,用活停车泊位资源。四是调整出行结构,通过价格杠杆作用,实施差别化停车政策,调整城市居民出行结构,优化城市交通资源使用。五是积极促进停车系统智能化建设,提高停车资源利用效率。

机动车停放管理是静态交通管理的重要组成部分,就是对道路上停放和准备停放的车辆进行管理。

(1)禁止停车的管理。禁止停车的管理就是对一些设有禁止停车设施标志或明文规定禁止停车路段的管理。这些路段主要是闹市商业街、公共场所出入口、消防水龙头以及机关门口等,应严格管理,禁止车辆任意停放。

(2)允许停车的管理。允许停车的管理就是对一些允许停车路段的管理。主要有:

①指定停车点的管理。对一些设有停车指示标志的路段或区域,指定专人负责,一是管理车辆的停车方位和停车秩序;二是管理车辆的停放安全。

②非指定停车点的管理。这种停车现象既普遍而涉及面广且无规律,主要有沿街装卸货、上下客、驾车人就餐、临时购物等多种停车原因。管理的原则是:严重影响交通秩序的路段不准任意停车或卸货;允许停车的路段要督促快装快卸,缩短停车时间;对一些有影响而又必须停车的车辆,一要帮助解决问题,二要保证道路畅通。

三、静态交通规划

静态交通规划是城市交通系统规划的重要组成部分,科学合理的静态交通规划是指导停车设施建设和停车管理的重要依据,静态交通规划能够控制停车需求,推动城市机动化的积极健康发展。随着我国城市机动车保有量的迅速增加,停车泊位的供需矛盾日益突出,这些问题给城市发展带来的负面影响越来越大,迫切需要统一的规划予以解决,因此,正确的静态交通规划对城市可持续发展具有重要意义。

通常情况下,静态交通规划的指导思想和基本原则:一是以配建停车场为主,公共停车场和路内停车作为补充,根据各区域不同的停车需求、用地规划及道路环境,合理规划停车结构,与旧城改造、新城建设等统筹协调,根据停车规划提前预留停车场用地。二是合理确定并控制停车设施的总体规模,并与交通需求管理相结合,考虑道路容量和用地要求,适当控制城市各区域的停车供应。三是配建停车场和公共停车场是解决停车问题的根本之道,路边停车泊位的设计与规划建设公共停车场同步进行,以解决未来的停车问题。配建停车场遵循"谁吸引,谁建设"的原则,对于因主体建筑的吸引而产生的外来停车,无论是居住、办公还是商业,都必须严格按照配建标准设置停车泊位。

静态交通规划的主要内容包括:一是停车需求分析与预测,二是停车大区总量控制性规划,三是公共停车场和路内停车详细规划,四是停车管理对策,五是停车政策与法规。停车规划的基本思路为:在现状调查分析的基础上,结合城市机动车发展预测和土地利用布局与开发强度,进行停车需求预测,以需求预测结果为依据,确定规划特征年停车设施供应规模,进而确定在此供应规模下配建停车设施、公共停车设施的规模,对于配建停车设施提出配建停车指标,对于公共停车设施进行布局规划,并对规划方案进行评价,最后提出方案实施的保障措施以及相应的停车法规与政策。静态交通规划流程如图10-10所示。

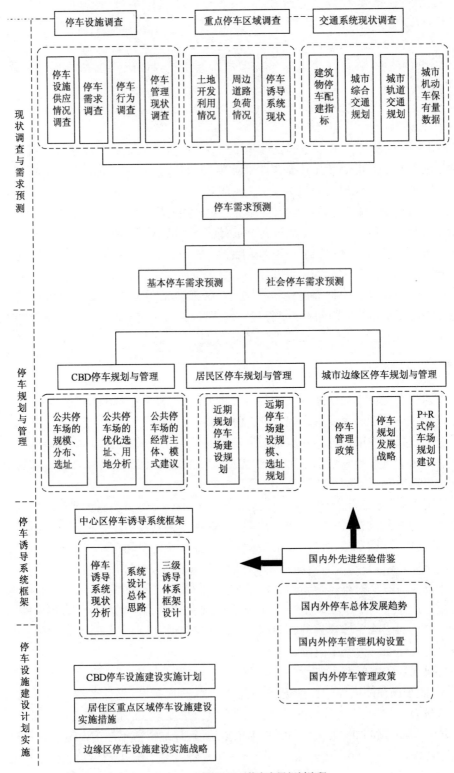

图10-10 静态交通规划流程

第五节 城市慢行交通

一、概述

城市慢行交通包括步行、自行车等非机动出行方式，一般情况下，慢行交通方式的平均速度在15km/h以下。从交通工具发展历程来看，慢行交通一直伴随着城市的成长，自行车自18世纪末发明后，很快就成为城市交通的出行主体，时至今日，自行车仍是最受欢迎的短途交通代步和休闲、健身工具，自行车出行依然是我国中小城市居民出行的主要交通工具，因此，自行车系统仍有很大的发展前景。从20世纪20年代开始，汽车产业飞速发展，城市交通汽车化成为城市交通主流方式，自行车系统受到了一定的冲击；进入20世纪90年代，随着城市环境污染、资源匮乏、能源安全、土地浪费等城市问题的出现，人们开始认识到面向私人小汽车的城市机动化给人们的生产生活带来了一系列的负面影响，慢行交通方式作为一种绿色的出行方式，再一次受到了广泛的关注和重视。建设安全便捷的城市慢行交通系统不仅可以促进城市优先发展战略的实施，也可以将城市交通系统发展的关注点由机动车转向行人，充分体现"以人为本"的思想。

作为城市交通系统的重要组成部分，慢行交通既是一种独立的出行方式，又是中长距离出行中不可或缺的衔接方式。不管城市发展到任何阶段，慢行交通都是居民完成生产生活不可或缺的出行方式。慢行交通最为典型的特点就是绿色环保，慢行交通其他的特点还包括：首先，慢行交通不仅是一种有利于环境保护、节约资源和能源的出行方式，而且有益于身心健康。其次，慢行交通受外部条件影响比较大，如恶劣天气影响。再次，慢行交通具有非常大的灵活性，因受道路资源限制较小，慢行交通的灵活性很强。最后，慢行交通通常作为机动化出行的补充，或者说是机动化出行的延伸服务，例如城市公共交通"最后一公里"的接驳和换乘功能。表10-4所示为城市主要交通出行方式常速时的指标参数；表10-5所示为大中型城市居民出行方式与出行距离之间的关系。

城市主要交通出行方式常速时的指标参数　　　　表10-4

交通方式	速度(km/h)	动态占道面积(m^2)	平均承载人数(人)	乘客人均占道面积(m^2)
步行	3~5	1	1	1
自行车	10~15	8	1	8
摩托车	15~40	40	1.2	33.3
小汽车	20~50	120	1.5	80
公交车	16~25	80	50	1.6

大中型城市居民出行方式与出行距离之间的关系　　　　表10-5

出行距离(km)	步行(%)	自行车(%)	公交车(%)	汽车及其他方式(%)
0~1	6.5	32	0.7	2.3
1~2	30	60	1	9

续上表

出行距离(km)	步行(%)	自行车(%)	公交车(%)	汽车及其他方式(%)
2~3	15	50	15	20
3~4	9	40	20	31
4~5	2	30	40	28
5~7.5	0	20	50	30
7.5~10	0	10	50	40
10~15	0	0	50	50
>15	0	0	40	50

慢行交通所表现出来的出行成本低、占用资源少、节能环保等一系列优点，都充分地显示了它在城市交通系统中的重要地位，尤其是在城市绿色交通体系建设方面，其重要性更是不言而喻。发展城市慢行交通系统，可以提高道路资源利用率，缓解交通拥堵，减少汽车尾气排放，从而营造出一个舒适、安全、清洁、宁静的城市环境。城市慢行交通系统旨在构建一个与城市发展相适应的安全、便捷、高效、低成本的新型慢行交通体系，以引导市民形成绿色出行理念。

二、慢行交通发展规划

虽然慢行交通系统的历史最为悠久，但是系统的慢行交通规划起步却很晚，20世纪20年代，国外学者开始系统研究慢行系统规划，1928年，美国第一次在居住区设置了独立的机动车专用道和慢行交通专用道，大大提高了交通运行效率和交通安全。1970年，德国提出了交通安宁策略，推进慢行系统建设，该政策旨在通过城市交通系统的软硬件设施来降低快速交通对居民生活质量及环境的影响，改变慢行交通出行环境，以保证慢行者的出行安全。20世纪80年代，街道共享理论被提出，该理论的核心概念在于街道的设计首先考虑慢行交通者的交通出行需求，而把机动车驾驶员放在一个次要的位置。

长期以来，我国城市的道路交通规划的主导思想是"以车为本"，城市路网设计都是基于机动车使用道路，步行和非机动车等慢行交通系统的专用道路虽有建设，但受保护的程度很低，同时慢行交通中所特有的弱势群体的安全问题也没有得到应有的重视。我国早期城市道路断面基本上都采用"三块板"，但是近些年来，随着机动车进入普通百姓家，很多非机动车道被强行划出机动车道为小汽车使用，更加破坏了慢行系统的建设和发展。我国开始慢行交通规划研究是在2000年以后，典型代表是经济发达的长三角地区，如：上海城市交通白皮书、2007年的《上海市慢行交通系统规划》，2008年杭州市发布了《杭州市慢行交通系统规划》，提出了实行慢行者优先，提倡引导慢行交通方式，在安全、效率、公平的基础上推动"快慢分行"。2008年，武汉市推出了《武汉市城区免费自行车租赁实施办法》，并开辟了多条自行车绿色通道。近几年，随着低碳社会建设越来越得到社会各界的重视，公共自行车成为很多城市推进绿色城市建设的重要措施之一，以人为本的慢行交通系统建设越来越得到重视。

1. 慢行系统规划分析

慢行交通空间是在城市中形成一个有机的、连续的、舒适的慢行交通系统，包括慢行道路及慢行设施系统。城市慢行空间是构成城市形象的基本要素，不仅为人们提供慢行的物质环境,也为人们提供了慢行的社会和精神环境。慢行空间的概念不仅仅局限在单一平面层面,应该扩展到空间的领域,从城市多层空间的角度打造城市慢行空间。如地下通道内的商业街、地铁换乘站点周边的商业区,城市慢行空间向多层次发展,是今后城市慢行空间发展的一个必然趋势。

城市慢行交通规划的目标是设计科学合理的慢行出行空间,满足人们慢行出行需求,具体表现为各种慢行系统规划设计和设置的过程。城市慢行交通规划是为决策者提供近期和远期慢行交通规划的方案,以供决策者进行决策。城市慢行交通规划包括战略规划、线网规划和设施规划三个层面,这三方面也代表了城市慢行交通空间的三个规划层次。

城市慢行交通系统可以抽象地从"点、线"的角度去构建。"点"指构成慢行网络的点状设施,包括慢行交通的停驻及衔接点,如人行天桥、地下通道等过街设施、自行车停车点、公共交通站点、各类交通方式之间的换乘点以及步行广场等。"线"是指构成慢行网络的线性网络,如城市步行街、人行道、自行车专用道等,是构成和连接城市慢行网络的主体。总的来说,作为城市交通系统的重要组成部分,慢行交通规划从三个空间层次来规划和实现。

(1) 宏观层次

慢行交通系统通过构建与城市环境相适应的慢行空间结构及慢行空间布局,协调慢行交通与其他交通方式的系统性、网络性的规划设计,打造城市慢行空间系统结构。宏观规划层面内容为慢行交通发展战略规划、慢行交通系统结构规划和慢行交通布局规划。

(2) 中观层次

慢行交通网络的规划是中观层面的规划重点。即慢行交通发展策略规划以及慢行网络规划,包括步行网络和自行车网络,从策略和网络形态上共同构建了城市慢行交通系统的路网系统。

(3) 微观层次

从微观角度规划慢行核心区域。在此区域范围内,充分保障慢行者的通行权和优先权。微观层面为慢行交通设施规划和慢行交通设计等,包括行人过街设施、自行车存放设施、换乘节点设计等。

2. 慢行系统规划框架

根据城市慢行交通发展的目标和功能定位,城市慢行交通系统规划的系统框架包括:

(1) 慢行交通发展战略规划

战略规划是依据城市总体规划,结合城市交通系统特征,明确城市慢行系统的发展定位、目标和策略,慢行交通发展战略规划包括战略思想和战略目标。发展战略规划还要确定城市慢行系统的发展走廊,确定各类走廊的功能定位。

(2) 慢行系统空间布局规划

慢行系统空间布局规划即明确城市各慢行空间的规模及功能,是战略规划由节点到通道再到网络的逐步落实,布局规划也是居民休闲、购物、锻炼等活动的集中体现。慢行系统从空间协调发展的角度出发,引导以人为本、以提高人的出行舒适性为目标的慢行空间布局规划。

(3) 慢行交通网络规划

慢行交通网络规划主要包括自行车网络规划和步行网络规划,即对城市主要道路慢行空间实现形式进行规划。自行车网络规划主要包括:自行车廊道规划、自行车通道规划、自行车旅游休闲道规划。步行空间规划主要包括步行广场与步行街规划、人行道系统规划、重要步行道路交叉口规划等。

（4）慢行交通设施规划

慢行交通设施规划是针对布局规划中慢行交通的各类节点设施、道路设施进行详细规划。慢行节点规划主要指对人流集散处的行人过街设施进行规划，行人过街设施主要包括：人行横道、过街天桥、地下通道等。自行车停车设施规划是对自行车出行系统中的基础设施进行规划，包括自行车专用道、停车设施等。自行车停车设施是慢行交通发展策略中实现快慢衔接的重要载体，也是慢行交通的短距离出行与公共交通的长距离出行之间的有效衔接系统。

第六节　城市交通管理

一、定义与特征

城市交通管理是通过调控交通需求和供给来实现交通供需平衡，是指运用经济手段、行政手段和法律手段影响出行者的行为，削减不合理的、无效的交通需求，从而解决城市交通供需矛盾，保证城市交通系统有效和高效运行。20世纪60年代以来，交通管理者和交通工程学者发现，仅从增加交通供给解决交通拥堵是非常困难的事情，为此，大家开始从交通需求角度出发，制订交通需求管理措施，从供给和需求两方面同时入手，解决城市交通问题，这些手段就是交通需求管理措施。交通管理是一种以管理为导向的策略，它通过经济、技术、管理、法规等手段，正确引导和调控交通需求的增长，合理配置交通资源，调整交通需求在时间、空间和不同运输方式中的分布，从而实现人、车、路、资源、环境等方面的相对平衡。交通需求管理有广义和狭义之分，上面讲述的都是狭义的交通需求管理，追求的目标是立竿见影；广义的交通需求管理侧重于从长远的角度调节交通需求，实现供需平衡，城市规划就是最为重要的广义交通需求管理措施，城市规划的一个重要内容就是实现城市用地与城市交通需求的空间合理布局，实现交通资源利用的最大化和最优化。

建设公交导向的城市发展模式离不开交通需求管理措施，提高公共交通使用率是落实公交优先战略的推力，实施交通需求管理则是拉力，前者目的是吸引和鼓励更多的人使用公共交通，后者的目的是减少小汽车的使用，这种组合措施能够平衡公共交通与小汽车两种机动化出行方式的使用，鼓励和调节更多的人选择环保的机动化方式出行。纵观世界大城市解决城市交通问题的途径，交通需求管理和大力发展公共交通是公认的两大重要策略。交通需求管理必将成为现今我国城市缓解交通拥堵的重要策略。

二、国内外城市案例

1. 国内案例

随着我国大城市交通拥堵现象日益普遍，不少城市开始制订和实施交通需求管理措施，缓解城市交通拥堵，取得了一定的效果，积累了一定的经验。

2010年12月，北京市政府出台了一系列交通管理措施，从"规、建、管、限"方面提出了6大类28条有针对性的缓解交通拥堵的综合措施，进一步加大了常态化交通需求管理力度，并从交通需求管理角度对机动车出行进行了全面调控。随后北京市陆续出台了车辆限购及提高停车费等措施治堵。但是,随着时间推移,这些措施取得的治堵成果,一部分被仍在增长的机动车数量逐步消解。

1994年,上海市实行了控制机动车总量的需求管理措施,对新增机动车采取车牌拍卖的方法,同时,规定外地车辆早晚高峰时段不允许上快速路,这一规定有效地控制了机动车总量的增加。而且,2007年和2008年机动车牌照拍卖所得8.56亿元和12.9亿元,专项用于补贴公交,取得了较好的效果。

2011年,贵阳市结合中心城区的交通实际,制订《贵阳市缓解中心城区交通拥堵措施》(共48条),其中的交通需求管理措施有老城区车辆限行;实施机动车数量调控措施、实行车辆数年度配额制度;优化调整老城核心区差别化停车收费,引导车辆选择到中心城区外围停放,引导市民尽可能选择公共交通方式出行,实行中心城区停车(特别是核心商业区)计时收费等。

2. 国外案例

如何解决城市交通问题是世界上大多数国家和地区都在努力的方向,实施交通需求管理策略已经达成共识,目前在许多发达国家得到了不同程度的应用,并且取得了明显的效果,尤其是伦敦、新加坡等城市采取了很多卓有成效的需求管理政策和措施,成为世界各国学习的典范。"他山之石,可以攻玉",通过系统的总结和分析交通需求管理国际经验,可以为我国城市在创建公交都市过程中制订和出台交通需求管理措施提供决策参考。

1) 伦敦

交通拥挤收费使得由车辆造成的社会成本,如环境污染成本、交通拥挤导致的时间和费用的成本由道路使用者承担,政府还可将这方面的收入用于改善出行条件、扶持公共交通发展。英国伦敦于2003年开始对进入市中心的车辆征收"道路拥堵费"。

(1) 区域范围:初始收费区域面积22平方公里,边界由内环路围成,覆盖伦敦市中心区并涵盖中心区的政治、法律、金融、商业、娱乐设施,包括伦敦西区、西斯敏特、金融城和泰晤士河南岸部分地区。2007年2月,收费区域向西面扩展到切尔西、诺丁山和肯辛顿地区(图10-11)。

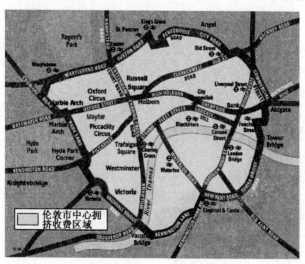

图10-11 伦敦拥堵收费区域

(2) 收费时间:周一至周五7:00~18:00(2007年2月19日之前为7:00~18:30),周末、公共节假日及圣诞节到新年的三个工作日除外。

(3) 收费对象:不是所有的车辆都要支付交通拥堵费,某些驾驶员、车辆以及个人可以享受减免优惠或全免。一些专用车辆无须交费即可通过:包括正在执行任务的紧急救援车辆、医疗器械及特殊药品的运输车、出租车、市内政府机构的专用车、公共汽车等;另外,残疾人专用车、频繁就医的病人及危重病人乘坐的汽车也可免费通过。

(4) 收费金额:2005 年 7 月前为 5 英镑/(车次·d),2005 年 7 月后提高到 8 英镑/(车次·d)。如果按周、按月、按年提前付费可以获得适当的折扣,最多为 15%。

2003 年 2 月 17 日至 2006 年 3 月 31 日,伦敦市拥堵费总收入为 5.92 亿英镑,总支出为 2.89 亿英镑,净收入为 3.03 亿英镑。自从交通拥堵费开始实施以来,每天大约只有不到 5 万辆小汽车进入市中心。由于有车族舍弃了他们的坐驾,伦敦地区的自行车、摩托车和电动脚踏车的数量增长了 1/5。伦敦主干道上的车流速度已经从每小时 2.9 英里(1 英里 = 1 609.344m)提升到 7.4 英里。据统计,2004 年早高峰期间进入伦敦城的客流量达日均 103.9 万人次,轨道交通(铁路、地铁)在早高峰期间的客运量所占比例最高,约占 75%,公交车占 11.2%,小汽车所占比例逐年下降,已由 1993 年的 14.9% 降至 2004 年的 8.3%。

2) 新加坡

20 世纪 70 年代中期,新加坡政府就已预见了由于经济迅速发展而产生的交通危机,通过研究其他城市的交通发展,得出必须以综合技术、管理、教育和经济手段来解决交通拥堵问题。1996 年,新加坡发表了名为《世界级的陆路交通系统》的交通政策白皮书,为实现公共交通出行比例达到 75% 的目标,最大程度发挥现有交通网络的运输能力,最优化地建设未来的交通网络系统,努力做到人口增长和经济发展不受制于有限的空间。白皮书中提出了四项基本政策:交通系统与土地利用规划的综合发展,建设完善的道路网络系统,交通需求管理措施以及加强公共交通系统的建设。下面重点从交通需求管理措施分析。

(1) 90 年代以前

新加坡交通需求管理经验的观念产生于 20 世纪 60 年代中期,采取了一系列的交通需求管理措施,包括限制轿车的购买和使用,政府开始对私人车辆征收路税和车辆注册费。为了控制车辆的增长,1975 年政府开始征收附加注册费。因为新加坡的车辆都是进口的,附加注册费使得购车的费用成倍增长。自 1972 年起,车辆进口的关税为 45%;1983 年后,附加注册费为 175%。为鼓励人们换掉旧车,购买新车取代旧车时,可有附加注册费的折扣。

1975 年,为改善市中心交通拥堵问题,新加坡又实行了市中心限制区收费,同时,市中心的停车费也增加,私人车辆的增长速度放慢下来。新加坡实施限制区拥堵收费制度以后,为减少付费,车辆合乘逐渐兴起。因为按照规定,只要一次乘坐达 4 人,即可免缴拥堵费。车辆合乘有效减轻了早期落后的公共汽车运力的负担。在早高峰期的 30~45min 以内,车辆合乘能运送约 2 万名乘客,相当于 180 辆双层公共汽车的运力。1989 年,新加坡出台新的规定,所有的车辆都要交纳拥挤费,车辆合乘的优惠权被取消,同时,公共交通系统的服务能力得到大幅度的提升,车辆合乘逐渐衰退。

(2) 90 年代

1990 年,新加坡开始执行车辆限额制度,所有车辆都必须从政府购买拥车许可证,车辆按照排气量被划分为七类,车辆注册局每月进行一次招标。一张拥车证从车辆注册之日起 10 年有效,10 年后,如果车主想继续使用这辆车,就必须按照当时的拥车证价格再次付钱,方可取得后 10 年的拥车权。若不愿再付钱,这辆车即刻报废,禁止使用,以保证拥车证进入市场。

三、交通管理措施的实施

国内外经验表明,特定的发展阶段,为了使交通需求管理措施发挥更好的拉力作用,同时要做好提高公共交通服务水平的推力作用,需要交通需求管理措施予以引导和调控,提供优质的公共交通服务系统是重要基础。狭义的交通需求管理具有一定的时效性和动态性,需要结合实际情况的变化予以调整,使之能够持续的发挥作用;此外,交通需求管理措施还具有强烈的地域性,因此,制订和实施交通需求管理措施时要充分考虑到城市特点。再者,在制订交通需求管理措施时要逐渐从行政手段为主,过渡到行政手段和经济手段并重,最后达到以经济手段为主的发展历程。

1. 重视广义交通需求管理措施的实施和坚持

强化规划的引导作用,做到土地利用和道路网络,以及城市形态与交通网络的整合发展,进而使交通出行更加规则化,利于大运量公共交通的组织和运输。土地利用直接决定出行的线路、方式、出行时间以及出行频率等,土地利用布局是在城市总体规划阶段完成的,因此科学的城市总体规划是解决城市交通问题的根本策略。土地利用布局应当遵循尽可能减少"生活性"交通总量,减少对中心组团过度依赖的原则,构建公共交通为导向的城市格局,打造布局紧凑、用地混合、高强度开发的城市形态。广义交通需求管理受时间漫长的影响,往往会出现人为原因造成的改变,因此贵在坚持。

2. 有选择的实施交通总量控制的管理措施

对交通需求总量的控制,主要分为时间上的总量控制和空间上的总量控制,前者减少特定时间内交通出行的总量,实现时间上的交通需求均衡,如消减早晚通勤高峰车流量;后者主要是对出行总量的调控,主要是对小汽车使用的控制,减少小汽车对道路资源的大规模占用。

(1) 基于出行时间的交通需求总量控制。核心理念是对交通量进行削峰填谷,实现交通出行量在时间上的重新分配,避免出行都集中在通勤高峰,达到交通需求在一天中的均衡分布。

(2) 基于出行总量的交通控制措施。目前比较流行的是采用行政手段和经济手段相结合的措施,应用比较广泛、效果较好的措施有拥挤收费、车牌限制通行和差别化停车收费措施。

3. 注重智能交通技术在交通需求管理中运用

交通需求管理措施侧重点在于短期解决城市交通问题,这是符合社会发展规律的,一般情况下,交通供需矛盾是很难在短期内解决的,但是,可以采用智能交通管理和控制技术,辅助解决城市交通拥堵问题,提高交通系统运行效率。据有关科学家和工程师预测,应用智能交通系统后,可以有效提高交通运输效益,使交通拥挤降低两成,油料消耗减少三成,废气排放也减少近三成。发达国家经验表明,智能交通技术的广泛应用是必然趋势。交通需求管理措施中,注重交通需求管理中运用智能化和信息化技术,体现在两个方面:

(1) 建立动态的交通运行智能检测体系;

(2) 在交通需求管理措施中运用智能交通技术,例如交通拥堵收费、限号行驶机动车、ETC收费等。

4. 提高交通需求管理中的公众参与程度

交通需求管理是公共利益和个体利益博弈的结果,公众作为交通需求管理措施的重要利益方,很大程度上决定着措施的接受程度和实施的效果,所以在制订具体的交通需求管理措施时要充分考虑公众意见,使公共政策更有利于公众,使公众能够普遍理解、接收并执行,使得措施在实施过程中的受到的阻力最小,执行效果最好。从交通需求管理措施需求调研、分析评估、制订方案、方案实施和方案调整整个生命周期出发,对公众参与的内容和流程进行设计。

此外,为了扩大、加深交通需求管理措施的了解程度和认识程度,可以通过广播电视、报刊、杂志和新闻媒体,大力宣传交通需求管理措施,使广大公众理解和支持所采取的政策措施,并且通过不断动态调整,使需求管理措施落到实处,取得预想的效果,逐步培养绿色出行的理念。

在特定的交通问题下,单一的交通需求管理措施往往可以发挥作用,然而现实中的交通问题往往是多种矛盾并存,呈现犬牙交错状态,因此需要实施交通需求管理组合拳。诚然,交通需求管理措施在一定时期内能够有效的缓解城市交通供需矛盾,达到预期的整治效果,但我们必须清晰地认识到,要想从根本上实现城市交通的健康发展,必须且只有注重长效的需求管理措施,即实施科学的城市规划。在示范城市构建公交都市的过程中,要平衡好短期交通需求管理措施和长效城市规划之间的关系,切实调整城市向有形(城市形态)、可控、可调的方向发展。

【复习思考题】

1. 城市交通的内涵是什么?具有哪些特征?
2. 城市客运发展的重点任务包含哪些方面?
3. 静态交通的定义是什么?其管理内容具体包括哪些方面?
4. 简述对城市慢性交通规划的思考与认识。
5. 国外的城市交通管理有何特点?结合我国现状,提出我国城市交通管理的发展趋势、重点与难点问题。
6. 城市道路网络的类型有哪些?其规划的主要步骤与难点是什么?
7. 城市交通一体化和城乡道路客运一体化的含义各是什么?有何特征?对于我国发展有哪些重要意义?

第十一章
交通管理与控制

第一节 概　　述

一、交通管理与控制的目的和意义

道路交通的管理与控制是道路交通工程的一个重要组成部分,现代化的道路交通建设,只有具备科学的管理与控制条件,才能得到良好的效果。现代交通管理与控制,简称"管制",包括两大部分内容:交通管理即执行交通法规,按有关规则和要求合理地引导、限制与组织交通流;交通控制即采用人工或电子技术,如信号灯、监视器、检测器、通信系统等科学方法与设施,对动态交通流实行控制。通过交通管理与控制,使交通中的人、车、货物有序高效运行,旨在获得最好的安全率、最少的交通延误、最高的运输效率、最大的通行能力、最低的运营费用,以取得良好的运输经济效益和社会效益。

现代交通管理与控制应具有指导性与协调性,即根据现有的道路网及其设施和出行分布状况,对各种出行加以指导性管理,使整个系统从时间上和空间分布上尽可能得到协调,以减少时间、空间上的冲突,从而保证交通的安全与畅通,充分发挥道路网的作用。

1. 交通管制的指导性

交通管制的指导性是对交通需求加以指导。从国内外一些城市道路交通所出现的车辆拥塞、事故多和污染严重的情况分析,并非都由于道路规模不够所产生,实际上与管理不善有很大关系。道路通行能力的大小取决于现有交通结构及其数量与管理水平。因此,相同的道路交通系统,由于管理的良莠而使通行能力差别很大。例如 1971 年伦敦会议的一份报告曾指出:"尽管我们花费巨款兴建道路使之改善,但它的交通质量和环境质量却面临着日益衰退的局面……,除非采取有效措施控制交通,否则,新建的道路会很快被堵塞……"。在 20 世纪 60 年代,日本为配合经济起飞,实施了大规模的道路兴建计划,但到 70 年代初,交通事故创历史最高纪录,25% 的道路和 40% 的时间都发生交通拥塞。美国洛杉矶的城市道路用地尽管超过城市面积的 1/3,但仍有 1/3 的时间交通拥挤不堪。我国近年来不少大中城市曾用巨额投资兴建与改建道路,不断增加道路网密度,但仍出现交通拥塞、事故增加的局面。上述诸例证明,单纯地兴建与改扩建道路不仅不能完全解决交通拥塞的问题,在某些情况下反而会刺激、吸引交通流,加剧交通量的增长。交通流重新分配的结果即产生新的交通拥挤和事故。因此需通过交通管制,从根本上对交通的需求加以引导和指导。

2. 交通管制的协调性

交通管制的协调性旨在通过各种方法,协调交通系统中人、车、路、环境各个要素,使某些矛盾的方面达到一致,以充分发挥路网及其设施的作用。为此,可通过控制出行量以协调供需总量间的矛盾;通过控制出行时间以协调供需方面在时间上的矛盾;控制信号的联动以协调绿灯显示与车辆到达之间的矛盾;设置各种标志、标线以协调道路和环境实际状况与交通使用者之间的识别、判断之间的矛盾等。

随着交通基础设施的建设完善,由于交通要素的不协调,产生的拥塞和事故多发已影响到人们的生产、生活与生命安全。众多原因中,管制不善则是一重要的和不可忽视的、亟待解决的问题。为适应道路交通发展的需要,加强管制是一种投资少、效率高的办法,所以必须深入地对交通管制的内容与途径进行研究。

二、交通管理与控制的内容

交通管理与控制的范围广、内容多,具有社会科学和自然科学两重属性,主要内容可从下列五个方面予以概括、说明。

(1) 技术管理
① 各种技术规章的执行监督;
② 交通标志、交通标线的设置、管理与维护;
③ 信号及专用通信设施的设计、安装、管理与维护;
④ 建立各种专用车道与交通组织方法;
⑤ 安全防护及照明设施的安装与管理。

(2) 行政管理
① 规划组织单向交通与建立合理的管理体制;
② 禁止某种车辆、某种运行方式;
③ 实行错时上下班或组织可逆性行车;
④ 对于某些交通参与者(老人、小孩、残疾人员等)予以特殊照顾;
⑤ 决定交叉口的管理或控制方式。

(3)法规管理
①执行交通法规；
②建立驾驶人员的管理制度；
③建立机动车的管理制度；
④建立各种违章与事故处理规则并监督实施；
⑤各种临时的局部的交通管理措施。
(4)交通安全教育与培训考核
①交通警察的培训与考核；
②驾驶人员的培训与考核；
③对驾驶人员进行经常性的安全教育；
④对人民群众特别是青少年进行交通法制与安全教育；
⑤对各种违章的教育与处罚。
(5)交通控制
①交叉口控制；
②线路控制；
③区域控制。

第二节 交通法规与交通违章

一、交通法规的概念

所谓交通法规,是指以交通管理中新形成的各种社会关系为调节对象的法律、法规的总称,是调整交通过程中人、车、路相互关系的法律规范和依据。

交通法规属于国家行政法的范畴,具体讲它是行政法的一个分支。行政法的一个重要特征就是,其规范的内容散见于宪法、法律、行政法规、行政规章和地方性法规之中。这也就是说,不能认为交通法规仅仅是指交通规则(或交通管理条例)。宪法、法律、行政法规、行政规章和地方性法规中所有涉及交通管理的内容都是交通法规的组成部分。例如《刑法》中关于交通肇事罪的规定,《治安管理处罚条例》中对违反交通管理行为的处罚规定。虽然它们从性质上看是由全国人大和全国人大常委会制定的法律,而且也没有直接写进交通规则中,但它仍属于交通法规的内容。从这一法学原理出发,可以看到交通法规的法律形式(又称法律渊源)应该包括:①宪法,它是国家的根本大法,是制定一切法律、法规的依据;②法律,它是由全国人民代表大会及其常务委员会制定的规范性文件;③行政法规,它是由国务院制定的规范性文件;④规范性文件,它是由公安部、交通运输部等国家部委制定的规范性文件;⑤地方性法规,它是由地方人民代表大会和人民政府制定颁布的规范性文件。

交通法规根据其规定的内容和所执行的职能,可以从不同角度加以分类。根据行政法的一般原理,可以把调整交通管理关系的交通法规分为:交通管理组织法——即规定由谁来管理交通,它的管理权限是什么,它的管理系统是怎样的;交通管理作用法——即规定交通管理机关管理交通的具体内容。主要包括:对道路的管理、对机动车辆的管理、对驾驶员的管理、对行人的管理等;交通管理处罚法——即规定哪些行为是违反交通管理的行为,对违法行为给予什么样的处罚;交通诉讼程序法——即规定一旦发生交通事故,产生交通纠纷、争议,应按照什么程序进行调解、裁决等。当然,对于交通法规的分类还可以从其他角度、按照其他不同的标准进行。需要说明的是,这里所说的"交通法规"是指整个交通管理法律规范而言,而不是仅指某一个交通规则。也就是说,这几类规范可以蕴含在一个交通法规之中,也可以散见于其他法律、法规之中。

二、交通法规的作用

交通法规的制定和实施的根本作用是为了建立和维护有利于广大人民利益的交通秩序和在交通管理活动中形成的各种社会关系。其规范作用主要是:①指引作用,交通法规作为一种社会规范,为人们的交通行为提供了某种行为规则或行为模式,它告诉人们可以做什么、不能做什么、必须做什么;②评价作用,交通法规具有判断、衡量他人的交通行为是合法还是违法的作用;③预测作用,与交通法规的指引作用、评价作用相联系的是它的预测作用,也就是人们可以通过交通法规预测到或预见到自己的交通行为是否合法,会产生什么样的法律后果(交通法规本身为人们的交通行为提供了一定的标准和方向,遵守它或违反它必然会带来合法或违法的法律后果);④教育作用,交通法规的教育作用表现为通过法律的实施,对一般人今后的交通行为发生影响,即通过法律制裁或法律褒奖,使人们从中受到教育,告诉人们应当怎样进行交通行为或不应当发生怎样的交通行为;⑤强制作用,交通法规的强制作用不仅对违法者给予一定的法律制裁,而且它能对企图越轨的人产生一种心理强制,迫使他按照法律的规定行事,从而起到一种预防的作用。

交通过程有其固有的特定矛盾,这些矛盾的内容,通常是人与人、人与车、人与路、车与车、车与路以及人与环境、车与环境的矛盾等等。这些矛盾在交通活动中,每时每刻都在产生。如果这些矛盾得不到及时处理,就会转化成交通混乱、交通事故,以致给人们的正常工作、生活带来不幸——人民的生命财产受到损失、正常的工作秩序和日常生活受到干扰。

交通法规的上述作用,正是约束所有交通参与者或每个社会成员的交通行为,协调、统一各种交通矛盾。这是因为交通法规的内容反映了道路交通的基本规律,反映了人、车、路、环境的内在联系。它能够实现对行人、车辆的统一指挥、能够合理地利用现有道路,减少行人、自行车、机动车之间的相互干扰,从而实现对道路交通的科学管理。

诚然,法律并不是万能的,要建立一种良好的社会秩序、社会环境,光靠法律的强制也是不够的。建立和维护良好的交通秩序,既要加强交通立法,增强人们的法制观念,提高人们遵守交通法规的自觉性,又要对人们进行思想道德等方面的教育,提高全体人民的道德水准。

三、交通法规的主要内容

我国颁布的最新的交通法规是:第十届全国人民代表大会常务委员会第五次会议于2003年10月28日通过的《中华人民共和国道路交通安全法》和国务院于2004年4月30日发布的《中华人民共和国道路交通安全法实施条例》。该法规于2007年和2011年经过两次修正。其主要内容包括:

(1)制定交通法规的目的、交通法规的实施主体及应遵循的原则;
(2)关于车辆及驾驶人的要求及规定;

(3)关于交通信号、交通标志和交通标线等道路通行条件的要求及规定;
(4)关于机动车、非机动车、行人和乘车人通行的要求及规定;
(5)关于违反以上要求和规定的行为之处罚规定;
(6)关于道路交通事故及其等级划分;
(7)交通事故处理机关及其职责的规定;
(8)关于交通事故现场处理、责任认定及处罚规定;
(9)关于交通事故处理的调解、损害赔偿及其他规定等。

《中华人民共和国道路交通安全法》从以人为本的观点出发,着眼于解决道路交通中的突出问题,从我国的实际道路交通情况出发,对道路运输行业中的交通行业法规进行不断的细化、完善与补充。

2011年对《中华人民共和国道路交通安全法》的修正,结合近年来我国交通安全事故的实际情况,重点关注酒驾的处罚与管理,具体内容如下:

(1)饮酒后驾驶机动车的,处暂扣6个月机动车驾驶证,并处1 000元以上2 000元以下罚款。因饮酒后驾驶机动车被处罚,再次饮酒后驾驶机动车的,处10d以下拘留,并处1 000元以上2 000元以下罚款,吊销机动车驾驶证;

(2)醉酒驾驶机动车的,由公安机关交通管理部门约束至酒醒,吊销机动车驾驶证,依法追究刑事责任;五年内不得重新取得机动车驾驶证;

(3)饮酒后驾驶营运机动车的,处15日拘留,并处5 000元罚款,吊销机动车驾驶证,5年内不得重新取得机动车驾驶证;

(4)醉酒驾驶营运机动车的,由公安机关交通管理部门约束至酒醒,吊销机动车驾驶证,依法追究刑事责任;10年内不得重新取得机动车驾驶证,重新取得机动车驾驶证后,不得驾驶营运机动车;

(5)饮酒后或者醉酒驾驶机动车发生重大交通事故,构成犯罪的,依法追究刑事责任,并由公安机关交通管理部门吊销机动车驾驶证,终生不得重新取得机动车驾驶证。

四、交通违章及其处罚

交通违章是指人们违反交通管理法规、妨碍交通秩序和影响交通安全的过错行为。通常所说的交通违章,不包括因违章而造成的交通事故。

(1)交通违章的性质

交通法规属于国家行政法规。违反行政法规的行为,除极少数情节恶劣、后果严重而触犯刑律的称为犯罪外,一般对情节比较轻微,也未造成严重后果的行为称之"违章"。所以,交通违章是一种过错行为,只具有轻微违法的性质。

认定交通违章时,应注意,一是将违章和犯罪相区别;二是将交通违章和其他违法行为相区别。

(2)交通违章的特征

根据交通违章的定义,违章应具有以下特征(构成要素)。

①违章行为所侵犯的客体,是国家对交通的管理活动和交通秩序。这是交通违章同其他违法行为的主要区别。

②违章的客观方面是人们违反交通管理法规的行为。构成违章必须有人的行为,或是积

极的行为(法律禁止做的而做),或者消极的不做行为(法规要求做的而不做)。如果仅仅有违章的意图,而在客观上并未实施妨碍国家和社会公共交通的管理活动和交通秩序以及交通安全和畅通的行为,是不能构成违章的。

③违章的主体即实施了违章行为,依照交通法规应对其违章行为负担法律责任的自然人和法人。

作为违章主体的自然人是达到一定年龄的人,没有达到一定年龄的人不能作为违章的主体。

法人是由若干人组成的、经过国家认可的、能以自己名义行使权力,承担义务的组织,法人也可以做违章的主体。但由于法人的活动是通过自然人来实现的,因此,法人违章,其违章的责任应由法人的代表或对法人违章负有直接责任的人承担。

④违章行为人的主观方面即违章行为人对其实施的违章行为所具有的故意和过失的必然状态,也就是过错。违章行为人的过错有两种表现形式,即故意和过失。

故意违章:行为人明知实施某种行为是违反交通法规的,并且实施了这种行为,因而构成的违章是故意违章。

过失行为:行为人应当知道实施某种行为是违反交通法规的,但因为疏忽大意而没有注意,因而构成的交通违章是过失违章。

(3)交通违章处罚力度逐年加大

①增加了交通肇事罪,是指违反道路交通管理法规,发生重大交通事故,致人重伤、死亡或者使公私财产遭受重大损失,依法被追究刑事责任的犯罪行为;

②我国将危险驾驶罪上升到了刑法的高度,根据我国《刑法》第一百三十三条之一(危险驾驶罪)在道路上驾驶机动车追逐竞驶,情节恶劣的,或者在道路上醉酒驾驶机动车的,处拘役,并处罚金;

③2009年最高人民法院出台了《关于醉酒驾车犯罪法律适用问题的意见》,提出"为依法严肃处理醉酒驾车犯罪案件,遏制酒后和醉酒驾车对公共安全造成的严重危害,警示、教育潜在违规驾驶人员,今后,对醉酒驾车,放任危害结果的发生,造成重大伤亡的,一律按照本意见规定,并参照附发的典型案例,依法以危险方法危害公共安全罪定罪量刑"。

第三节　驾驶员管理

驾驶员是汽车运动的中枢,道路交通安全的核心。在道路交通中的主要任务是:

(1)沿着选定的路线驾驶车辆,完成从起点到终点的运输过程,以实现人员和货物在空间上的转移。

(2)遵守交通法规,正确理解信号标志、标线的含义,服从交通警察的指挥,自觉维护交通秩序以保证交通的安全和通畅。

(3)遇到不利情况及时调整车速或改变车辆的位置和方向,及时停车,以避免交通事故的发生。

以上三项任务中,后两项任务决定着车辆运行的可靠性和安全程度。国内外大量的统计数据表明,在所有的交通事故中,与人的因素有关的事故占总事故的90%左右,而由驾驶员负全责和主责的事故占总事故的 70% 以上。可见,驾驶员是影响交通安全的主要因素之一,驾驶员的管理与教育是道路交通管理中的一项重要工作。

一、驾驶员管理工作的内容

(1)核发机动车驾驶证;
(2)审查并办理驾驶员的换证、增驾及异动手续;
(3)对驾驶员进行考核和教育;
(4)对驾驶员培训单位的培训工作进行指导和监督;
(5)研究驾驶员在道路交通中的生理和心理特性;
(6)管理驾驶员的档案,随时提供各种统计数据。

驾驶员管理就是通过上述工作,提高驾驶员的素质,即提高驾驶员的思想素质、身体素质、精神状态和心理活动、安全行车知识及驾驶操作技术,建设一支有文化、有理想、遵章守法、职业道德好、思想作风过硬、驾驶技术熟练的驾驶员队伍,从而保障道路交通的畅通、安全和低公害。

二、驾驶员管理的措施

《机动车驾驶员培训管理规定》是为规范机动车驾驶员培训经营活动,维护机动车驾驶员培训市场秩序,保护各方当事人的合法权益而制定,包括总则、经营许可、教练员管理、经营管理、监督检查、法律责任和附则七章。

从有利于交通安全的角度讲,对驾驶员的管理主要应加强以下几点:

(1)严格坚持驾驶员选择标准。由于驾驶员在交通安全工作中起着重要的作用,这就要求机动车驾驶员要有很强的法制观念,熟练的操作技术,正确的判断能力,良好的心理状态,健康的身体条件,方能得心应手地驾驶车辆和适应错综复杂的交通环境,恰当处理各种交通险情,保障行车安全。为此,对申请驾驶机动车的人员必须严格按着交通法规规定的年龄条件、身体条件(包括身高、视力、辨色能力、听力、心理、生理等)进行选择。

(2)严格考试制度,以保证机动车驾驶员具备应有的驾驶知识和技能,保障道路交通安全。

①驾驶员考试:驾驶员考试(机动车驾驶员考试)是由公安局车管所举办的资格考试,只有通过驾驶员考试才能取得驾照,才能合法的驾驶机动车辆。必须严格考试制度,按考试科目的顺序依次进行。起初,我国对驾驶员考试科目分交通法规与相关知识、场地驾驶、道路驾驶三个部分。每个科目的考试内容、方法、考试时间及评定标准已有严格的规定,应严格执行。

当前,由于我国参加驾驶员考试的人数增多、交通路况变化等情况,原有的驾驶员考试已经不能满足目前的实际需求。2013 年 1 月 1 日起,我国公安部修订的《机动车驾驶证申领和使用规定》正式实施,推出了新的驾驶员考试政策,对原有的驾驶员考试科目进行了修改。例如,将实际道路的驾驶考试从原来科目三中分离出来作为一个独立考试科目,其主要目的是为了检验驾驶员在实际道路中的驾驶能力。此改动突出了驾驶员考试工作中实际道路的驾驶是最主要的一环,能够达到真正提高新驾驶员上路安全行驶的素质和技能要求。

②国家职业资格汽车驾驶员证书:主要是驾驶汽车,从事客、货运输的人员通过相关考试获得的一个认定个人职业能力的等级证书。考试内容主要涉及:汽车驾驶员专业知识、调整车辆、车辆检验、读取电子控制系统故障码、培训与指导,以及日常管理等内容。汽车驾驶员可分

为初级、中级、高级、技师、高级技师五个级别。

汽车驾驶员资格证考试分为理论《汽车驾驶员理论知识》考试和《汽车驾驶员实操知识》专业能力考核。理论知识考试采用闭卷笔试方式；专业能力考核采用闭卷模拟笔试方式。理论知识考试和专业能力考核均实行百分制，成绩皆达60分及以上者为合格，技师和高级技师级别还须进行综合评审。

③《出租汽车驾驶员从业资格管理规定》：为规范出租汽车驾驶员从业行为，提升出租汽车客运服务水平，2011年12月8日中华人民共和国交通运输部第12次部务会议通过了《出租汽车驾驶员从业资格管理规定》，并于2011年12月26日交通运输部令第13号公布。《规定》分总则、考试、注册、继续教育、从业资格证件管理、法律责任、附则7章共47条，自2012年4月1日起施行。县级以上地方人民政府交通运输主管部门负责组织领导本行政区域内的出租汽车驾驶员从业资格管理工作。

(3) 加强对驾驶员的科学管理工作。对驾驶员进行管理的实质是对驾驶员安全行车素质的变化实行控制，及时发现问题，及时采取措施。

①定期普查：定期对驾驶员进行生理和心理上的驾驶适宜性检查，了解驾驶员的反应速度、判断能力和对法规的执行是否正确等，是掌握驾驶员安全行车素质的重要手段。对年龄大的驾驶员、单独驾车的新驾驶员、有事故记录的驾驶员尤其要重点检查。

②进行"预防事故能力"预测：对驾驶人员的"预防事故能力"的测验可事先拟定不安全因素的综合评定办法，采用问答、模拟操作、随车统计等方式进行。把多次测验的结果按时间序列划出趋向图，视为事故趋向图，以表示事故发生可能性的增减情况，说明"预防事故能力"的变化趋势。预测活动有助于车辆管理人员有计划地进行安全教育工作，明确工作方向，避免盲目性。

③严格驾驶员档案管理：应对每一名驾驶员建立技术档案，详细记载驾驶员的考核情况、驾驶车型、行车里程数、违章时间、违章类型及处罚情况、交通肇事时间、肇事类型、事故等级、人员伤亡及经济损失、驾驶员责任、驾驶适宜性检测时间及结果等信息。从而为有针对性的做好对驾驶员的管理及培训工作提供依据。

(4) 加强对驾驶员疲劳驾驶的管理。结合我国当前的交通安全事故现状，从交通安全的角度出发，驾驶员的疲劳驾驶也是驾驶员管理的重要内容。2012年7月22日，国务院出台了《国务院关于加强道路交通安全工作的意见》(国发〔2012〕30号)提出，"严格落实长途客运驾驶人停车换人、落地休息制度，确保客运驾驶人24h累计驾驶时间原则上不超过8h，日间连续驾驶不超过4h，夜间连续驾驶不超过2h，每次停车休息时间不少于20min"，同时提出"创造条件积极推行长途客运车辆凌晨2时至5时停止运行或实行接驳运输"。

三、重视职业驾驶员的再培训工作

据统计，截至2010年，我国汽车驾驶员15 129.89万人，比2009年增长10.11%，增加1 389.16万人。我国驾驶员中的职业驾驶员主要分布在各类汽车运输企业及个体运输户，也有部分分布在机关企事业单位，他们的工作对国家经济建设、社会发展、人民生活和运输生产力的发展影响甚大。我国职业汽车驾驶员在适应混合交通、复杂行驶环境及维护车辆技术能力方面，从整体上看水平不低，但文化素质普遍较低，其生理、心理素质也较差。无论是从驾驶员队伍的文化、技术素质来说，还是随着车辆技术含量的提高，道路及交通管理发展的现状与趋势，都要求我们必须重视对在职驾驶员的再培训工作。

目前发达国家都很重视对在职驾驶员的再培训，主要是对在职驾驶员开展心理、生理检测及其研究，检测分析驾驶员心理和生理素质对驾驶工作的适宜性，有针对性地开展培训教育，以提高驾驶员的整体素质，达到减少交通事故、提高运输经济效益的目的。近几年，我国也开始重视对汽车驾驶员生理和心理素质、驾培技术与方法、交通事故预防和安全运输对策等方面的深入系统研究工作。

对在职驾驶员进行再培训是知识更新的需要，有利于交通安全。当然，再培训并不是简单的基本驾驶技能的再训练，而是更高的要求。例如：驾驶员开车不肇事是基本功，应追求更高的标准，使别人的汽车不能撞己车或撞不了己车，这就要求驾驶员掌握安全边际观点和防御驾驶技术。

(1) 让驾驶员学一点心理学知识。

①从"驾驶员—车辆"系统的观点认识事故的实质、事故出现的偶然性与必然性，为消灭事故、增加信心建立科学依据。

②认识驾驶员的"信息处理特性"，在驾驶中自觉地不采取超出自己能力的驾驶行为。

③掌握自己的情绪、自觉调节生活、保持精神饱满，保证行车安全。

④学会观察行人及其他车辆驾驶员的心理状态，提高预防和避免事故的能力。

(2) 帮助驾驶员掌握"车辆行驶特性"和了解自己车辆的性能。在车辆技术迅速发展的今天，驾驶员应掌握车辆的行驶特性和使用性能，才能做到有效地驾驶车辆安全行驶。道路条件的改善，使车辆行驶速度普遍提高，车辆操纵稳定性、汽车制动时的方向稳定性等都需要重视起来。

(3) 加强对驾驶员的法制教育。对大量的驾驶员违章现象进行统计分析可以发现，属于驾驶技术不熟练而违章的只占很小的比例，大量的违章是驾驶员无视交通法规的行为所致。例如，无证驾车、酒后驾车、闯红灯、超速行驶等。因此，对驾驶员进行遵守交通法规的教育应成为驾驶员交通中的一项经常性重要工作。应不断使驾驶员增强法制观念，提高执行、遵守交通法规的自觉性，才能为道路交通的安全、畅通创造一个良好的前提条件。

(4) 加强对驾驶员的职业道德教育。由于汽车驾驶员通常是一个人独立工作，他一方面要独立地处理交通中遇到的车况、路况、交通状况和气候等变化而引起的各种问题，又要和旅客、货主和交通过程中的各方面人员发生工作、业务及其他方面的联系。因此，要不断加强驾驶员独立处理问题的能力、全局观念、业务知识、法律意识、团结协作的精神。

通过培训，使驾驶员做到：①时刻把国家和人民生命财产的安全放在第一位，认真学习国家的有关法律和政策，熟知规章制度和安全驾驶操作规程，充分认识行车违章的危害，努力探索安全行车规律，谨慎驾驶，保证安全行车。②加强自身修养，培养良好的个性心理。驾驶中要全神贯注、精力集中、规范操作、遵守交通规则、积极主动维护交通秩序。③养成良好的学习习惯。驾驶员要增强自尊、自信、自强、自爱意识，勤奋学习新知识、新技术，要勇于实践，在实践中总结、在总结中提高，在掌握过硬的驾驶技术的同时，使自己的综合素质不断提高。

四、开展驾驶适宜性检测

在对机动车驾驶员的管理和再培训工作中，还应对驾驶员进行生理、心理方面的驾驶适宜性进行检测。

各国的研究和统计资料均表明,在驾驶员群体中存在着少数特定的反复发生事故的人,即存在事故多发者,也就是说事故倾向性确实存在。

所谓事故倾向性,是指在驾驶员群体中存在着一部分人容易发生事故,而且这些人重复发生事故的概率很高的现象。这些容易发生事故的人,我们称为事故多发者。事故倾向性的存在引出了驾驶适宜性理论。驾驶适宜性是指准备从事汽车驾驶工作的人员的心理、生理素质适宜于驾驶工作的程度。驾驶员的素质是由先天素质和后天学习的技能构成的,二者相对稳定而又互相弥补。其中先天素质是机体以遗传为基础的心理、生理特点,它起决定作用,影响着驾驶技能的训练。简单地说,驾驶适宜性就是驾驶员具有的安全驾驶车辆的素质。驾驶适宜性优秀的人,未来成为安全行车的优秀驾驶员的可能性大;而驾驶适宜性差的人,则未来成为事故多发驾驶员的可能性也大,因而不适宜做驾驶工作。

驾驶适宜性可能转化,即在外界条件作用下,适宜性可向好的方向发展,也可能向坏的方向发展。正因为如此,才可能对驾驶员实施针对性的再培训或开发。但在总体上,驾驶适宜性是相对稳定的。基于驾驶适宜性的相对稳定性,则可以对个人的适宜性做出预测,即通过一定的心理、生理指标测试,可以反映出每个驾驶员的驾驶适宜性。驾驶适宜性检测结果可以作为管理、教育驾驶员及淘汰少数不合适驾驶员的依据。

驾驶适宜性检测的目的是借助科学的仪器,诊断出事故多发驾驶员,并对他们实施针对性的再教育和训练,指出他们存在的问题和今后开车中应注意的事项。对严重不适宜的驾驶员,做其思想工作,让其改谋其他职业。这样可有效提高驾驶员群体的素质,从根本上达到预防事故发生的目的,因此,驾驶适宜性检测是事故预防的"拐杖"。

20世纪80年代初,日本的交通事故率居世界之首,由此引起了政府和学者的重视,开始研究汽车驾驶员适宜性检测问题,并陆续开发出一系列检测诊断设备,对驾驶员每隔3年检测轮训(再教育)一次。通过对驾驶员进行心理、生理检测,分析出驾驶员发生交通事故的原因,对肇事驾驶员有针对性地培训,改正其操作方法;对有些不适宜从事驾驶工作的人员,劝其从事其他行业工作。由于此项研究成果深入广泛的应用,使日本连续9年成为世界上道路交通事故最少的国家。同样,波兰、前苏联的做法,也使交通事故得到了有效遏制。

借鉴国外开展驾驶适宜性检测的成功经验,我国从20世纪80年代中期开始进行了驾驶适宜性研究工作,并取得了初步成果。尤其是"我国职业驾驶员适宜性的检测""我国职业驾驶员驾驶适宜性及检测标准"等研究成果,已经在实践中逐步推广应用。

机动车驾驶员驾驶适宜性检测是一种科学的综合评判驾驶员生理、心理状况和驾驶技能的手段,它对提高驾驶员素质,减少道路交通事故有着不可替代的作用。

驾驶员适宜性检测的主要内容具体如下:

速度估计检测:该项检查的目的是诊断驾驶员的速度感觉和焦躁性。如果驾驶员在会车、让车、超车和各种复杂道路情况下行车时,对车辆的速度没有相应而确切的速度感觉(估计),则不能正确估计空间距离,这是引起交通事故的原因之一。

判断检测:检查驾驶员在驾驶中注意力分配及其持续的能力,还可以衡量驾驶员方向操作的正确性。驾驶员视知觉的注意力和注意分配、持续方面的缺陷,是引起事故的第二个要因。

复杂反应判断检测:可以检查驾驶员在行车中,对交通场面相继发生的变化能否正确而迅速地进行处置的能力。在瞬息万变、重复复杂的信号条件下,若驾驶员不能做出适当判断并敏捷地加以处理,是引起交通事故的第三要因。

动视力检测:检查驾驶员对移动物体的辨别能力。动视力是驾驶员感知移动事物的视觉机能。常规的静视力良好者,动体视力未必就好,而影响交通安全的主要是动体视力。

间视力检测:测定驾驶员在黑暗中看到物体的程度以及突然进入黑暗后对视力下降的恢复能力。夜间行驶时,由于汽车前灯及其他各种照明,光亮度和黑暗度在时刻变化,在这种情况下若驾驶员辨认事物的功能低下,易酿成车祸。

第四节　机动车管理

所谓机动车管理,即根据交通法规对机动车进行的技术管理、行驶管理、停放管理的总称。

一、机动车的技术管理

机动车技术管理就是根据国家有关法规和政策对车辆的检验、审验、登记、发牌、发证以及对车辆制造、保修单位的监督工作。具体地说,机动车辆技术管理的内容是:
(1)对车辆进行分类、核定装载质量及乘坐人数;
(2)对车辆进行注册登记,核发牌照及行驶证;
(3)对车辆补发牌照、换发牌照;
(4)办理异动、变更手续;
(5)审核并办理车辆的封存、启封和报废;
(6)对机动车辆进行检验;
(7)对机动车辆的制造、维修企业进行技术监督;
(8)建立并管理机动车辆档案,掌握车辆的分布及技术状况。

上述工作内容都是公安车辆管理部门对全社会的民用车辆通过车辆号牌、行车执照的核发和管理来完成的。

机动车技术管理是车辆管理的重要组成部分。它有以下意义:

(1)保障交通的安全和畅通。机动车的技术状况不仅影响运输生产效率,同时也与交通安全和畅通息息相关。只有技术状况完全符合技术要求的车辆才能核发牌照、行驶证,准予运行。这样,才能保障交通的安全与畅通。

(2)降低公害和污染。机动车辆排放的废气和发出的噪声,破坏了环境的安静和大气清新,给人们的生活和工作带来了麻烦,影响了人们的身心健康。因此,车辆的技术管理对于保障人们的安定生活和生产有着重大的意义。

(3)使汽车制造和维修水平进一步提高。机动车技术管理从保障交通安全、畅通、低公害的角度,对汽车的结构、附件、外观和技术性能提出了具体的要求,这些要求通过技术监督使之在汽车制造和维修过程中予以实施,从而促使汽车制造和维修企业提高产品质量、性能及维修水平。

(4)及时掌握机动车辆的静态分布。技术管理工作中,通过对车辆分类、登记注册及建立档案,可以掌握有关机动车辆的各种数据,从而为道路规划、建设及交通管理工作服务。

二、汽车运输业的车辆技术管理

目前,我国公路运输已形成了一个多层次、多渠道、多形式的新型运输结构,作为公路运输主要技术装备的汽车也正在迅速发展。据统计,我国民用汽车保有量已从1978年的136万辆增加到2014年的近15 447万辆。这些车辆是我国公路运输事业的物质基础,管好、用好、维修好这些车辆,使之维持良好的技术状况,是全社会的共同责任,更是道路交通与公路运输管理部门的重要任务。

据典型调查统计,现有运输车辆中有50%左右属于机构失调,"带病运行",特别是个体运输车辆更为严重。由于车辆技术状况不良,车辆运行消耗增加,全国专业运输企业车辆维修费用每辆每年高达7 000~8 000元,轮胎平均行驶里程只有9万多公里,燃料浪费惊人。试验表明,这些带病运行的车辆与正常车辆相比,运行中油耗增加10%~15%。同时,由于运输车辆技术状况普遍下降,机械事故明显地大幅度上升,并且发生了一些重大恶性事故。因此,迫切需要加强运输车辆的技术管理工作。

1998年4月1日起实施了《道路运输车辆维护管理规定》,以加强道路运输车辆管理,确保运行安全,降低运行消耗,提高运输质量。根据中华人民共和国交通部令2001年第4号《关于修改〈道路运输车辆维护管理规定〉的决定》又对此规定进行了修正。此规定是为加强道路运输车辆管理,保持车辆技术状况良好,确保运行安全,保护环境,降低运行消耗,提高运输质量,根据国家有关规定而制定的。

根据《汽车运输业车辆技术管理规定》与《道路运输车辆维护管理规定》要求和我国汽车运输业车辆技术管理的现状,交通运输部门在车辆技术管理工作中应做好以下几项工作:

(1)搞好车辆发展规划,加强运力投放的宏观控制。要通过认真的调查研究,对运输市场的客、货源、分布、流向、运距、运力的数量、结构,油料供应和道路条件(主要指运行能力)、自然条件等现状以及发展趋势进行综合分析,制订出比较符合实际的车辆发展规划。严格开业审查,坚持"先申请、后购置"的原则,加强对运力投放的宏观控制,防止运力盲目增长。

(2)加强对营业性运输车辆的技术管理。运输车辆中的营业性运输车辆是为社会提供运输服务的依靠力量,它们的使用特点是运输强度大,运输条件复杂、对车辆的技术性能要求高。对这些车辆的技术管理是交通部门义不容辞的责任。管理的重点内容是:

①对营运车辆的定期检测。检测诊断技术是利用检测诊断设备,在车辆不解体情况下检查、鉴定车辆技术状况和维修质量,确定其工作能力的重要手段。检测诊断的主要内容包括:汽车的安全性(制动、侧滑、转向、前照灯等)、可靠性(异响、磨损、变形、裂纹等)、动力性(车速、加速能力、底盘输出功率、发动机功率、转矩和供给系、点火系状况等)、经济性(燃油消耗)及噪声和废气排放状况等。检测的结果作为运政部门发放或吊扣营运证的依据之一。

②对营运车辆强制维护。车辆维护应贯彻预防为主、强制维护的原则。车辆维护作业包括:清洁、检查、补给、润滑、紧固、调整等,除主要总成发生故障必须解体时,不得对其进行解体。根据维护作业范围,分为日常维护、一级维护、二级维护等。同时,需要做好道路运输车辆二级维护检测,分为二级维护前的诊断检测、二级维护作业过程中的检测、二级维护竣工检测。道路运输经营业户,必须按国家有关规定执行车辆维护制度,并加强管理。车辆的二级维护由各级道路运输管理机构负责监督管理。

③建立营运车辆的技术档案。建立营运车辆技术档案是技术管理的基础工作,是掌握车

辆技术状况动态,制定相关政策的依据。交通部门有责任指导督促各运输单位和个人建好车辆技术档案。《汽车运输业车辆技术管理规定》已明确:"车辆技术档案应作为发放、审核营运证的依据之一"。车辆技术档案的主要内容包括:车辆基本情况和主要性能、运行使用情况、主要部件更换情况、检测的维修记录以及事故处理记录等。

(3)加强对大中型运输企业的车辆技术管理。

(4)抓好汽车维修制度改革工作。

(5)建立健全运输车辆技术质量监督检验系统。

三、机动车行驶管理

机动车行驶管理是指对运动中的机动车进行管理,主要包括:

(1)行驶中的分道管理。行驶中的分道管理就是对同方向行驶的车辆按车种类型的不同或行驶速度的不同,实施交通流分离通行的管理。一是分离非机动车与机动车,严格控制非机动车驶入机动车道;二是在有条件的道路上分离公交车辆与其他机动车、保证公交车辆优先通行;三是在划有快、慢机动车道的道路上分离低速机动车与快速机动车,提高车道的通行效率和车辆的行驶速度;四是机动车在进入划有路口转向指示符号的道路上分离左转、右转、直行车辆,要求通过道路交叉路口的车辆应在转向符号的标示起点,根据行驶方向、目的,及时变换车道。

(2)行驶中的操作管理。行驶中的操作管理就是对车辆的操作规程,实施规范或约束的管理。一是在狭窄的双向道路上,要求驾驶员礼让通行;二是在道路上超车,必须符合交通规则规定的条件,严禁强行违章超车;三是同一车流中的车辆必须保持前后车距,以避免紧急制动所引起的碰撞。前后车距的大小由车流速度、路面状况及驾驶员的反应时间等因素决定。

2012年7月22日,国务院出台了《国务院关于加强道路交通安全工作的意见》(国发〔2012〕30号),从道路安全的角度对运营车辆的管理进行了规定,提出"加强运输车辆动态监管。抓紧制定道路运输车辆动态监督管理办法,规范卫星定位装置安装、使用行为。旅游包车、三类以上班线客车、危险品运输车和校车应严格按规定安装使用具有行驶记录功能的卫星定位装置,卧铺客车应同时安装车载视频装置,鼓励农村客运车辆安装使用卫星定位装置。重型载货汽车和半挂牵引车应在出厂前安装卫星定位装置,并接入道路货运车辆公共监管与服务平台"。

机动车行驶管理的内容还很多,在有关的交通法规中有明文细则规定,这里不再赘述。

第五节 交通标志与标线

一、交通标志的定义和分类

交通标志属于静态交通控制。它是用图形符号和文字传递特定信息,对交通进行导向、警告、规制或指示的一种交通设施。

交通标志分为主标志和辅助标志两大类。

主标志有下述四种:

(1)警告标志:警告车辆和行人注意危险地点的标志。

(2)禁令标志:禁止或限制车辆、行人交通行为的标志。
(3)指示标志:指示车辆、行人行进的标志。
(4)指路标志:传递道路方向、地点、距离信息的标志。
辅助标志是附设在主标志下,起辅助说明作用的标志。

二、交通标志的三要素

要充分发挥交通标志的作用,必须使驾驶员在一定的距离内迅速而准确地辨认出标志形状和文字、符号,从而掌握交通信息和管制要求。因此,要求交通标志有最好的视认性。决定视认性好坏的主要因素是标志的颜色、形状和符号。标志的颜色、形状和符号被称为交通标志的三要素。

1. 交通标志的颜色

颜色可分为彩色和非彩色两类。黑、白色系列称为非彩色,黑、白色系列以外的各种颜色为彩色。不同颜色有不同的光学特性,如对比性、远近性、视认性等。

相邻区域的不同颜色相互的影响称为颜色的对比性。有的色彩对比效果强烈,有的则对比效果较差。如把绿色纸片放在红色纸片上,绿色显得更绿,红色显得更红;若把绿色纸片放到灰色纸片上,对比效果就差,而且会妨碍视认。

远近性的表现是等距离放置的几种颜色使人有不等距离的感觉。如红色与青色放在等距离处,红比青感到近。红、黄色为显近色,绿、青色为显远色。

颜色的视认性,是指在同样距离内,可见光的颜色能看清楚的易见性好。如红色的易见性最高,橙黄、绿次之,即以光的波长为序,光波长的视认性高于光波短的颜色。

根据心理学的研究,不同颜色会使人有不同的联想,产生不同的心理感觉。因此可利用颜色的不同特性,制成不同的功能标志。

各种颜色的光学特性和人的感觉特征如下:

(1)红色:注目性非常高,又是显近色,所以视认性很好,适用于紧急停止和禁止等信号。红色在人们心理上会产生很强的兴奋感和刺激性,给人以危险的感觉。

(2)黄色:也是显近色,对人眼能产生比红色更高的明度,特别能够引起人们的注意力,使人感到危险,但无红色那么强烈,只产生警惕的心理活动。黄色和黑色组成的条纹是视认性最高的色彩,故用以表示警告、注意等含义。

(3)蓝色:它是显远色,注目性和视认性都不太好,但与白色搭配使用时,对比明显、效果好。蓝色在太阳光直射下颜色较明显,适合用作交通标志,表示指示、指令等含义。

(4)绿色:为显远色,视认性不太高,但能使人联想到大自然的一片翠绿,由此产生舒服、恬静、安全感,用于表示安全、通行的含义。为了不与道路两旁树木绿色相混淆,在交通上只用作指挥灯的通行灯色,而不用于标志。

(5)白色:它的明度最高,反射率最高,给人一种明亮、清洁的感觉。它的对比性最强,常在标志中用作底色。

(6)黑色:它的明度最低,但和其他颜色相配时,却显得美观、清晰。故大部分标志用黑色作图形的颜色。

正是由于以上原因,我国安全色国家标准 GB 2893—2008 和国际安全色标准都规定,红、蓝、黄、绿四种颜色为安全色,并规定黑、白两种颜色为对比色。在交通标志中,一般是以安全色为主,以对比色为辅按表11-1的规定配合使用。其中,黑色用于安全标志的图案、文字和符号以及警告标志的几何图形;白色作为安全标志红、蓝绿色的背景色,也可用于安全标志的文字和图形符号。

对 比 色　　　　　　　　　　　　　　　表11-1

安 全 色	相应的对比色	安 全 色	相应的对比色
红色	白色	黄色	黑色
蓝色	白色	绿色	白色

2. 交通标志的形状

交通标志上要记载各种文字和符号,故应选择比较简单的形状。

根据研究,同等面积的体积其视认性随着几何形状的变化而不同。在一般情况下,具有锐角的物体外形容易辨认。在同等面积、同样距离、同样照明条件下,容易识别的外形顺序是:三角形、长方形、圆形、正方形、五边形、六边形等。交通标志的基本形状就是按此顺序选用的三角形、长方形和圆形。

(1)三角形:最引人注目,即使在光线条件不好的地方,也比其他形状容易发现,是视认性最好的外形。因此,国际上把三角形作为"警告"标志的几何形状。

(2)圆形:在同样的面积下,圆形内画的图案显得比其他形状内的图案大,看起来清楚。所以,国际上把圆形作为"禁令"标志的外形。如果圆形内有"\",即"×"的一半,则为禁止标志。

(3)方形和矩形:长方形给人一种安稳感,同时有足够的面积来写文字说明和画图形,所以用作特殊要求的"指示"标志。

不同功能的交通标志,其几何形状应有明显的区别,具体可详见国家标准《安全标志及其使用导则》(GB 2894—2008)。

3. 交通标志的符号

交通标志的具体含义,即规定的具体内容,最终要由图案符号或文字来表达。

(1)图案:用图案表示交通标志的内容,直观、生动、形象、易懂,从而可使识别交通标志的人不受文化程度的限制。因此图案设计要简单明了,与客观事物尽可能相似。同时表示不同客观事物的图案要有明显区别,以便于驾驶人员在车速很快、辨认时间极短情况下能迅速识别。投影图案具有简单、清晰、逼真的特点,从远处观察视认性好,所以交通标志图案一般使用投影图案。

(2)符号:交通标志所用的符号也必须具有简单、易认、意义明确和不受文化程度局限等特点。在规定符号所代表的意义时,要考虑其直观性和符号的单义性,要符合人们在日常生活中的思维习惯,使人们容易理解。例如用"↑"代表直行,"∩"代表调头,使人见到符号就能理解其意义。还必须考虑与其他因素之间的配合,习惯上虽然用"×"表示"不允许"或"禁止",但在标志上画一个"×"往往会把图案或文字涂覆太多而不清楚,因此用半个"×"即"\"表示"禁止",这也符合人们的思维习惯。

(3)文字和数字:据许多生理、心理学方面的研究认为,在同一视觉条件下,图案符号信息比相同大小的文字信息传递更为准确和迅速,易为人们理解和识别,因而交通标志中应尽可能考虑采用图案和符号。但是图案和符号毕竟是抽象的东西,有些内容也不可能用图案和符号来表示,如"停车"只能用一个"停"字来表达。停车的"时间"和"范围"必须用数字来表达。所以文字和数字在某些交通标志上也是一种必要的表达方式。使用文字表达应尽可能简明扼要,一般不宜超过两个字。使用的单位要符合国家法定计量单位,如高度、距离用 m,质量用 t,车速用 km/h 等。

三、交通标志的文字尺寸和视认距离

标志牌的大小应保证在距标志一定距离内,能清楚地识别标志上的图案和符号文字,故符号及文字的大小应满足必要距离的条件,从而决定标志牌的大小尺寸,此距离称为视认距离。

视认距离与行驶速度有关,据日本研究的资料如表 11-2 所示。文字尺寸应与车辆行驶速度相适应,并应按设置地点的交通量、车道宽度、地形与线形情况以及周围环境而有所变化。指路标志上汉字高度如表 11-3 所示,字宽与字高相等。

视认距离与行驶速度关系　　　　　　　　　　　　表 11-2

速度(km/h)	<50	60	70	80	90	100
视认距离(m)	240h	239h	236h	227h	209h	177h

注:h 为文字的高度(m),表列为白天数值,夜间为 60%~70%。

文字尺寸和行车速度关系　　　　　　　　　　　　表 11-3

计算行车速度(km/h)	汉字高度(cm)	计算行车速度(km/h)	汉字高度(cm)
>100	40	60~40	20
90~70	30	<30	10

我国对文字高度和视认距离的关系由如下公式计算。

(1) 在白天、步行、白底黑字情况下:

$h \leqslant 45$cm 时,

$h > 45$cm 时,

$$D = \frac{20}{3}h; \quad D = 300 + 90\left(\frac{h-45}{25}\right)^{\frac{2}{3}} \tag{11-1}$$

式中:D——视认距离(m);
　　　h——文字高度(cm)。

(2) 在夜间情况下:

$$D = \left(25 + \frac{h}{3}\right)\lg L + 3.4h - 7 \tag{11-2}$$

式中:L——标志板的照度(L_x);
　　　D,h 同上。

视认距离与汉字的笔画有关,以 10 画为基准,则笔画为 5 画的汉字视认距离为 10 画的 1.5 倍,笔画为 15 画的则为 10 画的 0.9 倍。

视认距离还因字的种类不同而不同。汉字与拉丁字母的视认距离比为 2:1,即拉丁字母大小可采用汉字的 1/2。

四、交通标志设置的原则

为了充分发挥交通标志的使用效果,交通标志的设置应遵循以下原则:

(1)交通标志的设计与安装应与道路的交通条件和行车速度相适应;

(2)设置的交通标志应当是引人注目的,以便能在足够远的距离就引起驾驶员的注意,易被辨认并保证驾驶员有充裕的时间采取必要的驾驶操作;

(3)标志应设置在使驾驶员视线不致偏离过大且不易被其他车辆等遮蔽的地方;按具体情况可设置在道路前进方向的右侧、中央分隔带或车行道上方;

(4)交通标志的设置要考虑整体布局,以保证交通畅通和行车安全为目的、兼顾道路环境美化的要求,避免重复设置,尽量用最少的标志把必需的信息展现出来;

(5)在高等级公路或夜间交通量较大的道路上,应尽量采用反光标志;

(6)同一地点需要设置两种以上标志时,可安装在一根标志柱上,但最多不应超过四种。解除限制速度标志、解除禁止超车标志、干路先行标志、停车让行标志、减速让行标志、会车先行标志、会车让行标志应单独设置。标志牌在一根支柱上并设时,应按警告、禁令、指示的顺序,先上后下,先左后右地排列。

五、道路交通标线

道路交通标线是由各种路面标线、箭头、文字、立面标记、突起路标和路边线轮廓标等所构成的交通安全设施,也是一种静态交通控制形式。

交通标线的作用是管制和引导交通。它可以和标志配合使用,也可单独使用。高速公路、一级公路、二级公路等均应按国家规定设置交通标线。为解决混合交通问题,在一般道路上,可先考虑设置机动车道和非机动车道的分界线。

交通标线主要是路面标线,它包括车行道中心线、车道分界线、车行道边缘线、停车线、减速让行线、人行横道线、导流线、车行道宽度渐变段标线、接近路面障碍物标线、出入口标线等。其次是导线箭头、路面文字标记、立面标记、突出路标和路边线、轮廓线等。

六、道路交通标志与标线的相关规范

道路交通标志和标线的相关规范是引导道路使用者有秩序的使用道路,以促进道路交通安全、提高道路运行效率的基础设施,用于告知道路使用者道路通行能力,明示道路交通禁止、限制、遵行状况,告示道路状况和交通状况等信息。我国前后共推出了三个道路交通标志和标线的相关规范:

(1)《道路交通标志和标线》(GB 5768—1986):于1986年编制完成,于同年的8月1日正式实施;

(2)《道路交通标志和标线》(GB 5768—1999):于1999年,针对《道路交通标志和标线》(GB 5768—1986)进行了完善与修正,推出了该规范;

(3)《道路交通标志和标线》(GB 5768—2009):对《道路交通标志和标线》(GB 5768—1999)的修正,于2009年正式实施,本标准规定了交通标志和标线的分类,规定了交通标志和标线的设计、制造、设置、施工的要求,适用于公路、城市道路,以及矿区、港区、林区、场(厂)区等道路上设施的标志和标线,主要包括以下部分:

(1)《道路交通标志和标线　第1部分:总则》(GB 5768.1—2009)

本部分规定了道路交通标志和标线的原则和一般规定。本部分适用于公路、城市道路和虽在单位管辖范围内但允许社会机动车通行的地方,包括广场、公共停车场等用于公众通行的场所等各类道路上设置的交通标志和标线。其他机动车通行的地方、停车场等设置的交通标志和标线可参照执行。

(2)《道路交通标志和标线　第2部分:道路交通标志》(GB 5768.2—2009)

本部分规定了道路交通标志的分类、颜色、形状、字符、尺寸、图形等一般要求,以及设计、制造、设置、施工的要求。本部分适用于公路、城市道路和虽在单位管辖范围但允许社会机动车通行的场所,广场、公共停车场等用于公众通行的场所等各类道路上交通标志的制作、检测和设置。其他机动车通行的地方、停车场等设置的交通标志可参照执行。

(3)《道路交通标志和标线　第3部分:道路交通标线》(GB 5768.3—2009)

本部分规定了道路交通标线的分类、颜色、形状、字符、图形、尺寸等一般要求,以及设计、设置的要求。本部分适用于公路、城镇道路和虽在单位管辖范围但允许社会机动车通行的地方,包括广场、公共停车场等用于公众通行的场所等各类道路上交通标志的制作、检测和设置。其他机动车通行的地方、停车场等设置的交通标志可参照执行。

第六节　交通控制

交通控制是为控制与诱导交通、促进交通安全、畅通的一种管理手段。它包括静态交通控制和动态交通控制。动态交通控制包括交通信号和可变标志。这里所谓"动态",是指交通信号和可变标志根据交通/情况随时间变化而言。

一、平面交叉口的交通控制

平面交叉口是道路的咽喉,平面交叉口的交通效能如何,关系到车流的速度与畅通。根据国内外现有的经验,平面交叉口可采用下述几种控制形式。

(1)交通信号灯法。各色信号灯的指挥功能一般规定如下:

红灯——禁止信号,用于禁止车辆通行。面对红灯的车辆应该在交叉口的人行横道线前停车,而且不能超过停车线,但准许机动车右转弯行进。

绿灯——通行信号,面对绿灯的车辆可以直行、左转弯和右转弯(另有标志禁止某一种转向者除外)。

黄灯——警告信号,它告诉驾驶人员或骑自行车人,信号灯马上就要变为红灯。当黄灯亮时,已越过停止线的车辆和已进入人行道的行人,可以继续通行,其余的车辆和行人禁止通行。

这种控制方式现在被广泛采用。关于交通信号的功能国际上的规定大同小异,除上面一般性的规定外,有些国家和地区还有特殊的、具体的法律规定。

(2)多路停车法。在交叉口所有引道入口的右侧(右侧通行的国家和地区)设立停车标志,驾驶员见到这种标志,必须先停车,然后找间隙通过交叉口,此法也称为全向停车法。

(3)二路停车法。在次要道路进入交叉口的引道上设立停车标志,次要道路上的来车必须先停车,然后找间隙通过交叉口,此法也称单向停车法。

(4)让路标志法。在进入交叉路口的引道上设立让路标志,车辆进入交叉口前必须放慢车速,看清岔路上有无来车,估计能通过时再通过。

(5)不设管制。对于交通量很小的交叉口,不设管制标志,由驾驶员本着"一慢二看三通过"的原则自行控制。

为了有效地对交叉口交通实行控制,对于不同类型的交叉口及其交通情况选用不同的交叉口控制类型。

(1)按照道路分类性质选择。对道路按主干道、次干道和支路大致分类,交叉口按相交叉道路的类型选择控制类型见表11-4。

按道路分类性质选择控制类型　　　　表11-4

序号	交叉口类型	建议控制类型
1	主干道与主干道	交通信号灯
2	主干道与次干道	交通信号灯、多路停车或二路停车
3	主干道与支道	二路停车
4	次干道与次干道	交通信号灯、多路停车、二路停车或让路
5	次干道与支道	二路停车或让路
6	支道与支道	二路停车、让路或不设管制

(2)按交通量和事故情况选择。按进入交叉口的交通量大小和交叉口的交通事故情况选择,控制类型,见表11-5(交通量以小汽车计,若以其车型计算,则需要换算)。

按交通量和事故情况选择控制类型　　　　表11-5

项　目		控制类型				
		不设管制	让　路	二路停车	多路停车	交通信号灯
交通量	主干道路(辆/h)				300	600
	次要道路(辆/h)				200	200
	合计(辆/h)	100	100~300	250	500	800
	合计(辆/日)	≤1 000	≤3 000	≥3 000	6 000	8 000
每年直角碰撞事故次数		<3	≤3	≤3	≤5	≤5

(3)其他因素自行车与行人流量特别大,有需要时可安装定时的行人过街信号。如果主次干道车流量高峰小时特别集中,间隙特别小时,则应考虑安装感应式自动控制信号,以便在交通量高峰小时能自动调整红绿灯间隙。

在我国,平面交叉口的交通控制除了交通信号灯控制和交通警察指挥(有时是作为信号控制的一种辅助控制)以外,大量采用的是交通规则规定的主干道优先控制,即次干道车辆让主干道车辆优先通行。

二、交通自动控制信号三要素

相位、绿信比、周期是交通自动控制信号的三个主要控制参数,亦称三要素。

(1)相位。在一个信号周期内有几个信号控制状态,每种控制状态都包括同时显示的一方绿灯和交叉方向的红灯,这就是信号相位,简称相位。相位表示在交叉路口给予某个方向的车辆以通行权的程序。例如,一个十字交叉路口,东西向绿灯放行,南北向红灯禁行,这是一个相位;南北向绿灯放行,东西向红灯禁行,这又是一个相位。这种信号有两个相位称为两相控制。

设置相位是为了减少行驶车辆在通过交叉路口时与别的车辆相冲突。因此相位越多,路口冲突点越少,车辆通过交叉路口就越安全,但延误时间会随之增加,行进效率降低。

我国城市交通当前用两相控制方式较多。两相位控制可以提高交叉路口通行能力,但人行相位有车干扰,不太安全。目前,我国一些城市已在某些交叉路口采用多相位控制,但其控制效果仍在摸索试验阶段。

(2)周期。周期是指红绿灯显示一周所需要的时间,也就是红、黄、绿灯所需时间之和,以秒为计算单位。

$$周期 = (绿灯时间 + 黄灯时间) + 红灯时间$$

周期长度是自动交通控制信号设计的基本参数,一般是通过对道路交叉口的交通量观测分析,由概率理论算出。

(3)绿信比。是指在一个周期内,绿灯时间(有时包括黄灯时间)所占周期时间的比例,以百分比表示。

$$绿信比 = \frac{绿灯时间}{周期}$$

绿信比的确定是决定交叉路口交通信号控制效果的重要工作。在实际工作中,人们往往利用相同的信号周期、不同的绿信比来满足一个路口在不同时段里交通流量的要求。

三、交通信号自动控制的基本类型

交通信号自动控制可以分成三种基本类型:孤立的交叉路口控制(即点控制)、主干道交通信号协调控制系统(即线控制)及区域交通控制系统(即面控制)。

(1)点控制。交通信号单点控制是指采用交通信号机独立地对一个交叉路口进行控制。其特征为被控制的交叉路口与前后左右的交叉路口不产生任何必然的联系。点控制通常可分为定周期和感应式两种。

①定周期交通信号控制。定周期控制是根据交叉路口一定时间的交通量或最大交通量的情况,预先确定信号周期的交通信号控制方式。这种控制方式的绿信比和间隔是固定的,特别适用于各个方向交通量相差不大的交叉路口。

②车辆感应控制。是根据交叉路口的交通量需要变换信号灯色,没有固定的周期与绿信比,特别适用于各个方向交通量相差很大且无规律的交叉路口。车辆感应控制使用感应式信号机,并通过埋设或悬挂在交叉路口的车辆检测器获得车辆信息,给出信号交换。

(2)线控制。简称线控,是在某段主干道连续若干个相邻的交叉路口,施行相互关联的自动信号控制,也称联动控制、协调控制。由于它形成协调的绿灯信号变换的控制方式,使汽车沿主干道保持一定的速度范围行驶时尽可能不停地通过各交叉路口,被控制的各交叉路口的绿灯根据相位差像波浪一样地向前推进,所以又称绿波带控制。

线控制的三个控制参数是周期、绿信比和相位差。所谓相位差就是指线控干道上,以一个主要交叉路口的绿灯起始时间为基准,相邻几个交叉路口绿灯起始时间的偏移,也就是各个交叉口绿灯起始时间的时间间隔。

理想的线控制是绿波交通,即当一辆车或一个车队进入线控制路口,按既定相位差,依次通过其余的交叉路口,直至最后一个路口,都遇到绿灯。绿波交通具有最短的行程时间,最少的停车次数,最少的等待时间,最大的通过量,投资少,行车安全(事故最少)的特点,它比单点控制优越,线控制一般选择干道上的各个相邻的交叉路口在 1km 以内。如相邻两个交叉口超过 2km 以上,实现线控制将使各种车辆离散开来,形不成车流,意义也就不大。

(3)面控制。区域控制俗称面控制,是指对一个区域内形成的道路网络交通,采用电子计算机进行综合的全面控制。即把路口控制机和检测器通过传输通信线与控制主机连接起来。计算机采集检测器的数据信息,确定最佳的区域控制方案,然后由路口控制机将最佳控制方案付诸于各个交叉口,指挥区域内各干道上的交通流量。

区域控制与点控制、线控制相比,其明显的特征是区域内的每一个路口和前后左右的交叉口发生了一定的关系。即:它的每一个控制参数的变化不再是独立的,而是与前后左右的四个交叉路口发生了直接的影响。

四、物联网技术发展与交通控制

物联网是新一代信息技术的重要组成部分。顾名思义,"物联网就是物物相连的互联网"。这有两层意思:第一,物联网的核心和基础仍然是互联网,是在互联网基础上的延伸和扩展的网络;第二,其用户端延伸和扩展到了任何物品与物品之间,进行信息交换和通信。因此,物联网的定义是通过射频识别(RFID)、红外感应器、全球定位系统、激光扫描器等信息传感设备,按约定的协议,把任何物品与互联网相连接,进行信息交换和通信,以实现对物品的智能化识别、定位、跟踪、监控和管理的一种网络。

智能化的交通控制对交通的实时状况进行准确、及时、有效地监控,各种传感技术在这个过程中起到举足轻重的作用。随着物联网技术的发展,物联网的优势将在智能化的交通控制中得到充分发挥,传感器和车载传感设备能够实时监控交通流量和车辆状态,并通过网络将信息传送至交通管理控制中心,通过科学管理和合理调度提高对交通基础设施的利用水平,提高安全性并最大化交通网络流量。

第七节　高速公路现代化管理系统

为保障高速公路良好的通行条件,在高速公路的建设和发展过程中,同步建设了监控、收费、通信等现代化管理系统。现代化管理系统是采用先进的现代化电子设备,对交通、收费、路况等进行监控和管理的总称。它涉及系统工程、交通工程、电子通信、计算机、电视摄像、录像广播等专业技术,因而是一个多学科的技术密集的系统工程。该工程投资大,是公路管理指挥中心和中枢,其管理的好坏直接影响高速公路安全、快速、舒适和高效功能发挥。本节将分别对高速公路现代化管理系统的组成及其各组成部分的情况加以介绍。

一、系统组成

高速公路现代化管理系统主要包括通信系统、监控系统和收费系统三大部分。每个系又包括若干个功能单元,每个功能单元完成一些特定的功能。

通信系统包括干线通信(微波、光纤等)、移动通信、程控交换、紧急指令等系统设备,完成的主要任务是:根据规定的技术要求确保全系统数据、命令、图像及语音信息传输的及时性和准确性。

监控系统包括数据采集(主干线和匝道)、中心控制、情报显示、电视监视等系统设备。主要完成实时采集、记录和显示交通流数据、事故信息、气象信息,并据此判断各路段的交通状况,发布交通控制信息,对全线交通状况进行控制和调度。

收费系统包括出、入口检测和收费控制等系统设备。实现的主要功能:收费口交通量统计和车辆分型,按标准收取通行费并发放收据,汇总、整理收费的有关数据和交通流数据,传送到上一级计算机和监控中心进行处理,并根据监控中心发布的命令,对出入高速公路的车辆进行控制和调节。

下面将各部分逐一进行介绍。

二、通信系统

1. 通信系统的基本构成

高速公路的通信系统应在经济适用、因地制宜的前提下,力求达到技术先进、运行可靠、操作灵活、维护方便,确保通信系统内部的话音、数据以及图像信息能够及时地传输。从技术角度看,高速公路通信系统由综合业务交换、通信传输、移动通信三部分组成。

1) 综合业务交换

综合业务交换网络支持以下业务:调度电话、紧急电话、业务电话和其他业务电话。

(1) 调度电话

①特征和作用:调度电话是高速公路综合业务交换网中的一个子系统,它无需与市话公用网有任何联系。调度电话的所有终端用户都直接受控于调度总台,用户间不进行自动交换,因而不可能出现占线示忙现象;总台按下相应的按钮即可同时调度数个或全部终端用户,用户也无需拨号即可与总台通信。

调度电话的作用主要有:重要指令或信息的迅速传达或发布下行信息;重大事件或信息的及时报告或反馈上行信息;业务调度;会议电话。

②构成方式:基本上有两种。一种是开发数字程控交换机的会议调度功能;另一种是设置专用会议调度总机。当利用调度总机来组建调度电话网络时,建议考虑调度网与内部业务电话网之间的联系。

③主要功能:调度员调度直通用户并通话;调度员完成某直通用户请求与另一直通用户通话的话路连接;召开电话会议。

(2) 紧急电话

①紧急电话的作用:

a. 高速公路的宗旨之一是"快速",这种快速不仅表现在车辆行驶速度的提高,同时还表现在服务水平的提高,快速地为司乘人员排忧解难便是内容之一。紧急电话便是司乘人员在紧急情况下进行呼救的最方便、最快捷的通信手段,控制中心接到呼救信号后通过调度电话系统向有关部门转达信息,以便采取相应的救助措施。

b. 有助于道路管理部门对道路上所发生的重要事件的及时了解和恶性交通事故的及时

处理与排障,为减少财产损失、抢救人民生命争取宝贵时间。

c. 为道路养护人员、路政人员、通信人员、救援人员及其他道路管理者提供辅助通信工具。

②网络总体要求:高速公路通信系统应按照国家标准(GB 7262.2~7262.3—91)《公路通信技术要求及设备配备和组网技术要求》中的规定,对高速公路专用网的设备配备原则、各级网络的设备配备及有线电话、移动电话、公路紧急电话进行配备。

紧急电话是道路使用者在紧急情况下向管理控制中心报告情况、请求救援的一种特殊通信手段,因此对使用者来说,要求简单、方便、可靠。作为接收控制中心,必须具备声光警告与呼救位置显示、应答及时,与交通警察、路政管理、施救支援等部门具备热线联系。紧急电话的话机在室外,其工作环境比室内要复杂、恶劣,因而对其应有些特殊要求,如对外界环境温度和相对湿度的要求;对防雨、防腐、防尘措施的要求;抗干扰能力的要求;结构强度与抗破坏能力的要求;夜间照明或反光标志要求等。

③构成方式:

a. 电话机为直立式;

b. 电话机采用免提式,使用应简便可靠;

c. 电话机宜用分体式;

d. 电话机外壳的上部,应有紧急电话的定向反光标志,标志的图案和颜色参照 GB 5768;

e. 电话机话音频带为 300~3 400Hz。

(3)业务交换

①业务交换网络的构成及主要任务:专用交换网络的核心设备是专用程控用户交换机及外围设备、用户线路、用户终端设备。其中心任务是完成网内用户之间的话务交换、网内用户与市话用户之间的话务交换、网内有线用户与本系统无线网的双向自动接续。同时也为市话网承担了大量的内部用户间的交换业务,起到话务集中的作用,这在我国公用网还不是太发达的现阶段尤其明显。新的数字交换设备一般都具有 ISDN(综合服务数字网)功能,因而可对网内用户开放图像、数据、文本、传真等非话音交换业务;允许网内用户访问公用数据网。

②程控用户交换机及选型:程控用户交换机由于在控制方式上的存储程序化和交换自动化,因而接续速度、交换质量等方面都较人工交换机有了质的飞跃。而且,由于采用了脉冲编码和时分复用技术,使得数字程控交换机在交换速度、交换质量、容量能力、组网能力、系统维护管理诸方面比模拟程控交换机也更具优越性。因此,今后的应用趋势必然采用数字程控机。

另外,在专用网与公用网的中继方式和用户线路的敷设方式上,也要注意与实际情况相结合。

2)通信传输

通信传输系统的基本任务,就是保证"信息流"在特定的传媒中畅通,并做到及时、快速、准确。目前在我国高速公路通信传输系统中,一般以市话电缆(或长途电缆)、数字微波、数字光纤三种传输手段混合适用。

(1)市话电缆传输。无论是公用网还是专用网,电缆传输在整个通信传输系统中占有相当大的比重。电缆有很多种,比如市话电缆、同轴电缆、高频对称电缆等。

市话电缆是由许多对二线线对构成的,通常应用于市话中继线路、用户线路和部分长途线路。在高速公路中可作为业务电话的用户线缆、调度电话、紧急电话以及道路情报板、可变限速标志、车辆检测器、收费口、匝道口与控制中心进行低速数据通信的传输媒介来使用。

(2)数字微波中继传输。数字微波中继传输采用 TDM(时分调制)技术,被公认为是地面传输的一种有效通信手段。其特点是:基建投资少、建设周期短、上下话路方便、抗自然灾害能力较强,既适于长途通信也适于短途通信。

微波通信是利用无线电波在空中视距传输进行通信,由于受地形和天线高度的限制,其中继间距一般在 30~50km;另外,微波通信受雨雪天气和不利地形条件影响较大。因此,在系统设计时应预先充分考虑雨雪吸收损耗和衰落,使系统接收电屏有较大的储备。

(3)数字光纤传输。用数字式的电信号来调制光源、以光波为信息载体、以光纤维作为传输媒介的通信称作数字光纤通信。其最大特点是传输容量大、中继距离远、抗干扰能力强,因而在高速公路中也广泛应用于中长距离数字通信及图像传输。

(4)PCM(脉冲编码调制)数字基群(复接)设备。可对各类信号源送来的电信号进行处理,使它们适合微波信道机或光端机的接口要求。发送信号时,将各种电话、传真、计算机数据、电视图像等信号经电平扩张、取样编码、多路复接、码型变换处理后送往微波信道机或光端机的接收口;接收信号时,将微波信道机或光端机送来的数字信号经码型反变换、码流分路、解码、电平压缩处理,还原成接收终端可以接收的电信号。

我国数字交换和数字传输设备均为采用 CCITT(国际电话电报顾问委员会)建议的 A 律 2048K—PCM 系统的设备。PCM 基群设备以时间分割方式可同时传送 30 路信息(TS1-15、TS17-31 时隙传送),TS0 时隙传送帧同步信码,TS16 时隙用于传送信令。

3)移动通信

包括常规的无线通信系统和新兴的蜂窝无线系统、集群无线系统、无线寻呼系统、无绳电话系统等。

(1)移动通信的功能。移动通信的显著特点是通信双方或一方在通信服务区内地址的可移动性。在高速公路的运营管理中,移动通信特别适宜于道路养护、路政管理、交通安全管理、收费稽查、救援等具有流动特征的通信。移动通信网一般都具有如下功能:

①实现控制中心对网内移动用户的指挥调度功能,包括选呼、组呼和全呼。
②建立网内移动用户之间的呼叫,包括选呼、组呼和全呼。
③自动完成网内有线用户与网内无线用户之间的双向接续和通信。
④完成网内无线用户与市网用户之间的人工或自动接续。
⑤实现人工越区通信或越区自动漫游。

(2)组建高速公路无线通信组网的一般方式。

①一呼百应方式:这是无线对无线的通信方式。网内任一对用户通信,其他用户均可收听。这种组网方式投资少、建网快,但干扰大、保密性差,通话质量难以保证。

②选呼方式:这种方式的明显特点是可以有选择地进行呼叫,也可以全呼。通过有线、无线转接设备,以专用用户交换机用户线方式,实现服务区内有线用户和无线用户之间的双向拨号呼叫通信。

③集群方式:集群无线通信方式的基本特征是:多个无线信道动态地、自动地、最佳地分配给网内用户,并把有线通信中的交换技术运用到无线通信中来,在最大程度上利用有限的无线频率资源。集群系统可以通过专用信道建立网内任意两个移动用户间的拨号呼叫;通过交换机和任一话音信道建立任意两个或多个移动用户间以及移动用户与有线用户间的通话;如果增设市话用户线接口或中继线接口,则系统内的所有用户均可与市话用户通信,网内用户可实

现越区漫游通信。

2.通信系统的基本管理

1)通信管理的基本任务和要求

通信管理的基本任务是：

(1)保障通信线路或空中通道的畅通无阻、通信设备的良好运作,这是首要任务。

(2)建立通信管理的规章制度、原则和执行程序,并不断完善。

(3)建立横向联系与协作,促进交流,及时掌握通信技术的发展动向和科技信息。

通信管理要求做到程序化、标准化、数据完整化、计算机化,同时还要接受经济规律和技术条件的约束。

2)通信管理的主要内容

(1)工作计划。为了保证通信管理工作顺利进行,应当安排的计划有：设备维护保养计划；设备检测维护计划；设备更新与系统改造计划；人员培训与学习计划；物资和仪器购置、调用计划；经费预算、申报、使用额度安排。

(2)技能培训。系统的运行离不开人的参与,因此必须重视培养和管理一支通信队伍。要做到这一点,就必须要选派专业人员参与通信系统的方案设计、设备选型、工程实施、工程验收等全过程,使之了解系统的各个环节；然后再遵循走出去、请进来的原则,加强行业间的联系；另外,还要加强对话务员和机务人员进行培训和锻炼。

(3)工作制度的研究和制定。一套完善的、行之有效的规章制度是规范通信工作者行为的依据和准则,是强化管理职能必不可少的重要步骤。为此,要明确各通信科、所的职权范围,对通信值班人员和设施的管理要严格各项守则和制度,制定奖惩规定。

(4)设备管理。是指对通信主体设备、辅助设施的管理,其目的在于让有限的通信资源发挥最大作用。因此在设备的管理工作当中,应当注意设备使用的正确性,开发利用其所有功能,同时注意对设备的维护。在可能的条件下,还要对设备进行更新与改造,从而维持设备运行的良好状态。

(5)通信器材、工具与仪表管理。要存储一定数量的备用器材,从而保障通信系统的正常运转。同时,还要配备通信测试仪表,以备检测之用。通信设备的备用器材、工具和测试仪表的管理是一项繁杂的工作。保管人员应具有一定的专业知识和高度的工作责任心,对所管理的物品要分门别类地登记入册、存放整齐、出入清楚、账务相符。

(6)无线电频率管理。无线电频率是一种宝贵的自然资源。专用网所占用的无线电频率都是经当地无线电管理部门批准并缴纳无线电管理费用,因而是合法占用者和有偿使用者。但由于无线通信的广泛使用,空中电波十分拥挤,往往容易发生与其他无线通信网相互干扰、网外用户的非法盗用现象。因此,必要时应在当地无线电管理部门的指导下加强无线通信的监听和监测工作,摸清干扰的性质和来源,采取措施避免干扰,排除网外用户盗用。

三、监控系统

监控系统是利用电子技术和电子计算机系统,从事高速公路管理业务,对道路安全、交通状况等进行实时的监视和控制,从而达到"安全、高速、舒适、方便"的目的。这里所谓的监视,就是利用路面、路旁的数据采集、监测设备和人工观察,对道路交通状况、路面、天气状况和设备工作状况等参数进行实时观察和测量,并通过传输系统送至中心控制室。所谓控制就是指利用监控中心控制计算机或监控员实时处理系统的各种数据,按照一定的模式进行分析、判断和决策,并将最终决策结果和控制命令通过传输系统送至路上驾驶员信息系统、收费口控制设备或匝道控制设备,将路况及各种控制信息提供给驾驶员,使驾驶员能采取相应的措施和做好心理准备,以促进行车安全,提高行车效率;对于引起延误的事件,迅速响应,提供紧急服务,快速排除事件,把事件引起的延误控制到最小值,从而达到调节和控制道路交通状况的目的。

由上述可知,高速公路监控系统是为了解决高速公路运营中存在的两个主要问题——拥挤与安全而建立起来的。通过建立完善的监控系统,可以减少高速公路常发和偶发性拥挤的影响,获得最大的运行安全,并提供必要的信息,帮助使用者有效地利用高速公路的各种设施,减小他们在脑力和体力方面的紧张程度。同时,如果在高速公路上遇到困难,还可以向道路使用者提供及时的援助。

1. 监控系统的组成

为完成系统的监视控制功能,高速公路监控系统由交通信息采集子系统、中央控制设施子系统、监控输出子系统和通信传输子系统组成一个闭环控制系统,如图 11-1 所示。

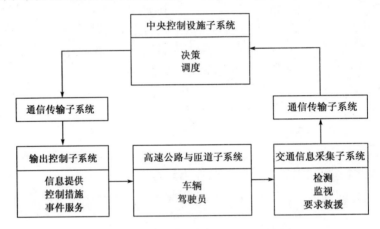

图 11-1 高速公路监控系统组成以及各子系统关系

1)交通信息采集子系统

高速公路监控系统的信息采集的方式,有人工的,也有自动的,主要有下面几种:

(1)车辆检测装置。在高速公路主线上以及入口匝道和出口匝道等处设置车辆检测装置,用以测量通过车辆数目和存在的时间,由这些参数就可以计算出在某时间间隔处交通参数以及堵塞程度,作为控制中心分析判断、做出控制方案的主要依据。常用的车辆检测器有电感环式、超声波式、电光式等。一般在主线上每隔一定距离设置一只或一对,或者根据需要在指定的区域设置。通过适当的组织和配置,还可以测出车型、车高等参数。

(2)气象检测装置。高速公路的高速、安全、舒适等功能与气候条件密切相关,而其中最重要的是风力、降雪、降雨、冰冻和雾。因此,作为控制方案制订的依据必须考虑公路沿线的气候条件和有关参数。根据路段具体情况,高速公路监控系统可以设置专用的气象检测装置,也可以取用当地气象站的数据。

(3)测速雷达。在高速公路上一些主要路段,或在入口匝道和出口匝道附近,可以装备若干部测速雷达,专门用于检测不符合规定行车速度的违章车辆。一旦发现车辆违章,要及时发出警告信号,同时要拍摄违章车辆的车号和车型,以便事后处理和统计。

(4)闭路电视(CCTV)。在车流量比较大,车辆密度比较高的区域,或者出口、入口附近以及事故易发区安装一些电视摄像机,以通过视觉的方法掌握有关区段的交通情况。一旦出现故障或发生交通事故,控制中心可以及时地掌握事故发生地点、时间和严重程度,以便迅速地作出反应,采取相应措施,排除故障或妥善地处理事故。

(5)紧急电话。在高速公路上下行线上每隔一定距离(一般为500~2 000m)安装一部紧急电话,当车辆发生故障或出现交通事故时,驾驶员可及时向控制中心通报,同时在控制中心的图形显示板上可显示出发出信号电话所在地点和编号,以便采取相应的应急措施。这些电话与中央控制室的接收台直通,不用拨号。

(6)无线电设备。在高速公路上日夜有巡逻车巡视,车上载有无线电台,供巡逻车与控制中心联络,无线电台通过设置在沿线的无线基地站转发。

(7)轴重计及超重录像系统。高速公路一般有轴重限制,为检查超重车,在收费处或入口处设置轴重计,以查处超重车辆或限制上路。

2)通信传输子系统

主要负责交通数据、气象数据、电视信号、电话信号、道路信息板和摄像机的控制等信号传输。以往的传输手段是一般的电话线、电缆线、双纽线和无线等方式。20世纪80年代以后,主要采用光缆来传输上述信号。由于光缆具有损耗低、频带宽、无感应、高绝缘等优点,可实现大容量远距离的无中断传输,大大节省了设备,提高了电视信号及其他信号的传输质量。同时,由于光缆传输的无感应特点,可以用多芯光缆实现多路信号同时传输,简化了设备,便于安装和维修。高速公路监控系统中的通信传输部分,根据传输距离远近可以采用基带传输或载波传输方式,半双工或全双工通信,传输速率一般要求不高,而传输的误码率要求较严格。

3)中央控制设施子系统

中央系统是监控系统的核心,它主要具备以下功能:

(1)由中心计算机对外场终端设备送来的各种数据进行实时的运算、处理和分析,并根据要求进行显示、打印、记录或制表;

(2)根据测得的数据进行事件判断,决定控制方案,由控制台发出指令,控制道路信息板,指挥事件处理;

(3)通过闭路电视摄像机监视公路沿线和隧道内的交通流状况;

(4)负责管辖区域内的通信联络,包括紧急电话、无线电话和业务电话的接收和转送;

(5)隧道内火灾、公路上交通事故的监视、记录和警报;

(6)沿线电力系统发电、配电、照明等,有关设备的控制和调度;全系统组成设备工作状态的监测。

中央控制设施子系统的主要组成设备有:

(1)计算机及其外部设备。主要负责各种数据的运算处理、分析判断,并根据预定的方案做出控制决策。同时具有显示、打印或记录等功能。通常以微型机或小型机按功能分散原则进行配置,关键部分双机备份,以提高工作可靠性。

(2)大屏幕图形显示板。通常采用三种图形显示板。

①模拟式图形显示板。以地图为背景,图上用各种符号、标记字母等表明沿线各设施,如立交点、停车场、服务区、隧道以及各种终端设备(如车辆检测器、紧急电话、道路信息板、摄像机等)的位置,并用各色指示灯标出上述设备的工作状态是正常还是故障等,使操作人员可通过模拟图

形显示板了解公路全线上的交通情况,也可用计算机与大屏幕投影屏组成电子地图板。

②交通参数显示屏。用表格显示格式,列出规定时间间隔内主要地点段的交通参数、气象参数,用以判断交通情况和检测事件。

③交通限制监视屏。当发生交通事故或由于某种气象原因,或路面施工情况下,要对有关区段实施交通限制,中心控制室就要通过相应的监视屏显示限制区间、限制原因、限制时间、限制内容等,以便掌握限制区间的全貌,统调限制区间上下游的交通情况。

(3)中心控制台。主要功能是实施系统的手动指令,并进行操作人员与系统之间的信息交换。

监控内容包括:公路上的各种道路信息板显示内容的变更,闭路电视摄像机遥控,闭路电视监控器的切换和编辑,图形显示板的显示和操作,交通限制的实施操作,隧道防灾设备的控制与操作,对外场终端设备的统一启动信号。

(4)电话总机台。接收紧急电话、无线电话、业务电话等,并在地图板上显示出发信电话的地址编号。

(5)不停电电源(UPS)设备。在电源发生故障情况下,能及时切换到其他电源(电池、油机、其他备用电源),以保证系统能不间断地正常工作。

4)监控输出子系统

为了向高速公路使用者提供信息(例如,出行前信息服务、行驶中驾驶员信息服务、路径诱导及导航、个性化信息服务等),对交通实施指挥调度,在入口匝道附近及主线上设置道路信息板。信息板上显示有阻塞的发生地、长度、原因,入口的封闭或收费口开放数的限制和原因,主线及出口的禁止通行及其原因,工程施工、车辆故障等的注意事项;另外还有显示主要地点间行驶时间的"行驶时间显示板",提供语言信息的交通广播,路侧广播系统,实施匝道控制、主线控制的交通信号灯、可变标志等;为快速消除交通事件对交通的影响以及为驾驶员服务的事故勘察车、拯救车、巡逻车、救护车、消防车、工程车等设施、人员和相关的机构。

2. 监控系统的管理

目前,无论监控系统的建设还是管理都还处于探索阶段,特别是系统的管理,国内尚未见到完善的范例,而国外的经验不完全符合我国的实际情况。然而,这又确实是高速公路管理部门不可回避的现实问题。

1)监控系统管理的目的

就是要发挥现有设备的作用,在此基础上改进和提高系统的功能。要发挥现有设备的作用,就必须保证系统的正常运行,努力排除故障隐患,因此必须做好系统的日常维护和故障排除;要改进和提高系统的功能,必须首先吃透原设计的指导思想,找到技术手段上的薄弱环节,再根据系统运行的实际情况进行改进和提高。

2)监控系统管理的任务

由于监控系统的设备通常在线运行,因此,做好系统设备的日常维护是保证系统正常运行的重要措施。可以通过以下工作对设备进行日常维护:保持控制中心良好的工作环境;定期保养设备;定期检查、测试设备的运行状况;妥善管理技术资料;建立设备档案;做好设备维修记录及外场设备的保护。

在系统人员的管理方面,应设置专门机构,配备专人负责监控系统的维修与管理。还要建立健全岗位责任制,严格各项规章制度。对于技术人员,应要求多钻研业务,遇到问题尽量自已解决。同时还要培训操作人员,逐步培养他们发现问题和解决问题的能力。

四、收费系统

收费系统涉及机械工程、电子工程、通信工程、自动控制工程、计算机应用工程、交通工程和系统管理工程等多学科知识。在现实的通行费征收过程中,不同的收费制式和收费方法对交通流产生的影响是不同的。下面将简单介绍它们各自的特征。

1. 收费制式和收费方法

1) 收费制式

国内外的收费制式通常有以下三种:

(1) 均一式。是最简单的一种收费制式,收费站设在每个入口,而主线和出口都不再设站。它的优点是不会漏收,车辆只需一次停车交费,手续简便,投资省,效益高。它适合于距离短、道路出入口多而密,交通量大的城市高速公路和短途城市间高速公路。

(2) 开放式。开放式收费系统的收费站建在高速公路的主线上,距离较长的高速公路可以建多个收费站,各个出入口不再设站,高速公路对外界呈"开放"状态。每个收费站的收费标准仅根据车型不同而变化,但各站的标准因控制距离不等有区别。这种收费制式具有均一式的某些优势,但长途车辆需多次交费而造成时间延误。这种收费制式适用于较短距离或互通式立交比较稀少的道路或收费的桥梁、隧道等。

(3) 封闭式。封闭式收费系统的收费站建在高速公路的所有出入口处,车辆在高速公路内部则可以自由行驶。这是目前应用最多的一种收费制式。这种收费制式的优点是能够严格按车型和行驶里程收费,公平合理,没有漏收问题,道路使用者易于接受。但收费站的建设投资较大,营运管理人员多,通行计费复杂。

2) 收费方法

收费方法一般分为:

(1) 人工收费。由人工将车辆分类,套用收费标准计算应收取费用,收钱、开票、找零。目前我国绝大多数采用这种收费方法,其优点是设备简单、人工便宜,缺点是停车交费时间长,差错率高、服务水平低,难以杜绝收费人员的徇私舞弊,甚至出现大量流失应收费用的现象。

(2) 半自动收费。指在车辆分类、计算费用、交费、收费、核准放行几个收费环节中有一个或几个环节采用自动装置,但仍需驾驶员停车交费的收费系统。

① 计费自动化,一般采用电子货币如磁卡等收费。其收费过程是在入口处将车牌号、车型、入口时间、地点等各种数据纪录在磁卡上,出口处由读卡机验卡并计算费用,交卡缴费。若碰到意外情况,再由人工加以校核。

② 核费自动化,即由人工计费、收费,电子设备监视,以减少差错和作弊,提高工作效率的收费系统。

(3) 全自动收费。全部收费过程都由自动化装置完成,汽车可实现不停车收费,完全达到无人操作。此部分的详述见"不停车收费系统"。

2. 收费系统的组成

鉴于半自动收费避免了人工收费系统的管理麻烦、少收、漏收、作弊等缺陷,也避免了全自动收费设备复杂、不易解决,对维护人员要求太高等不足,同时又具有抑制收费作弊能力强、管理水平高、运营成本较低等优点,是一种很好的收费系统,尤其适合中国国情,因此下面着重介绍半自动收费系统的组成。

典型的半自动收费系统的组成如图 11-2 所示。这种典型的分布式四级计算机数据采集和管理模式,是半自动收费系统设计时经常采用的结构模式,适合于不同方式的半自动收费系统。

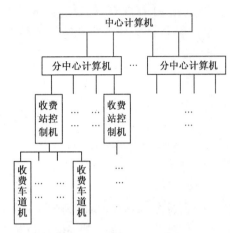

图 11-2 半自动收费系统组成图

(1)中心计算机。负责所有分中心计算机的数据通信,统计、处理、打印所有统计数据和报表。中心计算机应考虑选用存贮量大、可靠性高的微型计算机(或小型计算机)。

(2)分中心计算机。负责管辖范围内所有收费站的数据通信,统计、处理、打印有关数据和统计报表。

(3)收费站控制机。是收费系统的一个小独立中心,应选用一台实时性能好的微型计算机。它负责本站各收费道口设备的管理和监督,用于采集、统计、分析、处理本站所有收费道口的收费数据和交通量数据,建立、存贮、打印相关的统计报表,完成与管理计算机的通信。

(4)收费车道机。收费系统最基本单元,由入口设备和出口设备组成。它的功能是完成每条收费道口现场的有关收费数据和交通量数据采集、初步加工、处理,实现对出入口车辆控制,收取通行费,并完成与收费站控制机的数据通信。

3. 电子不停车收费系统

电子不停车收费系统最大的特点是"不停车收费",即车辆可以以相当高的速度通过收费口,无需在收费站前减速并停车缴费,一切均由电子设备完成。

电子不停车收费系统是当今世界上最先进的收费系统,它是靠装在汽车上的电子标识卡(存贮与车辆收费有关的大量信息,如预缴金额、车型、车主等)与安装在收费车道旁的读写收发器,通过无线电进行快速的数据交换,实现车辆的不停车收费。具体的付费方式有信用卡预付账、银行转账、定期按账单交费和现金预付等。

电子不停车收费系统(ETC)主要包括以下几个子系统:车载系统(含用户标识卡);路边系统;车载系统与路边系统的通信;中心电脑;路边系统与中心电脑的通信;账户系统;监测系统。各子系统之间的关系可以用图 11-3 表示。经过多年的探索,我国 ETC 建设和推广应用规模有了较快增长。截至 2015 年 9 月 28 日,我国实现了全国高速公路 ETC 联网。

4. 收费系统的管理

主要从收费系统的设备和人员两方面来加强管理。

1)设备管理

设备是整个系统的物质基础,应重视这部分的管理。设备应分类存放,便于随时存取,准确无误。设备管理包括:

(1)按设备、种类登记造册;

(2)设备的情况记录;

（3）专人负责设备管理；
（4）相应的设备管理规章制度；
（5）加强线缆的保护。

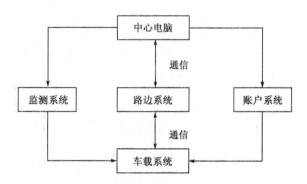

图 11-3　不停车收费系统各子系统关系图

2）人员管理

包括技术人员管理和收费人员管理。

（1）技术人员管理。在工程开始实施时，应选派一些有较强的工作责任心和工作能力，热爱本职工作的专业技术人员，参与系统的方案设计、设备研制、安装、调试和工程验收。这些技术人员就是管理中的主要技术力量。技术人员管理关键要分工明确，责任到人，各司其职，各负其责。

（2）收费人员管理。在需要收费人员的收费系统中，收费员上岗前应进行岗前培训和考核，使其成为一名训练有素的称职的收费员。应当在以下方面对收费人员进行培训：

①职业道德；
②设备操作方法；
③安全注意事项；
④出现故障时的应急处理。

【复习思考题】

1. 交通管理与交通控制的概念及目的、意义各是什么？
2. 现代交通管理与控制应具有哪些作用？
3. 交通管理与控制主要包括哪些方面的内容？
4. 什么是交通法规？为什么说交通法规不仅仅指交通规则或条例？它有哪些性质和特征？
5. 交通法规的根本作用和规范作用各是什么？
6. 交通法规的主要内容有哪些？
7. 交通违章可分为哪几类？交通违章有什么危害？怎样处罚交通违章？
8. 什么是交通标志？它有哪几种？什么是交通标志的三要素？

9. 什么是交通控制？什么是交通自动控制信号三要素？交通信号自动控制可分为哪几种基本类型？

10. 高速公路现代化管理包括哪几部分？各部分的基本构成是怎样的？

11. 高速公路电子不停车收费系统主要包括哪些子系统？

12. 机动车技术管理的主要内容包括哪些？其意义是什么？

13. 驾驶员管理工作的内容有哪些？加强驾驶员管理和教育的措施有哪些？通过何种方法能够减少长途客运驾驶员在运输过程中的疲劳程度？

14. 什么是驾驶适宜性？驾驶适宜性检测有什么意义？为什么驾驶适宜性检测结果可以作为管理、教育驾驶员的依据？

第十二章 道路交通规划

第一节 交通规划的目的及基本内容

一、交通规划的定义

所谓"规划",是指确定目标与设计达到该目标的策略或行动的过程,而"交通规划"就是确定交通目标与设计达到交通目标的策略或行动的过程。

具体地讲,交通规划是指经过交通现状调查,预测在未来人口、社会经济发展和土地使用条件下对交通的需求而制订的交通网络形式,并拟定这一交通规划方案,对选用的规划方案编制实施建议、进度安排和经费预算的工作过程。交通规划中城市交通规划和公路网规划是重要的两个方面。在城市交通规划当中,道路系统的规划是主要方面。但随着城市轨道、轻轨、快速公交等现代化交通设施的出现,城市交通规划已不再局限于单纯的城市平面道路网络系统的布局,而是各种交通形式的综合规划。具体对于道路交通规划来讲,由于城市道路与公路的性质与功能不同,所处的环境不同,人口和工农业的集中程度不同,所以公路和城市道路的规划也各不相同。但无论是公路网规划还是城市道路网规划,都要涉及人、车、路和环境各方面的因素,而且还与土地利用开发、社会与经济发展、交通政策和交通管理等都有密切联系。所以,交通规划实质上是某一地区或城市之间社会经济发展总体规划的一个重要组成部分。

本章将主要介绍公路网规划。

二、交通规划的意义

交通规划的目的就是要设计合理的交通系统,以便为未来的、与社会经济发展相适应的各种用地模式服务。具体地说,交通规划的意义主要表现在以下几个方面。

(1)交通规划是落实我国基本国策的重要手段主要体现在以下方面:

①2020年前我国石油消费仍属于快速增长时期,石油缺口加大。建筑、交通和工业是耗能最多的三大领域,而且其消费比例将越来越大。科学的交通规划有利于我国能源政策的实施。

②我国土地资源紧张,人均占有率低。土地是城市发展的主要制约条件。合理进行交通规划,实施公交TOD等发展模式,有助于促进城市交通与城市之间的良性互动发展,在我国有限土地资源限制下为居民创造良好的生活与出行环境。

③汽车尾气已经成为大气污染的主要污染源之一。严重的环境污染不仅导致高昂的经济成本和环境成本,还对公众健康产生损害。目前,我国城市的雾霾现象已经影响到了我国居民的日常生活。控制交通污染成为治理大气污染的重要组成部分。科学制订城市综合交通体系规划,优先发展城市公共交通是减少大气污染的根本措施。

(2)交通规划是建立完善交通运输系统的重要手段,是统筹综合交通运输体系(公路、铁路、水运、航空、管道)的科学方法,使各种交通运输方式密切配合,相互补充,共同完成运输任务同时,可以排除过去那种单一、孤立道路系统规划中的某些偏见,如只注重路网的形式,不重视各种运输方式间的内在联系等。

(3)交通规划是引领城市发展和城市布局的重要手段。城市交通规划的主要目标之一是研究和把握城市交通发展与土地利用的关联性、作用与反作用的关系。交通需求量大小与方向由土地的综合开发利用决定,这些交通需求需要通过交通基础设施、交通运输服务等交通供给完成。土地利用开发强度也依赖于城市社会经济的发展水平。通过交通规划使交通系统即引领城市土地利用开发,又与土地利用开发相配合衔接,将有助于城市的健康发展和城市科学布局的形成。

(4)产业布局基于区域的资源特点和地理区位,而区域的发展与交通基础设施与运输服务密不可分因此,交通规划对于产业布局发展得以实现具有重要的支撑作用。

(5)交通规划的最终目的是"以人为本",城市道路网规划、公路网规划、绿色交通规划、自行车交通规划、步行系统规划、公共交通规划均能够充分体现人性化的思想,有助于为居民提高适宜与舒适的出行乃至生活环境。

(6)交通规划是解决目前道路交通问题的根本措施。因为交通问题是一个整体性、综合性的问题,单从增加道路建设投资或提高交通管理水平是不能从根本上解决问题的,而必须与社会经济发展相适应,通过从人、车、路、环境诸方面综合考虑,促成工、农、商、文化服务设施以及人口分布的合理布局,制订一个全面的、有科学依据的交通规划才是根本的措施。

(7)交通规划是获得交通运输最佳效益的有效途径。因为道路建设投资的大小,车辆运输方式、路线的选择,车辆运营成本的高低以及交通管理水平的高低等都与交通规划密切相关,只有制订合理的交通规划,才能形成安全、畅通的交通运输网络,从而用最短的距离、最少的时间和费用,完成预定的运输任务和获得最优的交通运输效益。

三、交通规划的内容

如上所述,交通规划研究的是一个能使人与货物运行安全、高效、经济并使人的出行舒适、方便且环境不受干扰的交通系统。它一般包括下列内容和工作步骤。

(1) 经济调查和分析。包括与交通有关的社会经济统计资料、历年客、货运输资料,以及各个交通分区的现状用地资料和规划用地资料,对这些进行系统的调查、整理和分析。

(2) 交通现状调查。对规划区域内现有各类交通现状进行调查,包括:各式运输已形成的运输网轮廓及其相互间的联系情况;各式运输工具的数量、装载质量、平均速度、吨位利用系数和行程利用系数;各式运输受季节限制的情况;现有道路及正在修建中的道路分布状况、技术等级、交通流量和交通拥挤情况;铁路及车站的技术现状和发展情况;航道及码头港口现状和发展资料;航线及机场现状和发展资料。

(3) 交通需要调查。包括客、货流的生成与吸引、出行目的和出行方式以及停车调查等。

(4) 根据以上各项调查资料,建立交通需求预测模型和交通评价模型,对现状系统进行综合交通评价,并进行未来各个时期的交通需求预测。

(5) 根据对现状的综合交通评价和交通需求预测资料,提出近期的交通治理方案和交通系统规划方案。其中,包括道路网、旅客运输系统、货物流通系统、停放车辆系统以及交通管理方案。

(6) 在上述方案综合交通评价基础上,确定道路网的布局包括道路网的形式和指标,各条道路的等级和功能、各个交叉口的类型及有关技术参数。

(7) 建立交通数据库,不断进行交通信息反馈,修订交通模型、交通预测数据和规划方案,使规划保持继续和不断完善。

上述规划的内容及作业过程可用图 12-1 表示。

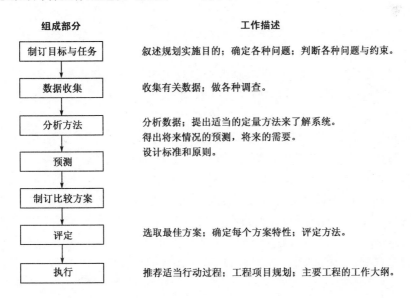

图 12-1 交通规划的一般步骤及说明

由上可见,交通规划工作涉及方方面面,只靠交通规划部门自身并不能做好交通规划。交通规划工作需要交通运政部门的参与和协助,而交通运政部门通过积极主动地参加交通规划工作,也有助于实现综合配套、统筹规划、合理布局、全面发展、秩序良好的运输结构目标。

第二节 公路网规划概述

我国的道路交通具有多种交通工具并存、以汽车交通为主的特点。它是贯穿于工业区、商业区、农业区、旅游区和居住区内部,联系城市和农村,并与铁路、港口、飞机场相衔接的错综复杂的生产体系。公路网规划的目的就是根据经济发展的要求,按照土地利用的规划和现状,对某一区域内的公路发展做出科学的、宏观的统筹安排。

一、公路网分类与组成

在公路网中,由于每条道路在国民经济中的作用不同,自然条件的复杂程度不同,车辆种类和速度以及运量不同,其技术完善程度和管理方法也不同。从规划、设计和管理的要求出发,公路网中的各条道路需要进行分类。

(1)公路的技术等级。在《公路工程技术标准》(JTG B01—2014)(以下简称《标准》)中,把公路按照功能和设计交通量分为五个等级。

①高速公路为专供汽车分方向、分车道行驶,全部控制出入的多车道公路。高速公路的年平均日设计交通量宜在15 000辆小客车以上。

②一级公路为供汽车分方向、分车道行驶,可根据需要控制出入的多车道公路。一级公路的年平均日设计交通量宜在15 000辆小客车以上。

③二级公路为供汽车行驶的双车道公路。二级公路的年平均日设计交通量宜为5 000～15 000辆小客车。

④三级公路为供汽车、非汽车交通混合行驶的双车道公路。三级公路的年平均日设计交通量宜为2 000～6 000辆小客车。

⑤四级公路为供汽车、非汽车交通混合行驶的双车道或单车道公路。双车道四级公路年平均日设计交通量宜在2 000辆小客车以下;单车道四级公路年平均日设计交通量宜在400辆小客车以下。

(2)公路的行政等级。国家《公路管理条例实施细则》规定:公路分为国家干线公路(简称国道),省、自治区、直辖市干线公路(简称省道),县公路(简称县道),乡公路(简称乡道)和专用公路五个等级。

国道是指具有全国性政治、经济意义的主要干线公路,包括重要的国际公路、国防公路、连接首都与各省、自治区首府和直辖市的公路,连接各大经济中心、港站、枢纽、商品生产基地和战略要地的公路。

省道是指具有全省性(自治区、直辖市)政治、经济意义,连接省内中心城市和主要经济区的公路,以及不属于国道的省际间的重要公路。

县道是指具有全县性(旗、县级市)政治、经济意义,连接县城和县内主要乡(镇)、主要商品生产和集散地的公路,以及不属于国道、省道的县际间的公路。

乡道是指主要为乡(镇)内经济、文化、行政服务的公路,以及不属于县道的乡与乡之间及乡与外部联络的公路。

专用公路是指专供或主要供厂矿、林区、油田、农场、旅游区、军事要地等与外部联络的公路。

显然,公路的技术等级与行政等级之间,既有联系,也有区别。

(3)公路网的组成。我国公路网按行政体制由国道、省道、县道和乡道组成。

根据我国的《国家公路网规划(2013~2030)》,我国 2013~2030 年公路网的规划目标是:形成布局合理、功能完善、覆盖广泛、安全可靠的国家干线公路网络,实现首都辐射省会、省际多路连通,地市高速通达、县县国道覆盖。1 000km 以内的省会间可当日到达,东中部地区省会到地市可当日往返、西部地区省会到地市可当日到达;区域中心城市、重要经济区、城市群内外交通联系紧密,形成多中心放射的路网格局;有效连接国家陆路门户城市和重要边境口岸,形成重要国际运输通道,与东北亚、中亚、南亚、东南亚的联系更加便捷。其中,普通国道全面连接县级及以上行政区、交通枢纽、边境口岸和国防设施;国家高速公路全面连接地级行政中心、城镇人口超过 20 万的中等及以上城市,重要交通枢纽和重要边境口岸。

规划方案国家公路网规划总规模 40.1 万 km,由普通国道和国家高速公路两个路网层次构成。

①普通国道网由 12 条首都放射线、47 条北南纵线、60 条东西横线和 81 条联络线组成,总规模约 26.5 万 km。按照"主体保留、局部优化、扩大覆盖、完善网络"的思路,调整拓展普通国道网;保留原国道网的主体,优化路线走向,恢复被高速公路占用的普通国道路段;补充连接地级行政中心和县级节点、重要的交通枢纽、物流节点城市和边境口岸;增加可有效提高路网运行效率和应急保障能力的部分路线;增设沿边沿海路线,维持普通国道网相对独立。

②国家高速公路网由 7 条首都放射线、11 条北南纵线、18 条东西横线,以及地区环线、并行线、联络线等组成,约 11.8 万 km,另规划远期展望线约 1.8 万 km。按照"实现有效连接、提升通道能力、强化区际联系、优化路网衔接"的思路,补充完善国家高速公路网;保持原国家高速公路网规划总体框架基本不变,补充连接新增 20 万以上城镇人口城市、地级行政中心、重要港口和重要国际运输通道;在运输繁忙的通道上布设平行路线;增设区际、省际通道和重要城际通道;适当增加有效提高路网运输效率的联络线。

二、公路网规划的原则与基本要求

公路网是城市地区以外的、城市与城市之间的道路网。由于每条道路在国民经济中的作用不同,自然条件的复杂程度不同,行车种类和车速以及运量不同,其技术完善程度和管理方式也不相同。

交通基础设施、运输装备以及运输管理三方面的供给能力,与经济发展对交通的需求相平衡,才能够满足、促进经济的发展;社会经济的积累和不断发展,要求有与之相匹配的交通运输条件。因此,交通基础设施是基础,公路网规划建设必须服从并服务于社会经济的发展。公路网规划的原则是:

(1)公路网规划要服从于社会经济发展的总体战略,服从于生产力分布的总体格局,满足社会经济发展所产生的公路交通需求;同时还应充分考虑公路网对社会经济发展的反馈作用,如区域开发以及高等级公路对产业布局的带动作用等,这就要求公路网的发展要适当超前,至少不会滞后于社会经济的发展。

(2)公路运输是交通运输的一个子系统,交通运输体系中的各种运输方式应优势互补、各展其长、相互协调,同时在一定程度上也相互竞争。公路网规划作为综合运输网规划的有机组成部分,应服从于综合运输网的规划,处理好与其他运输方式路网的衔接与配合。

(3)公路运输的发展具有较强的自身规律性。公路运输在其发展的初期,主要作为短途运输方式和其他运输方式的集疏运手段,以及其他运输方式难以通达地区的主要运输形式;随着社会经济的发展,公路运输自身设施与装备水平的提高,公路运输将跨越其发展的初级阶段,从面上运输的"毛细血管"作用,发展到具有"毛细血管"和"大动脉"(高等级公路)的双重作用,进入发展的高级阶段。公路网规划应充分体现公路运输的上述发展规律。

(4)公路网规划应以现实路网为基础,分析未来资金等资源的可能性以及时间等限制因素,使公路网规划方案能够切实可行,并在有限资源的情况下,追求最大的社会经济效益。此外公路网规划一般时间跨度较长,涉及众多复杂且不断变化的因素和条件,因此要根据变化了的情况定期调整和完善。

公路网规划和布置的基本要求是:

(1)公路网规划必须和其他运输网密切配合,使其构成一个相互协调的综合运输。由于公路路线布设比铁路、水运受客观限制条件少、灵活性大,故应尽可能为铁路、水运的联系和发展创造方便条件。

(2)干线网的技术等级要根据通过地区的重要性及交通量的大小来划分并规划沿线交通设施和修建顺序。

(3)要充分利用原有公路和地方道路,并通过改善逐步提高达到路网等级和技术标准要求。

(4)应符合分期修建和工程经济的原则。

(5)应力求做到公路网密度小而运输线短,运输效率高、运输成本低的要求。

(6)公路网规划还应注意配合地方农田水利建设以及开发地方资源的需要。

(7)公路等级应根据公路网的规划和远景交通量,从全局出发,结合公路的使用任务、性质综合确定。

(8)环境保护的要求。无论在公路施工建设过程中的环境保护,还是运营过程当中汽车废气、噪声及路面污水排放导流等,都应在规划过程中加以充分的考虑。

三、公路网的确定

公路网的形式一般取决于下述因素:

(1)行政和经济中心之间的交通需要。

(2)客、货运输流的大小和方向。

(3)规划地区的自然条件,特别是山脉分布、大河走向、不良工程地质条件。

(4)国防方面的特殊要求等。

对于公路干线系统,世界上多数国家是以首都和省会所在地为中心,呈放射状布置国家干线网和省内干线网,干线与干线之间则连以环形干道,这就形成了放射加环形的主干线布置系统。除此以外,也有以网格状布置的。我国公路网采取纵横网及放射相结合的原则,连接各省、市、自治区首府及大军区、重要港站枢纽、工农业基地及50万人口以上的大中城市。

对于次一级的公路和在干线之间局部地区的公路,根据地区地形以及集散点的分布情况予以布置,一般采用树杈形路网和并列形路网。

对于不同的区域、不同的城市,其路网布局要考虑所在地区的社会、自然、经济情况来选取。典型的公路网布局形式见表 12-1。

典型公路网布局形式及其性能　　　　　　　　　　　表 12-1

图　式	特点与性能
放射形路网	放射形路网一般用于中心城市与外围郊区、周围城镇间的交通联系,对于发挥大城市的经济、政治、科技、文化中心作用,促进中心城市政治、经济、科技、文化对周围地区的辐射和影响有重要作用
三角形路网	三角形路网一般用于规模相当的重要城镇间的直达交通联系。这种布局形式通达性好,运输效率高,但建设量大
并列形路网	平行的几条干线分别联系着一系列城镇,而处于两条线上的城镇之间缺少便捷道路连接,是一种不完善的路网布局
树杈形路网	树杈形的路网一般是公路网中的最后一级,是从干线公路上分叉出去的支线公路,将乡镇、自然村寨与市、县政府连接起来

总之,公路网的规划、设计不能仅仅局限于一个点、一条线,而应从整个路网系统着眼。路网布局的好坏对整个运输系统的效率有很大的影响,良好的路网布局可以大大提高运输系统的效率,增加路网的可达性,节约大量的投资,节省运输时间和运输费用,达到良好的经济效益、社会效益与环境效益。

2010 年,交通运输部印发了《关于印发公路网规划编制办法的通知》(交规划发〔2010〕112 号),提出了公路网规划的以下相关内容:

(1)公路网规划是公路建设前期工作的重要环节,是公路合理布局、协调发展的重要手段,是编制公路建设五年规划的依据,是确定公路建设项目的基础。公路网规划期限一般为 10~20 年。

(2)编制公路网规划必须贯彻国家的方针和政策,严格执行国家颁布的有关法规、制度,以及相关技术规范、标准;满足经济社会发展要求,与生产力布局、国土规划和城镇体系规划相适应,与其他运输方式相衔接;注重经济和社会效益,集约利用土地,保护环境,实现可持续发展。

（3）公路网规划的主要内容包括：评价公路网现状，研究未来经济社会和交通发展需求，明确公路发展目标，确定路网规模、布局和技术标准，提出公路网建设总体安排以及保障规划实施的政策与措施。

（4）公路网规划按公路行政等级划分，可分为国道规划、省道规划、县道规划、乡道规划，以及专用公路规划；按区域范围划分，可分为各级行政区域的公路网规划和特定区域的公路网规划。

（5）国道规划由国务院交通运输主管部门会同国务院有关部门并商国道沿线省、自治区、直辖市人民政府编制，报国务院批准。省道规划由省、自治区、直辖市人民政府交通运输主管部门会同同级有关部门并商省道沿线下一级人民政府编制，报省、自治区、直辖市人民政府批准，并报国务院交通运输主管部门备案。县道规划由县级人民政府交通运输主管部门会同同级有关部门编制，经本级人民政府审定后，报上一级人民政府批准。乡道规划由县级人民政府交通运输主管部门协助乡、民族乡、镇人民政府编制，报县级人民政府批准。县道、乡道规划应当报批准机关的上一级人民政府交通运输主管部门备案。专用公路规划由专用公路的主管单位编制，经其上级主管部门审定后，报县级以上人民政府交通运输主管部门审核。专用公路规划应与其他公路规划相协调。按行政区域编制的公路网规划，由该行政区域交通运输主管部门编制，规划编就后，报该行政区域人民政府批准，并报上一级交通运输主管部门备案。跨行政区域的公路网规划可由上一级交通运输主管部门组织相关行政区域的交通运输主管部门编制。按行政区域编制的公路网规划应服从上一级公路网规划。

（6）交通运输主管部门可根据经济社会和交通发展的新形势及规划实施情况，适时组织规划调整。当出现重大调整时，须履行相关审批程序。

（7）编制公路网规划要广泛征询公众、相关部门和相邻行政区交通运输主管部门的意见。

（8）公路网规划的环境影响评价按国家相关规定执行。

四、公路网的密度

要完成一定的客、货运输任务，必须有足够的路网设施。路网密度是衡量道路设施数量的一个基本指标。一个区域的路网密度等于该区域内道路总长比该区域的总面积。一般地讲，路网密度越高，路网总的容量、服务能力越大，但这不是绝对的。道路网密度的大小应与一定的经济发展水平相当，与所在区域内的交通需求相适应，应使道路建设的经济性和服务水平，道路系统的社会效益、经济效益、环境效益得到兼顾和平衡。

关于公路网密度的适宜值是多少，由于涉及的因素很多，目前尚在探讨中。根据世界上一些国家的公路网密度见表12-2。

世界上一些国家的公路网密度　　　　表12-2

国　名	年　份	公路网总里程 （km）	高速公路或国道 总里程（km）	公路网密度 （km/km²）
美国	2010	6 545 326	23 527	0.67
加拿大	2010	1 042 300	—	0.10
日本	2010	336 578	50 810	0.89

续上表

国　名	年　份	公路网总里程（km）	高速公路或国道总里程(km)	公路网密度（km/km²）
德国	2010	643 782	39 710	1.80
英国	2010	419 628	49 024	1.72
法国	2010	1 028 446	8 980	1.87
澳大利亚	2010	825 500	—	0.11
巴西	2010	1 580 964	99 220	0.19
土耳其	2010	367 263	31 395	0.47
印度	2008	4 109 592	66 754	1.25

五、公路网规划的评价

路网评价就是对规划方案进行全面而系统的定性定量分析,以确定公路网在规划布局上与社会经济发展要求的适应情况,及在等级、容量上与交通量的适应情况,从而为拟定规划方案,优化路网布局提供依据。公路网评价与其他评价相似,首先要筛选评价指标。指标的筛选应遵循以下原则:具有全面性、可比性,数量尽量少、彼此相关性小、指标可度量。

(1)评价内容。根据公路网的特性和作用,其评价系统一般由路网的技术评价、经济评价、社会评价与环境评价四个子系统组成。在四个子系统之上,还应加以整体综合,获得综合评价结果,以便于择优决策。图 12-2 表明了公路网规划评价的主要内容。

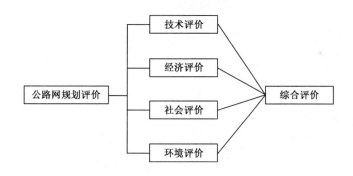

图 12-2　公路网规划评价主要内容

(2)评价指标。在评价系统的每个子系统中,都包含着具体的单项指标。每项子系统的各单项评价指标如下：

①技术状况评价指标。对公路网技术状况的评价,主要从路网结构性能和交通状况两方面进行。

反映路网结构性能的评价指标有：

a. 公路网密度。根据公路网所处区域的面积、人口或耕地计算,有公路网面积密度 δ_A、人口密度 δ_P、耕地密度 δ_S 等形式,表达式分别为：

$$\delta_A = \frac{L_N}{A} \tag{12-1}$$

$$\delta_P = \frac{L_N}{P} \tag{12-2}$$

$$\delta_S = \frac{L_N}{S} \tag{12-3}$$

式中：L_N——公路网总里程(km)；

A——公路网所属区域的土地面积(km^2)；

P——公路网所属区域的人口总数(人)；

S——公路网所属区域的耕地总面积(km^2)。

b. 公路网连通度。连通度是构成公路网的边数与节点数的比值，记为 D。计算公式：

$$D = \frac{L_N/\xi}{HN} = \frac{L_N/\xi}{\sqrt{AN}} \tag{12-4}$$

式中：H——相邻两个节点间的平均空间直线距离，$H = \sqrt{A/N}$(km)；

N——区域内应连通的节点数目；

ξ——非直线系数，为节点间实际路线总里程与直线里程之比。

当 D 接近 1.0 时，路网呈树状，节点多为二路连通；D 值为 2.0 时，路网呈方格网状，节点多为四路连通；D 略大于 3.0 时，路网呈三角形网状，节点多为六路连通。D 值越大，表明路网的连通程度越好。

c. 公路网等级水平。指组成公路网各路段技术等级的加权(里程权)平均值。即：

$$J = \frac{\sum_{i=1}^{n} J_i L_i}{L_N} \tag{12-5}$$

式中：J——公路网等级水平($0 < J < 5$)；

J_i——第 i 个路段的技术等级水平系数，对应高速、一级、二级、三级、四级，J_i 分别取 1,2,3,4,5；

L_i——第 i 个路段的里程(km)；

L_N——公路网总里程(km)。

该指标从整体上反映了公路网的技术等级水平。J 值越小，技术等级越高。

d. 公路网路面铺装率。是指公路网中高级、次高级路面里程占总里程的百分率，用 R 表示。即：

$$R = \frac{L_R}{L_N} \times 100\% \tag{12-6}$$

式中：L_R——高级、次高级路面里程(km)；

L_N——公路网总里程(km)。

反映交通状况的评价指标有：

a. 公路网平均车速 v：为各路段车速的调和平均值。它从宏观上反映了车辆在路网中运行的快慢。其计算公式为：

$$v = \frac{1}{\sum_i \omega_i \frac{1}{v_i}} \tag{12-7}$$

式中：v_i——第 i 个路段上车辆的路段平均车速(km/h)；

ω_i——第 i 个路段的权重，$\omega_i = \dfrac{q_i L_i}{\sum\limits_{i} q_i L_i}$；其中，$q_i$ 为第 i 个路段上的交通量(辆/d)，L_i 为第 i 个路段里程(km)。

b. 公路网拥挤度：是指公路网交通量与公路网设计容量之比，用 S 表示。该指标反映了路网承担交通负荷的能力，从整体上表征了公路网的畅通性能。其表示式为：

$$S = \frac{Q}{C} = \frac{\sum\limits_{i=1}^{n} q_i L_i}{\sum\limits_{i=1}^{n} C_i L_i} \tag{12-8}$$

式中：Q——整个路网的分析交通量(辆/d)；

C——整个路网的标准容量(辆/d)；

C_i——第 i 个路段设计容量(辆/d)。

其余符号意义同前。

当 $S \leqslant 0.7$ 时，路网畅通且有一定潜力；$0.7 < S \leqslant 1.0$ 时，路网基本适应，可承担预测交通量。

c. 公路网里程饱和率：是指公路网中拥挤度大于或等于 1 的路段长度与公路网总里程之比，以 ρ 表示。即：

$$\rho = \frac{\sum\limits_{i} L_{si}}{L_N} \tag{12-9}$$

式中：L_{si}——拥挤度大于或等于 1 的第 i 个路段里程(km)；

L_N——公路网总里程(km)。

②经济状况评价指标。公路基本建设投资大、设施使用期长，因此在公路建设过程当中，必须讲究经济效益，把有限的资金用在最急需的建设项目上，以较少的投资获得最大的经济效益。这就要求在公路网规划过程当中必须进行经济评价。经济评价主要是计算项目投入的费用和产生的效益，通过多种规划方案的比较，对拟建项目的经济可行性和合理性进行分析论证，从而为项目的科学决策提供依据。

经济评价可分为财务评价和国民经济评价。根据《公路网规划编制办法》，在公路网规划阶段，只需进行国民经济评价。国民经济评价的目标是对公路网的经济价值进行分析，以确定公路网消耗社会资源的真实价值。

经济评价的具体内容主要是通过对建设项目所需费用和产生效益的计算，选用合理的评价指标来进行评价。

费用的计算主要包括以下几个方面：

a. 公路建设费用，即公路项目基建投资。按《公路工程概预算编制办法》，它包括建筑安装工程费用、设备及工具器具购置费、其他基本建设费用和预留费等几项。

b. 公路使用费用主要是指公路网使用年限内的养护及交通管理费用。

c. 公路大修费用是指公路网在使用一段时间后进行大修的费用。

d. 残值是指评价期末道路残留下来的价值。按照《公路建设项目经济评价方法》的规定，残值一般可取工程费用的 50%，以负的形式计入费用。

效益的计算主要包括以下几个方面：

a. 公路晋级效益。是指由于公路建设项目的实施,使得旅客、货物运输的运输成本降低所产生的效益。

b. 减少拥挤所产生的效益。无此项目时,原有相关公路的交通量不断增加,平均行车技术速度相应降低,单位运输成本不断提高。有此项目后,使原有相关公路部分交通量发生转移而减少拥挤,原应提高的单位运输成本不再提高,此项金额的节省即为效益。

c. 缩短里程而产生的费用。公路因改建而缩短里程,节约了旅客、货物运输费用,其节约金额,以改建当时交通量状况下的货物、旅客运输成本计算。

d. 货物节约在途时间的效益。以货物运送速度提高引起资金周转期缩短而获得的效益来考虑,按在途货物所需要资金利益(国民经济评价时采用社会折现率)的减少支出量来计算。

e. 旅客节约在途时间的效益。是以旅客旅行时间缩短,可多创造的国民收入来考虑。

f. 减少交通事故产生的效益。规划项目实施后使交通事故减少,其节约的费用以事故率差及事故平均损失费用计算。

g. 减少货损事故产生的效益。规划项目实施后,货损减少,获得效益费用比,是用货损率差及评价年度在途货物平均价格计算。

获得了公路建设项目所支出的全部费用与获得的效益后,运用经济分析方法即可对各个方案的成本及其效益进行分析,从而做出较为科学的经济评价。进行成本效益分析主要采用的指标为:

a. 净现值(NPV)。是规划方案的效益现值减去规划方案的费用现值所得的差额。可用下式计算:

$$NPV = \sum_{t=0}^{n} \frac{B_t - C_t}{(1+r)^t} \tag{12-10}$$

式中:B_t、C_t——t 年的收入(效益)和支出(成本);

r——折现率(%);

n——规划年限。

若 NPV>0,则表明该方案投资的收益率超过规定的折现率,正数越大表明收益越高,经济效果越显著;反之若 NPV<0,则表示达不到预定的收益率,经济效果不好。

b. 效益费用比(BCR)。是建设方案在规划期内各年效益现值总额和各年费用的现值总额的比率,即:

$$BCR = \frac{B}{C} = \frac{\sum_{t=0}^{n} B_t (1+r)^{-t}}{\sum_{t=0}^{n} C_t (1+r)^{-t}} \tag{12-11}$$

式中:B——规划期内各年效益现值总额;

C——规划期内各年费用的现值总额;

其余符号意义同前。

显然,当 BCR>1 时,规划方案是有利的。

c. 内部收益率(IRR)。指建设方案在规划期内各年净现值的累计值等于零时的折现率,也即使用该折现率可使方案的费用现值总额和效益现值总额相等,即 IRR 值应符合下式的要求。

$$\sum_{t=0}^{n} \frac{B_t - C_t}{(1+\mathrm{IRR})^t} = 0 \tag{12-12}$$

式中各符号意义同前。

若 IRR 值大于最低可接受收益率 r,则认为此方案是可以采用的;反之若 IRR $< r$,则应认为此方案不得采纳。若两个或两个以上的 IRR 值都大于 r,则应选择其中具有最大 IRR 值的方案。

d. 投资回收期(N)。指以方案的净收益抵偿方案建设总投资所需要的时间,它应包括设计期。计算时应考虑资金的时间价值,采用动态的投资回收期计算,即建设投资费用和效益采用同一折现率折为现值,然后再计算费用与效益相抵的年限,即投资回收期。投资回收期应满足下式:

$$P_0 = \sum_{t=1}^{N} \frac{F_t}{(1+r)^t} \tag{12-13}$$

式中:P_0——规划方案原始投资额(在 0 年时)的现值;

F_t——规划方案第 t 年的净收益;

r——基准折现率(%);

N——投资回收期(年)。

投资回收期应小于国家规定的标准回收期,这样方案才可行。目前,我国没有规定统一的标准投资回收期,但可参考有关的实际资料。

③社会评价方面。公路网规划的社会影响评价分别从以下几方面进行,一般只进行定性分析和说明:

a. 公路网建设对开发地区自然资源的效果;

b. 对地区经济发展、扩大工农业和商品经济发展的效果;

c. 对地区增加就业人员和增加工资收入的效果;

d. 对缩小区域间发展不平衡的差距(文化、卫生、科学、技术、经济及政治等)的效果;

e. 对减少物资消耗,如燃料、材料等的影响;

f. 对减少物资运输不畅受到的损失(产量、质量、损耗量)的效果;

g. 对国防安全的影响。

六、公路网规划的内容和一般步骤

公路网规划的内容和一般步骤为:

(1)公路网现状分析与评价。对公路网规划涉及区域的自然地理条件和特征、社会经济发展水平、综合交通运输格局做出宏观系统分析,特别是对现状公路网的等级、交通现状、建设与管理状况,应详细调查和剖析,并做出评价。其目的在于发现公路交通存在的主要问题和找出解决问题的有效途径,从而为公路网规划提供重要依据。

(2)社会经济发展趋势预测。通过对规划区域自然资源及生产力布局、城镇及人口分布、产业结构与经济发展水平的充分调查与综合分析,运用多种方法对社会经济发展总趋势和新特点做出科学预测,指出在规划期内公路运输将面临的新形势和客、货流状况,并明确因此而可能产生的新变化和新特点。

(3)制订公路网发展战略。提出公路网发展的出发点、遵循原则以及发展战略目标,为后期的规划工作指明方向。同时,还应当依据人口、经济、行政级别、交通状况、资源状况等方面的情况,筛选路网节点,提出路网主干线构想,进而提出阶段性建设目标。

(4)公路交通量预测。在区域社会经济发展趋势分析和预测基础上,研究综合运输与社会经济发展的相互关系。依据历史资料采用多种方法建立不同的数学模型,对规划区内的综合运输量、旅客运输量和流向、大宗货物流量和流向及公路运输工具等——做出预测,其中尤以公路运输为重点。根据未来公路客、货流量和流向分布特点,结合公路交通量的构成情况,对规划期公路交通量按不同线路进行分配,获得未来公路网上流量的预测。

(5)公路网布局优化。根据社会经济发展,紧密结合生产力布局、城镇分布及公路网现状特点,依据一定原理,对公路路线走向、重要控制点选择做出多种布局方案,通过比较,从中选优。

(6)公路网规划分期实施。在公路网布局优化的基础之上,根据规划期内建设资金、路网交通流量分布及路线地位、功能、作用等条件,对布局规划优化方案中的各条线路、路段做出建设序列安排。

(7)实施公路网规划的对策与措施。针对公路网规划实施过程中面临的资金、技术、材料及其他重要问题,需在其前期的可行性研究工作中进行详细的研究和论证。同时,对公路网规划实施的管理体制,应提出基本对策与措施。

(8)公路网规划的综合评价。主要包括技术评价、经济评价、社会发展影响评价和环境影响评价等。通过公路网规划实施可能产生的各种影响(正面或负面)的全面分析,对公路网规划评价方案,做出综合的评价。

(9)跟踪调查公路网规划实施周期长。在这期间,由于经济发展速度、生产力布局、投资结构或国家有关政策发生变化,导致运输结构和公路交通需求与预期情况不符。此时应区别情况,对所做规划进行全网、区域、局部或个别线路、路段的调整,以便充分利用有限资源,使运输供给最大可能地满足运输需求。

以上是公路网规划的内容和一般步骤。

应该指出,公路网布局的选择是一个反复修正的过程。因为布局方案设计是以运输系统为依据,而运输联系又与路网的布局有关,为此,在草图上要先将运输联系线按运量大小绘成粗细或颜色不同的线条,使之一目了然。然后,以运输联系最集中和流量最多方向作为主干道方向考虑,根据政治方面和文化方面的需要,考虑大型城市和重要工矿中心的联系要求,就可初步定出主干线。最后,将中小型经济点用次要道路联系到主干线上,对某些个别的经济点采用支线联系到道路网上,对铁路车站、水运码头、机场等交通枢纽都应安排在网点以上。

选定各条路线的技术等级标准、进行技术经济效益分析和可行性研究,需要参考大量现有资料作为依据和进行计算。

2010年,交通运输部引发了《关于印发公路网规划编制办法的通知》(交规划发〔2010〕112号),提出了公路网规划的内容要求,具体包括:

(1)概述

①规划背景:阐述公路网规划的目的和意义,说明开展规划工作的依据。对于公路网规划修编,需说明修编的必要性。

②规划范围和期限:说明规划区域范围、规划对象以及规划期限。

③规划思路:说明规划编制的技术路线和方法。

④规划过程:简述规划编制工作的调查和研究过程,以及征询意见、与相关部门协调等情况。

(2)经济社会及交通发展现状

①地理位置及自然条件:概述规划区域的地理位置、行政区划和自然条件。

②经济社会发展概况:分析规划区域人口、产业、城镇、资源等经济社会发展状况,重点把握与交通运输密切相关的区域特征。

③交通运输发展现状:分析规划区域内各种运输方式(公路、铁路、水运、民航、管道)的运输线路、枢纽等重要基础设施基本情况,研究综合运输体系的构成和发展特点。

④公路网现状及综合评价:分析现状公路网规模、结构、布局、技术水平和交通运行状况,评价公路网的适应性,分析现状公路网存在的主要问题。

(3)经济社会和交通发展需求

①经济社会发展需求分析。经济社会未来发展趋势,预测主要经济社会指标(人口、地区生产总值等),阐述城市总体规划、城镇体系规划、产业布局、资源开发等因素对交通运输的要求。

②综合运输发展需求。根据规划区域的实际情况,研究各种运输方式的比较优势,分析综合运输未来发展趋势和相关规划对公路发展的要求。

③公路交通需求分析。根据公路运输量、汽车保有量发展特点和趋势,结合经济社会和综合运输发展趋势,预测未来公路运输量、汽车保有量的发展水平。分析现状公路网交通量发展水平、分布特点和发展规律,把握公路交通流向、流量分布特征,预测未来公路网交通量。

(4)规划目标

①指导思想和规划原则。根据经济社会和交通发展的总体要求,提出规划的指导思想和原则。

②规划目标。根据经济社会和综合运输发展趋势,结合当前公路网现状和发展条件,提出公路网规划目标。

(5)布局方案

①路网规模研究。综合考虑区位条件、经济发展水平、综合运输条件、人口分布和主要节点分布等因素,采用定量和定性方法,论证路网规模。

②布局研究思路。说明布局的研究思路和方法。

③影响因素分析。分析主体功能区、城镇、产业布局、资源开发、国家安全等经济社会需求,以及环境、土地等限制因素对规划布局的影响。分析交通运输需求对规划布局的影响,以及对公路通道路线配置的要求。

④布局方案研究。根据规划目标,综合考虑相关影响因素,在现有公路网基础上,通过定性和定量分析,拟定公路网规划备选方案,阐述备选路线方案的理由和依据。结合必要的实地踏勘,研究备选方案的路线走向,分析工程可行性,测算路线里程和重大工程的规模,匡算工程投资和土地占用情况,分析路线方案对环境的影响,以及工程建设中存在的重大技术难点。从规划目标的实现程度,对经济、社会、交通运输、环境和土地等方面的影响,以及路网技术经济指标等方面,对备选方案进行比选优化,确定布局方案。

⑤布局方案说明。包括布局方案的路网规模和路线方案。路线方案包括规划路线的名称、起讫点、主要控制点、里程、技术标准和主要功能作用。根据需要,说明布局方案在城市过

境、与其他路网衔接、重要附属设施和重大工程等方面的情况。

（6）实施安排

①用地规模和资金需求。说明规划路网的已建、在建和待建情况，匡算用地规模和建设资金需求。

②近期建设重点。根据经济社会、交通运输发展需求和投资能力，提出分阶段建设任务和近期建设重点项目。

（7）综合评价

①路网技术评价。从路网规模、密度、技术等级、节点连通情况、路网覆盖程度、主要节点间通达时间、运行速度、交通拥挤度等方面，评价路网服务能力和质量的改善情况。评价规划路网与其他路网、运输枢纽衔接情况，以及与其他运输方式协调情况。

②直接经济效益分析。分析规划实施后在节约运输时间、降低运输成本、减少交通事故损失和节约燃油消耗等方面的效益。

③经济社会影响评价。从资源开发、产业布局、城镇发展，以及人民生活水平提高、就业、扶贫、教育、国家安全等方面，评价对经济和社会的影响。

④环境影响分析。分析规划的实施对环境的影响，提出预防或减缓不良环境影响的对策。

⑤土地利用影响分析。分析规划与土地利用总体规划的协调性，提出减少耕地占用和节约集约用地的措施。

（8）政策措施建议

提出保障规划顺利实施的政策措施。

第三节 客、货流 OD 调查

对客、货流进行 OD 调查，能够为道路交通规划提供基础数据，在交通规划中占有极为重要的地位，因此这里有必要做简要介绍。

一、OD 调查的概念

交通出行（Trip）是人和物（包括作为交通工具的汽车、自行车等）从某一地点向另一地点的移动。一次交通出行的两端点即始点（Origin，简称 O）或终点（Destination，简称 D）称为交通端点。一次交通出行必定存在两个出行交通端点。交通出行的始终点调查简称 OD 调查。OD 调查的基本概念如下：

起点：一次出行的出发地点；

讫点：一次出行的目的地点；

出行：人、车、货从出发点到目的地移动的全过程，分别称为个人出行、车辆出行和货物出行，即通常所说的客流调查、车流调查和货流调查；

出行端点：出行起点、讫点总称，每一次出行必有且只有两个端点，出行端点的总数为出行次数的两倍；

境内出行：起讫点都在调查区范围之内的出行；

过境出行：起讫点都在调查区范围之外的出行；

区内出行:调查区分成若干小区后,起讫点都在同一小区内的出行;

区间出行:调查区分成若干小区后,起讫点分别位于不同小区内的出行;

小区形心:代表同一小区内所有出行端点的某一集中点,是该小区交通流的中心点,不是该小区几何面积的重心;

期望线:又称愿望线,为连接各小区形心间的直线,因其反映人们期望的最短距离而得名,与实际的出行距离无关,它的宽度表示区间出行的次数(图12-3);

主流倾向线:又称综合期望线,系将若干条流向相近的期望线合并汇总而成,目的是简化期望线图,突出交通的主要流向;

OD 表:一种表示起讫点调查成果的表格;

调查区境界线:包围全部调查区域的一条假想线,有时还分设内线和外线,内线常为城市商业中心区的包围线;

分隔调查线:为校核 OD 调查成果精度而在调查区内部按天然或人工障碍设定的调查线,可设一条或多条,它(们)将调查区划分成几个部分,用以实测穿越该线的各道路断面上的交通量(图12-4)。

图 12-3　期望线

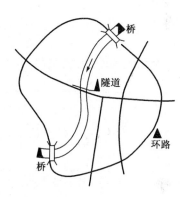

图 12-4　分隔查核线

二、OD 调查的目的和意义

20 世纪 40 年代 OD 调查在国外已经开始使用,60 年代盛行。最初,OD 调查结果仅在城市交通规划中应用,后来逐步应用于城市间的交通规划和区域运输规划之中。近年来,OD 调查所得结果已被应用于我国公路交通规划、新建或改建公路项目可行性研究、设计、交通组织和管理等各个方面。大量的 OD 调查数据为远景交通量的预测、道路类型和等级的确定、互通立交的设置、道路横断面的设计、交通服务设施的配置、交通管理与控制、规划方案和建设项目的国民经济评价以及财务分析等提供了定量依据,进而为交通规划的完善和建设项目的科学决策奠定了基础。

三、OD 调查方法

OD 调查常用三种调查方法:家庭访问调查、交通区域圈线交通调查和交通阻越线交通调查。交通区域圈线交通调查是指在交通调查时将一个城市或一个地区划成若干个调查区,在区与区的边境线上进行调查。交通阻越线是在地图上为交通调查划出的线。这种交通阻越线多以河流、山脊、铁路等地障为线,用以调研穿越此线的交通点和数量;另外还要对所调查区域的人口、经济指标等有关的资料进行收集整理。对于调查区域如何确定应根据具体情况而定,一般来说,在所确定的调查区域内,道路和铁路交通、土地利用状况等均基本一致。

除以上三种方法以外,根据调查目的、设置的调查项目及可用的人力、时间、物力情况,分别采用以下方式:①发(收)表调查;②路边询问调查;③工作出行调查;④发明信片调查;⑤运输集散点调查等。

1. 客流调查(人的交通出行调查)

为了掌握所调查区域内的交通现状,以居住在所调查区域内5岁以上的人为对象,调查他们一天的交通行动。客流调查的项目如表12-3、表12-4所示。

主要调查项目(个人用)　　　　　　　　　　　　　表12-3

属 性	项 目
个人属性	性别、年龄、职业、有无驾驶证等
交通出行端点属性	交通出行始点和终点的目的、地方名称、出发与抵达的时间和设施等
交通出行属性	交通工具、换乘地点
	运用不同交通工具所要的时间
	如自己驾驶车辆,则应填乘车人数

×××市居民出行调查表(正面)　　　　　　　　　表12-4

户 编 号		户人数		出行人数		调查表编号	
户主姓名		性 别		出 生 年 月	职 业	职 务	
住 址			所在派出所			编 号	
单位名称		地址				工资收入	
说 明							

(背面)

出行次数	出发地点	出发时间	到达地点	到达时间	出行目的	交通工具	换乘情况	上车前步行时间(min)	下车后步行时间(min)
1		上午 时 分 下午 时 分		上午 时 分 下午 时 分					
2		上午 时 分 下午 时 分		上午 时 分 下午 时 分					
3		上午 时 分 下午 时 分		上午 时 分 下午 时 分					

2. 货物流调查

在确定交通综合规划前除了对客流进行调查外,还要对货物的移动即货流(或称物流)进行调查。也就是说,应对人的移动的客运规划和货物的移动的货运规划进行综合一体化考虑,这样才能确定整个道路网络的布置及交通设施规划。

机场、火车站、港口、仓库、中转站、工矿企业、商业中心、副食品基地等都是货流交通的发生源与集中地。货流主要是通过机动车来进行的,因此应以机动车调查为主。机动车调查的项目以运单为准,或见表12-5。

公路机动车起讫点调查表 表12-5

调查地点：　　　车辆行驶局面：　　　调查时间：　　年　月　日　　时至　时

车　型							核定载量(t,座)	货类	实载(t,人)	起点		讫点		备　注
小货	中货	大货	拖挂车	集装箱车	小客车	大客车				地(市)	县(区)	地(市)	县(区)	

注：货类栏按下列编号登记：0-人；1-煤炭；2-石油；3-金属矿石；4-钢铁；5-矿建材料；6-水泥；7-木料；8-非金属矿石；9-化肥及农药；10-盐；11-粮食；12-其他。

通过物流调查应掌握以下情况：

(1)掌握物流的发生源和集中点。

(2)掌握物流上特别重要的地区、设施和营业单位的特性,掌握产业活动与物流的关系。

(3)掌握不同运输工具的运输量及交通出行的距离,可以推断在货运中,不同运输工具的利用率,从而根据车辆保有量情况预测交通发生量。

(4)通过调查货车装卸重量、平均的交通出行次数和平均的交通出行距离等,掌握货物流量与货车交通量的关系。

四、OD调查资料的统计分析

OD资料的统计分析结果,主要反映在各种能汇总基本出行数据的OD表格中,见表12-6。

OD 矩 阵 表 表12-6

起点＼讫点	1	2	…	j	…	n	起点合计
1	Q_{11}	Q_{12}	…	Q_{1j}	…	Q_{1n}	G_1
2	Q_{21}	Q_{22}	…	Q_{2j}	…	Q_{2n}	G_2
⋮	⋮	⋮	⋮⋮⋮	⋮	⋮⋮⋮	⋮	⋮
i	Q_{i1}	Q_{i2}	…	Q_{ij}	…	Q_{in}	G_i
⋮	⋮	⋮	⋮	⋮	⋮	⋮	⋮
n	Q_{n1}	Q_{n2}	…	Q_{nj}	…	Q_{nn}	G_n
讫点合计	A_1	A_2	…	A_j	…	A_n	Q

表中 n 为小区数目，起点合计栏内的 $G_1,G_2,\cdots,G_i,\cdots,G_n$ 所表示的交通量称为各区的发生交通量，讫点合计栏内的 $A_1,A_2,\cdots,A_j,\cdots,A_n$ 所表示的交通量称为各区的集中交通量或吸引交通量。Q_{ij} 表示以 i 为起点，以 j 为讫点的分布交通量。有时单把 $Q_{11},Q_{22},\cdots,Q_{nn}$ 称为区内交通量，把 $Q_{ij}(i\neq j)$ 称为区间交通量，Q 为总出行量，则如式(12-14)所示：

$$Q = G_1 + G_2 + \cdots + G_i + \cdots + G_n = A_1 + A_2 + \cdots + A_j + \cdots + A_n \tag{12-14}$$

由于在一般情况下，车辆出行后必然要返回原基地，即：

$$Q_{ij} = Q_{ji} \tag{12-15}$$

所以，可把表12-6顺着对角线折过来制成三角OD表，如表12-7所示。

三角OD表　表12-7

	1	2	...	f	...	n	合计
	T_{11}	T_{12}	...	T_{1f}	...	T_{1n}	T_1
		T_{22}	...	T_{2f}	...	T_{2n}	T_2
			...	...	...	...	⋮
				T_{ff}	...	T_{fn}	T_f
					...	...	⋮
						T_{nn}	T_n
							T

当 $i=j$ 时，$\quad Q_{ij}=T_{ji}$
当 $i\neq j$ 时，$\quad T_{ij}=Q_{ij}+Q_{ji}=2Q_{ij}=2Q_{ji}$

三角OD表与矩阵OD表一样，也可以用来反映车辆、货物、旅客的流动情况。在实际工作中应根据车流的流向情况选用。但由于三角OD表编制时假设 i 区到 j 区的交通流与 j 区到 i 区的相均衡，因此对于车流方向分布很不均衡的公路或进行纯货流调查时（由于受资源和经济分布情况的影响，我国大部分地区货流差异很大），则不可用三角OD表来反映车辆或货流的起讫点情况。

根据OD表所反映的交通量的时间不同，把反映现在时点的OD表称为现在OD表，反映将来时点的OD表称为将来OD表。

OD调查所收集到的大量数据，借助计算机进行数据处理，分析的结果主要有：
(1) 各OD调查点，各种车辆OD表。
(2) 各OD调查点，车辆汇总OD表。
(3) 整个研究区域，各种车辆OD表。
(4) 整个研究区域，车辆汇总OD表。
(5) 各OD调查点，货运车辆（或货运量）OD表。
(6) 各OD调查点，客运车辆（或旅客人数）OD表。
(7) 整个研究区域，货运车辆（或货运量）OD表。
(8) 整个研究区域，客运车辆（或旅客人数）OD表。

当然，还能得到反映交通流特征方面的数据，如：
(1) 各断面24h交通量。
(2) 各种车型的比例。
(3) 大型车混入率。
(4) 高峰小时交通量。
(5) 重交通方向系数。
(6) 昼夜率。
(7) 货车平均吨位。
(8) 客车平均座位。

(9) 货车载运系数(即平均每辆车实载货物吨数)。
(10) 客车载运系数(即平均每辆车实载旅客人数)。
(11) 货车的载货品种构成。

第四节 交通量预测

一、概述

交通量预测是制订交通规划方案和对其进行可行性研究必需的基础工作。由于一条道路的交通量及其发展趋势与它服务区域内的社会经济发展水平、人口增长和交通状况有着密切的关系,要做出科学的预测,必须对这些影响因素的过去和现在发展情况进行详细调查和统计,弄清它们的内在联系和发展规律,寻求出一种符合实际、比较可行的预测方法。

人们通过对预测研究工作的实践,认识到预测工作与数学和统计学有着密切的关系。对交通量预测来说,可用数字语言来描述影响交通量的各种因素,用统计学来探索和发现它们之间存在的某种规律,从而用数学模型来表达它们之间内在联系和发展趋势。但是预测数学模型仅仅是人们用主观思维来反映客观规律的一种手段,关键还在于人们在建立和运用数学模型时能否正确反映影响交通量发展的各种因素的客观规律。因此,交通量预测工作包括两个主要部分:一是基础资料调查收集,二是资料整理、建立预测数学模型和进行预测。前者是预测的基础,后者是预测的结果,二者必须紧密结合,即:资料的收集要针对需要有目地收集;资料整理和建立数学模型也要结合现有资料可能收集到的程度,不能脱离实际条件。

二、基础资料的收集及调查

(1) 绘制拟建道路可能吸引的交通量区域的平面图,并画出该范围内的现有道路、铁路及主要通航航道。如交通量吸引区范围不易划定,原则上应把路线所经过的县的范围都画上。

(2) 收集平面图范围内现有道路上的交通量观测资料,并在平面图上标出各观测点的年平均日交通量。如发现原有观测点的交通量观测数字不能反映出拟建路线主要段的交通量,则应加设观测点。

(3) 收集在路线吸引区范围内的历年工农业总产值、人口、公路汽车货运量的资料。汽车货运量要包括社会车辆的货运量(根据需要也可包括非机动车辆的货运量),社会车辆的货运量可通过典型调查求得,如资料不足,可按每辆社会车辆一年所承运的货运量相当于一辆专业运输车辆货运量的 1/3 计。

如吸引区范围这些资料收集有困难,则可收集包括吸引区范围的扩大区域资料(扩大到能收集的程度),但要估算吸引区范围的工农业总产值占扩大区域的工农业总产值的百分比。

(4) 进行车辆起讫点调查(简称 OD 调查),对于旧路改建选择在拟建路线上,对于新建路线则选择在拟建路线邻近的公路上。调查目的是了解、分析拟建线上现在各主要段的交通量、流向以及车辆组成与装载情况。OD 调查一般不应少于 3 次。

(5) 调查区域内现有铁路、水运的运量、运输能力、发展规划以及各类货物的运价、装卸费用。这是确定转移交通量的主要依据,必须充分重视。

(6)调查区域内已有公路的路况,正常情况下各类车辆的平均车速、运输成本和养护管理费用等。

三、交通量预测影响因素

交通量预测是一个综合、复杂的过程,准确、客观、科学的交通量预测需要考虑众多社会与经济的影响因素。主要社会经济的影响因素具体如下:

(1)经济发展水平。大量研究证明,在经济发展水平较高的区域,人均交通出行次数较多,在经济发展水平较低的区域,人均交通出行次数则相对较少。此现象说明了经济发展水平对于交通量发展有影响作用,主要原因是经济发展水平高将导致经济活动频繁,从而提高了人均交通出行次数。

(2)土地利用结构与开发强度。土地上的建筑是产生交通发生源与吸引源的根本,土地利用结构决定了交通需求的空间走向,土地开发强度决定了交通需求量的规模。在交通需求预测过程中,土地结构与开发强度常常是作为重要的基础输入条件。

(3)城市的人口数量。城市人口一般由常住户口、未落常住户口的人(流动人口、暂住人口)组成。城市人口数量通常与交通量预测水平呈正比关系,城市人口数量越高,则交通出行总量一般也越大。

(4)人均地区生产总值。人均地区生产总值是反映交通运输行为主体经济水平的一个典型指标。人均地区生产总值较高,说明该区域的经济发展水平较好,则相应的交通出行活动较为频繁。

(5)工资水平。工资水平将从交通是否拥有小汽车、交通出行工具选择等方面影响交通量的最终预测结果。

(6)失业人口、就业人口、就学人口数量。在四阶段法的交通出行生成过程中,就业人口与就学人口的数量将直接影响交通出行量,在就业出行次数相同的情况下,就业人口数量与就业发生的交通出行量为正比关系,就学人口数量同样如此。

四、交通量预测

预测的交通量主要由下列三部分组成:正常增长的交通量,转移交通量,新增交通量。

(1)按正常增长的交通量预测。根据已收集到的资料,可用以下几种方法对正常增长的交通量进行预测,取其资料较完整,论据较充足者为采用的预测交通量。

①根据历年交通量观测资料,结合地区发展规划,预测交通量。步骤是:

a. 根据历年交通量观测资料,确立历年交通量变化的数学模型;

b. 根据沿线地区历年经济发展状况和今后发展规划,结合历年交通量变化的数学模型,拟定今后交通量变化的数学模型,并按此模型预测今后每年的交通量。

②根据影响交通量增长的有关因素预测一个地区的交通量生成量与许多因素密切相关,例如客货运输量、人口增长、工农业产值、车辆保有量、土地开发利用等,都是非常重要的因素。因此,当历年交通量观测资料不足,而能收集到影响因素的有关资料时,则可通过对影响因素的分析,找出与交通量增长的关系式进行预测。这些方法有:

a. 根据调查区域的历年人均工业产值和人均公路货运量进行预测。

b. 根据调查区域的人口、汽车保有量的增长率进行预测。

c. 根据调查区域一定期间的社会总运输量的增长和运输方式分配进行预测。

d. 根据养路管理部门维持税率不变情况下，按照各时期养路费收入的增长确定一个增长率，以相应年份的交通量作为基础进行预测。

e. 根据社会上各产业部门原料与产量间的关系求出运输需求量，以此进行预测。

f. 根据调查区域内各种经济指标间的关系，建立目标年份的计划经济模型以推算交通量。

这些方法的预测步骤与前一类方法大体相似，即先通过资料调查收集管理，找出各因素与交通量的数学关系式，由此而推算出交通量。

在实际工作中，通常是应用几种方法进行对比和相互验证与补充。

(2) 转移交通量预测。当新路建成或旧路改造提高等级后，汽车运输费用降低，运输时间缩短，使原来由铁路、水运或邻近公路运载的客货运量，转向新路，这就是转移交通量。这部分交通量预测先要对邻近的公路、铁路和水运的客货量有无可能利用新路进行分析，如认为转移的数量较大，则要分别调查它们各类货物的运量、综合运输费用、运输时间等，同转移到新路的运输费用做比较，以推算客货运输的转移量。

(3) 新增交通量预测。由于新路建成或老路改善提高之后，使原来不可能在这些地区内修建的工矿企业兴建起来而产生的交通量。

转移交通量与新增交通量的预测很费事，如初步调查认为这两项交通量不会太大时，可不计入。因为在用数学模型推算中调整的交通量已包含了这些交通量的因素。

五、交通量预测方法

综上所述，影响交通量增长的因素很多，而适用于多因素预测的数学模型及计算方法比较复杂。关于具体的预测方法，实质上是根据调查资料，运用相适应的有关预测方面的数学模型解析的问题，目前规划中较为常见的是基于四阶段法的交通量预测、基于现有交通量的时间序列法、基于社会经济因素的回归模型预测法。交通量预测的四阶段法在其他书籍中均有详细说明，主要步骤为交通的发生与吸引、交通出行的生成、交通方式划分、交通流分配，本书不再详述。这里主要介绍基于现有交通量的时间序列法、基于社会经济因素的回归模型预测法。

1. 基于现状交通量的时间序列法

时间序列法的主要原理为：考虑交通量具有延续性，未来交通量的大小与现状、过去交通量具有密切联系。时间序列法是将交通量现状数据为基础，将交通量数据按时间顺序排列，构成一个时间序列，采用一定的趋势分析模型，研究该时间序列数据的动态变化规划，从而推断其未来的变化趋势和规律，以预测未来的交通量大小。时间序列法常用的模型有指数平滑法、多项式回归法、灰色预测法等。

2. 基于社会经济因素的回归模型预测法

回归预测法是将要预测的指标看作因变量，与它密切相关的一些因素看作自变量，因变量与自变量的关系可能相当复杂，往往很难对这种关系进行解析分析，从而就很难准确地用数学函数描述这种关系。转而求其次，探索根据大量的调查去探讨它们之间关系的近似数学表达式，用这个近似的数学表达式求出规划年因变量的近似预测值。回归预测法常用的方法包括一元回归曲线、多元回归曲线等。

回归预测法预测交通量通常将社会经济因素作为输入条件,例如人均地区生产总值、人均工资收入、城市人口大小、就业人口数量、就业率等。

表 12-8 为时间序列法(表中对应的为定基预测)、回归预测法(表中对应的为定标预测)的部分计算模型公式,可供参考使用,本书不再详述。

交通量预测数学模型(参考表) 表 12-8

类别	线型	模型	符号含义
定基预测	平均增长曲线	$a = \left(\dfrac{y_n}{y_1}\right)^{\frac{1}{n}} - 1$ $\hat{y}_m = y_1(1+a)^m$	a——交通量增长率; y_n——已知的第 n 年的交通量(一般为基年); y_1——已知的第 1 年的交通量; $\hat{y}_m$——求算的第 m 年的交通量; n——已知的年份差(n = 第 n 年份 – 第 1 年份); m = 求算年份 – 基本年份
	指数曲线	$\hat{y}_t = a \cdot e^{b(t-t_1)}$	$\hat{y}_t$——求算年份的交通量; t, t_1——预测年份(如 2010 年)和基年(如 1982 年); a, b——系数
	s 曲线	$\hat{y}_m = ka^{bm}$	$\hat{y}_m$——从基年算起的第 m 年交通量;m 与上同; k, a, b——系数
定标预测	一元回归曲线	$\hat{y}_m = aE^b$	$\hat{y}_m$——与 E 指标相对应的第 m 年交通量; E——某年份某一经济指标,远景年份的指标预测; a, b——系数
	多元回归曲线	$\hat{y}_m = KT^a u^b r^c \cdots$	$\hat{y}_m$——与上同; T, u, r——m 年的各个经济指标,远景年份的指标需预测; K, a, b, c——系数
	s 曲线	$\hat{y}_m = \dfrac{A}{1+ae^{bk}}$	$\hat{y}_m, K$ 与上同; A——曲线上限(假设值); a, b——系数

【复习思考题】

1. 什么是交通规划?交通规划的目的是什么?
2. 交通规划一般包括哪些基本内容和工作步骤?
3. 我国公路是如何分级的?公路网规划和布置有哪些基本要求?

4. 公路网规划的评价主要包括哪些内容？其中技术状况评价的指标主要有哪些？
5. 什么是公路网密度？公路网密度的大小受哪些因素的影响？
6. 什么是 OD 调查？OD 调查的基本概念。
7. OD 调查的目的是什么？常用方法有哪些？如何进行 OD 资料分析？
8. 交通量预测的影响工作有哪些？由哪几个主要部分组成？如何进行交通量预测？

第十三章 智能运输系统

第一节 智能运输系统的概念

随着社会经济的发展,交通运输与社会经济生活的联系越来越紧密,交通基础设施建设和交通运输成为经济生活中最活跃的方面之一。交通基础设施的通行能力满足不了日益增长的交通运输需求,随之而来的交通拥堵、交通事故、环境污染及能源短缺成为世界各国面临的共同问题。最初解决交通问题的传统办法是大规模改扩建交通基础设施来满足日益增长的交通运输需求。但是由于有限的资源和财力以及环境的压力,用来修建交通基础设施的空间越来越小,与此同时,交通运输在快速发展过程中所带来的负面效应日益显现。因此,国际上自20世纪90年代以来更多的是将电子信息技术引入道路运输系统,进而扩展到铁路和航空的管理和信息交换,称之为智能运输系统(Intelligent Transportation System,缩写ITS),希望通过先进的信息技术在交通运输领域的应用,提高交通运输整体效益和服务水平。

关于ITS的定义和理解是各种各样的,以欧洲和日本为代表的观点是将ITS作为整个社会和经济信息化的一部分,目前在欧洲将ITS称为"信息通信业务在交通运输中的应用"(Telematics Application for Trasportation),这些国家是从道路交通信息化的角度来推动ITS的;而美国则是将ITS分成了由政府主导和提供的智能运输基础设施和民间厂商提供的应用产品两部分。但是无论怎样的分法,出发点是一样的,即设想道路交通应该能使每一个交通参与者和交通基础设施的潜能得以充分的发挥,同时又保持高度秩序化。要做到这一点,必须是在高度信息化的条件才能实现,当前信息技术的高度发展为实现这一理想提供了条件。因此,我们可以说 ITS 是在较完善的基础设施(包括道路、港口、机场和通信等)之上,将先进的信息技术、通信技术、控制技术、传感器技术和系统综合技术有效集成,并应用于交通运输系统,从而建立起大范围内发挥作用的,实时、准确、高效的交通运输系统。

在世界道路协会编写的《智能运输系统手册》中,ITS 的定义是:对通信、控制和信息处理技术在运输系统中集成应用的通称。这种集成应用产生的综合效益主要体现在挽救生命,节省时间和金钱,降低能耗以及改善交通系统运行环境。ITS 发展的最终目标是实现交通运输的高效、安全、舒适和可持续发展。

ITS 主要由智能化的交通管理和智能化的交通服务两部分组成。

(1)智能化的交通管理。即在交通管理范围内,建立交通管理中枢指挥下的、由交通信号控制系统、交通流动态诱导系统、交通事件监控系统、应急救援服务系统、不停车收费系统等联网组成的、高度自动化的管理体系,使交通运输时刻处于良好的运行状态中。

(2)智能化的交通服务。即在交通服务范围内,建立面向社会公众或特殊受众群体的、包含广播、手机、电台、车载终端、路侧情报板等各类发布渠道的,由公交信息服务系统、停车信息服务系统、综合枢纽换乘信息服务系统、动态导航信息服务系统等联网组成的、人性化的服务体系,提供"无处不在、无时不有、所想即得"的交通信息服务。

第二节　国外智能运输系统发展情况

目前世界上在智能运输系统的研究中,美国、日本和欧洲处于领先的地位,但他们又各有侧重点。美国虽然起步稍晚于欧洲和日本,但从智能运输系统研究领域和内容来看,美国的研究领域较宽,内容也比较丰富。

一、美国的 ITS 发展情况

在 1994 年 10 月以前,美国的智能运输系统被称为智能车路系统(IVHS)。其研究内容主要集中在"先进的交通管理系统"(ATMS)、"先进的出行者信息系统"(ATIS)、"先进的车辆系统"(AVCS)、"先进的公共运输系统"(APTS)、"商业车辆运营系统"(CVOS)等方面。目前,美国的 ITS 研究集中在 7 个领域共 29 项研究内容。1996 年美国交通部(USDOT)确定智能运输系统的研究项目为 309 项。以下主要介绍 ITS 的 7 个领域共 29 项研究内容。

1. 出行和运输管理系统

(1)路上驾驶员信息系统。该系统包括驾驶员的引导系统和车内标志系统。驾驶员的引导系统主要为驾驶员提供实时的交通流状况、交通事故、建筑情况、公共交通时刻表、气候条件等信息。利用这些信息,驾驶员可以选择最佳的行驶路线,出行者可以在中途改变其出行方式。车内标志系统主要提供与路面实际标志相同的车内标志,也可以包括道路条件的警告标志和一些特殊车辆的安全限速。

(2)路线引导系统。为出行者提供到达目的地的最佳行驶路线。早期的路线引导系统是一个静止的信息系统,如果能实现全方位的调度,这个系统就可以为出行者提供及时的信息,使出行者遵循最佳的行驶路线到达目的地。

(3)出行者服务信息系统。这个系统可以为出行者提供快速服务，如出行者到达目的地的位置、工作时间、食物供应情况、停车场的情况、车辆修理站、医院和交通警察办公室。

(4)交通控制系统。为高速公路和城市道路提供一个自适应的智能控制系统，从而改善交通流状况，为公交车辆提供优先权，以缓解所有机动车辆的交通拥挤问题。

(5)交通事件管理系统。帮助公共和民间迅速确认突发事件并做出响应，最大限度地减少突发事件对交通的影响。

(6)车辆排放物的检测和控制系统。系统采用先进的车辆排放物检测设备进行空气质量监控，并采用一系列措施控制污染。

2. 出行需求管理系统

(1)出行前的信息系统。出行前的信息是指出行者出发前在家中、工作地和其他地方所获得的出行实时信息，如公共交通线路、时间表、换乘和票价等。

(2)合乘车的信息系统。

(3)需求管理和营运。该项研究通过制定运输需求管理和控制政策，减少个人单独开车工作出行的数量，促使人们更多利用高乘载率车辆和公共交通，并为欲提高出行效率的人员提供更多的备选出行方式。

3. 公共交通运输管理系统

(1)公共交通管理。为了改善公共交通运输管理，它主要应用计算机技术对车辆及设施的技术状况和服务水平进行实时分析，实现公共交通系统营运、规划及管理功能的自动化。

(2)途中换乘信息。该项研究可为使用公共交通运输方式的出行者提供实时准确的中转和换乘信息。

(3)个体的公交运输。这种公共交通运输可以满足个人非定线或准定线的公共交通运输需求。

(4)公共交通运输安全。为公共交通的乘客和驾驶员提供一个安全的运输环境。

4. 电子收费系统(Electronic Toll Collection，简称ETC)

是为用户支付通行费、车票费、存车费等提供一种通用的电子收费支付手段，实现收费和支付的自动化。

5. 商业车辆的运行系统

(1)商业车辆的电子通关系统。这个系统要求载货汽车和公共汽车装有无线电接收装置，确定主要行驶路线的车辆行驶速度和装载质量，以确保车辆的行驶安全。

(2)路边安全检查的自动化系统。这个系统为车辆和驾驶员提供一个实时的安全检查途径，它可确定哪台车应该停车受检。

(3)车载安全监控系统。该系统能自动监控商业车辆、货物和驾驶员的安全状况。

(4)商业车辆的行政管理程序。该系统以电子手段办理注册手续，自动记录里程、燃料消耗报告和检查账目。

(5)商业车队管理系统。该系统可为驾驶员、调度员和多式联运管理人员建立通信联系，利用实时信息确定车辆的位置，并使车辆在非拥挤道路上行驶。

(6)危险品应急响应系统。该系统可以为执法人员提供及时、准确的危险品种类信息，使其能在紧急情况下做出适当处理,从而控制危险,避免事故的发生。

6. 紧急情况管理系统

(1)紧急情况通报和个人安全。

(2)紧急情况车辆管理。

7. 先进的交通控制和安全系统

(1)避免纵向碰撞。

(2)避免侧向碰撞。

(3)避免交叉路口碰撞。

(4)扩展视野防止碰撞。

(5)碰撞前的预防措施。

(6)安全预报系统。

(7)自动化的公路系统。该系统能提供一个全面自动化的运行环境,实际上是创造一个智能的运输系统。

2004年美国交通部启动了新一批的ITS项目,包括集成化的基于车辆的安全系统、合作的交叉口防撞系统、下一代911系统、面向全美公民的可达性服务、集成化走廊管理系统、全美地面交通天气观测系统、紧急事件交通指挥、统一的货运电子载货清单系统、车辆与设施的集成,并在约8 000km收费高速公路上普遍采用915MHz射频识别技术实现不停车收费和通行,致力于改善交通安全、缓解拥堵和增强效率。其中,在路网运行管理方面,已在匹兹堡、费城和芝加哥等29个地区实施智能化交通基础设施项目,增强实时出行者信息的获取和建立评测道路系统运行性能的能力;在气象信息与交通管理的整合应用方面,美国基于气象的交通管理系统已走在了世界前列,例如在大雾多发的亚拉巴马州10号洲际公路海湾大桥建设了低能见度报警系统,每隔1.6km间距布设共6个前向散射式能见度监测设备,同时安装视频监控。根据能见度警告策略向州分管办公室及巡逻人员发送通知,并向公众发布限速信息;华盛顿州的道路气象信息服务系统,建设了50处气象监测设备,所采集的降水、能见度等数据发送至管理中心,与交通流信息、突发事件信息进行数据融合和模型分析,生成具体的出行引导方案;在出行服务方面,已在19个州实施了511系统,提供全美范围内的交通路况、交通气象等出行信息查询服务。

二、欧洲的ITS发展情况

欧洲早在1986年就开始了大规模的ITS研究,其组织和协调主要由欧洲社团委员会(CEC)和EUREKA(包括19个国家的工业研究的创始单位)共同完成。具体研究内容如下:

(1)政府主导的DRIVSE(Dedicated Road Infrastructure for Vehicle Safety in Europe)计划。该计划是以道路基础设施研究开发为主体的项目。DRIVSE(现称ATT)是CEC项目的代表,促进了整个欧洲向道路环境一体化方向的发展。主要研究内容有:

①提高道路交通的运行效率,改善道路交通安全。

②减少机动车辆对环境造成的不利影响。

DRIVSE Ⅰ从1989年开始,在3年时间内投入1.5亿美元开展了70个项目的研究,例如项目的评价和理论模型、交通安全、交通控制、公共交通运输、货物管理、数字地图和数据库、交通信息和广播系统、电信系统等。承担这些项目研究的有私人研究单位、政府部门公司和研究机构。

DRIVSE Ⅱ实际上被正式称为"先进的运输电子通信系统"(Advanced Transport Telematics,缩写 ATT)。DRIVSE Ⅱ在 3 年时间内投入 2.5 亿美元开展 7 个领域的研究,即交通需求管理、交通和出行信息、城市间交通运输管理、城市交通一体化研究、驾驶员引导系统、货物和车队管理、公共交通运输管理。

(2)民间组织为主体的 PROMETHEUS(The Program for European Traffic with Highest Efficiency and Unprecedented Safety)计划。该计划是以车辆为主体的研究项目。

1986 年,18 个欧洲汽车公司建立 PROMETHEUS 计划。该计划的主要目的是:

①改善道路交通安全。

②提高道路交通的运行效率和经济性。

③有效地减少环境污染。

该计划同时又提出两点希望:整个欧洲的车辆应安装车载机和双向无线电收发机;建立双向的通信网络,使每个车辆之间建立相互联系,所有车辆与控制中心都建立相互联系。

PROMETHEUS 在欧洲的研究领域为:①扩展视野研究;②应急管理系统;③车辆的运行系统;④商业车队的管理系统;⑤避免碰撞系统;⑥交通管理试验场地;⑦驾驶的协调系统;⑧两种模式的道路引导系统;⑨智能的巡航控制;⑩出行信息系统。

2006 年,欧盟计划用时 5 年,耗资 4 400 万欧元,建立车辆与基础设施一体化系统(CVIS),采用车载和路侧设备来检测事故、监控路网运行。以德国高速公路网自动监控系统为例,在德国高速公路沿线布设线圈式、雷达和红外线车辆检测器采集车辆行驶速度、车辆类型、车辆长度、行驶方向和车流量;布设视频图像(CCTV)设备采集车辆及路况真实的图像信息;布设气象检测设备采集路段温度、湿度、雨量、风向、风速、能见度、结冰情况等;布设隧道环境检测设备采集隧道内 CO 浓度、火灾、能见度、视频图像、照度等有关信息;布设称重设备采集车辆轴重、车速等信息。所有采集的信息通过光电缆或无线电传输到各州高速公路信息管理中心进行处理,形成各种控制、管理方案,通过道路信息发布及提供系统,及时传给道路使用者;另将统计、分析得出的数据分别传给相关管理、研究等部门。德国的路况广播系统相当完备、先进。对于 1999 年以前生产的汽车,各州通过固定的无线交通广播频道报告路况信息,如:98.5MHz、103MHz 等频率。联邦州内的高速公路路况信息(如:天气、事故、交通流等)既可通过无线交通广播频道传给道路使用者,也可通过设置在道路上的可变信息标志或公共网络(Internet)传给道路使用者,在道路两侧,均设有该区段无线交通广播频率的标志牌。对于 1999 年以后生产的汽车,在有紧急的路况信息需要广播时,开启的汽车收音机将自动跳到该区段的无线交通广播频率上,具有强插功能。各道路使用者可以在第一时间获得这一路段的重要路况信息(如:天气、事故、交通流等),使道路使用者采取必要措施(如减速、绕行等),保证交通安全,提高道路使用效率。在道路交叉、联网的区段,几公里前就设置相应的大型可变信息标志,实时向道路使用者提供前方道路交通状况信息、推荐行驶路线等。在危险、事故多发地段,标志布设密度可达到 1km 设置一处。在德国巴伐利亚州 A9 高速公路上采用的"诱导示警系统",可提高交通流量达 35.9%,将事故发生率降低 34.4%,降低人员伤亡率,特别是在事故发生时,明显降低受伤尤其是重伤以及出现二次追尾等交通事故再次发生率降低达 31%。

欧洲 ITS 的发展趋势是人、车、路融为一体,成为交通信息化的重要组成部分。人在出行前能获取道路的任何信息,人在车上能获取道路及其他任何信息,并提供相关信息,其他人能获取行车人及车辆的有关信息,交通管理完全智能化。

三、日本的 ITS 发展情况

日本 ITS 的研究始于 20 世纪 80 年代后期,政府在其中起到了非常重要的作用。近几年来,日本主要集中对两大驾驶员信息系统的研究,他们是 RACS 和 AMTICS。

(1) RACS(Road/Automobile Communication System) 被称为道路汽车通信系统,该系统由日本建设部公共事业研究院和 25 家私人公司共同负责。

该系统由以下 3 部分组成:
①车上安装车位推算导航系统。
②路边的通信设备。在整个道路网络中,大约 2km 左右就设置一个路边通信设备。
③控制中心。

(2) AMTICS(Advanced Mobile Traffic Information and Communication System) 被称为先进的交通信息和通信系统,该系统能够为出行者提供广泛的出行信息,例如:道路的拥挤程度、出行时间预测、交通法规、铁路时刻表、某些特殊事件。

该系统由国家警察局、邮政和电信部、日本交通管理技术协会和 59 家私人公司共同负责研究与开发。日本除了上述两个主要研究系统外,还有两个新的研究系统,他们是 VICS 和 SSVS。

(3) VICS(Vehicle Information and Control System) 被称为车辆信息和控制系统。该系统可以为道路上的车辆提供通信和定位信息,同时还能提供道路引导。

(4) SSVS(Super Smart Vehicle System) 被称为高智能车辆系统。该系统代替驾驶员完成部分乃至全部的车辆驾驶任务。

2006 年日本启动了下一代"智能道路计划(Smartway)",其核心是通过先进的通信技术,将道路与车辆连接成为一个整体,从而提供安全、便捷、通畅的道路交通运输系统,对环境产生良好的效果。日本采用超声波、雷达、红外线、视频、网络、电波等技术,在全国主要道路都安装了交通量检测器和图像监控设备,高速公路上每间隔 3 000m 设置一处交通流量检测器,实现了高密度的自动交通信息采集,确保实时获取路网交通流信息。目前,日本车载导航产品的普及率接近 90%。装有 VICS 系统的车载导航产品已经成为日本公众出行信息发布最为重要的途径,它能直接面向公众提供动态的、可视化的各类交通信息,包括道路拥堵情况、预计行程时间、事故信息、路线信息和停车场信息等,从而引导公众选择合理的出行线路和出行方式。这一影响使得日本的城市道路交通管理正在由被动式管理向主动式的诱导管理转变,管理效率得到有效提高。

第三节 我国智能运输系统发展情况

一、公路智能运输系统

公路是一个国家和地区现代化水平的重要标志,公路交通的智能管理则是实现公路现代化管理的最重要途径。近年来,公路智能交通以"提升基础设施运行管理水平、增强运输市场监管力度、提高交通安全监管与应急能力和丰富公共信息服务内容"为目标,开展了高速公路联网监控系统、不停车收费系统、部省道路运输信息化系统及联网工程、重点营运车辆联网联控系统和部省两级公路出行信息服务等系统的建设,力争在公路交通动态信息采集和监控、道路运输车辆运行动态监控、公路出行动态信息服务三方面实现重点突破。

1. 公路桥梁管理系统

(1) 公路桥梁动态数据分析系统

系统基于桥梁结构工程、病害机理、检测技术和数据采集技术,建立公路桥梁电子档案、资料数据库,实现联网实时动态管理。依据公路桥梁分类体系和国家标准,应用科学的评价模型、决策方法和管理学理论,开发了评价决策功能模块,对桥梁的结构技术状况、荷载承载能力、服务水平等综合技术等级进行客观、准确的评定,实现对公路桥梁的评价分析、投资决策和状态预测,为管理部门合理安排桥梁的养护、维修资金,及时、有效地实施桥梁养护维修,确保交通运输安全通畅提供了技术支撑。

(2) 桥梁安全预警系统

系统可准确掌握桥梁运营过程中所承担的交通荷载,了解桥梁运营过程中健康状况的变化和各主要承重构件的受力、变形等情况。一旦发现异常,立即分析产生的原因和可能产生的安全隐患,通过网络系统及时地发布预警信息,以便采取安全保障措施,使养护部门能及时发现病害并进行修补,延长桥梁的使用寿命,节约养护费用,避免发生桥梁垮塌等严重的安全事故。

2. 公路基础设施养护系统

公路基础设施养护系统(CPMS,China Pavement Management System)集成了电子地图、资产特征、病害图像、前方景观等可视化信息,主要用于公路路基、路面、桥隧构造物及沿线设施等的路况快速检测、技术状况评定、使用性能预测、全寿命周期分析、养护需求分析及养护方案优化决策。CPMS 使公路管理部门能够全方位了解和掌握公路网当中任意区域、任意路段的公路基础设施养护的现状、历史及未来,是我国公路科学养护决策体系的重要组成部分。

3. 高速公路联网监控系统

高速公路经营企业和行业管理部门可借助高速公路联网监控系统实时掌握监控路段的交通流量分布情况、交通事件发生情况、交通基础设施运行情况和路段周边的气象情况,有效提高了高速公路经营企业的管理水平和政府主管部门的安全监管应急能力。

4. 公路电子不停车收费系统

车主只要在车窗上安装感应卡并预存费用,车辆通过收费站时便无须停车,该系统将完成车辆自动识别和收费数据处理。该系统每车收费耗时不到两秒,其收费通道的通行能力是人工收费通道的 5~10 倍,有效缓解了收费口的交通拥堵,降低了油耗。

5. 部省道路运输信息化系统及联网工程

覆盖省、市、县三级道路运输管理工作的道路运输管理系统(标准协同式道路运输管理信息系统)涵盖了运管工作中的旅客运输管理、货物运输管理、危货运输管理、客运班线管理、机动车维修管理、检测站管理、驾培管理、站场管理、票证管理、从业人员管理、国际道路运输管理、出租车管理、公交运输管理、汽车租赁管理、运输服务业管理、行政执法管理共 16 个业务领域的内容,是各省道路运输管理工作的基础信息平台。

在各省道路运输管理系统建设基础之上,开展了"部省道路运输信息系统联网"工作,各省与交通运输部实现了联网,搭建了部省两级道路运输数据交换平台,建成了包括经营业户、营运车辆、客运线路、从业人员、运政稽查、道路运输管理机构在内的6个方面共计172项指标的道路运输基础数据库,为实现跨区域协同监管、提高部级道路运输综合分析决策能力和公众信息服务水平提供了技术支撑。

部、省、市、县四级道路运输管理信息系统的建设和联网为实现全国范围内道路运输信息资源共享和业务协同,大幅度提升道路运输行业监管和信息服务水平奠定了基础。

6. 道路运输电子证件管理系统

IC卡道路运输证被广泛应用于运政业务办理、稽查管理、客运站报班与进出站管理、危险货物电子运单管理、货运配载资质认证、源头治超管理等方面,实现对车辆、从业人员管理手段的创新,从而提高了道路运输行业监管与服务能力,为全国一体化道路运输管理奠定了坚实基础。

7. 重点营运车辆动态联网联控系统

该系统通过与道路运输基础数据库衔接,实现了车辆动静数据的整合应用。行业主管部门借助该系统可以随时掌握重点营运车辆的位置、车辆技术状况等信息,为提高道路运输安全监管和应急水平奠定了基础。

8. 公众出行信息服务系统

该系统以满足公众出行需求为落脚点,以自驾出行、汽车出行、火车出行、飞机出行、出行策划、旅游出行等功能为建设内容,以网站、呼叫中心、短信平台、广播、手机等多种服务方式,为出行前、出行中、出行后的公众提供服务,希望社会公众切身感受交通服务的便利。

9. 超限超载联网监控系统

截至"十一五"末期,各地均建设了超限运输监控系统、治超检测站远程监控系统。部分省市实现了省内检测站点治超管理信息联网。2010年5月部级治超信息系统上线运行。超限超载联网监控系统的应用为建立超限超载治理长效机制提供了重要的技术支撑。

二、城市智能运输系统

城市智能运输系统是缓解城市交通拥堵和交通安全问题,提升城市交通系统运行效率,提高公众出行服务水平的有效途径。城市智能运输系统的发展是ITS在我国交通运输领域中应用开展最早,成绩最为显著的领域。经过近30年的发展,我国的城市智能交通发展已经初具规模,一些大中城市,特别是北京、上海、广州等城市的智能交通管理,还经历了包括奥运会、世博会以及亚运会等国际性盛会的考验,城市智能交通发展水平已跻身世界先进行列。在智能信号控制系统、智能交通信息系统、智能公交系统、智能出租车调度系统、智能停车系统等领域取得了众多优秀的应用成果。

1. 智能交通信号控制系统

智能交通信号控制系统是城市道路交通管理系统中对交叉路口、行人过街,以及环路出入口采用信号控制的子系统,是运用交通工程学、心理学、应用数学、自动控制与信息网络技术以及系统工程学等多门学科理论的应用系统。主要包括交通工程设计、车辆信息采集、数据传输与处理、控制模型算法与仿真分析、优化控制信号调整交通流等。国内外各大中城市已有的交通信号控制系统就是根据不同环境条件,基于各自城市道路的规划和发展水平建立起来的。

智能交通信号控制系统的基本组成包括主控中心、路口交通信号控制机以及数据传输设备。目前,国内外已应用的信号控制系统大多是以优化定周期方案、优化路口信号配比以及协调相关路口通行能力为基础的,是根据历史数据和自动检测到的车流量信息,通过设置的控制模型算法选取适当的信号配比控制方案。随着网络技术的发展,交互式控制策略使信号控制由感控到诱导实现了真正的智能,交通信号控制系统不仅可以检测到车流量等交通信息参数,调控路口信号配比,变化交通限行、禁行等指路标志,还可以根据系统连接的数据仓完成与交通参与者之间的信息交换,向交通参与者显示道路交通信息、停车场信息,提供给交通参与者合理的行驶线路,以实现均衡道路交通负荷的主动控制策略。

交通信号控制系统的主要控制方法有:

(1)单点定配时多相位信号协调控制:时钟调用预设方案、减少交通冲突点、配合早断和迟启;

(2)车辆感应实时自适应协调控制:调整周期、绿信比,增加有效绿灯时间;

(3)用户优先无电缆干线协调控制:协调周期、相位差,照顾行人、公交车、特种车;

(4)实时自适应区域控制:交通流仿真、优化效益指标、均衡区域交通流。

2. 城市出行信息服务系统

城市出行信息服务系统(ATIS,Advanced Traveller Information System)是智能运输系统的重要组成部分,也是发展智能运输系统的基础和关键技术,通过相关交通信息的采集、传输、分析处理与发布,为城市交通出行者在从起点到终点的出行过程中提供实时帮助,使整个出行过程舒适、方便、高效。

ATIS 是建立在完善的信息网络基础上的,交通参与者通过装备在道路上、车上、换乘站上、停车场上以及气象中心的传感器和传输设备,可以向交通信息中心提供各处的交通信息;中心得到这些信息并通过处理后,实时向交通参与者提供道路交通信息、公共交通信息、换乘信息、交通气象信息、停车场信息以及与出行相关的其他信息;出行者根据这些信息确定自己的出行方式、选择出行路径。

城市出行信息服务系统由信息采集、信息处理及信息发布三部分组成。

信息采集:实时采集交通拥堵、事故发生、道路施工、气候变化及停车泊位等信息。

信息处理:采集的各项信息经交通信息中心进行处理和分析。

信息发布:将经过整理的实时信息及分析后的预测信息通过无线通信、有线广播、电子显示屏、互联网络、车载设备等向出行者及驾驶员发布。

3. 城市智能公交系统

城市公共交通已经历了五个世纪,随着科学技术的不断进步,公共交通逐步向快速化、舒适化、多样化、环保化发展;公共交通技术发展为乘客提供了越来越方便的出行条件,不断适应市民多样化的交通需求;公共交通的地位,随着城市的发展不断得到增强。大力发展公共交通已成为一个国际性的城市发展趋势,走可持续发展之路,发展以公共交通为主的城市交通体系,将是解决大城市日益紧张的交通压力的有效手段和根本途径,也将是21世纪世界城市交通发展的必然趋势,这已成为广泛的共识。

智能公交系统(APTS,Advanced Public Transportation System)就是在公交网络分配、公交调度等基础理论研究的前提下,利用系统工程的理论和方法,将现代通信、信息、电子控制、计算机网络、GPS和GIS(Geographic Information System)应用于公共交通系统中,并通过建立公交智能化调度系统、公交信息服务系统、公交电子收费系统,实现公共交通调度、运营、管理的现代化,为出行者提供更加安全、舒适、便捷的公共交通服务,从而吸引更多乘客乘用公交出行,缓解城市交通拥堵,有效解决城市交通问题。

智能公交监控调度系统通过车辆卫星定位动态定位、无线通信及电子地图显示技术,实现对线路车辆动态位置、运营状态的实时监控,取消手工填写"行车记录",开展多线路集中调度,从根本上提高调度系统对运营状况的实时掌握与应变能力。并通过与路口交通管制系统互动实现公交先行,与电子站牌连通向乘客实时发布公交车辆位置等信息。

公交信息服务系统整合行政区域内铁路、水运、公路、航空和城市交通等多种交通方式信息资源,通过交通网络、交通电视频道、交通电台、手机短信、手机彩信、手机视频等多渠道对市民发布城市路况、公共交通信息、对外交通信息、气象环保等信息,为市民选择出行方式和出行路径提供数据支持。

公共交通电子收费系统可以实现公交、地铁、轮渡、出租车、路边停车收费全市一卡通。

4. 出租车监控调度系统

出租车监控调度系统,利用GPRS(General Packet Radio Service)通信网络和GPS,通过车载终端实现对车辆的实时调度监控、防劫防盗报警,提高车辆运行的安全性和处理突发事件的能力,加强对车辆和驾驶员的管理。

车载终端通过卫星接收天线收到卫星信号,自动定位后,通过内置手机模块将位置信息发送到总控中心,总控中心接到信息后,提取出位置信息,实时地将车辆的经度、纬度、速度、状态等信息显示在电子地图上。

监控中心可以通过通信网络,向车载终端发送控制指令,并以文本和语言的显示发布各种信息。

用户通过服务电话,向调度中心进行召车。调度坐席录入用户的用车信息,并向符合条件的出租车进行呼叫。驾驶员可以按抢答键进行应召,调度坐席生成派车单并发送到应召的车辆,完成电召业务。

车载终端根据系统设置,会自动发送报警信号,驾驶员在紧急情况下也可以启动报警开关,连续发送报警信号和位置信息到调度中心GIS终端,当监控中心接到报警信息后,对车辆进行跟踪监听,同时,对其他所有安装车载终端的车辆广播消息,通告出事车辆的情况,并及时转警,有效地保障驾驶员的人身安全。

5. 城市道路管理信息系统

(1)城市道路基础信息管理系统

系统具备信息浏览查询统计功能和中修养护管理功能。信息浏览查询统计功能中包括电子地图浏览、汇总统计、条件查询、专题查询、数据库浏览等功能。

系统为道路相关管理工作提供丰富的数据支撑,提高行业主管部门的监管能力,确保行业主管部门能及时掌握交通基础设施的发展变化情况,提高行业管理水平。

(2) 城市道路病害一体化管理系统

系统从城市道路管养企业日常病害养护工作要求和工作流程出发,综合运用近景摄影测量、影像采集处理识别、GPS 与电子罗盘组合定位、自动导航及基于移动网络的 GPRS 数据传输等技术,研发了城市道路病害巡查设备、自动导航定位设备和分发处理平台,实现了城市道路病害的"日常巡查—任务派发—监督检查—资金支付"等业务的一体化和信息化。系统着重解决现有车载移动检测设备造价高、数据处理周期长、复杂路况下信号易中断以及特种改装车"上路难"的技术难题,实现了"自上而下"的病害管理流程再造,大大缩短了病害自发现到维修的工作周期,显著提高了工作效率和资金使用效益。

6. 停车诱导信息系统

城市停车诱导信息系统(PGIS, Parting Guidance and Information System)是城市智能交通系统的重要组成部分,主要通过多种方式向驾驶员提供停车场的位置、使用情况、路线以及道路交通状况信息,诱导驾驶员最有效地找到停车场位置,均衡使用停车设施,减少路边停车现象和驾驶员寻找停车泊位所需时间。

PGIS 主要由停车场信息采集系统、信息管理(中心)系统、信息传输系统和信息服务系统 4 部分组成。该系统通过空车车位采集器采集停车场空车位并传递给信息管理系统,经信息管理控制中心计算机处理后,由传输系统即时将信息发送给驾驶员,引导驾驶员驶向停车空车位。

城市停车诱导信息系统提供的诱导信息主要包括:
(1) 停车场的位置、名称、收费情况、服务水平、距离远近等;
(2) 实时显示的停车场剩余空车位数;
(3) 推荐的行车路径,即到各停车场的推荐路线指示。

提供诱导信息时,根据距离停车场的远近(由远及近),可将诱导信息划分为三个层次。

第一层次:在进入诱导停车区域的各主要干道上设置诱导信息显示板,预告所有停车区域总的停车位剩余数及各个停车区域的停车位剩余数,让驾驶员心中有数,选择合适的停车区域。

第二层次:将总区域划分为多个停车区域,每个停车区域的面积为 $0.5 \sim 1.0 km^2$,在各停车区域内每隔一定距离设置诱导信息板,信息板显示驾驶员所在位置前后左右的停车场位置与剩余车位数。这一层次的信息板数量应尽量多一些,几乎每个路口及公共设施附近都可设置,以帮助驾驶员尽快找到需要的停车场(库)。

第三层次:在各个停车场的入口处设置信息显示板,帮助驾驶员快速找到空位。

我国由于引入停车诱导信息系统的时间比较短,各个城市的交通情况各不相同,停车诱导信息系统还处于完善阶段,主要存在以下几点的不足:

整体上缺少一个规范停车诱导信息系统中各个子系统的规范体系。停车场信息采集、空闲车位信息发布以及行车路径诱导等都需要统一的管理。

停车诱导信息系统的信息发布方式比较单一,仅仅采用 VMS 显示屏这种单一形式。能够发布的信息也很单一,只能发布相应停车场实时空余车位信息。空车位采集仅考虑停车场,涉及到停车场数量以及停车场周边交通情况的很少。所发布的信息为实时采集信息,缺少对相关信息预测能力。

目前停车诱导信息系统为驾驶者提供的路径诱导主要是静态路径诱导,缺少对交通情况变化的预测性,容易造成消息滞后与局部拥堵现象。

没有将现有的停车资源充分整合。当城市某处一个或若干个停车场因泊位已满或关闭无法提供停车服务时,缺乏引导车辆及时利用周边范围内其他具备空闲泊位的停车设施的协调办法。

三、全国高速公路电子不停车收费系统联网

电子不停车收费系统(ETC)或称全自动收费系统作为智能交通系统的一个重要应用系统,已经在发达国家广泛应用,取得了良好的应用效果。鉴于 ETC 带来的良好经济和社会效益,各地均高度重视 ETC 的建设和运营。截至 2014 年底,全国除西藏、海南外(这两个省无收费公路),各省(区、市)均按照国家标准开展了高速公路电子不停车收费系统建设。为了更充分的发挥 ETC 的社会经济效益,同时伴随广大公众跨省出行便捷性的新需求,我国从 2007 年开始推进 ETC 跨省市联网运行。2015 年 9 月 28 日,实现全国 ETC 联网运行。全国 ETC 联网大致经历了三个阶段:

第一阶段:2000~2006 年,省内联网阶段。

上世纪 90 年代后期,随着高速公路建设进度加快,早期的独立路段开始连接成线、交织成网,联网收费的需求日益迫切。2001 年,浙江率先实现了省内联网收费,到 2006 年,有收费公路的省份基本上都实现了省内联网收费。

第二阶段:2007~2010 年,区域联网阶段。

2007 年 5 月,交通运输部发布了《关于开展京津冀和长三角区域高速公路联网不停车收费示范工程建设的通知》和《电子收费专用短程通信》国家标准。北京市率先启动基于国家标准的电子收费系统建设,随后天津、河北陆续启动系统建设,形成相对独立的发行、车道、清分系统,系统可支持客户在省(市)内部通行,并具备联网所需的基本条件。

2010 年 9 月 28 日,京津冀区域高速公路联网电子不停车收费系统正式开通,实现了京、津、冀两市一省高速公路电子不停车收费用户的跨省(市)通行。2013 年 12 月 31 日,山西、山东两省 ETC 系统完成改造、工程建设和联合测试,京津冀鲁晋五省市 ETC 系统正式联网运行。

上海和江苏于 2008 年 12 月 31 日首先实现互联。2009 年 11 月 28 日,安徽加入联网运行,实现了沪苏皖三地互联。2010 年 7 月 28 日,江西加入联网运行。2011 年 12 月,福建加入长三角联网区域。2012 年 8 月 2 日,浙江省 ETC 系统正式与长三角 ETC 联网,至此全面实现了泛长三角地区"五省一市"高速公路 ETC 互联互通。

通过实施 ETC 区域联网示范工程,促进了区域经济协调发展,为构建区域内小时"经济圈"、"生活圈"提供了快速通行保障。

第三阶段:2010 年至今,全国联网阶段。

京津冀(晋鲁)和泛长三角区域 ETC 系统经过多年的联网建设与运行管理,探索出了 ETC 联网的成功经验,为实现全国范围内更大规模的 ETC 联网奠定了坚实基础。

2010 年 12 月,交通运输部会同财政部、国家发展改革委印发了《关于促进高速公路应用联网电子不停车收费技术的若干意见》,提出了实现全国联网的目标。同时修订完善了相关技术标准,为全国联网奠定了良好的技术基础。

2014 年 3 月,交通运输部下发《交通运输部关于开展全国高速公路电子不停车收费联网工作的通知》,并批复交通运输部路网监测与应急处置中心下设收费公路联网结算管理中心,

具体负责全国ETC联网实施工作,标志着全国高速公路ETC联网工程正式拉开序幕。为保障全国ETC联网工作有序高效推进,交通运输部相继下发了《全国高速公路电子不停车收费联网总体技术方案》《公路电子不停车收费联网运营和服务规范》《全国高速公路电子不停车收费联网联合测试方案》等相关标准和技术要求,为各省(区、市)开展联网改造建设工程提供了技术指导和标准依据。

2014年12月26日,北京、天津、河北、山西、辽宁、上海、江苏、浙江、安徽、福建、江西、山东、湖南、陕西等14个省市成功实现了联网运行。2015年9月28日,全国除西藏、海南外(这两个省无收费公路),实现ETC联网运行,2 100余万ETC用户实现一卡畅行全国。

经过十多年的探索和实践,我国ETC建设和推广应用规模发展迅速,取得了显著的成效。

(1)明显提高了通行能力和效率,有效缓解了收费站交通拥堵,减少了出行延误。在传统的人工收费模式下,出口收费车道平均每辆车处理时间约为14s,每个出口车道的通行能力约为250辆/h左右。ETC收费模式下,用户可不停车通过收费车道,交易时间仅需0.2s。每条ETC车道的通行能力约为800~1 200辆/h,相当于5条人工收费出口车道,车道通行效率大大提高,可有效缓解车流高峰期收费站拥堵。

(2)节约了燃油消耗,减少污染物的排放。实施ETC所带来的能耗与排放的减少是其外部效益在能源环境方面的重要体现。经环保部门评价测算,每万次ETC交易,可节约314L燃油消耗,减少56kg各类污染物排放。同样以北京为例,2008年至2013年,累计节约燃油消耗1 728万L,分别降低碳氢化合物、一氧化碳、一氧化氮的排放约990t、2 317t和470t。日本的研究结果很形象,一辆车年使用ETC所减少的二氧化碳排放量相当于一棵树的年吸收量。经估算,我国通过ETC全国联网平均每年可实现节省燃油约6 500万L。每年治理环境污染的投资建设费用可节约1.5亿元。

(3)节约了土地资源,降低了运营成本。以往收费站通行能力饱和时,为缓解收费站拥堵,往往通过扩建收费车道来解决,有的省界收费站车道扩建到将近40条。通过实施ETC,不仅节约了车道扩建用地,节省了车道扩建成本,同时也减少了收费人员配置,大大降低了收费公路运营成本。

(4)促进了区域经济协调发展。通过实施ETC联网,为构建区域内小时"经济圈"、"生活圈"提供了高速公路快速通行保障。从2010年开通区域联网收费至今,京津冀区域跨省ETC交易量年均增长率保持在60%左右,长三角区域年均增长率更是接近90%。特别是使用针对ETC用户实行通行费九五折优惠,降低了ETC用户的通行费收费标准,给用户带来了直接的利益和效益,促进了交通运输量的快速增长,带动了区域经济的协调发展。

(5)带动了相关信息产业发展。在具有自主知识产权的ETC开放标准和技术支持下,与ETC系统相关的硬、软件产业化已经形成,全方位的产业拉动所带来的外部效益和市场规模快速增长。未来ETC系统的大规模建设与发展,将开拓出更为广阔的新市场。

当然,ETC推广应用中也还存在着一些不容忽视的问题,比如ETC专用车道仍然较少、用户安装使用ETC成本依然较高、联网运营和服务尚不规范、各地ETC建设发展还不均衡等,这些问题都需要依托技术的创新和制度的完善加以解决。

综上,实施全国ETC联网,是交通运输行业智慧交通建设的重要内容之一。ETC技术应用,可以提高通行效率的同时,节约管理成本,改善管理水平。而全国ETC联网的效用将不仅仅体现在提升收费效率上，ETC 系统首次将公路管理的信息终端延伸到了车辆，架起了路与车之间专用的信息通道，实现了人、车、路的信息交互，具备了运行信息采集和个性化信息服务的基础，这使得路网管理有了全新的手段和平台，将极大地促进公路交通服务转型升级。同时，安全可靠的系统保障、以车辆为基础单元的庞大网络和海量的运行数据，必将使 ETC 成为发展"智慧交通"的排头兵，会为交通运输行业在路网规划、运行监测、出行服务等业务工作的开展供强有力的技术支撑。

第四节　物联网与智能运输系统

以全方位感知、可靠传输和智能化处理为特征的物联网技术已经深入到多个行业并引起了巨大的变革。交通运输需求总量的持续增长、社会经济的发展和人们生活水平的快速提高、资源和环境约束的日益严峻、人民群众出行需求的不断升级都已经成为推动交通运输领域发展物联网的原动力。将先进的物联网技术与智能交通运输相结合，构建满足公众和管理者需要的智能化交通运输管理与服务系统，对加强交通安全及应急管理水平、提高交通运输效率、提升信息服务水平具有重要的意义。物联网在交通运输行业的应用必然与传统 ITS 的发展存在千丝万缕的联系，如何理清两者的关系，是推动物联网应用的基础。本章将在介绍物联网概念和组成结构的基础上，分析物联网与 ITS 的关系。

一、物联网的概念

1995 年比尔. 盖茨在出版的《未来之路》中首次提到"物联网"，称它是联结"物"的网络。1999 年，美国麻省理工学院（简称：MIT）将物联网定义为：依托射频识别技术和设备，按约定的通信协议与互联网相结合，使物品信息实现智能识别和管理，实现物品信息互联、可交换和共享而形成的网络。

随着物联网技术的应用发展，物联网内涵不断扩展，2005 年，在突尼斯举行的信息社会世界峰会上，国际电信联盟（ITU，International Telecommunications Union）发布了《ITU 互联网报告 2005：物联网》，正式提出"物联网"是通过射频识别和智能计算等技术实现全世界设备互连的网络。2009 年 10 月，欧盟提出物联网是未来互联网的一部分，能够被定义为基于标准和交互通信协议具有自配置能力的动态全球网络设施，在物联网内物理和虚拟的"物件"具有身份、物理属性、拟人化、使用智能接口并且无缝综合到信息网络中。

2010 年，我国在《政府工作报告》中首次对"物联网"进行了专门的诠释：物联网是指通过信息传感设备，按照约定的协议，把任何物品与互联网连接起来，进行信息交换和通讯，以实现智能化识别、定位、跟踪、监控和管理的一种网络。

2011 年中国工程院在《物联网及其重要领域的应用》研究报告中提出：物联网是通信网和互联网拓展应用和网络延伸，它利用感知技术与智能装置对物理世界进行感知识别，通过网络传输互联，进行计算、处理和知识挖掘，实现人与物、物与物信息交互和无缝链接，达到对物理世界实时控制、精确管理和科学决策目的。中国工程院邬贺铨院士将物联网概念的发展历程归纳为以标识、互联、智能处理为特征的三个阶段，见图 13-1。

```
┌──────────────┐      ┌──────────────┐      ┌────────────────┐
│ 以标识为特征 │      │ 以互联为特征 │      │以智能处理为特征│
└──────────────┘      └──────────────┘      └────────────────┘
```

```
┌──────────────┐      ┌──────────────┐      ┌────────────────┐
│   1998年     │      │   2005年     │      │    2010年      │
│ MIT：把RFID技│      │ ITU：通过RFID和│    │ 美国：把传感器设│
│ 术与传感器技术│      │ 智能计算等技术 │    │ 备安装到电网、铁│
│ 应用于日常物品│      │ 实现全世界设备 │    │ 路、桥梁、油气管│
│ 中形成一个"物│      │ 互连的网络     │    │ 道等各种物体中，│
│ 联网"        │      │               │    │ 并且普遍连接形成│
│              │      │               │    │ 网络           │
└──────────────┘      └──────────────┘      └────────────────┘
```

图 13-1　物联网概念发展示意图

发达国家的社会经济发展已经进入到工业化和信息化融合阶段，效益的着眼点开始从"产品的规模化"向"产品的个性化、专业化、服务化"转变。希望通过对客观事物更深刻的认知，向"精准管理"要效益。物联网深度感知和处理的特点正为这一转变提供了基础支撑。所以，物联网应用几乎涉及人类生产、生活的所有领域，是人类信息技术的又一次革命，它的普及将大大降低生产、生活成本，提高整个社会的生存品质和生活效率。

1999 年，在美国召开的移动计算和网络国际会议中提出，"物联网（传感网）是下一个世纪人类面临的又一个发展机遇"。2008 年年底，美国政府将 IBM 公司提出的"智慧地球"计划作为美国信息化战略的重要内容，并将物联网列为"2025 年对美国利益潜在影响最大的关键技术"。

2009 年 6 月，《欧盟物联网行动计划报告》提出 14 项行动计划。同年 10 月，欧盟推出 2010 年、2015 年、2020 年三个阶段"物联网研究战略路线图"，力推物联网在航天和航空业、汽车工业、电信业、智能建筑领域、医疗技术、医疗卫生和医疗保健领域、人口管理和个人生活领域、制药业、零售、物流与供应链管理领域、制造业和产品生命周期管理领域、石油和天然气领域、安全、机密和隐私领域、环境监测领域、人与物的流通领域、食品安全追溯领域、农业与畜牧业、媒体、娱乐和票务 18 个主要领域应用，明确了识别、数据处理、物联网架构等 12 个方面突破的关键技术。

日本在 2009 年 7 月制定提出了新一代信息化战略——"I-Japan 战略 2015"，将交通、医疗、智能家居、环境监测作为应用新一代信息化技术的重点行业。

中国正处于加快转变经济增长方式的关键时期，为抢占物联网蓄势待发的重大机遇，带动物联网相关产业的发展，2010 年我国将物联网列入战略性新兴产业的重要方向，物联网将进入一个重要的发展时期。

二、物联网的组成

物联网在体系结构上可分为信息获取、通信网络和信息处理应用三个层次（图 13-2）。其中，信息获取层借助各种传感设备采集实体信息；通信网络层完成信息的传递；信息处理应用层指的是与行业需求相结合，对数据进行处理、融合、挖掘，实现广泛的智能化应用。

支撑物联网的关键技术主要集中在：感知、控制、网络通信、微电子、计算机、软件、嵌入式系统、微机电等技术领域。可根据物联网组成划分为共性技术、传感与识别技术、网络通信技术和智能处理与服务技术（图 13-3）。

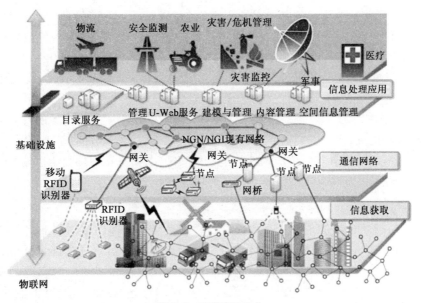

图 13-2 物联网的组成

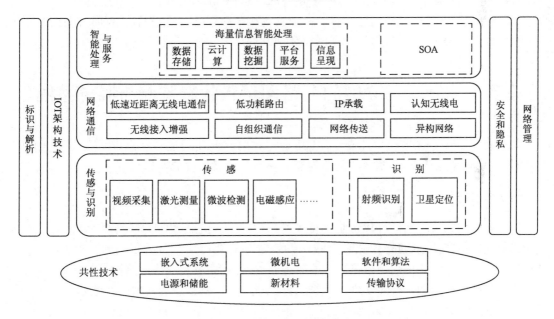

图 13-3 支撑物联网的关键技术

三、物联网与 ITS 的关系

智能交通的快速发展,为物联网在交通领域应用创造了良好的环境。国家将交通作为我国物联网发展的先导和重点应用行业。

1. 物联网在交通运输领域的应用将给 ITS 发展带来质的飞跃

物联网的核心理念是建立整个物理世界的感知网络,对整个物理世界进行实时控制、精确管理和科学决策。因此,物联网在交通领域的应用首先强调将各类交通运输方式的交通基础设施、交通运载工具和交通对象统筹考虑搭建基础交通感知网络,并且在此基础之上,根据交通领域实际需求开发各类智能管理和服务系统。这种发展理念将推动 ITS 从注重特定业务需求开发,向共享信息资源平台和特定业务需求开发并重转变,给 ITS 带来新的发展视野。

物联网背景下的智能交通,采集的信息量将呈指数增长,网络接入时间和控制响应时间要求将达到毫秒级,海量数据的分析处理将成为必然,所以要求相关技术升级换代。以轻型、多模、低成本、长寿命、高可靠传感器、下一代互联网、云计算为代表的新技术的发展,为新一代智能交通发展提供了重要的技术支撑。物联网技术应用为智能交通提供了更为广阔的发展空间。

基于物联网理念所建立的交通要素标识体系不是交通行业私有的,是公有的,可以为其他行业所共用共享,从而建立起一个更为开放的智能交通架构,真正使得交通运输行业融入信息社会发展的进程当中,使得智能交通成为物联网的重要组成部分。

2. ITS 的发展为物联网在交通运输领域应用创造了良好的发展条件

对交通运输行业而言,ITS 的发展目标与物联网在交通运输领域应用的目标之一是一致的,就是应用通讯、控制、信息等先进技术改变交通运输体系的运行方式、运行机制,重构传统的交通运输系统。因此,ITS 的发展首先为物联网在交通运输领域的应用创造了良好的软环境,培养了人们借助信息化等先进技术手段工作、生活的理念、习惯,引发更多新的需求等;其次为物联网在交通运输领域的应用进行了相关的信息化基础设施、装备等物质与技术储备。

综上分析,随着物联网的发展,新理念、新技术将推动智能交通转型升级,而智能交通作为物联网的重要应用领域,又将促进物联网向纵深发展。

第五节 基于物联网的公路网运行状态监测与服务系统

本节结合交通运输部重大科技专项"基于物联网的公路网运行状态监测与效率提升技术"相关成果和示范工程,介绍物联网与智能运输系统有机融合的典型案例。

一、系统总体架构

基于物联网的公路网运行状态监测与服务系统构建涵盖交通流监测、气象条件监测、基础设施监测的感知网,以及新一代宽带无线传输技术和有线传输结合的传输网,开发基于 SOA 信息交互共享和 GIS 的重庆高速路网交通监控服务平台,在平台中集成路网运行状态分析、管控辅助决策和应急管理等智能处理系统,融合可变情报板、基于短程通信的路侧发布终端和车载终端、服务区的综合信息查询终端等手段,构建面向社会出行者的多渠道于一体的交通信息服务系统。系统总体架构图如图 13-4 所示。

感知层:构建公路网运行状态综合感知网,实现公路基础设施、交通流和沿线气象环境的动态实时监测。对交通流的感知主要是应用传统的视频、微波车检器、磁感应车检器以及基于 RFID 传感技术的交通流监测设备等和基于压电技术的轴载动态监测设备;对公路气象环境的感知主要是应用能见度和路面状态监测设备;对公路基础设施安全状况的感知主要是应用边坡、桥梁等交通基础设施健康状况监测设备和系统。

传输层:构建基于物联网的路网监测信息传输组网方案,以路网已有的光纤传输网络为基础,增设无线网络传输基站,并综合应用高速公路和国省干线公路的传输设备,构建覆盖全路网的光纤通信及短程无线通信等技术手段相结合的通信网络,为海量路网信息的可靠传输提供条件。

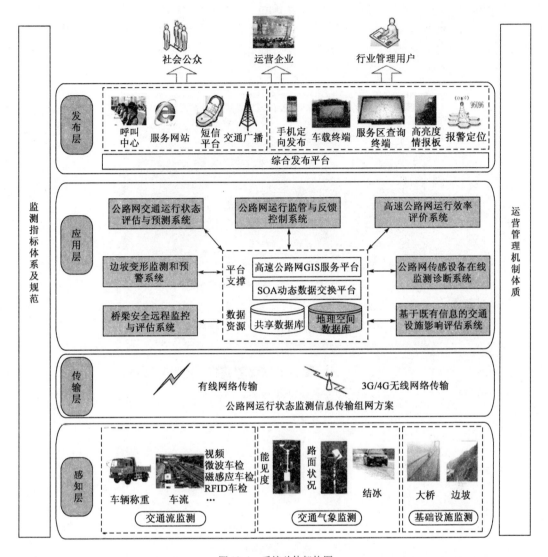

图 13-4 系统总体架构图

应用层：基于 SOA 动态数据交换平台和 GIS 服务平台，集成桥梁远程监控评估、边坡变形监测实时显示和预警、基于既有信息的交通设施状态影响评估、公路网传感设备在线监测诊断、公路网交通运行状态评估与预测、公路网运行监管与反馈控制等应用系统，构建公路运行状态监管及服务平台。

发布层：综合可变情报板、网站、广播、服务区综合信息查询系统、智能手机终端、车载终端、路侧短程通信设备等发布终端设备和系统，利用先进通信技术构建面向社会出行者的多渠道于一体的交通信息服务系统。

二、系统建设情况

1. 感知层部署

（1）交通流监测设备

通过布设视频、微波车检器、磁感应车检器以及基于 RFID 传感技术的交通流监测设备等和基于压电技术的轴载动态监测设备,获取车流量、车流速度、车型、车辆平均载荷等表征公路网运行状态的信息(图 13-5、图 13-6)。并借助管控平台,以上下游摄像机安装位置为边界划分管理区域,当检测到区域内交通流发生报警之后,第一时间通过区域内的实时视频进行辅助确认。

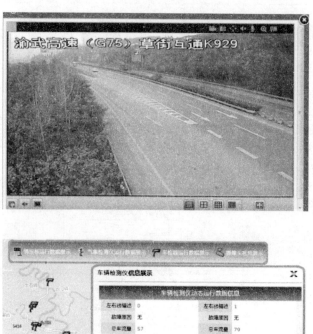

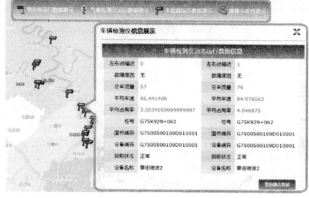

图 13-5　监控平台交通流状况监测

图 13-6　车辆超载监测设备

(2) 沿线气象环境监测

通过布设路面状况监测设备(图13-7)、凝冰自动喷洒系统和能见度监测设备(图13-8),实时监测路段的积水、结冰、积雪等路面状态信息及其沿线大气能见度等公路交通气象环境信息(图13-9)。

图 13-7　路面状况监测设备

图 13-8　能见度监测设备

图 13-9　监控平台气象监测

凝冰自动喷洒系统对路面状况进行实时监测,当高速公路区域路面出现雪、冰(暗冰)等状况时,喷洒系统自动喷洒融雪剂(适用各类型号融雪剂),以达到实时去除本路段的积雪、暗冰等不安全路面状态的目的。图13-10所示为路面融冰喷洒设备。

图 13-10　路面融冰喷洒设备

(3) 基础设施监测

边坡变形监测实时显示及预警系统(图13-11)通过前端设备的采集数据,实时分析当前边坡的稳定性系数,在出现异常状态时发出预警信息,提醒相关管理人员进行处置,实现对边坡关键断面的地表变形和浅层倾斜状态的在线监测。

图13-11　边坡变形监测及预警系统

桥梁健康监测及预警系统(图13-12)实时采集桥梁各部位的变形、压力等参数,对桥梁技术状态进行实时评估和预警,为管理和养护人员提供决策支撑。

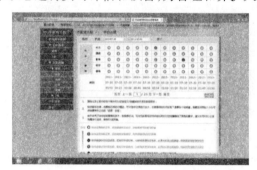 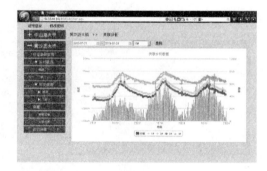

图13-12　桥梁健康监测及预警系统

2. 传输层部署

物联网的四大支撑网络包括:

(1)短距离无线通信网,包括10多种已存在的短距离无线通信(如Zigbee、蓝牙、RFID等)标准网络以及组合形成的无线网状网(Mesh Networks);

(2)长距离无线通信网,包括GPRS/CDMA、3G、4G网以及真正的长距离GPS卫星移动通信网;

(3)短距离有线通信网,主要依赖10多种现场总线(如ModBus、DeviceNet等)标准,以及PLC电力线载波等网络;

(4)长距离有线通信网,支持IP协议的网络,包括计算机网、广电网、电信网以及国家电网等专用通信网。

公路网运行状态信息监测节点成空间分布,不同场景、传输距离和带宽需求呈现多样性,需要通过协同通信实现有线及无线通信网络的自组织、自动连接以及传输流量及带宽的自动调整等功能。

公路网运行状态监测信息传输网网络结构如图 13-13 所示,分为外场监测设备传感组网层、信息接入层、骨干传输层和路网中心四层。

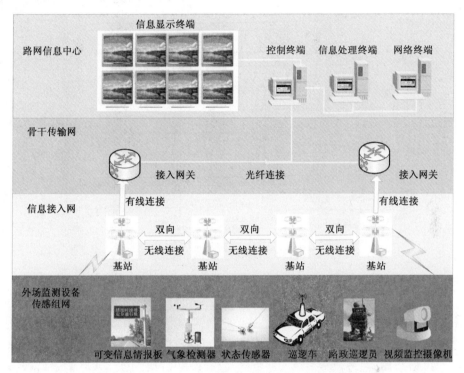

图 13-13　公路网运行状态监测信息传输网网络结构

外场监测设备传感组网层主要指前端外场大量传感监测点的组网和数据汇聚;

信息接入层是将国省干线、高速公路上的状态监测信息传输汇集到骨干传输网上的接入网;

骨干传输层是将整个公路网运行状态信息进行远距离传输的主干网络;

路网信息中心(监控中心)是将整个公路网运行状态信息进行传输、接收、处理和显示的终端网络;

前端大量传感器采集的信息经过组网和汇聚,通过无线或有线方式接入路段通信站,然后由路段通信站通过有线方式接入到骨干传输网,实现将信息远距离传输到路网信息中心进行信息的处理和发布。

(1)公路物联网无线传感自组网方案

公路物联网无线组网方案如图 13-14 所示。公路网沿线信息传输现场,不同的信息业务和使用环境,对传输的技术需求点有一定的差异。从网络拓扑结构的角度来看,服务器与接入点的拓扑可以采用星型或总线型拓扑,而外场信息监测层则大多采用网状网或星型网络,因此,公路物联网无线组网方案的总体架构为层次结构。该结构在保留了骨干网稳定高效传输的同时,使底层具有较高的信息组网和信息接入的灵活性,提高了整个架构对公路网外场监测信息所在不同环境的适应能力。

图 13-14　公路物联网传感组网方案

针对不同业务和传输环境,介绍三种不同的无线传输技术方式。

①ZigBee 传感组网方式

ZigBee 传感组网方式适用于公路网沿线监测点多、距离不远、相对分散的路网运行状态信息的传输场所。如,高速公路和国省干线外场布设点多、间隔距离相对较短、监测信息比较分散的场所(如隧道、桥梁、边坡和沿线的服务区、收费站等监测信息点比较集中、布设又比较分散的场所)。

该组网方式充分利用了 ZigBee 自组织网络的自愈和抗毁等特点,适用于各种复杂多变的环境,让传感网络的信息触及每一角落。该组网方式信息可通过增加 ZigBee 节点,利用 ZigBee 节点的多级跳传和中继,最后将信息数据汇聚至 ZigBee 传感网的网关汇聚节点,这样可以弥补 ZigBee 协议通信范围有限的缺点。ZigBee 网关汇聚节点通过 3G/4G 基站可以与就近的路段中心通信服务器进行通信传输,最终将监测信息传输到公路光纤专网或者国省干线租用的无线公网等主干通信线路中去,实现远距离传输。

②Wi-Fi 传感组网方式

与 ZigBee 相比,Wi-Fi 凭借其高速的带宽更适用于长距离、大容量、多媒体业务的接入,例如实时语音、视频信号和路网沿线外场监测信息的传输,因此可以用于外场监控摄像机的视频监控组网以及外场大数据量运行状态信息的传输和实时的电子政务传输等。

③DSRC 组网方式

DSRC 是国际上专门开发适用于车载通信的技术。DSRC 适用于 ITS 领域车车之间、车路之间的通信,它可以实现小范围内外场视频图像、语音和交通运行状态数据信息的实时、准确和可靠的双向传输,将车辆和公路路侧监测设备有机连接起来,实现车路通信,路侧设备通过 DSRC 与车辆进行信息交换,并将交换的信息经路侧通信设备路由传输至路段监控中心等。

目前我国应用此种组网方式最多的场所是 ETC 不停车收费、联网收费多义性路径识别等。

(2) 接入网技术方案

公路网运行状态监测信息接入网是指骨干网络到用户终端之间的所有设备。其长度一般为几百米到几公里，因而被形象地称为"最后一公里"。接入网实现公路网运行状态数据采集与骨干传输网的对接，通过有线和无线接入技术，实现数据向传输网的汇聚。公路网运行状态监测信息来自于外场设备，信息接入网是指从外场设备即信息监测点到最近的光传送网业务接入点之间的信息传输网，距离一般在 500m ~ 20km 之间，这里包括了两个接入部分：

① 物联接入网关，完成对各种传感信息的汇总，物联接入网关可以单独存在，也可以与无线传感自组网网元合并为一个设备；

② 物联接入网关至信息骨干网业务节点(即距离最近的路段通信站、收费站内可上下业务的光通信设备)之间的接入网络，此部分根据距离、成本、技术适应性等实际情况可选择不同的有线或无线接入技术。信息接入网是骨干网与数据采集的桥梁。

接入网根据传输方式可分成有线接入网和无线接入网两大类：

① 有线接入网主要采用光通信技术，包括 SDH 光传输技术和无源光网络(PON)技术，也可以租用公网有线传输；

② 无线接入网包括 TD - LTE、MiWAVE、Wimax 以及公网 3G/4G 网络租用。

有线与无线技术用于公路信息接入网的对比见表 13-1。

有线与无线技术用于公路信息接入网的对比 表 13-1

项目	租用公网光纤、带宽资源	无线公网租用	自建低成本无线专网
建设成本	高	低	高
使用成本	较高	较高	低
运维	对运维人员技术要求低	对运维人员技术要求低	技术要求较高，需建设运维队伍
全生命周期的综合成本	较高	较高	较低
适用区域	适用于分布相对集中、节点数量较少、带宽需求大的场所	适用于公网覆盖良好的路段和国省干线，但公路的大部分地区在人口密集区以外，公网覆盖差甚至没有	1. 适用于无公网覆盖或者很差的地区； 2. 经费比较充裕； 3. 长度不大于 30 ~ 50km

(3) 公路骨干网传输方案

鉴于我国高速公路干线通信网络已比较成熟，绝大部分省市区都实现了省内高速公路收费系统的联网，且其技术体制都采用 SDH 统一的通信方式，带宽资源丰富。因此，高速公路可利用目前的光纤通信网搭建骨干传输网。而国省干线公路网绝大多数都没有铺设光纤通信资源，其监测信息可利用无线或有线等接入方式接入到就近高速公路通信站(或就近的光纤通信节点)，然后再接入高速公路骨干传输网。高速公路和普通干线公路网运行状态监测信息骨干网传输方案总体架构如图 13-15 所示。

公路网运行状态监测信息骨干传输网络基于高速公路通信网络架构，包含了国家级高速公路骨干传输层和省级高速公路骨干传输层。其中，国家级高速公路骨干传输网(图 13-16)全长约 1.9 万 km，总体上由华中环网、东南环网、西北环网、中西环网、西南环网和东北支链构成，约有 290 个站点，联网传输路由总体上呈现 5 纵 4 横网状架构路由，在 28 个省市、自治区省会城市(交通行业主管机关所在地)设置联网通信节点,配置干线传输设备,以环网方式形成高速公路省际间通信网络框架,实现省级业务互联。该骨干传输层通过设置在 28 个省会城市的业务节点,配置 GE 口、FE 口、155M 光接口等上下业务接口板,实现与省级骨干网在业务上的互联互通,满足交通行业内部省之间的上传下达业务及省际之间互联互通业务的需求。

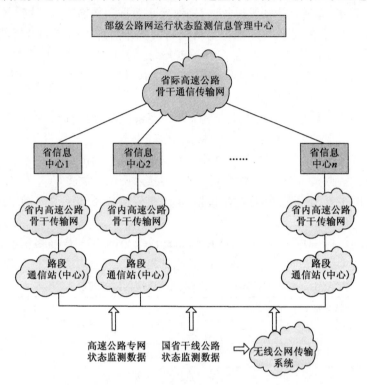

图 13-15　组网方案总体架构示意图

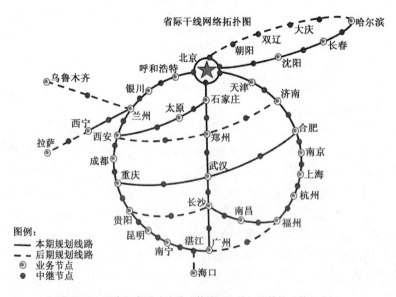

图 13-16　国家级高速公路骨干传输网网络拓扑结构总体示意图

省级骨干传输网络(各省内的网络)也因联网收费的实施基本实现了全省联网(除个别路段外),省内高速公路通信系统从功能和网络层次上划分,可分为传送网、业务网和支撑网三块内容。传送网提供网络平台,分为干线网和路段内综合业务接入网两层,其中各路段中心至省中心之间的传输网络即为省级骨干网。各省级骨干网技术体制上以 SDH 传输模式为主,有部分省市在通信骨干节点考虑采用兼容传统 SDH 的 ASON 系统,并在未来规划中逐步过渡到全网全光的通信模式。省级骨干网 SDH 传输速率以 STM-16(2.5Gbps)为主,部分采用 STM-64 体制。在省级干线网网络布局上,都依路网建设情况构成"环链结合"的环网或网格网局面。干线传输为链状网时采用 1+1 线路保护方式;干线传输为环形网时采用 SDH 自愈环保护方式。各省内省级网络基本形成了相对清晰的网络架构,从路段通信站—路段分中心—区域分中心(部分省)—省中心的 3 或 4 级架构。

由省级和国家骨干网组成的骨干传输层构成了公路网运行状态监测信息的骨干传输通道。路段外场设备采集的相关信息在中转端(ONU)传输单元经由高速公路路段综合接入网传送至路段分中心(OLT),再经由省级网络接入区域分中心或省级分中心,在省中心经由国家级骨干网的省级业务节点上传至全国干线网,最后达到部级公路网运行状态监测信息管理中心。

3. 应用层部署

应用层根据公路网管理与服务机构的应用需求,部署相应的智能处理软件。应用软件分别部署在高速公路集团监控中心、重庆交委信息中心以及路段监控分中心。

(1)桥梁远程监控评估系统

建立两套桥梁远程监控评估系统,李家湾大桥远程监控评估软件安装在石忠高速公路监控分中心,甘家堡大桥远程监控评估软件安装在渝武高速公路监控分中心,并且分中心的数据可通过现有高速集团数据交换通道上传至高速公路集团监控总中心数据库。

(2)边坡变形监测实时显示和预警系统

建立边坡变形监测实时显示和预警系统,用于对沙子立交桥监测与评估,部署在石忠高速公路监控分中心,并且分中心的数据可通过现有高速公路集团数据交换通道上传至高速公路集团监控总中心数据库。

(3)基于既有信息的交通设施状态影响评估系统

建立一套基于既有信息的交通设施状态影响评估系统,部署在重庆市高速公路集团监控中心,系统所需基础数据由相关软件负责采集,并通过现有高速集团数据交换通道上传集团监控总中心数据库,软件通过总中心数据库获取数据即可。

(4)公路网传感设备在线监测诊断系统

建立两套公路网传感设备在线监测诊断系统,分别安装在示范工程石忠高速公路监控分中心和渝武高速公路监控分中心,并且分中心的数据可通过现有高速集团数据交换通道上传集团监控总中心数据库,见图 13-17。

(5)公路网交通运行状态评估与预测系统

以事故或事件发生时的路段交通流量等数据为基础,对交通事故或其他突发事件所导致的交通影响趋势进行预测预警。交通运行状态评估与预测系统以软件包的形式部署于高速公路集团监控中心,评估路网范围为重庆市域高速公路区域路网,所需数据由相关软件上传汇总至高速公路集团监控总中心数据库,软件从总中心数据库提取所需数据;为减少数据传输量、提高数据传输的实时性,在交委信息中心设置一台前置数据处理系统,用于提取和处理浮动车、收费 OD 交通量数据和国道车检器数据,将处理后的数据通过 SOA 服务方式传输到高速公路集团总中心加以使用。

图 13-17　传感设备故障诊断系统与便携诊断设备

(6)公路网运行监管与反馈控制系统

部署在重庆市高速公路集团监控中心。通过对交通、气象、事件等数据整合分析,实现交通诱导路径决策分析、交通引导控制方案的辅助制订功能,为区域路网交通管理决策特别是重特大事件下的交通管理提供决策支持。

(7)信息发布系统(含车载终端、路侧设备、可变情报板)

部署在重庆市高速公路集团监控中心及示范路段。信息发布系统的手机信息发布软件部署于交委信息中心。

(8)服务区综合信息查询系统

在渝武高速路段团山堡服务区部署服务区信息查询系统 1 套。为出行人员提供便捷、高效的地图浏览、实时路况查询、突发事件信息查询等交通信息服务。系统应用服务软件部署在重庆市高速公路集团监控中心。

(9)高速公路网运行效率评价系统

结合重庆省域高速公路网运营管理的业务需求,建立合理的高速公路网运行效率评价指标体系。并依托示范工程的建设情况,对专项成果的示范效果进行综合评价。该系统部署在重庆市高速公路集团监控中心。

4. 发布层部署

发布层综合利用先进通信技术构建面向社会出行者的多渠道于一体的交通信息服务发布体系,主要包括智能手机终端、路侧短程通信设备、车载终端、可变情报板、服务区综合信息查询终端等发布方式。

(1)基于手机的信息发布系统

建立符合公众需求和具有重庆特色的公众出行交通信息服务网站(图 13-18)和基于手机的信息发布系统,集出行线路、路况信息、资费查询、便民服务等功能,提供一站式、简单、易用的出行服务平台。图 13-19 所示为智能手机查询终端界面。

图 13-18　公众出行服务网站

图 13-19　智能手机查询终端

借助手机服务商发现事件影响范围内持有手机的出行人员,有针对性地进行信息推送,让人们有足够的时间对这些提示做出反应,如绕行等。

结合手机和 GPS 等新型技术设备实现对突发事件点的精确定位。乘客或驾驶员在高速公路行驶时发现交通事故并拨打报警电话,系统将在报警人允许的前提下,用短短几秒的时间几乎精确无误地计算出他在高速公路上的位置,实现对突发事件的及时掌握和快速响应,及时安排警力到现场实施救助。

(2) 基于路侧通讯的车载终端

基于路侧通讯的车载终端,实现车载单元与路侧设备之间的通信,从而实现交通信息通过路侧设备发送到车载终端上(图 13-20)。

(3) 服务区综合信息查询系统

服务区综合信息查询终端(图 13-21)部署在高速公路沿线服务区中,以触摸屏的形式为出行中的客货运驾驶员、自驾出行驾驶员、公路出行旅客等提供便捷、高效的道路拥堵状况信息查询、交通管制信息查询、突发事件信息查询、气象信息查询等动态交通信息服务。

图 13-20　路侧通信设备与车载终端设备

图 13-21　服务区查询终端

【复习思考题】

1. 什么是智能运输系统？
2. 美国、日本和欧洲在智能运输系统方面做了哪些工作？
3. 中国的智能运输系统在发展过程中将遵从什么样的体系结构？发展战略目标是什么？
4. 中国的智能运输系统目前发展存在的主要问题有哪些？
5. 全国高速公路电子不停车收费系统联网具有什么意义？
6. 物联网与 ITS 是什么关系？

第十四章
公路网运行监测与管理

随着我国大规模公路网的逐步建成,公路交通由过去的"线状运行"发展到"网络化运行"的新阶段,"路互通,车联网,人互联"成为公路交通"网络化运行"的主要特征。如何有效管理路网,保障路网有序高效运行,为人民群众出行、国民经济建设、应急救灾和国家安全提供有力支撑,成为道路交通管理者关注的重点。正是在这种背景下,公路网运行监测与管理应需而生。公路网运行监测与管理技术是发达国家现代交通技术的前沿之一,也是智能交通的重要内容之一。它是在信息技术、通信技术和控制技术高度发展的前提下,研究人—车—路—环境相互作用条件下公路交通运输系统的协同性,通过高效利用公路交通的相关信息,对公路系统的运行过程及其安全性进行分析、控制与管理的新技术,该技术既是建立大范围协调运行和安全的智能化公路网的技术基础,又是未来直接服务于道路使用者和管理者的大产业。

公路网运行监测与管理技术是近年来交通工程领域研究的热点,相关研究成果百花齐放,但各项研究的出发点和落脚点是一致的,即面向管理者的管理需求和广大公众的出行服务需求。本章结合国内外相关研究与实践,介绍公路网运行监测与管理的基本概念、理论方法和应用实践。

第一节 概　　述

一、公路网运行监测与管理的概念

所谓公路网运行监测与管理,就是依据法规或政府授权,运用智能化、信息化技术手段,对公路网运行开展的监测预警、指挥协调、应急处置和信息服务工作,目的是让路网管理者、服务者、使用者和相关参与者在合适的时间获取路网运行及影响因素的有效信息,帮助其做出科学合理的决策和行为选择,以保障路网运行安全畅通,人车出行高效便捷。

公路网运行监测与管理工作的重要性体现在:

(1)公路交通的内在要求和本质属性。随着经济社会快速发展、人民生活水平持续改善、全面深化改革向纵深推进,国家和社会民众对路网运行的关注度与重视度越来越高,路网安全畅通运行的重要性日渐凸显。

(2)政府的重要职责。交通运输部"三定"职责中明确规定"负责国家公路网运行监测和应急处置协调工作,承担综合交通运输统计工作,监测分析交通运输运行情况,发布相关信息"。《公路安全保护条例》明确规定"设区的市级以上公路管理机构应当按照国务院交通运输主管部门的规定收集、汇总公路损毁、公路交通流量等信息,开展公路突发事件的监测、预报和预警工作,并利用多种方式及时向社会发布有关公路运行信息。"

(3)人民群众的迫切期望。随着经济社会快速发展和交通条件的不断改善,人民群众对出行的要求也越来越高,不仅要求走得了,而且要求走得好,走得方便,走得安全,走得愉悦。人民群众这种个性化、多样化的出行要求对路网运行管理工作提出越来越高的要求。

(4)严峻现实的考验与要求。极端气候和自然灾害频发对路网运行造成严重影响。2016年全国路网发生严重阻断事件3万多起,比2015年增长39.2%,其中,造成高速公路、国省干线和普通公路网的阻断时间累计达到50多万小时。

二、公路网运行监测与管理的目标

公路网运行监测与管理的目标具体包括:

(1)在运行监测方面,实现对路网运行状态的实时感知,对路网运行发展态势的准确预判。

(2)在预警应急方面,建立纵横向协同联动的快速反应机制,以及高效资源管理和决策支持平台,形成预警、处置、评估、改进的应急工作闭环。

(3)在出行服务方面,建立立体化、伴随式的出行服务供给模式,实现全程、全时、多样化的出行信息互通与查询、发布与反馈,以及全面、及时、准确、全程无缝到端的个性化出行信息服务,让公众在出行前能够合理规划行程,出行中能够实时获取所需的服务信息。

三、公路网运行监测与管理的对象

公路网运行监测与管理以提供高效、便捷、安全出行服务为目标,其对象是由人、车、路和环境综合作用而形成的全天候、动态化的路网运行系统,具体包括"日益完善的路网""川流不息的人车""变幻莫测的天气""突然发生的事件""时刻变化的信息"等。

四、公路网运行监测与管理的方式

公路网运行监测与管理的方法主要包括监测分析、预测预警、引导疏导、应急处置、协调联动等。针对基础设施、车辆、出行者和路网环境的动态运行情况,可进行实时的监测预警;针对突发事件,则需要在监测预警的基础上,进行引导、疏导和应急处置;针对路网管理相关部门和机构,还应适时做好协调联动。

公路网运行监测与管理的手段主要包括人工、半自动、自动化、智能化等多种方式的结合。监测预警工作应充分利用云计算、大数据、物联网、移动互联网等现代信息技术,自动化、智能化地解决路网实时运行状态获取、短时趋势预测、突发事件预警等问题。对于事件管理、引导疏导、应急处置、协调联动等工作,因受技术条件所限,还不能完全依靠信息化系统自动或智能实现,需要依靠人工或半自动化手段解决。

五、公路网运行监测与管理的层级

我国公路行业管理的层级架构基本是按照行政区划设置管理层级并组织实施的,客观上造成了分段、分块管理的局面。伴随着公路网络化运行特征日益凸显,过去由于缺乏"网"的建设协调机制、交叉补贴机制和运营管理机制造成的路网运行单元分割式管理,严重影响了路网规模效益和效率的发挥。为了适应公路网络化运行特点,总结国内外公路网运行监测与管理层级设置的经验,宜形成"全国—区域—省域—路段"的路网运行管理业务层级体系。其中,区域路网重点是京津冀、泛长三角、泛珠三角、成渝地区等跨省域路网。

部级路网管理机构负责统筹全国和区域路网运行监测与管理工作,指导省域路网运行监测与管理工作;省级路网管理机构负责执行部级路网管理机构有关区域路网运行指挥调度和应急处置指令,统筹辖区内高速公路、普通公路的路网运行监测与管理工作,指导路段运行监测与管理工作;地(市)级路网管理机构及路段管理机构负责所辖路段运行监测与应急处置的具体工作。

第二节 公路网运行监测指标

公路网运行监测指标是根据管理需求和服务需求,基于交通量、车速、密度、占有率等交通流基本参数构建的,动态反映公路网整体或局部运行状况的指标。2012年交通运输部发布的《公路网运行监测与服务暂行技术要求》中提出依托可获取的、标准化的公路网运行数据,建立客观、可靠、数据链统一的公路网运行状态监测指标,动态反映全国干线公路网整体或局部的实时运行状况,并可用于评估公路网在一定时期内的可靠性和服务水平。"

一、公路网运行监测指标的特征

从我国的公路网管理体制来看,公路网的运行监测与管理层级包括部级路网管理机构、省级路网管理机构和路段管理机构。从空间维度来看,不同管理层级所负责的监测与管理的对象和范围不同,可分为全国公路网、区域公路网、节点和路段三个层次。从时间维度来看,公路网运行监测与管理的时间粒度包括时刻、时段和态势。不同的管理层级职责分工不同,所关注的空间维度和时间粒度不同,所需要的监测指标也相应不同。从管理层级、空间维度和时间粒度三个维度构建公路网运行监测指标体系,具有以下特点:

(1) 从监测指标的数量来看,管理层级越低,所关注的空间维度越小,则关注的内容越详细,指标的数量越多。随着管理层级的提高,所关注的空间维度越大,但关注的内容越概要,指标的数量越少。

(2) 从监测指标的集成程度来看,管理层级越高,监测指标的集成程度越高。高层级的监测指标通过对多个低层级监测指标进行综合评估得到。

(3) 从监测指标的时间粒度来看,各个管理层级都需要反映路网运行实时状态的指标,也需要反映一段时间内路网运行状态的指标,同时还需要能够反映未来路网运行发展趋势的指标。

(4) 从监测指标的分布来看,对于路段管理机构,仅需要节点和路段的监测指标。对于省级路网管理机构,需要节点和路段层面以及区域路网层面的监测指标。对于部级路网管理机构,需要节点和路段层面、区域路网层面以及全国路网层面的监测指标。

根据上述分析,图 14-1 给出了公路网运行监测指标体系的示意图。图中,圆柱体高度代表了指标的集成程度,圆柱体的底面积代表了指标的数量。

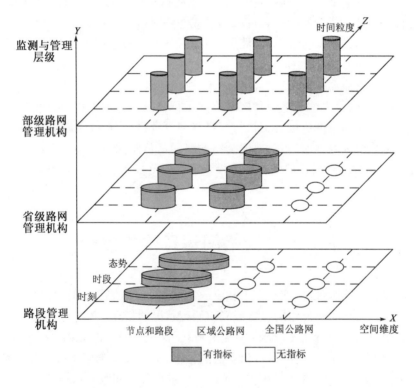

图 14-1 公路网运行监测指标体系示意图

二、公路网运行监测指标最小集

为了能够满足公路网运行监测与管理的需求,要求指标体系具备最基本的指标内容,即指标的最小集。该最小集是制定公路网运行监测与管理技术研发和系统构建方案的基础。有研究给出公路网运行监测指标的最小集如表 14-1 所示。

公路网运行监测指标最小集　　　　　　　表 14-1

管理机构	空间维度		
	节点和路段	区域公路网	全国公路网
管理层级 / 部级路网管理机构	全国干线公路网关键点段通阻度、安全可靠度；全国干线公路网关键节点连通度	跨区域公路网和重点省域公路网连通度、通阻度、安全风险等级、事件态势；重要通道连通度、通阻度、安全风险等级、事件态势	国家高速公路和主要国省干线公路组成的国家骨干公路网连通度、通阻度、安全风险等级、事件态势；全国公路网运行综合指数
省级路网管理机构	区域关键点段通阻度和安全风险等级；区域关键节点连通度	区域公路网连通度、通阻度、安全风险等级、事件态势；区域公路网综合运行指数；相邻省份（区域）公路网连通度、通阻度、安全风险等级；跨地市公路网和省内重点区域公路网连通度、通阻度、安全风险等级、事件态势	—
路段管理机构	本路段和相邻路段的连通性、交通量、行程速度、通阻度、安全风险等级、轴载；节点连通度	—	—

三、公路网运行监测指标相关成果介绍

《公路网运行监测与服务暂行技术要求》借鉴公路运营管理的国际先进经验并立足我国公路运营管理的实际需求，提出了公路网运行状态监测指标，明确公路网运行状态监测指标包括部级指标和省级指标两个层级。部级指标面向交通运输部对全国干线公路网运行监测与服务的管理需求，省级指标面向各省公路管理部门对各省干线公路网运行监测与服务的管理需求。该文件同时还对部级（国家中心）层次的公路网运行监测指标做出了相关规定。各省公路网运行状态监测与服务机构参照部级指标，并结合各省的具体情况确定各省的公路网运行状态监测指标。交通运输部重大科技专项"基于物联网的公路网运行状态监测与效率提升技术"在此基础上做了进一步研究，建立了涵盖交通流、交通气象和基础设施运行状态监测指标的公路网运行状态监测指标体系，并在重庆市公路网进行了示范应用。本节结合上述两项研究成果，介绍公路网运行监测指标的具体内容。

1. 全国干线公路网运行监测指标

全国干线公路网运行状态监测指标分为单项指标和综合指标两类（图 14-2）。单项指标有七个，包括中断率、拥挤度、环境指数、节点通阻度、突发事件等级、设施健康状况、服务区质

量等级。其中,中断率、拥挤度、环境指数和节点通阻度四个单项指标分别包括路段、通道和路网三个层面的指标。综合指标有两个,包括公路网综合运行指数和通道运行指数。省级公路网运行状态监测与服务指标参照部级指标制定。

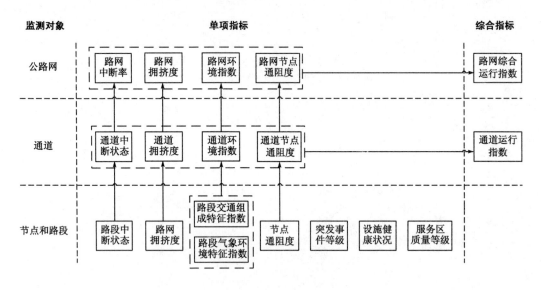

图14-2 全国干线公路网运行监测指标

1)中断率 A

中断率描述路网中路段的中断情况,包括路段中断状态、通道中断状态和路网中断率三个指标。

(1)路段中断状态 a

路段中断状态描述某一路段处于连通还是中断状态。连通状态指可供车辆正常行驶的状态,用"1"表示;中断状态指不能供车辆正常行驶的状态,用"0"表示。

路段中断状态依据公路交通突发(阻断)事件信息,以及断面时间平均速度和断面交通量数据综合判别。

(2)通道中断状态 A_C

通道中断状态描述某一跨省重要通道整体处于连通还是中断状态。连通状态用"1"表示;中断状态用"0"表示。

通道中断状态根据通道中各路段的中断状态综合分析。

$$A_C = \prod_{i=1}^{n} a_i \tag{14-1}$$

式中: A_C——通道中断状态;

n——通道中路段的总数;

a_i——通道中第 i 个路段的中断状态。

(3)路网中断率 A_N

路网中断率采用路网中处于中断状态的路段里程占该路网中路段总里程的百分比来表示。

$$A_N = \frac{\sum_{i=1}^{N} a_i}{L} \times 100\% \tag{14-2}$$

式中：A_N——路网中断率；

L——路网总里程；

N——路网中发生中断的路段数量；

a_i——路网中第i个中断路段的里程。

路网中断率等级划分标准可采用以下两种方式确定：

方式一：利用历史监测数据的分布规律进行确定，如表14-2所示。

路网中断率等级划分标准　　　　　　　　　表14-2

路网中断率等级	划 分 标 准	路网中断率等级	划 分 标 准
高	$A_N > A_{N70}$	低	$A_N \leqslant A_{N30}$
中	$A_{N30} < A_N \leqslant A_{N70}$		

注：A_{N70}为路网中断率历史数据从低到高排列的70%分位值；A_{N30}为路网中断率历史数据从低到高排列的30%分位值。路网中断率历史数据指根据近三年积累的路网中断信息按照式(14-2)的测算方法得到的路网中断率数据。

方式二：根据路网中断率百分比阈值进行确定，如表14-3所示。

路网中断率等级划分标准　　　　　　　　　表14-3

路网中断率等级	划 分 标 准	路网中断率等级	划 分 标 准
高	$A_N > 5\%$	低	$A_N \leqslant 1\%$
中	$1\% < A_N \leqslant 5\%$		

路网中断率等级划分标准在一定时期内应保持稳定，随着路网运行状态的发展演化，该划分标准不再适应时，应根据实际情况重新确定。

2）拥挤度 F

拥挤度描述路网中交通流的拥挤程度，包括路段拥挤度、通道拥挤度和路网拥挤度三个指标。

（1）路段拥挤度 f

路段拥挤度描述路段上交通流的拥挤程度，根据路段不同断面时间平均速度的均值（有条件地区可用路段平均行程车速）和断面交通量数据进行综合分析，分为不同等级。路段不同断面时间平均速度的均值（或路段平均行程车速）越高，表示拥挤程度越低。

路段拥挤度等级划分标准如表14-4和表14-5所示。

高速公路路段拥挤度等级划分标准　　　　表14-4

拥挤度（颜色）	平均行程速度（km/h）		
	设计速度 120km/h	设计速度 100km/h	设计速度 80km/h
畅通（绿色）	≥90	≥80	≥60
基本畅通（蓝色）	[70,90)	[60,80)	[50,60)
轻度拥堵（黄色）	[50,70)	[40,60)	[35,50)
中度拥堵（橙色）	[30,50)	[20,40)	[20,35)
严重拥堵（红色）	[0,30)	[0,20)	[0,20)

注：当速度为0并且断面交通量也为0时，路段为畅通状态。

国省干线公路路段拥挤度等级划分标准　　　　　表 14-5

拥挤度(颜色)	平均行程速度(km/h)	
	设计速度 100km/h	设计速度 80km/h 或 60km/h
畅通(绿色)	≥70	≥55
基本畅通(蓝色)	[50,70)	[40,55)
轻度拥堵(黄色)	[35,50)	[25,40)
中度拥堵(橙色)	[20,35)	[15,25)
严重拥堵(红色)	[0,20)	[0,15)

注：当速度为 0 并且断面交通量也为 0 时，路段为畅通状态。

(2) 通道拥挤度 F_C

通道拥挤度描述跨省重要通道的整体拥挤程度，根据通道中各路段不同断面时间平均速度的均值（有条件地区可用路段平均行程车速）进行综合分析，并分为不同等级。

$$F_C = \frac{\sum_{i=1}^{n}(V_i T_i L_i)}{\sum_{i=1}^{n}(T_i L_i)} \tag{14-3}$$

式中：F_C——通道拥挤度；

　　　V_i——通道中第 i 个路段的不同断面时间平均速度的均值（或平均行程车速）；

　　　T_i——第 i 个路段的不同断面交通量的均值；

　　　L_i——第 i 个路段的里程；

　　　n——通道中路段的总数。

通道拥挤度等级划分标准如表 14-6 所示。

通道拥挤度等级划分标准　　　　　表 14-6

通道拥挤度等级	划分标准	
	高速公路为主的通道 (km/h)	国道为主的通道 (km/h)
畅通	$F_C \geq 70$	$F_C \geq 50$
基本畅通	$50 \leq F_C < 70$	$40 \leq F_C < 50$
轻度拥堵	$40 \leq F_C < 50$	$30 \leq F_C < 40$
中度拥堵	$20 \leq F_C < 40$	$15 \leq F_C < 30$
严重拥堵	$F_C < 20$	$F_C < 15$

(3) 路网拥挤度 F_N

路网拥挤度采用路网中处于中度拥堵和严重拥堵等级的路段总里程占路网总里程的百分比来表示。

$$F_N = \frac{\sum_{i=1}^{m} d_i + \sum_{j=1}^{n} e_j}{L} \times 100\%$$

式中：F_N——路网拥挤度；

　　　L——路网总里程；

　　　m——处于中度拥堵等级的路段数量；

d_i——处于中度拥堵等级的路段 i 的里程;

n——处于严重拥堵等级的路段数量;

e_j——处于严重拥堵等级的路段 j 的里程。

路网拥挤度等级划分标准如表14-7所示。

路网拥挤度等级划分标准　　　　　　　　　　　　表14-7

路网拥挤度等级	划分标准	路网拥挤度等级	划分标准
高	$F_N > 10\%$	较低	$2\% < F_N \leq 5\%$
较高	$8\% < F_N \leq 10\%$	低	$F_N \leq 2\%$
中	$5\% < F_N \leq 8\%$		

3) 环境指数 R

环境指数描述特定交通组成(车辆类别)和气象条件下的行车影响程度,包括路段交通组成特征指数、路段气象环境特征指数、通道环境指数和路网环境指数四个指标。

(1) 路段交通组成特征指数 r_t

路段交通组成特征指数描述路段车辆类别(大/小)分布特征,根据路段监测的大车比例进行分析。

路段交通组成特征指数等级划分如表14-8所示。

路段交通组成特征指数等级划分标准　　　　　　　　表14-8

路段交通组成特征指数等级	高	中	低
大车比例	>30%	(5%, 30%]	≤5%

(2) 路段气象环境特征指数 r_w

路段气象环境特征指数根据路段监测的气象环境参数(包括能见度和路面状况)进行综合分析和测算。

路段气象环境特征指数划分为好、中、差三个等级,各等级的判定方法和定性描述如表14-9和表14-10所示。

路段气象环境特征指数等级判定方法　　　　　　　　表14-9

路面状况	气象环境特征指数		
	能见度≥500m	能见度为[100m, 500m)	能见度<100m
干燥	好	中	差
潮湿	中	中	差
冰雪	差	差	差

路段气象环境特征指数等级定性描述　　　　　　　　表14-10

路段气象环境特征指数等级	定性描述	路段气象环境特征指数等级	定性描述
好	路段气象环境良好,适宜行车	差	路段气象环境较差,对行车有较大不利影响
中	路段气象环境一般,对行车有一定不利影响		

(3) 通道环境指数 R_C

通道环境指数根据通道中路段交通组成特征指数和路段气象环境特征指数综合分析和测算。

$$R_C = \frac{\sum_{i=1}^{n} f(r_{ti}, r_{wi}) \times l_i}{L_C} \times 100\% \tag{14-4}$$

式中：R_C——通道环境指数；
　　　L_C——通道总里程；
　　　n——通道中的路段数量；
　　　l_i——通道中第 i 个路段的里程；
　　　r_{ti}——通道中第 i 个路段的交通组成特征指数；
　　　r_{wi}——通道中第 i 个路段的气象环境特征指数。

通道环境指数等级划分标准如表 14-11 所示。

通道环境指数等级划分标准　　　　　　　表 14-11

通道环境指数等级	划 分 标 准	通道环境指数等级	划 分 标 准
好	$R_C \leqslant 10\%$	差	$R_C > 20\%$
中	$10\% < R_C \leqslant 20\%$		

(4) 路网环境指数 R_N

路网环境指数根据路网中路段交通组成特征指数和路段气象环境特征指数综合分析和测算。

$$R_N = \frac{\sum_{i=1}^{N} f(r_{ti}, r_{wi}) \times l_i}{L} \times 100\% \tag{14-5}$$

式中：R_N——路网环境指数；
　　　L——路网总里程；
　　　N——路网中的路段数量；
　　　l_i——路网中第 i 个路段的里程；
　　　r_{ti}——路网中第 i 个路段的交通组成特征指数；
　　　r_{wi}——路网中第 i 个路段的气象环境特征指数。

路网环境指数等级划分标准如表 14-12 所示。

路网环境指数等级划分标准　　　　　　　表 14-12

路网环境指数	划 分 标 准	路网环境指数	划 分 标 准
好	$R_N \leqslant 10\%$	差	$R_N > 30\%$
中	$10\% < R_N \leqslant 30\%$		

4) 节点通阻度 D

节点通阻度描述重要公路节点处于拥堵或畅通两种状态，包括节点通阻度、通道节点通阻度和路网节点通阻度三个指标。

(1) 节点通阻度 d

节点通阻度根据公路节点的排队长度是否超过一定限值进行分析,超过限值为拥堵状态,用"1"表示;未超过限值为畅通状态,用"0"表示。

(2) 通道节点通阻度 D_C

通道节点通阻度采用跨省重要通道中处于拥堵状态的公路节点数量占通道中公路节点总数量的百分比来表示。

$$D_C = \frac{\sum_{i=1}^{n} d_i}{n} \times 100\% \tag{14-6}$$

式中:D_C——通道节点通阻度;
  n——通道中公路节点的总数量;
  d_i——通道中第 i 个公路节点的通阻度。

通道节点通阻度等级划分标准如表 14-13 所示。

通道节点通阻度等级划分标准   表 14-13

通道节点通阻度等级	划 分 标 准	通道节点通阻度等级	划 分 标 准
高	$D_C \leq 5\%$	低	$D_C \geq 10\%$
中	$5\% < D_C \leq 10\%$		

(3) 路网节点通阻度 D_N

路网节点通阻度采用路网中处于拥堵状态的公路节点数量占公路节点总数量的百分比来表示。

$$D_N = \frac{\sum_{i=1}^{N} d_i}{N} \times 100\% \tag{14-7}$$

式中:D_N——路网节点通阻度;
  N——路网中公路节点的总数量;
  d_i——第 i 个公路节点的通阻度。

路网节点通阻度等级划分标准如表 14-14 所示。

路网节点通阻度等级划分标准   表 14-14

路网节点通阻度等级	划 分 标 准	路网节点通阻度等级	划 分 标 准
高	$D_N \leq 5\%$	低	$D_N > 20\%$
中	$5\% < D_N \leq 20\%$		

5) 公路交通突发事件等级 I

公路交通突发事件等级采用《公路交通突发事件应急预案》中突发事件的预警和响应级别进行表征,如表 14-15 所示。

公路交通突发事件等级划分标准 表 14-15

突发事件等级	级别描述	颜色标示	事件情形
Ⅰ级	特别严重	红色	因突发事件可能导致干线公路交通毁坏、中断、阻塞或者大量车辆积压、人员滞留,通行能力影响周边省份,抢修、处置时间预计在 24 小时以上时; 因突发事件可能导致重要客运枢纽运行中断,造成大量旅客滞留,恢复运行及人员疏散预计在 48 小时以上时; 发生因重要物资缺乏、价格大幅波动可能严重影响全国或者大片区经济整体运行和人民正常生活,超出省级交通运输主管部门运力组织能力时; 其他可能需要由交通运输部提供应急保障时
Ⅱ级	严重	橙色	因突发事件可能导致干线公路交通毁坏、中断、阻塞或者大量车辆积压、人员滞留,抢修、处置时间预计在 12 小时以上时; 因突发事件可能导致重要客运枢纽运行中断,造成大量旅客滞留,恢复运行及人员疏散预计在 24 小时以上时; 发生因重要物资缺乏、价格大幅波动可能严重影响省域内经济整体运行和人民正常生活时; 其他可能需要由省级交通运输主管部门提供应急保障时
Ⅲ级	较重	黄色	Ⅲ级预警分级条件由省级交通运输主管部门负责参照Ⅰ级和Ⅱ级预警等级,结合地方特点确定
Ⅳ级	一般	蓝色	Ⅳ级预警分级条件由省级交通运输主管部门负责参照Ⅰ级、Ⅱ级和Ⅲ级预警等级,结合地方特点确定

6) 设施健康状况 H

设施健康状况描述特大桥梁、长大隧道等重要公路基础设施的健康状况。

对于已经建立健康监测系统或安全预警系统的特大桥梁、长大隧道等重要公路基础设施,根据其健康监测系统的相关监测数据及综合评价结果动态确定实时的设施健康状况等级。

对于尚未建立健康监测系统或安全预警系统的特大桥梁、长大隧道等重要公路基础设施,依据《公路桥梁技术状况评定标准》(JTG/T H21—2011)评定的桥梁技术状况等级和《公路隧道养护技术规范》(JTG H12—2003)得到的判定结果确定一定时期内的设施健康状况等级。

设施健康状况等级划分标准如表 14-16 所示。

设施健康状况等级划分标准 表 14-16

设施健康状况等级	健康监测系统实时监测数据	桥 梁		隧 道	
		技术状况	检查结论	判断分类	检查结论
好	各项监测指标正常,设施健康状况良好	1 类	全新状态、功能完好	S	情况正常(无异常情况,或虽有异常情况但很轻微)
		2 类	有轻微缺损,对桥梁使用功能无影响		
中	非关键性监测指标异常,或个别关键指标异常但异常程度尚不影响结构安全,应加强检查和重点监测	3 类	有中等缺损,尚能维持正常使用功能,缺损恶化会发展	B	存在异常情况,但不明确,应进一步检查或观测以确定对策

续上表

设施健康状况等级	健康监测系统实时监测数据	桥 梁		隧 道	
		技术状况	检查结论	判断分类	检查结论
差	关键性监测指标异常,影响结构安全,需要及时处置	4类	主要构件有大的缺损,严重影响桥梁使用功能;或影响承载能力,不能保证正常的使用	A	异常情况显著,危及行人、行车安全,应采取处置措施或特别对策
		5类	主要构件存在严重缺损,主要构件不能正常使用,危及桥梁安全,桥梁处于危险状态		

7)服务区质量等级 S

服务区质量等级评价依据相关行业标准。服务区质量等级评价因素包括服务区停车场、加油站、餐厅、超市、客房、厕所、休闲设施、绿化美化、交通引导的结构、布局、环境、卫生、安全、消防、综合治理等。

服务区质量等级分为五级,用星级表示为:一星级、二星级、三星级、四星级、五星级。星级数量越多表示服务区质量等级越高。

8)通道运行指数 C

通道运行指数描述跨省重要通道的整体运行状况,采用上述通道中断状态、通道拥挤度、通道环境指数、通道节点通阻度、突发事件等级、设施健康状况和服务区质量等级七个单项指标的综合评估结果进行表示。

通道运行指数 $C = \xi \cdot f($ 通道中断状态 A_C,通道拥挤度 F_C,通道环境指数 R_C,通道节点通阻度 D_C,突发事件等级 I,设施健康状况 H^*,服务区质量等级 S^*)

ξ 为修正系数。设施健康状况 H^* 和服务区质量等级 S^* 作为可选参数,一般不作为表征通道运行指数的参数。

通道运行指数的评估根据各单项指标的监测等级赋予不同的分值和权重进行综合评估。各单项指标的权重如表14-17所示。

通道运行指数测算权重表　　　　表14-17

单项指标	通道中断状态 A_C	通道拥挤度 F_C	通道环境指数 R_C	节点通阻度 D_C	突发事件等级 I	设施健康状况 H^*	服务区质量等级 S^*
权重	0.20~0.30	0.15~0.25	0.15~0.20	0.15~0.25	0.20~0.30	≤0.05	≤0.05

注:测算时确定的各单项指标权重之和等于1。

通道运行指数划分为五个等级,各等级的定性描述如表14-18所示。

通道运行指数等级划分　　　　表14-18

通道运行指数等级	定 性 描 述
1级	通道畅通,出行效率、安全性和可靠性很高
2级	通道局部节点拥堵或阻断,出行效率、安全性和可靠性较高
3级	通道局部路段拥堵或阻断,出行效率、安全性和可靠性较高
4级	通道大范围拥堵或阻断,出行效率、安全性和可靠性较低
5级	通道大范围长时间拥堵或阻断,出行效率、安全性和可靠性很低

9) 路网综合运行指数 N

路网综合运行指数描述定义路网整体运行状况,采用上述路网中断率、路网拥挤度、路网环境指数、路网节点通阻度、突发事件等级、设施健康状况和服务区质量等级七个单项指标的综合评估结果进行表示。

路网综合运行指数 $N = \xi \cdot f$(路网中断率 A_N,路网拥挤度 F_N,路网环境指数 R_N,路网节点通阻度 D_N,突发事件等级 I,设施健康状况 H^*,服务区质量等级 S^*)

ξ 为修正系数。设施健康状况 H^* 和服务区质量等级 S^* 作为可选参数,一般不作为表征公路网综合运行状态的参数。

路网综合运行指数的评估,根据各单项指标的监测等级,赋予不同的分值和权重,进行综合评估。各单项指标的权重如表 14-19 所示。

路网综合运行指数测算权重表 表 14-19

单项指标	路网中断率 A_N	路网拥挤度 F_N	路网环境指数 R_N	节点通阻度 D_N	突发事件等级 I	设施健康状况 H^*	服务区质量等级 S^*
权重	0.20~0.25	0.15~0.20	0.15~0.20	0.15~0.20	0.20~0.30	≤0.05	≤0.05

注:测算时确定的各单项指标权重之和等于1。

路网综合运行指数划分为五个等级,各等级的定性描述如表 14-20 所示。

公路网综合运行指数等级划分 表 14-20

路网综合运行指数等级		定性描述
Ⅰ级	绿色	全网畅通,出行效率、安全性和可靠性很高
Ⅱ级	蓝色	局部路段拥堵或阻断,出行效率、安全性和可靠性普遍较高
Ⅲ级	黄色	局部路网拥堵或阻断,出行效率、安全性和可靠性普遍较高
Ⅳ级	橙色	路网大范围拥堵或阻断,出行效率、安全性和可靠性普遍较低
Ⅴ级	红色	路网大范围长时间拥堵或阻断,出行效率、安全性和可靠性很低

2. 基于物联网的公路网运行状态监测指标

交通运输部重大科技专项"基于物联网的公路网运行状态监测与效率提升技术"在《公路网运行监测与服务暂行技术要求》相关研究的基础上,通过全面、科学地梳理基于物联网条件下公路网运行监测的新需求和新技术,将指标细分为基础指标、综合指标、预警指标和预报指标,建立了涵盖交通流、交通气象和基础设施运行状态监测指标的公路网运行状态监测指标体系,如图 14-3 所示。

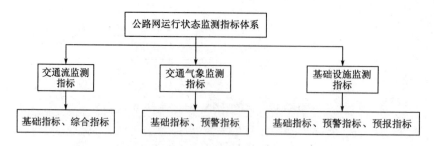

图 14-3 公路网运行状态监测指标体系

(1)交通流监测指标

交通流监测指标应全面反映路网运行的连通性、畅通性、可靠性和安全性(表14-21)。从研究对象来看,包括路段、互通立交、收费站、服务区等节点以及通道、路网等不同层面;从指标构建过程及相互关系来看,又包括基础指标和综合指标两大类。其中,基础指标是通过采集设备或人工报送方式能够直接获取的单一监测指标;综合指标是基于基础指标,通过直接采用或整合计算形成的指标。根据指标时效性的不同,综合指标中又包括描述路网实时状态的指标和反映、评估一段时期内路网运行状态的指标两类(图14-4)。

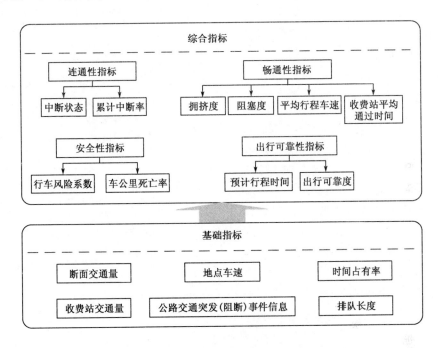

图14-4 交通流监测指标关系图

交通流监测指标 表14-21

指标分类	指标名称		用途
基础指标	断面交通量*、地点车速*、时间占有率*、收费站交通量*、公路交通突发(阻断)事件信息*、排队长度*		为综合指标的计算提供基础数据
综合指标	连通性指标	中断状态*:路段中断状态、通道中断状态、路网中断状态;	描述路段(同时包括通道和路网)的或连通或中断状态,便于交通管理者及时处置导致通行中断的事件,为制定和实施交通管控措施、交通诱导方案提供支持
		累计中断率:路段累计中断率、通道累计中断率、路网累计中断率	描述和评估一段时期路网的连通可靠性,帮助交通管理者科学、准确识别路网中的问题路段,为提高公路网的连通性提供决策依据

续上表

指标分类		指标名称	用途
综合指标	畅通性指标	拥挤度*：路段拥挤度、通道拥挤度、路网拥挤度	描述路段(同时包括通道和路网)交通运行的拥挤程度，为交通管理者实时掌握道路交通运行状态，及时进行交通应急处置提供支持。同时，路段拥挤度也便于交通出行者实时了解交通运行状况，为其出行决策提供技术支持
		阻塞度描述指标：互通立交阻塞度、收费站阻塞度*、服务区阻塞度*、通道节点阻塞度*、路网节点阻塞度*	以互通立交、收费站、服务区等公路节点为研究对象，描述不同节点交通运行的拥堵程度，并从通道和路网两个宏观层面描述公路节点整体的交通拥堵状况，为交通管理者实时掌握公路节点交通运行状态及时进行交通应急处置提供支持
		平均行程车速	表一段时期内公路交通运行畅通情况，评估道路通行效率，帮助交通管理者宏观掌握道路整体运行及服务情况，为挖掘道路运输系统潜能、提高道路运输服务水平提供支持
		收费站平均通过时间*	直观描述收费站的通行效率和服务水平，便于交通管理者掌握收费站服务能力
	安全性指标	行车风险系数	以当前运行车辆的安全状态描述路段、通道及路网的安全状态，便于交通管理者、运输企业实时掌握路网安全状态，实施交通安全主动防控，避免因超速驾驶、疲劳驾驶等引发交通事故，提高行车安全性
		车公里死亡率：路段车公里死亡率、通道车公里死亡率、路网车公里死亡率	评估一段时期内道路及道路整体交通安全水平，并帮助交通管理者科学准确地识别交通安全问题路段，为问题路段的及时治理以及公路交通安全水平的提高提供依据
	出行可靠性指标	预计行程时间	描述OD间选择某一条路径出行的行程时间，为出行者提供出行信息服务，帮助出行者合理规划出行计划，同时提高道路服务水平
		出行可靠度	车辆在指定时间内通过某一路径(起终点)的概率，实时反映路网行程时间的可靠性和出行者在预期时间内完成出行的可能性，为出行者的出行选择提供参考

注：有 * 号的指标为必须监测指标，其他指标为可选择监测指标。

(2) 交通气象监测指标

相关研究表明影响公路交通安全与畅通的天气现象主要包括台风、雨、雪、雾、沙尘等，对相应气象条件的监测需求主要包括气象环境监测、路面气象状况监测两方面。因此，交通气象监测指标主要包括气象环境监测指标和路面气象状况监测指标两类基础指标。考虑到气象的可预测性和对不利气象条件预警的重要性，基于基础指标，构建交通气象预警指标如图14-5所示。交通气象监测指标的用途见表14-22所示。

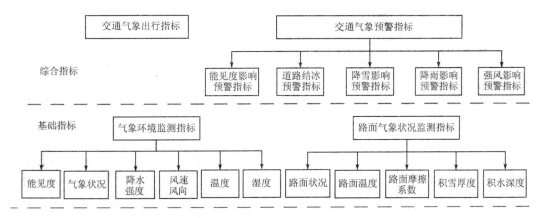

图 14-5　交通气象监测指标关系图

交通气象监测指标　　　　　　　　　　　　　表 14-22

指标分类		指标名称	用途
基础指标	气象环境	能见度*、气象状况*、降水强度、风速风向、大气温度、相对湿度	为路网维护和因气象导致的突发状况应急管理提供数据支持
	路面状况	路面状态*、路面温度、路面摩擦系数、积雪厚度、积水深度*、结冰厚度、除冰剂浓度	
交通出行综合指标			为路网管理和公众出行提供参考
对公路通行影响预警指标		能见度*、强风、道路结冰*、降雪*、降雨*	根据气象部门提供的气象预警信息,结合不利气象条件对路网的潜在影响,向交通行业内部发布预警

注:有*号的指标为必须监测指标,其他指标为可选择监测指标。

（3）基础设施监测指标

公路基础设施,尤其是长大桥梁、隧道等重大公路基础设施的技术状况,对公路网的连通性和可靠性具有重要影响。基础设施的监测指标主要包括路面、路基、边坡、桥梁、隧道的技术状况关键监测指标,以及在此基础上构建的预警指标和相关的地质灾害预报指标(图 14-6)。基础设施监测指标的用途见表 14-23 所示。

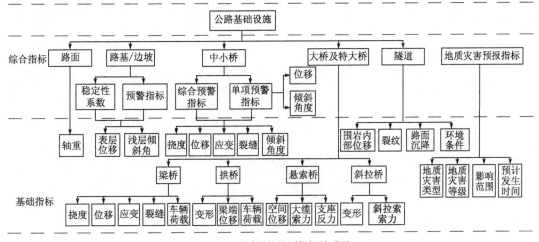

图 14-6　基础设施监测指标关系图

基础设施监测指标　　　　　　　　　　　　　　　　　　　　表 14-23

指标分类		指标名称	用途
路面		荷载:轴重*	为路政管理部门超载治理提供依据
路基边坡	基础指标	表层位移、浅层倾斜角	基础指标:为养护管理部门判断设施是否安全,并且是否需要采取养护维修措施提供参考依据; 预警指标:为养护管理部门判断设施安全状况和制定维修措施提供依据
路基边坡	综合指标	稳定性系数、预警等级	
中小桥梁	基础指标	挠度、位移、应变、裂缝、倾斜角度	
中小桥梁	综合指标	综合预警指标、单项预警指标:位移、倾斜角度	
大桥及特大桥	梁桥	挠度、位移、应变、裂缝（车辆荷载）	
大桥及特大桥	拱桥	变形、梁端位移（车辆荷载）	
大桥及特大桥	悬索桥	空间位移大缆索力、支座反力（车辆荷载）	
大桥及特大桥	斜拉桥	变形、斜拉索索力（车辆荷载）	
隧道		结构受力及变形:围岩内部位移、裂纹路面沉降; 环境条件:一氧化碳浓度*、烟雾浓度*、亮度*	
地质灾害		预报指标:地质灾害类型*、地质灾害等级*、影响范围*、预计发生时间*	用于预判地质灾害对公路基础设施产生的破坏程度,以便做好交通组织预案,并采取预防措施,做好设施维修材料、设备储备和人员调配工作,使地质灾害造成的损失减少至最低

注:有*号的指标为必须监测指标,其他指标为可选择监测指标。

第三节　我国干线公路网监测与综合评价

一、我国干线公路网监测设施建设情况

公路网监测设施主要包括公路基础设施技术状况监测、交通流运行状况监测、气象环境监测等三类设施,是保障公路网稳定运行、提升路网管理水平的重要支撑。

1. 我国干线公路网运行监测设施总体情况

近年来,我国干线公路网运行监测设施在建设规模与质量上有明显进步,但与全面、实时、准确感知路网运行状态的需求仍有较大差距。

(1)高速公路"可视化"监测问题基本得到解决,河北、山西、山东、湖南、云南、江苏、吉林、浙江等省的高速公路基本实现全程视频监控。

(2)路网运行信息的量化"可测"问题仍较为突出,交通流、气象、桥梁及隧道健康监测设施总体规模偏小,能够实时采集的交通流参数(包括交通量、占有率、速度等)、气象参数等信息的样本量不足、质量一般。

(3)突发事件信息以人工系统报送为主,时效性和准确性不高。

为补充路网运行监测设施不足的问题,近年来各级公路管理部门充分利用移动互联网和

手机信令等现代信息技术开展路网运行监测,取得了较好的效果。交通运输部路网监测与应急处置中心组织开展了京津冀地区基于手机信令的路网运行监测与出行信息服务系统应用示范工程,推进手机信令分析技术在公路网监测和出行信息服务中的应用,提升国省干线公路网重要运输通道、区域公路网交通运行监测和出行信息服务能力。江苏、浙江等省(市)与电信运营商合作共同搭建路网手机信令采集平台,实时获取运行在高速公路上的手机定位数据,分析研判路网交通流量分布情况。湖北省的高速公路管理部门将手机芯片植入通行卡中,既实现了精确计算通行费的目标,又兼顾了路网交通流数据的获取。

2. 公路基础设施技术状况监测设施建设情况

公路基础设施技术状况监测设施主要包括长大桥隧结构健康监测设施和路堑边坡及路堤沉降监测设施。除人工定期检查和抽检巡查外,智能检测方面,主要是桥梁健康监测设施和隧道健康监测设施。

(1)长大桥隧结构健康监测设施

针对特大桥梁、长大隧道运行安全的监测始终是公路重要基础设施运行监测的重点。桥梁健康监测是通过对桥梁结构状况的监控与评估,为桥梁在特殊气候或桥梁运营状况异常时发出预警信号,为桥梁的维护、维修和管理决策提供依据与指导。桥梁健康监测指标包括温度、湿度、应变、振动、挠度、索力、桥塔变形、风力、倾角、梁端位移、动态称重等。隧道健康监测是通过对隧道结构状况以及其他工作状况的监测,为结构状况的评估、运营现状分析以及工程服务寿命的预测提供数据支持。隧道健康监测指标包括变形、收敛、内力、接缝、土压力、水压力等。

据不完全统计,截至2015年年底,全国已建成各类跨海、跨江(河)的特大型桥梁健康监测设施230余套。全国桥梁健康监测设施现状见表14-24。

全国桥梁健康监测设施现状　　　　　　　　　　　　　表14-24

地区	数量	监测指标	运营状态	代表性工程
北京	11个	温度、倾斜、位移、挠度、应变、振动、裂缝	全部良好	大关桥、八达岭大桥、水闸新桥、德胜口大桥
天津	10个	温湿度、风力、变形、应变、索力、振动、动态称重	9座良好,1座未发挥作用	西河桥、金钢桥、富民桥、国泰桥、赤峰桥
河北	4个	风速、应变、挠度、振动、动态称重	1座改造,3座不详	海儿汪大桥、官厅湖特大桥、子牙新河特大桥
山西	3个	应变、挠度、温度、振动、动态轴重、索力、桥塔偏位、风力	2座良好,1座未发挥作用	忻州小沟桥、龙门黄河特大桥
内蒙古	2个	应变、挠度、支座位移、裂缝、振动	良好	包头黄河大桥
辽宁	2个(含1个在建)	温湿度、应变、振动、挠度、索力、桥塔变形、风力、倾角、梁端位移、动态称重	1座良好,1座在建	辽河特大桥、中朝鸭绿江界河公路大桥

续上表

地区	数量	监测指标	运营状态	代表性工程
吉林	1个	挠度、应变、温度	良好	临江门大桥
黑龙江	3个	温湿度、应变、振动、挠度、索力、桥塔变形、风力、梁端位移	良好	四方台松花江大桥、乌苏大桥、四丰山大桥
上海	7个	温湿度、应变、振动、挠度、索力、桥塔变形、风力等	全部良好	卢浦大桥、徐浦大桥、东海大桥、南浦大桥、长江桥隧
江苏	16个	温湿度、应变、振动、挠度、索力、桥塔变形、风力、倾角、梁端位移、动态称重	全部良好	润扬长江大桥、江阴长江大桥、苏通大桥、南京长江二桥、泰州大桥、京杭运河大桥、崇启大桥
浙江	50余个	温湿度、应变、振动、挠度、索力、桥塔变形、风力、倾角、梁端位移、动态称重	全部良好	杭州湾跨海大桥、下沙大桥、之江大桥、西堠门大桥、金塘大桥
安徽	4个	温湿度、应变、振动、挠度、索力、桥塔变形、风力、倾角、梁端位移、动态称重	全部良好	铜陵长江大桥、芜湖长江大桥、安庆长江大桥、马鞍山大桥
福建	9个	温湿度、应变、振动、挠度、索力、桥塔变形、风力、倾角、梁端位移、动态称重	全部良好	青州大桥、厦漳跨海大桥、下白石大桥、海沧大桥、八尺门大桥、乌龙江大桥、长沙中桥、西溪大桥
江西	2个	索力、线形、应变、塔顶位移、伸缩缝	全部良好	鄱阳湖大桥、八一大桥
山东	22个	温湿度、应变、振动、挠度、索力、桥塔变形、风力、倾角	全部良好	滨州黄河公路大桥、东营黄河公路大桥、青岛海湾大桥、弥河大桥
河南	6个	挠度、应变、振动	全部良好	卫坡大桥、伊洛河大桥、瀍河大桥、郑州黄河大桥、桃花峪大桥
湖北	8个	温湿度、应变、振动、挠度、索力、桥塔变形、风力、倾角、梁端位移、动态称重	全部良好	军山大桥、阳逻长江大桥、二七长江大桥、鹦鹉洲长江大桥
湖南	6个	温湿度、应变、振动、挠度、索力、桥塔变形、风力、倾角、梁端位移、动态称重	5座良好,1座未发挥作用	矮寨大桥、洞庭湖大桥、茅草街大桥
广东	10个（含2个在建）	温湿度、应变、振动、挠度、索力、桥塔变形、风力、倾角、梁端位移、动态称重	8座良好,2座在建	珠江黄埔大桥、虎门大桥、新光大桥、港珠澳大桥、九江大桥

续上表

地区	数量	监测指标	运营状态	代表性工程
广西	3个	应变、索力、挠度、动态称重、温湿度	1座良好,2座不详	湛江海湾大桥、三门江大桥、永和大桥
海南	无	—	—	—
重庆	13个（含6个在建）	温湿度、应变、振动、挠度、索力、桥塔变形、风力、倾角、梁端位移、动态称重	7座良好,6座在建	石板坡长江大桥复线桥、大佛寺长江大桥、马桑溪长江大桥
四川	5个	挠度、应变、温度	全部良好	州河特大桥、金江金沙特大桥、城门洞大桥
贵州	5个	温湿度、应变、振动、挠度、索力、桥塔变形、风力	2座良好,3座不详	红枫湖大桥、坝陵河特大桥、石门坎特大桥
云南	9个（含1个在建）	温湿度、倾斜、挠度、位移、振动	全部良好	红河大桥、龙江特大桥
西藏	17个	应变、振动、挠度、索力、桥塔变形、倾角、梁端位移、动态称重等	全部良好	柳梧一号桥、柳梧二号桥、桑达特大桥
陕西	5个	沉降、挠度、应变、裂缝	全部良好	徐水沟特大桥、洛河特大桥、杜家河大桥、才纳特大桥
甘肃	无	—	—	—
青海	无	—	—	—
宁夏	2个	挠度、应变、温度	全部良好	叶盛黄河公路大桥、吴忠黄河公路大桥
新疆	1个	挠度、应变、温度、风力、桥塔变形、索力	良好	果子沟大桥

(2)路堑边坡和路堤沉降监测设施

路堤稳定和沉降监测内容包括:地表水平位移量及隆起量、地下土体分层水平位移量、路堤顶沉降量监测。路堑边坡或滑坡监测内容包括:地表监测(水平位移监测、垂直变形监测、裂纹监测)、地下位移监测、地下水位监测、支挡结构变形、应力。据不完全统计,截至2015年年底,全国已建成各类路堑边坡和路堤沉降监测设备达170余套。

3.交通流运行状况监测设施建设情况

近年来,我国干线公路网运行监测设施的建设规模与质量提升明显。其中,高速公路交通流运行状况监测设施建设情况明显优于普通国省干线公路。截至2015年年底,我国高速公路交通量参数监测设施总规模达近1.5万套,平均布设密度为10~15km/套;沿线视频监测设施总规模达近4.3万套,平均布设密度为4~6km/套。普通国省干线公路交通量参数监测设施总规模达近8044套,平均布设密度130~150km/套,沿线视频监测设施总规模达近1.2万套,平均布设密度为70~90km/套。此外,高速公路收费广场、特大桥梁、长大隧道内基本覆盖交通量和视频监测设施。

(1) 交通流参数监测设施建设情况

我国路网交通流参数监测设施主要有两类,一类是高速公路运营部门在建设或运营期安装的"车辆检测器",另一类是在交通运输部指导下统一安装的"交通量调查设备"。两类设备在采集技术上基本都是利用线圈、微波、视频为数据获取手段,但在采集的具体参数指标上有所差别。其中,"车辆检测器"在高速公路上安装较多,而"交通量调查设备"在普通国省干线公路上安装较多。

从各省路网交通量参数监测设施建设情况看,上海、湖南、北京高速公路交通量参数监测设施布设密度最高,分别达到2.07km/套、2.36km/套和2.87km/套;浙江、福建省(市)高速公路交通量参数监测设施布设密度分别达到9.23km/套、10.93km/套。普通国省干线公路交通量参数监测设施布设密度,北京8.89km/套,上海、天津、江苏、山西等省份布设密度在50km/套以内,安徽、河北、山东、浙江、辽宁等省份布设密度在100km/套以内,其他省份基本在100km/套以上。综合国省干线公路交通量监测设施平均布设密度看,上海、北京、浙江等省市高速公路和普通国省干线公路交通量监测设施布设情况较好。部分地区交通量参数监测设施布设情况如图14-7所示。

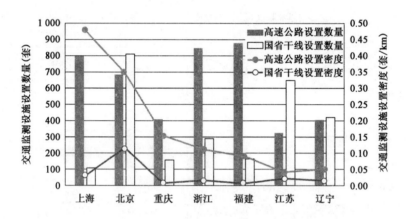

图14-7 部分地区交通量监测设施布设数量和布设密度情况

部分地区路网交通量监测设施情况详见表14-25和表14-26。

部分高速公路交通量监测设施建设情况 表14-25

地 区	高速公路里程 (km)	车辆检测器 (套)	交通量调查设备 (套)	合计 (套)	密度 (km/套)
北京	982	607	78	685	2.87
天津	1 130	69	60	129	17.52
河北	6 333	466	155	621	20.40
山西	5 028	144	24	168	59.86
内蒙古	5 016	56	43	99	101.33
辽宁	4 195	332	72	404	20.77
吉林	2 630	135	39	174	30.23
黑龙江	4 346	186	50	236	36.83
上海	825	676	123	799	2.07

续上表

地 区	高速公路里程（km）	车辆检测器（套）	交通量调查设备（套）	合计（套）	密度（km/套）
江苏	4 539	217	109	326	27.85
浙江	3 917	759	90	849	9.23
安徽	4 249	462	84	546	15.56
福建	4 813	803	78	881	10.93
江西	5 058	428	3	431	23.47
山东	5 348	289	132	421	25.41
河南	6 305	554	0	554	22.76
湖北	6 204	559	62	621	19.98
湖南	5 653	4 656	129	4 785	2.36
广东	7 021	399	141	540	26.00
广西	4 288	0	2	2	4 288.00
海南	803	0	5	5	321.20
重庆	2 525	396	11	407	12.41
四川	6 020	777	180	957	12.58
贵州	5 128	722	39	761	13.48
云南	4 006	310	164	474	16.90
西藏	38	1	2	3	25.33
陕西	5 094	593	117	710	14.35
甘肃	3 522	0	91	91	77.41
青海	2 662	38	13	51	104.39
宁夏	1 527	20	17	37	82.54
新疆	4 316	291	52	343	25.17

部分普通国省干线公路交通量监测设施建设情况　　表14-26

地 区	国省道里程（km）	车辆检测器（套）	交通量调查设备（套）	合计（套）	密度（km/套）
北京	3 605	282	529	811	8.89
天津	3 669	—	187	187	39.24
河北	24 089	466	342	808	59.63
山西	16 996	683	29	712	47.74
内蒙古	24 403	24	33	57	856.25
辽宁	16 568	0	422	422	78.52
吉林	13 919	0	269	269	103.49
黑龙江	16 403	5	5	10	3 280.60
上海	1 711	78	28	106	32.28
江苏	14 950	309	341	650	46.00

续上表

地 区	国省道里程（km）	车辆检测器（套）	交通量调查设备（套）	合计（套）	密度（km/套）
浙江	10 738	0	290	290	74.06
安徽	13 829	237	286	523	52.88
福建	12 971	0	163	163	159.15
江西	16 148	0	142	142	227.44
山东	25 427	694	73	767	66.30
河南	24 299	0	316	316	153.79
湖北	20 137	0	200	200	201.37
湖南	45 790	13	28	41	2 233.66
广东	24 272	0	0	0	—
广西	15 298	0	105	105	291.39
海南	3 532	0	12	12	588.67
重庆	11 899	0	157	157	151.58
四川	22 588	0	240	240	188.23
贵州	14 949	0	72	72	415.25
云南	29 098	0	3	3	19 398.67
西藏	11 950	53	67	120	199.17
陕西	14 376	0	43	43	668.65
甘肃	14 378	236	91	327	87.94
青海	15 576	132	86	218	142.90
宁夏	4 794	0	17	17	564.00
新疆	26 619	11	245	256	207.96

（2）视频监测设施建设情况

路段沿线视频图像监测设施，特别是高速公路沿线视频图像监测设施是传统的高速公路机电系统的重要组成部分，并成为各级公路部门掌握路网实时运行情况和突发事件进展处置情况的重要手段之一。从目前路段沿线视频图像监测设施的应用情况看，采集的图像数据质量不断提高，高清(720P以上)级的视频监测设备也开始进入高速公路机电市场，模拟设备逐步向数字设备转变，视频事件检测系统应用逐步推广，高速公路视频图像监测设施面临着新一轮的升级换代。

从现有统计数据看，无论是这类设施规模(全国高速公路4.2万套)还是布设密度(高速公路接近平均5km/套)，均是各类路网运行监测设施指标中最高的。"可视化"需求作为公路运行监测需求中最直接、最见效的部分，使其已基本覆盖高速公路大型互通、服务区、长大桥隧、隧道、收费站广场、服务区以及超限超载检测站等重要监控点。部分省市的高速公路甚至已实现全程视频监控。部分地区路段沿线视频监测设施布设情况如图14-8所示。

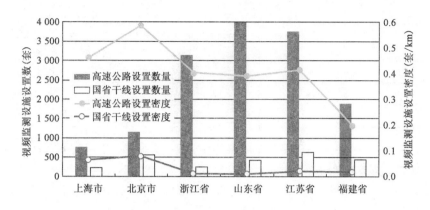

图 14-8　部分地区路段沿线视频监测设施布设数量和布设密度情况

从各省域路段沿线视频监测设施建设情况看,北京市高速公路路段沿线视频监测设施布设密度最高,达到 1.7km/套,其次是上海、河北、江苏、浙江、山东等省(市)高速公路路段沿线视频监测设施,布设密度已经在 3km/套以内。普通省省干线公路路段沿线视频监测设施河北、上海和北京布设密度在 20km/套以内,天津、海南、山西、重庆、江苏布设密度在 100km/套以内,其他省份布设密度均在 100km/套以上。综合国省干线公路路段沿线视频监测设施平均布设密度看,北京、河北、上海、江苏等省市高速公路和普通国省干线公路路段沿线视频监测设施布设情况较好。部分地区路段沿线视频监测设施详细情况详见表 14-27 及表 14-28。

部分高速公路路段沿线视频监测设施监测建设情况　　　　表 14-27

地　　区	高速公路里程（km）	路段、桥梁沿线摄像机（套）	密度（km/套）
北京	982	1 154	1.70
天津	1 130	376	6.01
河北	6 333	5 728	2.21
山西	5 028	932	10.79
内蒙古	5 016	973	10.31
辽宁	4 195	978	8.58
吉林	2 630	250	21.04
黑龙江	4 346	27	321.93
上海	825	761	2.17
江苏	4 539	3 759	2.42
浙江	3 917	3 142	2.49
安徽	4 249	905	9.39
福建	4 813	1 884	5.11
江西	5 058	1 021	9.91
山东	5 348	4 176	2.56

续上表

地 区	高速公路里程(km)	路段、桥梁沿线摄像机(套)	密度(km/套)
河南	6 305	3 265	3.86
湖北	6 204	806	15.39
湖南	5 653	1 234	9.16
广东	7 021	2 336	6.01
广西	4 288	280	30.63
海南	803	200	8.03
重庆	2 525	682	7.40
四川	6 020	1 266	9.51
贵州	5 128	623	16.46
云南	4 006	1 815	4.41
西藏	38	53	1.43
陕西	5 094	2 258	4.51
甘肃	3 522	1 467	4.80
青海	2 662	215	24.76
宁夏	1 527	39	78.31
新疆	4 316	342	25.24

部分普通国省干线公路路段沿线视频监测设施建设情况 表14-28

地 区	国省道里程(km)	路段、桥梁沿线摄像机(套)	密度(km/套)
北京	3 605	569	12.67
天津	3 669	231	31.77
河北	24 089	5 731	8.41
山西	16 996	971	35.01
内蒙古	24 403	43	1 135.02
辽宁	16 568	275	120.49
吉林	13 919	—	—
黑龙江	16 403	—	—
上海	1 711	224	15.28
江苏	14 950	624	47.92
浙江	10 738	259	82.92
安徽	13 829	305	90.68
福建	12 971	436	59.50
江西	16 148	173	186.68

续上表

地 区	国省道里程 （km）	路段、桥梁沿线摄像机 （套）	密度 （km/套）
山东	25 427	428	118.82
河南	24 299	92	528.24
湖北	20 137	74	544.24
湖南	45 790	186	492.37
广东	24 272	180	269.69
广西	15 298	19	1 610.32
海南	3 532	200	35.32
重庆	11 899	705	33.76
四川	22 588	—	—
贵州	14 949	104	287.48
云南	29 098	7	8 313.71
西藏	11 950	54	442.59
陕西	14 376	3	9 584.00
甘肃	14 378	42	684.67
青海	15 576	118	264.00
宁夏	4 794	—	—
新疆	26 619	62	858.68

4. 公路沿线气象环境监测设施建设情况

随着近年来冰冻、雨雪、雾霾等恶劣天气引发的公路交通阻断事件不断增多，各级公路交通管理部门开始重视公路沿线气象环境监测。

公路交通气象观测站根据观测项目的不同分为单要素自动气象观测和多要素自动气象观测。单要素气象观测站观测某一项对道路安全产生直接影响的气象要素，如能见度、路面、气象环境；多要素气象观测站要求观测两项及以上的气象要素，其中的全要素观测站能够观测能见度、路面条件（路面温度、路面状况、冰点温度）、气象环境（气温、湿度、风向、风速、气压、雨量、天气现象）等气象参数。

截至 2015 年年底，我国高速公路气象监测设施总规模达近 2 000 套，平均布设密度为 80～100km/套，普通国省干线公路气象监测设施总规模已达 280 余套。总体上看，除江苏等少数地区高速公路气象监测设施布设形成一定规模外，其他省份布设密度十分稀疏，是各类路网运行监测设施中较为薄弱的环节。

从各省路网气象环境监测设施建设情况看，江苏高速公路气象环境监测设施布设密度在 30km/套以内，上海、安徽、重庆、北京、江西、浙江、湖南、河北、河南高速公路气象环境监测设施布设密度在 100km/套以内，其他省份布设密度均在 100km/套以上。其中，江苏省高速公路部门在公路气象监测设施建设及利用气象环境监测数据提升路网运行效率方面有较成功的经验。部分地区公路气象环境监测设施布设情况如表 14-29 及表 14-30 所示。

部分高速公路气象监测设施建设情况 表 14-29

地 区	高速公路里程(km)	单要素/多要素气象监测站(个)	密度(km/个)
江苏	4 539	302	30.06
北京	982	48	40.92
上海	825	37	44.59
安徽	4 249	188	45.20
青海	2 662	107	49.76
重庆	2 525	87	58.05
浙江	3 917	123	63.69
天津	1 130	32	70.63
江西	5 058	128	79.03
湖南	5 653	133	85.01
河北	6 333	139	91.12
河南	6 305	126	100.08
四川	6 020	111	108.47
吉林	2 630	42	125.24
湖北	6 204	99	125.33
贵州	5 128	76	134.95
山东	5 348	70	152.80
新疆	4 316	46	187.65
宁夏	1 527	10	305.40
内蒙古	5 016	32	313.50
福建	4 813	30	320.87
黑龙江	4 346	25	347.68
云南	4 006	22	364.18
辽宁	4 195	23	364.78
甘肃	3 522	14	503.14
广东	7 021	23	610.52
广西	4 288	8	1 072.00
山西	5 028	9	1 117.33

部分普通国省干线公路气象监测设施建设情况 表 14-30

地 区	国省道里程(km)	单要素/多要素气象监测站(个)	密度(km/个)
北京	3 605	33	218.485
天津	3 669	1	7 338.000
河北	24 089	199	242.101

续上表

地　区	国省道里程（km）	单要素/多要素气象监测站（个）	密度（km/个）
辽宁	16 568	4	8 284.000
上海	1 711	4	855.500
江苏	14 950	2	14 950.000
山东	25 427	1	50 854.000
河南	24 299	1	48 598.000
甘肃	14 378	4	7 189.000
青海	15 576	18	1 730.667
新疆	26 619	17	3 131.647

二、我国干线公路网交通运行状况分析

从交通流量、拥挤程度和阻断事件三方面分析我国干线公路网的交通运行状况。

1. 我国干线公路网交通流量分析

近年来,全国干线公路交通量逐年持续增长。根据全国交通情况调查系统统计,2015年全国干线公路年平均日交通量为15 735pcu/d,同比增长2.1%。2011年至2015年全国干线公路网交通量变化趋势如图14-9所示。2015年,国道网机动车年平均日交通量为15 424辆,同比增长2.5%。其中,国家高速公路日平均交通量为23 818辆,同比增长1.9%;全国高速公路日平均交通量为22 334辆,同比分别增长2.5%;普通国道日平均交通量为11 128辆,同比增长2.6%。

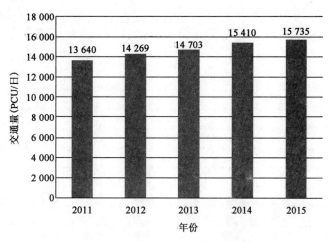

图14-9　全国干线公路网2011~2015年平均日交通量趋势

从空间分布看,国家高速公路网主通道中,年平均日交通量较大的路段是沪昆高速(G60)上海段、京沪高速(G2)上海段、济广高速(G35)广东段、京港澳高速(G4)北京段、沈海高速(G15)上海段、沪渝高速(G42)江苏段等,重点城市群联络线及地区环线中年平均日交通量较大的路线是东佛高速(G9411)、广澳高速(G4W)、常台高速(G15W)、北京六环高速(G4501);

年平均日交通量较小的国道路段主要分布在边疆地区的普通国道,如肃阿线(G571)甘肃段、叶孜线(G219)西藏段、成那线(G317)西藏段、叶拉线(G219)新疆段等。

从时间分布看,全国干线公路网交通量月度变化特征明显:受冬季天气因素影响,1月份交通量最小,春季以后交通量逐月增长,6月份交通量有小幅回落,此后夏、秋季节继续增长,10月份交通量达到波峰,此后逐月回落。2015年全国干线公路网月度交通量变化情况如图14-10所示。

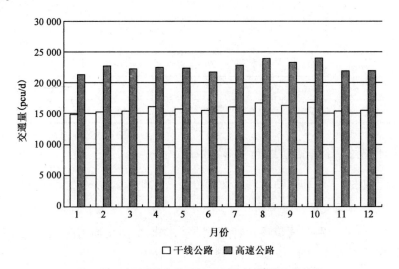

图14-10 全国干线公路网2015年月度交通量变化情况

全国各大区域路网交通量分布情况看,全国干线公路网交通量分布不均匀。其中,华南地区干线公路网年平均日交通量最大,为30 768pcu/d;其次是华东地区,为24 402pcu/d;年平均日交通量最小的区域是西北地区,仅为8 403pcu/d。从路网交通承载分布情况看,路网密集的华东地区承担的行驶量占全国总量的26.4%,其次是华南地区占全国总量的19.8%,东北地区承担的行驶量占比最小为7.5%,比去年有所下降。交通量区域分布情况如图14-11。

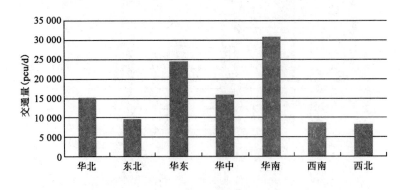

图14-11 2015年全国干线公路网区域交通量情况

从全国31个省(自治区、直辖市)的交通量分布情况看,总体上分布差异较大,交通量规模与该地区经济发展水平、产业布局、所处地理位置有密切关系。2015年干线路网年平均日交通量前5位的省份与上年相同,依次是上海、北京、广东、浙江、天津;后5位的省份依次是西藏、青海、黑龙江、新疆、内蒙古。高速公路年平均日交通量前5位的省份依次是上海、北京、广东、浙江、江苏；后5位的省份依次是黑龙江、吉林、新疆、甘肃、宁夏。

2. 我国干线公路网拥挤程度分析

2015年全国干线公路网拥挤度为17.01%，同比上升1个百分点，高速公路网和普通国道网的拥挤度分别为8.39%和23.03%。其中，高速公路处于"畅通"和"基本畅通"状态的里程比例为84.45%，同比略有上升，"严重拥堵"状态的里程比例为5.54%；普通公路处于"畅通"和"基本畅通"状态的里程比例为65.84%，"严重拥堵"状态的里程比例为9.38%，与上年基本持平。具体分布情况如图14-12所示。

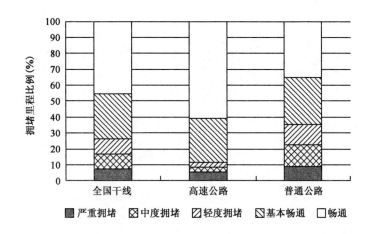

图14-12　2015年全国干线路网不同等级路网拥挤度情况

从路网空间分布看，国家高速公路拥堵的路段主要分布在京港澳高速（G4）北京段、沪昆高速（G60）上海段、京沪高速（G2）北京段等特大城市进出城路段。普通国道拥堵路段主要分布在京津冀、长三角、珠三角等经济发达地区。

从时间分布看，全国干线公路网月平均路网拥挤度处于"基本畅通"状态，与上年相比基本持平。其中，4月至10月拥堵程度较高。全国干线公路网月平均路网拥挤度如图14-13所示，月度运行状态分布比例如图14-14所示。

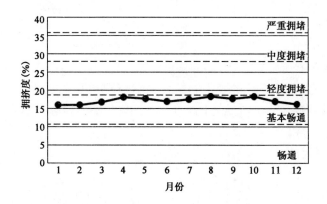

图14-13　2015年全国干线公路网月平均路网拥挤度

全国干线公路网各大区域间的拥挤程度差异较大。其中,华南地区路网最为拥堵,拥挤度达 33.08%,与去年持平;东北、西北地区路网较为畅通,拥挤度分别为 6.79% 和 6.47%,比去年有所上升;另外与 2014 年相比,华中、西南地区路网拥堵情况略有加剧,华东地区拥挤度略有好转,华北地区基本持平。具体如图 14-15 所示。

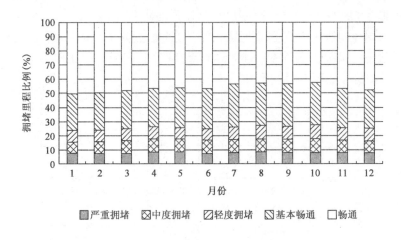

图 14-14　2015 年全国干线路网月度运行状态分布比例

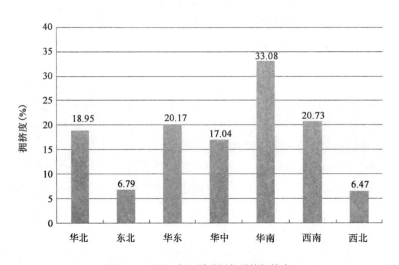

图 14-15　2015 年区域路网年平均拥挤度

从全国 31 个省(自治区、直辖市)的拥挤度分布情况看,2015 年干线路网拥挤度较高省份依次是北京、上海、广东、天津、河北;拥挤度较小省份依次是黑龙江、青海、西藏、内蒙古、新疆。高速公路拥挤度较高省份依次是北京、上海、广东、浙江、山东;拥挤度较小的省份依次是黑龙江、吉林、福建、新疆、甘肃。

3. 我国干线公路网阻断事件分析

自 2011 年以来,公路交通阻断事件的数量逐年快速增长。2009 年至 2015 年公路交通阻断事件数量变化趋势如图 14-16 所示,2012 年至 2015 年公路交通阻断事件累计阻断里程和阻断时间如图 14-17 和图 14-18 所示。

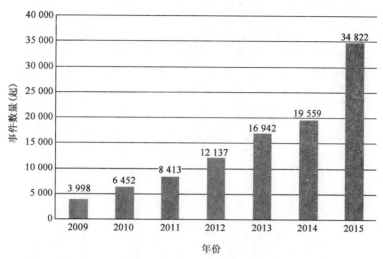

图 14-16　公路交通阻断事件数量历年变化趋势

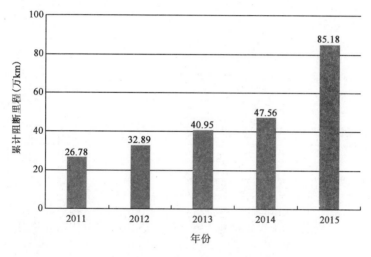

图 14-17　公路交通累计阻断里程历年变化趋势

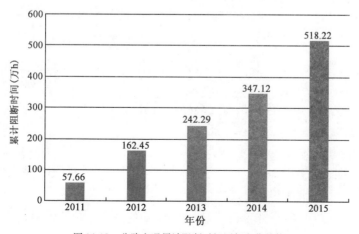

图 14-18　公路交通累计阻断时间历年变化趋势

从阻断事件时间分布情况看,2015年冬季为公路交通阻断事件多发期,其次分别为秋季和夏季。9月、10月、11月、12月所发生的阻断事件数量约占全年的47.99%,主要是冰冻雨雪及大雾等恶劣天气造成的公路封闭事件,具体如图14-19所示。2011年至2015年各月份阻断事件数量分布呈现普遍增长趋势(图14-20)。

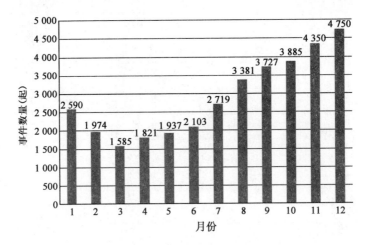

图14-19　阻断事件数量月度分布

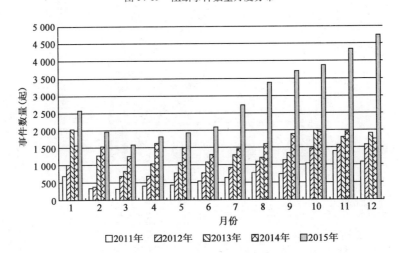

图14-20　2011～2015年阻断事件数量月度分布变化图

2015年因计划性原因(施工养护、重大社会活动等)造成的阻断事件共13 484起,占总数的37.72%;因突发性原因(自然灾害、事故灾难、恶劣天气等)造成的阻断事件共21 338起,占总数的61.28%。突发性原因依然是造成公路交通阻断的主要原因。2009年至2015年公路交通阻断事件成因变化趋势如图14-21所示。

在全部突发性和计划性阻断事件成因中,除地质灾害类2015年减少151起,同比减少23.67%,其他各类阻断事件2015年均有所增长。其中施工养护类增加7 798起,同比增长166.59%;恶劣天气增加4 402起,同比增长76.46%;事故灾害类增加995起,同比增长22.63%;重大社会活动增加46起。2013年至2015年公路交通阻断成因对比情况如图14-22所示。

图14-21 2009~2013年公路交通阻断事件成因历年变化趋势

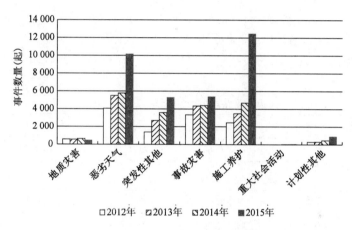

图14-22 2012~2015阻断事件成因对比

三、我国干线公路网运行状况综合评价

干线公路网运行状况综合评价是开展公路网规划和运营管理工作的重要基础。

1. 干线公路网运行状况综合评价指标与评价方法

根据本章前两节提到的公路网监测指标研究成果,从技术状况、阻断程度和拥挤程度三个方面建立公路网运行综合评价指标。

（1）技术状况评价指标

公路技术状况评价依据我国公路技术状况检测工作中通用的破损率（DR）和平整度（IRI）两项指标。为方便对比和划分等级,采用上述两项指标对应的百分制指标,即路面损坏（PCI）和路面平整度（RQI）,并综合路面损坏（PCI）和路面平整度（RQI）计算路面使用性能指数（PQI）。公路技术状况等级划分标准如表14-31所示。

公路技术状况等级划分标准　　　　表14-31

技术状况等级	优	良	中	次	差
PQI	≥90	[80,90)	[70,80)	[60,70)	<60

(2) 阻断程度评价指标

公路交通阻断程度评价采用阻断率指标。阻断率根据阻断时长和阻断历程来计算。通道或路网阻断率为通道或路网累计阻断时间与累计阻断里程的乘积占评价周期(时长)与通道或路网总里程乘积的比例。阻断程度等级划分标准如表14-32及表14-33所示。

通道阻断程度等级划分标准　　　　表 14-32

通道阻断等级	低	较低	中	较高	高
阻断率	<0.06	[0.06,0.45)	[0.45,0.6)	[0.6,2.5)	≥2.5

路网阻断程度等级划分标准　　　　表 14-33

路网阻断等级	低	较低	中	较高	高
阻断率	<0.06	[0.06,0.45)	[0.45,0.6)	[0.6,2)	≥2

(3) 拥挤程度评价指标

公路拥挤程度采用拥挤度指标。路段拥挤度为路段实际年平均日交通量与路段适应交通量的比值。通道拥挤度为通道中各路段拥挤度用里程加权平均。路网拥挤度为路网中处于中度拥堵和严重拥堵路段的里程占路网总里程的比值。拥挤程度等级划分标准如表 14-34 ~ 表 14-36所示。

高速公路路段(通道)拥堵等级划分标准　　　　表 14-34

拥堵等级	畅通	基本畅通	轻度拥堵	中度拥堵	严重拥堵
拥挤度	<0.33	[0.33,0.63)	[0.63,0.81)	[0.81,1.3)	≥1.3

普通公路路段(通道)拥堵等级划分标准　　　　表 14-35

拥堵等级	畅通	基本畅通	轻度拥堵	中度拥堵	严重拥堵
拥挤度	<0.36	[0.36,0.71)	[0.71,0.92)	[0.92,1.4)	≥1.4

路网拥堵等级划分标准　　　　14-36

拥堵等级	畅通	基本畅通	轻度拥堵	中度拥堵	严重拥堵
拥挤度	<11	[0.11,19)	[0.19,28)	[0.28,36)	≥36

(4) 通道运行指数

通道运行指数为通道设施技术状况、通道拥挤度和通道阻断率三项指标的综合评估值。采用模糊综合评价法,技术状况、阻断程度和拥挤程度三项评价指标的权重分别为0.4、0.2 和 0.4。通道运行指数的值域为[0,5],数值越大,表明通道运行状况越好(表 14-37)。

通道运行状态等级划分标准　　　　表 14-37

通道运行状态等级	通道运行指数	定 性 描 述
优	(4,5]	通道畅通,出行效率、安全性和可靠性很高
良	(3,4]	通道局部结点拥堵或阻断,出行效率、安全性和可靠性较高
中	(2,3]	通道局部路段拥堵或阻断,出行效率、安全性和可靠性较高
次	(1,2]	通道大范围拥堵或阻断,出行效率、安全性和可靠性较低
差	[0,1]	通道大范围长时间拥堵或阻断,出行效率、安全性和可靠性很低

(5)路网综合运行指数

路网综合运行指数为路网设施技术状况、路网拥挤度和路网阻断率三项指标的综合评估值。采用模糊综合评价法,技术状况、阻断程度和拥挤程度三项评价指标,其权重分别为0.4、0.4和0.2。路网综合运行指数的值域为[0,100],数值越大,表明路网运行状况越好(表14-38)。

路网综合运行状态等级划分标准　　　　　　　　表14-38

路网运行状态等级	路网综合运行指数	定 性 描 述
优	(80,100]	全网畅通,出行效率、安全性和可靠性很高
良	(60,80]	局部路段拥堵或阻断,出行效率、安全性和可靠性普遍较高
中	(40,60]	局部路网拥堵或阻断,出行效率、安全性和可靠性普遍较高
次	(20,40]	路网大范围拥堵或阻断,出行效率、安全性和可靠性普遍较低
差	[0,20]	路网大范围长时间拥堵或阻断,出行效率、安全性和可靠性很低

2. 我国干线公路网运行状况评价结果

分析2011年至2015年我国干线公路网运行监测数据,根据公路网的层次结构和监管需求,从点、线、面三个层次对全国干线公路网的重要路段、通道和区域路网的运行状况进行综合评价。重要路段运行状况的评价根据各单项指标评价结果综合分析;重要通道运行状况的评价在各单项指标评价结果的基础上,计算通道运行指数并进行综合评价;区域路网和全国路网运行状况的评价在单项指标评价结果的基础上,计算路网综合运行指数并进行综合评价。

(1)全国干线公路网运行状况评价

2011年至2015年全国干线公路网的技术状况总体良好,处于优等或良等水平,其中,2011年至2014年呈逐年下降趋势,2015年大幅回升,接近2011年水平(图14-23)。

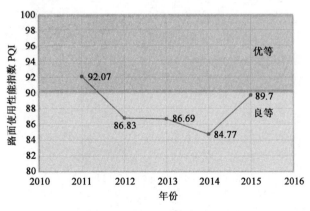

图14-23　全国干线公路网技术状况评价

全国干线公路交通量逐年持续增长,年平均日交通量逐年增长,但路网拥挤度基本呈逐年下降趋势,均处于基本畅通水平(图14-24)。

公路交通阻断事件的数量逐年快速增长。全国干线公路网阻断率呈现较大的波动,2012年阻断率大幅下降,但之后又快速回升(图14-25)。

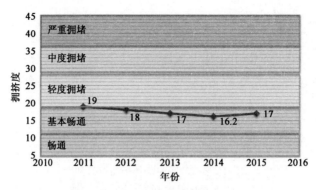

图 14-24　全国干线公路网拥挤程度评价

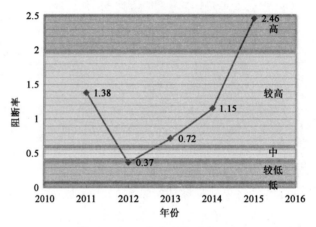

图 14-25　全国干线公路网阻断程度评价

总体来看,2011 年至 2015 年路网整体运行态势较为平稳,由于 2012 年路网阻断率大幅下降,路网运行状态达到良等水平,其余年份均处于中等偏上水平(图 14-26)。

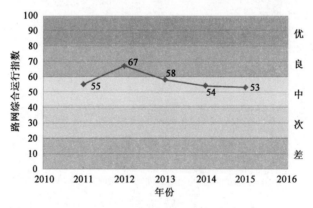

图 14-26　全国干线公路网综合运行状况评价

(2) 区域公路网运行状况评价

东中西部路网技术状况总体良好,处于优或良水平。东部地区路网技术状况保持最好,中部地区路况好于西部。2011 年至 2014 年呈逐年下降趋势,2015 年大幅回升,接近 2011 年水平(图 14-27)。

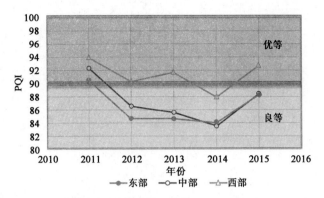

图 14-27　东中西部区域路网技术状况评价

东部地区路网拥挤度保持在轻度拥堵水平。中部地区路网拥挤度逐年下降，由轻度拥堵水平下降为基本畅通水平。西部地区路网拥挤度保持在基本畅通水平（图 14-28）。

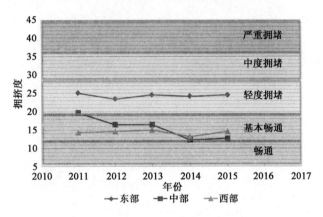

图 14-28　东中西部区域路网拥挤程度评价

东、中、西部区域 2011 年的路网阻断率均较高，2012 年达到低谷，之后又迅速回升。东部地区阻断严重程度增幅最大，从较高水平上升至很高水平，主要原因是阻断事件数量大幅增加，雾霾等恶劣天气和车流量大导致的阻断事件增幅明显，占比较高。中部地区阻断严重程度同比往年持续增加，从中等水平上升至较高水平，主要原因是阻断事件数量大幅增加，雾霾等恶劣天气和车流量大导致的阻断事件占比较高。西部地区阻断严重程度同比往年持续增加，处于较高水平，主要原因是公路养护施工等计划性阻断事件占比较高，阻断持续时间较长（图 14-29）。

与全国干线公路网的综合运行态势类似，东、中、西部区域路网的综合运行态势基本平稳，均处于中或良，2012 年最好。中部区域路网综合运行状况最好，东部区域由于拥挤度和阻断率较高，运行状况较差。西部地区由于技术状况较差和阻断率较高，运行状况也较差，但略好于东部（图 14-30）。

(3) 重要通道运行状况评价

以京哈（G1）、京沪（G2）、京港澳（G4）、长深（G25）、连霍（G30）、沪蓉（G42）六条通道为代表，分析重要通道运行状况。除连霍通道的普通公路技术状况较差外，其余通道公路的技术状况均达到优或良。如图 14-31 所示，从 2011 年至 2015 年各条通道的技术状况发展态势来看，六条主要运输通道中的高速公路技术状况基本稳定，普通公路的技术状况波动幅度相对较大。

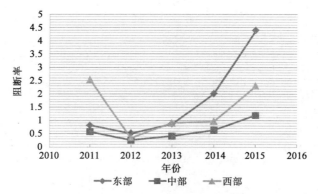

图 14-29　东中西部区域路网阻断程度评价

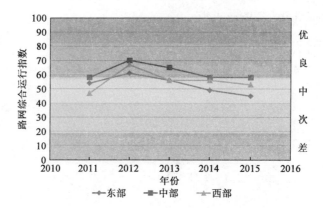

图 14-30　东中西部区域路网综合运行状况评价

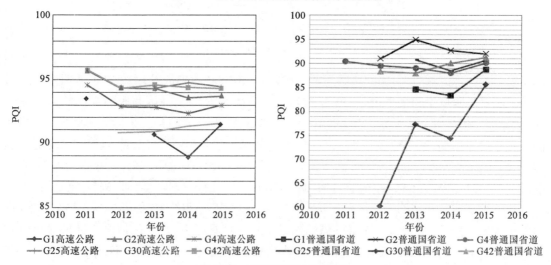

图 14-31　重要通道技术状况评价

重要通道的拥挤度高于全国干线路网的平均拥挤度,京哈(G1)、京沪(G2)和京港澳(G4)的拥挤程度相对较高,达到轻度或中度拥堵水平,其他通道处于基本畅通水平。如图 14-32 所示从 2011 年至 2015 年各条通道的拥挤程度发展态势来看,除沪蓉高速(G42)拥挤度有明显的下降和回升趋势外,其他主要运输通道的拥挤程度均呈小幅波动态势,保持在较高水平。通道中普通公路的拥挤度略高于高速公路的拥挤度。

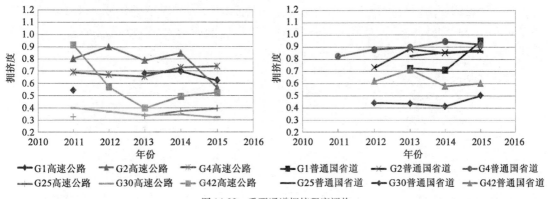

图 14-32 重要通道拥挤程度评价

从六条通道拥挤程度的空间分布看,局部路段拥挤度很高,如京港澳通道的 G4 北京段和京沪通道的 G312 上海段(图 14-33)。

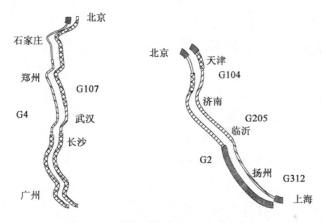

图 14-33 重要通道拥挤程度空间分布特点

注:图中线条的粗细表示交通量的大小,线条越粗,交通量越大。线条的线型代表拥挤度的高低,依次代表拥挤度很高、较高、中等、较低、很低。

通道中的高速公路阻断严重程度均处于较高水平,京哈通道和连霍通道中的普通公路阻断严重程度较高,其他通道的普通公路阻断严重程度较低。从 2011 年至 2015 年各条通道的阻断程度发展态势来看,通道中的高速公路和普通公路的阻断严重程度均呈快速上升趋势(图 14-34)。

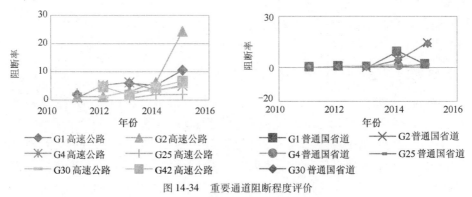

图 14-34 重要通道阻断程度评价

六条通道的通道运行指数主要处于良。个别通道的个别时段达到优或处于中。从2011年至2015年各条通道的运行态势发展态势来看,通道中的高速公路运行态势较为平稳,普通公路的运行态势呈小幅波动态势(图14-35)。

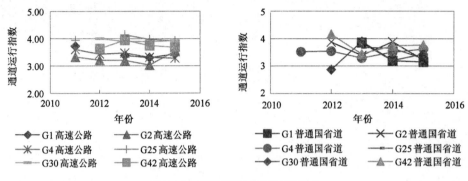

图14-35　重要通道运行状况总体评价

第四节　公路网运行监测与管理系统

公路网运行监测与管理系统是面向公路网运行监测、预测预警、突发事件应急处置、路网协调调度指挥等业务的信息化系统。公路网运行监测与管理系统与传统的高速公路监控系统、收费系统、通信系统密切相关,但又有本质的区别。本章从理论层面介绍公路网运行监测与管理系统的功能层次、逻辑框架和物理框架,从实践层面介绍公路网运行监测与管理系统的应用实例。

一、公路网运行监测与管理系统的功能层次

根据公路网全网、全时可视、可测、可控、可服务的需求,公路网运行监测与管理系统的功能主要包括公路网运行状态监测、运行管理和运行服务三个方面。

(1)公路网运行状态监测功能。从监测的范围来看,应实现高速公路网和普通公路网的监测。从监测的粒度来看,应实现宏观的全国路网、中观的区域路网和微观的路段三个层次的监测。

(2)公路网运行管理功能。应实现日常运行管理、突发事件下运行管理以及计划性事件下运行管理三个方面的功能。

(3)公路网运行服务功能。应实现面向交通行业、相关部门以及公众等的服务。

图14-36给出了公路网运行监测与管理系统的功能层次分析实例。

二、公路网运行监测与管理系统的逻辑框架

根据公路网运行监测与管理系统的功能层次分析,公路网运行监测与管理系统的顶层逻辑功能主要包括公路网运行状态监测、运行管理、运行服务三方面。其中,公路网运行状态监测的对象主要包括公路基础设施、交通状态和道路环境,公路网运行管理的主体主要有国家路网监测与管理机构和省级路网监测与管理机构,公路网运行服务的对象主要包括行业部门、相关部门和公众。

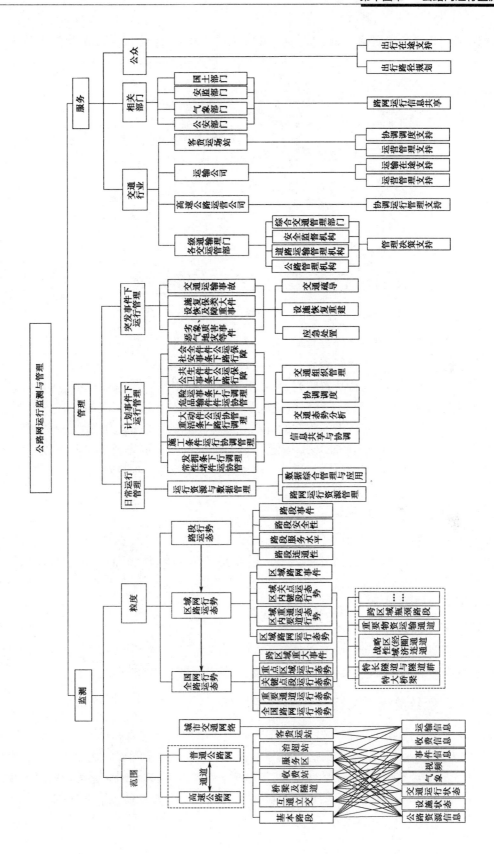

图14-36 公路网运行监测与管理系统的功能层次分析实例

公路网运行监测与管理系统顶层逻辑功能与外部实体之间的相互关系和数据流向如图 14-37 所示。

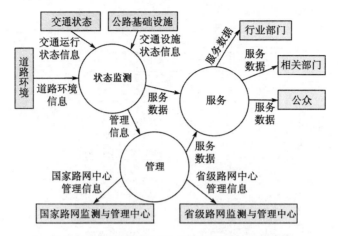

图 14-37　公路网运行监测与管理系统顶层逻辑框架图

1. 公路网运行状态监测的逻辑功能

公路网运行状态监测的逻辑功能从微观到宏观主要包括：路段运行状态监测、服务于省级路网监测与管理的区域路网运行状态监测、服务于国家路网监测与管理的全国路网运行状态监测。其中，路段运行状态监测基于路段的设施状态、交通状态和环境状态的综合分析评估；省域路网运行状态监测基于省域内各路段运行状态的综合分析评估；全国路网运行状态监测既包括基于区域路网运行状态监测的跨区域公路网态势分析和重点省域公路网态势分析，也包括关键点段及动态特殊点段的态势分析。公路网运行状态监测各项逻辑功能相互关系及数据流向如图 14-38 所示。

2. 公路网运行管理的逻辑功能

公路网运行管理的逻辑功能包括日常管理和事件管理两个方面。其中，日常管理包括数据综合管理与应用、交通态势分析、交通运行组织、信息发布与协调等功能，事件管理包括预测预警、预案生成、协调调度指挥、应急处置、事件评估等功能。公路网运行管理各项逻辑功能相互关系及数据流向如图 14-39 所示。

3. 公路网运行服务的逻辑功能

公路网运行服务逻辑功能包括国家路网管理中心提供的服务和省级路网管理中心提供的服务。公路网运行服务各项逻辑功能相互关系及数据流向如图 14-40 所示。

三、公路网运行监测与管理系统的物理框架

根据公路网运行监测与管理系统的功能层次和逻辑框架分析，其功能构件主要包括国家路网运行监测与管理平台和省级路网运行监测与管理平台两级平台、国家公路网运行监测与管理系统关键设备与软件检测认证平台、公路设施状态感知系统、公路网交通运行状态感知系统和公路出行服务系统。图 14-41 给出了公路网运行监测与管理系统的各组成部分及相互关系。

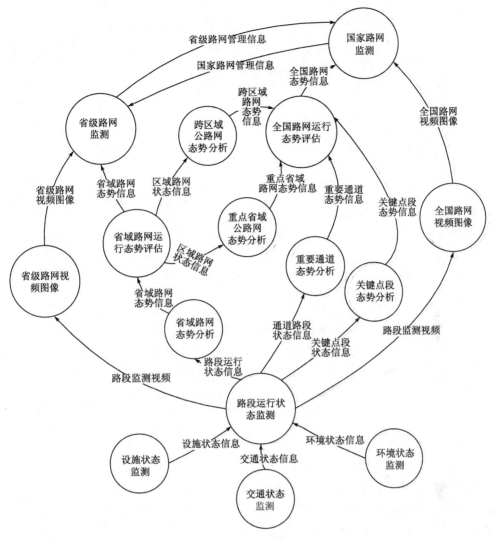

图 14-38 公路网运行状态监测逻辑框架图

四、公路网运行监测与管理系统应用实例

随着公路网运行监测与管理工作的深入开展,国家路网监测与管理机构和各省级路网监测与管理机构结合实际工作应用需求,逐步建设和完善相关业务支持系统,下面简要介绍一些公路网运行监测与管理系统的应用实例。

1. 全国路网运行状况综合监测系统

交通运输部路网监测与应急处置中心以公路行业基础设施数据为基础,融合商业地图数据,建设了公路交通地理信息系统平台(GIS-T)。在 GIS-T 基础上,融合公路交通阻断信息、交通量调查数据等行业内监测数据和互联网企业获取的浮动车数据、货运监管数据和用户 APP 数据等,应用各类监测和评估指标,建设了面向全国干线公路网阻断事件监测、交通流量监测、公路交通气象预报预警、突发事件应急处置等业务需求的全国路网运行状况综合监测系统。

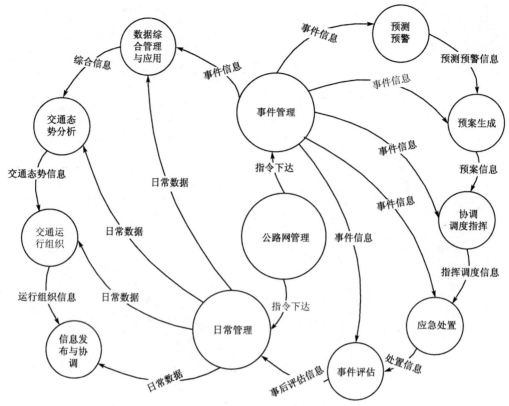

图14-39 公路网运行管理逻辑框架图

2. 国家高速公路网实时监测系统

根据国家高速公路网监测业务需求,以高德收集的用户出行信息,包括手机信令、导航软件、地图客户端位置信息及获取的其他数据等,通过数据融合,以高德地图为基础,实时监测显示国家高速公路网拥堵路段和拥堵收费站空间分布及拥堵程度排名情况。

3. 全国公路网交通流量和拥堵趋势预测系统

根据全国公路网监测业务需求,以北京千方科技有限公司收集的货运监管数据、城市浮动车数据、用户APP位置信息为基础,通过大数据分析与挖掘,生成全国路网节假日期间的交通量整体趋势和拥堵趋势预测数据(图14-42、图14-43)。该系统主要用于支持全国路网节假日期间路网运行态势研判。

4. 重要运输通道综合路况业务系统

根据重要运输通道监测需求,以重要运输通道全线交通量调查数据、阻断事件信息为基础,以行业视角,多维度、全时空监测重要运输通道交通流量动态饱和度、阻断事件分布、交通流量分布、温度和降水对交通运行的影响等信息(图14-44)。

5. 全国公路气象预报预警系统

以气象部门提供的气象预报信息为基础,系统自动匹配公路网数据,生成公路气象预报专题图,筛选出未来24小时受雨、雾、冰雪等恶劣天气影响的路段,为有效减少恶劣天气对路网运行造成的影响起到了重要的支撑作用。

第十四章 公路网运行监测与管理

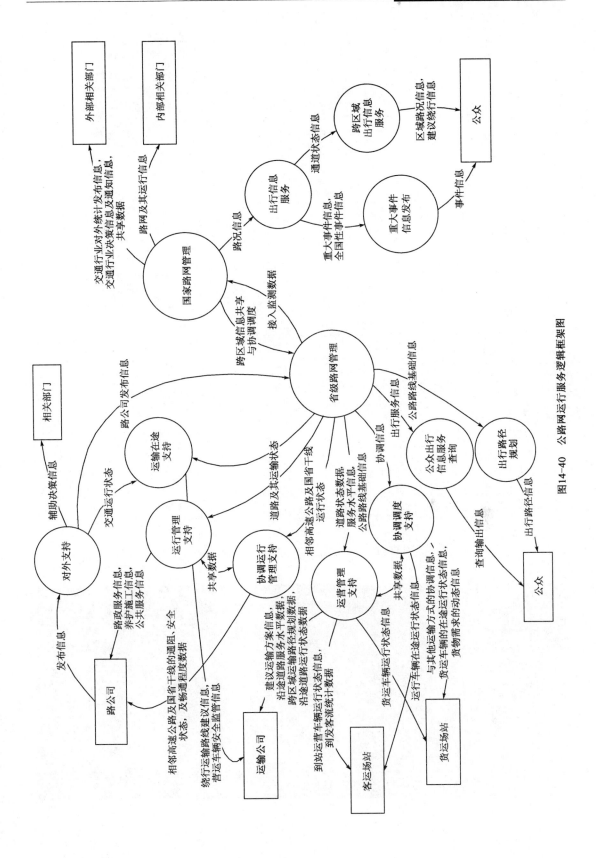

图14-40 公路网运行服务逻辑框架图

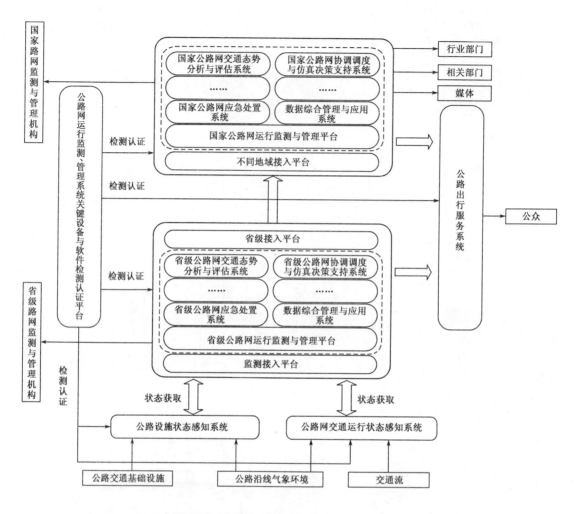

图 14-41　公路网运行监测与管理系统物理框架图

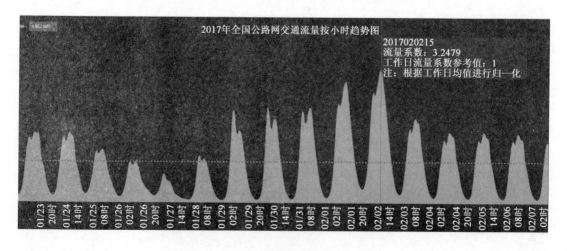

图 14-42　全国公路网交通流量按小时趋势图

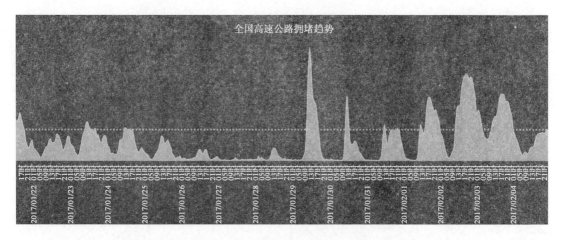

图 14-43　全国高速公路拥堵趋势预测图

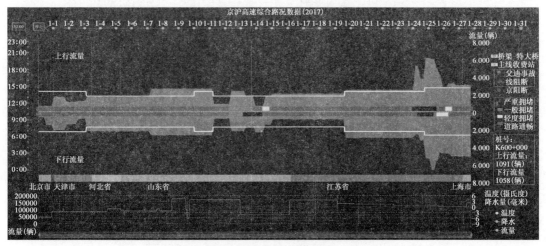

图 14-44　重要运输通道综合路况业务系统界面图

6. 基于高分遥感影像信息的公路灾害监测与应急处置支持系统

基于高分遥感影像信息的公路灾害监测与应急处置支持系统是针对公路灾害监测和应急处置工作的需求开发的,可以实现灾情信息的快速识别、灾情快速准确评估、灾害专题图自动生成、信息专报自动生成、应急救援路径优化等功能,为公路灾害应急处置提供辅助决策支持。包括 5 个子系统,分别是:数据处理子系统、地质灾害提取子系统、地质灾害评估子系统、救援路径分析子系统、系统管理维护子系统。整体架构图如图 14-45 所示。

7. 公路出行信息服务系统

近年来,各级公路管理部门从满足公众出行需求和满足管理需求的角度出发,按照全天候、全覆盖、立体化的原则建设出行信息服务系统,对社会公众提供"出行前"和"出行中"不同阶段的信息服务。"全天候"——工作人员 24 小时值守响应公众的服务需求;"全覆盖"——服务内容涵盖了路况信息、阻断信息、气象信息、出行常识、绕行方案等与公众出行密切相关的各类信息;"立体化"——综合利用电台、电视台、报纸、政务网站、热线电话以及新媒体等多种手段为公众提供出行服务(图 14-46)。

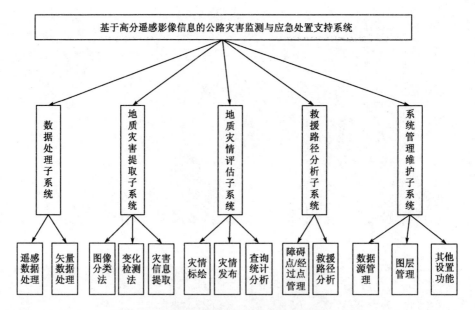

图 14-45 公路灾害监测与应急处置支持系统整体架构图

图 14-46 中国路网微信公众号

截至 2015 年年底,交通运输部和全国 31 个省(市、地区)公路管理部门全部都开设有公路出行服务网站,共计开通具备公路出行服务功能的网站(含专门出行服务网站和具备上述功能的网页、栏目网站,包括 ETC 服务网站、公路气象服务网站)110 个;共有 29 个省(市、地区)开通具备公路出行信息服务功能的微博 57 个;共有 29 个省(市、地区)开通公路出行信息服务功能(含 ETC 业务)的微信 73 个;全国 31 个省(市、地区)开通客服电话号码 81 个(含12 328);全国 23 个省(市、地区)开通移动客户端 44 个;全国共有 29 个省(市、地区)开展了公路出行信息服务媒体全方位合作,共有合作广播、电视媒体135家(不完全统计);共有11个省(市、地区)与支付宝、高德、电信等部门开展社会化出行服务合作。由交通运输部、中央人民广播电台联合打造的"中国高速公路交通广播"信号覆盖北京、天津、河北和湖南大部分区域。

与传统的公路规划、设计、建设相比,公路网运行监测与管理是伴随我国公路交通发展到网络化运行时代而产生的新需求,相关理论和应用技术的研究尚处于起步阶段。与此同时,云计算、大数据、物联网、移动互联网等新一代信息技术的兴起,为公路网运行监测与管理提供了崭新的技术平台。运用创新的思维将新一代信息技术与公路网运行监测与管理工作有机融合,是构建智慧公路网的有效技术途径。在此领域,研究和发展的空间还十分广阔。

【复习思考题】

1. 公路网运行监测与管理的必要性和重要性主要体现在哪些方面?
2. 如何构建科学合理的公路网运行监测指标体系?
3. 公路网运行监测设施主要有哪些?各种监测设施有哪些优缺点?
4. 如何利用新一代信息技术提升公路网运行监测与管理能力?
5. 我国干线公路网运行状况综合评价带来哪些启示?
6. 公路网运行监测与管理系统的主要功能是什么?

参 考 文 献

[1] 任福田,徐吉谦.交通工程学导论[M].北京:中国建筑工业出版社,1989.
[2] 冯桂炎,李作敏.实用交通工程学[M].长沙:湖南大学出版社,1987.
[3] 李江,傅晓光,李作敏.现代道路交通管理[M].北京:人民交通出版社,2000.
[4] 李彦武,熊哲清.中国公路建设与环境保护[M].北京:人民交通出版社,2000.
[5] 李卫平,李作敏,赵学敏.道路交通概论[M].北京:人民交通出版社,1992.
[6] 徐吉谦.交通工程总论[M].北京:人民交通出版社,1991.
[7] 李作敏,金同明.道路交通系统的人—机工程探讨[C].中国交通工程学会第三届年会学术论文选编,1986.
[8] 段里仁.道路交通安全手册[M].北京:档案出版社,1988.
[9] 公安部交通管理局.道路交通事故处理手册[M].北京:科学普及出版社,1991.
[10] 陈真.公路交通调查指南[M].北京:人民交通出版社,1990.
[11] 中国交通年鉴.1996~1999[M].北京:中国交通年鉴社.1986~1999.
[12] 张正常,潘文敏.道路交通管理词典[M].沈阳:辽宁大学出版社,1989.
[13] 美国交通研究委员会.道路通行能力手册[M].任福田,等,译.北京:中国建筑工业出版社,1991.
[14] 《智能运输系统发展战略研究》课题组.智能运输系统发展战略研究[D].北京:交通部公路科学研究所,1998.
[15] 高速公路丛书编委会.高速公路运营管理[M].北京:人民交通出版社,1999.
[16] 中国公路学会《交通工程手册》编委会.交通工程手册[M].北京:人民交通出版社,1998.
[17] 陆化普.城市交通现代化管理[M].北京:人民交通出版社,1999.
[18] 朱玉坤,张凡安,王德文,等.交通事故透析[M].北京:人民交通出版社,1996.
[19] 孙可林,等.车祸与法规[M].呼和浩特:内蒙古人民出版社,1991.
[20] 张凡安.交通工程学[M].兰州:兰州大学出版社,1992.
[21] 张苏.中国交通冲突技术[M].成都:西南交通大学出版社,1998.
[22] 高速公路编委会.高速公路规划与设计[M].北京:人民交通出版社,1998.
[23] 项贻强.高速公路规划与管理[M].北京:人民交通出版社,1999.
[24] 刘伟铭.高速公路系统控制方法[M].北京:人民交通出版社,1998.
[25] 严宝杰.交通调查与分析[M].北京:人民交通出版社,1997.
[26] 沈志云.交通运输工程学[M].北京:人民交通出版社,1999.
[27] 李百川.驾驶适宜性检测的意义[J].中国道路运输,1993,3.
[28] 任福田,刘小明,荣建,等.交通工程学[M].北京:人民交通出版社,2008.
[29] 万发祥.高速公路交通量预测组合方法及应用研究[D].长沙:长沙理工大学,2006.
[30] 岳东阳.城乡交通一体化初探[J].交通科技,2009:145-147.
[31] 王静霞.新时期城市交通规划的作用与思路转变[J].城市交通,2006,4(1):17-22.
[32] 交通运输部.公路网规划编制办法[S].北京:人民交通出版社,2010.

[33] 交通运输部西部交通科技建设项目.西部山区农村公路交通安全防控对策研究及安保示范,2012.

[34] 交通部西部交通建设科技项目.西部地区公路运行速度特征与应用模型的研究,2010.

[35] 交通部西部交通建设科技项目.灾害天气下山区高速公路运营安全关键技术研究,2013.

[36] 邵春福.交通规划原理[M].北京:中国铁道出版社,2004.

[37] 陆华普.交通规划理论与方法[M].北京:清华大学出版社,2006.

[38] 裴玉龙.公路网规划[M].2版.北京:人民交通出版社,2011.

[39] 王炜,过秀成.交通工程学[M].南京:东南大学出版社,2011.

[40] 李江.交通工程学[M].北京:人民交通出版社,2007.

[41] 沈志云,邓学钧.交通运输工程学[M].北京:人民交通出版社,2003.

[42] 姚祖康,顾保南.交通运输工程导论[M].2版.北京:人民交通出版社,2008.

[43] 戴明新.公路环境保护手册[M].北京:人民交通出版社,2004.

[44] 赵剑强.公路交通与环境保护[M].北京:人民交通出版社,2002.

[45] 张玉芬.交通运输与环境保护[M].北京:人民交通出版社,2003.

[46] 毛文碧.公路路与生态学[M].北京:人民交通出版社,2009.

[47] 国家环境保护总局环境影响评价管理司.公路建设项目生态环境保护研究与实践[M].北京:中国环境科学出版社,2007.

[48] 刘天玉.交通环境保护[M].北京:人民交通出版社,2004.

[49] 李得伟,韩宝明.行人交通[M].北京:人民交通出版社,2011.

[50] 徐循初.城市道路与交通规划[M].北京:中国建筑工业出版社,2004.

[51] 王建军,严宝杰.交通调查与分析[M].北京:人民交通出版社,2004.

[52] 邵春福,熊志华,姚智胜.道路网短时交通需求预测理论、方法及应用[M].北京:清华大学出版社,2011.

[53] 段晓东,王存睿,刘向东.元胞自动机理论研究及其仿真应用[M].北京:科学出版社,2011.

[54] 任福田,裴玉龙,严宝杰,等.道路通行能力分析[M].2版.北京:人民交通出版社,2011.

[55] 交通运输部公路科学研究院.2014年中国道路交通安全蓝皮书[M].北京:人民交通出版社股份有限公司,2015.

[56] 中国人民共和国交通运输部.公路网运行监测与服务暂行技术要求[M].北京:人民交通出版社,2012.

[57] 交通运输部公路科学研究院.国家高速公路网运行监管与服务关键技术开发及应用项目实施方案[R],2010.

[58] 交通运输部科学研究院.基于物联网的公路网运行监测与效率提升技术研究报告[R],2013.

[59] 交通运输部公路局,交通运输部路网监测与应急处置中心.2014年度中国公路网运行蓝皮书[M].北京:人民交通出版社股份有限公司,2015.

人民交通出版社股份有限公司 公路教育出版中心
交通工程/交通运输类教材

一、专业核心课

1. ◆▲交通规划(第二版)(王 炜) …………… 40元
2. ◆▲交通设计(杨晓光) …………………… 35元
3. ◆▲道路交通安全(裴玉龙) ……………… 36元
4. ▲交通系统分析(王殿海) ………………… 31元
5. ▲交通管理与控制(徐建闽) ……………… 26元
6. ▲交通经济学(邵春福) …………………… 25元
7. ◆交通工程总论(第四版)(徐吉谦) ……… 42元
8. ◆▲交通工程学(第三版)(任福田) ……… 40元
9. 交通工程学(第二版)(李作敏) …………… 28元
10. 运输工程(第二版)(陈大伟) …………… 39元
11. ◆交通运输工程导论(第三版)(顾保南) … 25元
12. 交通运输导论(黄晓明) ………………… 43元
13. ◆交通管理与控制(第五版)(吴 兵) … 40元
14. 交通管理与控制(第二版)(罗 霞) …… 38元
15. Traffic Management and Control(罗 霞) … 24元
16. 交通管理与控制案例集(罗 霞) ………… 25元
17. ◆道路交通管理与控制(袁振洲) ……… 40元
18. 交通调查与分析(第二版)(王建军) …… 38元
19. ▲道路交通设计(项乔君) ………………… 38元
20. ◆交通工程设计理论与方法(第二版)
    (梁国华) ………………………………… 36元
21. 交通预测与评估(王花兰) ………………… 45元
22. 交通工程设施设计(李峻利) ……………… 35元
23. ◆智能运输系统概论(第三版)(杨兆升) … 49元
24. 智能运输系统(ITS)概论(第二版)
    (黄 卫) ………………………………… 24元
25. 交通工程专业英语(裴玉龙) …………… 29元
26. Traffic Enginering 交通工程学(王武宏) … 38元
27. ◆运输经济学(第二版)(严作人) ……… 44元
28. ◆道路交通工程系统分析方法(第二版)
    (王 炜) ………………………………… 33元

二、专业选修课

29. ◆公路网规划(第二版)(裴玉龙) ……… 30元
30. ◆道路通行能力分析(第二版)(陈宽民) … 28元
31. ◆交通运输设施与管理(第二版)
    (郭忠印) ………………………………… 38元
32. ◆城市客运交通系统(李旭宏) …………… 32元
33. 综合交通枢纽规划理论与方法(何世伟) … 46元
34. 微观交通仿真基础(张国强) ……………… 35元
35. 道路交通安全管理法规概论及案例分析
    (裴玉龙) ………………………………… 29元
36. ◆交通与环境(陈 红) …………………… 30元
37. 道路交通环境影响评价(王晓宁) ………… 25元
38. 交通地理信息系统(符锌砂) ……………… 31元
39. 公路建设项目可行性研究(过秀成) ……… 27元
40. 交通项目评估与管理(第二版)(谢海红) … 45元
41. 道路运输统计(张志俊) …………………… 28元
42. 信息技术在道路运输中的应用(王 炼) … 42元
43. 高速公路通信技术(关 可) ……………… 36元
44. 运输市场管理(郭洪太) …………………… 38元
45. 交通类专业大学生职业发展与就业指导
    (白 华) ………………………………… 30元

教材详细信息,可查询"中国交通书城"(www.jtbook.com.cn)

注:◆教育部普通高等教育"十一五""十二五"国家级规划教材
▲交通工程教学指导分委员会推荐教材、"十三五"规划教材